# 쉽게 배우는 HTML5 & CSS3 그리고 JavaScript

김은옥 지음

2nd Edition

```
    color: white;
   ckground: orange;
  order: 1px solid black;padding
 ont-weight: bold;}
  begin: seaside-theme */
 ody {background-color:white;
  olpr:black;font-family:Arial,san
 margin: 0 4px 0 0;
  der: 12px solid;}CSSCSS
```

(주) 삼양미디어

과거에 HTML 문서로 홈페이지를 만든다는 것이 대 혁신이었습니다. 홈페이지 자체가 정보처리의 세상이었던 곳을 웹의 세상으로 바꾸었습니다. 많은 사용자들은 너도나도 홈페이지를 만들기 위해서 HTML, CSS, JavaScript를 배우는 것이 대유행이었습니다. 시간이 흐르면서 클라이언트 사이드 웹페이지인 HTML문서만으로는 동적인 웹페이지를 만들 수 없다는 것을 인지하게 되면서 서버사이드 웹페이지인 PHP, ASP, JSP가 필요해졌습니다. PHP, ASP, JSP페이지는 HTML태그와 각 로직처리 언어가 결합된 것으로 바탕에는 언제나 HTML 태그가 있습니다.

스마트 폰이 등장하면서 PC에서 웹 브라우저를 사용해서 보던 웹페이지를 스마트기기에서도 볼 수 있게 되었습니다. 그런데 기존의 웹 사이트들은 PC용 웹브라우저에 특화되어 만들어졌기 때문에 스마트 기기에서는 최적의 형태로 표현되지 않았습니다. 이런 문제를 해결하기 위해서 HTML5와 CSS3가 발표되고 반응형 웹이 대세가 되었습니다. 또 몇 년이 흘러 이제는 HTML5는 HTML의 최신기술로 CSS3는 CSS의 고급기술로 자연스럽게 받아들여졌습니다.

HTML은 HTML5의 시맨틱 태그가 추가되면서 태그만 문서구조와 문서의 내용을 체계적으로 기술할 수 있게 되었습니다. 이미지는 웹 사이트를 멋지게 꾸며주지만 사이트의 속도를 떨어뜨리는 문제가 있는데, CSS의 고급기술인 CSS3에서 이런 문제를 해결하기 위한 다양한 태그 표현 기능을 제공합니다. 또한 웹사이트의 속도와 보안을 저하시키는 플래시 대신 캔버스와 자바스크립트를 사용하는 것이 가능해졌고, 보안과 체계적인 개발을 위한 함수형 자바스트립트 기반으로 작성되고 있습니다. 자바스크립트의 기능도 다양해져서 단순한 처리 및 서버에 웹 페이지를 비동기로 요청할 수도 있게 되었고, 이런 기능을 더욱 쉽게 쓸 수 있도록 jQuery와 같은 라이브러리가 등장했습니다.

**이 책은 HTML초보자가 처음부터 차근차근 학습하는 것을 목적으로 합니다.** 주요 기본인 HTML태그의 사용법부터 HTML5의 주요한 태그를 상세히 학습하고, CSS의 기본 작성법부터 다양한 CSS3의 사용 예시 및 사용법 그리고 CSS라이브러리 부트스트랩을 다룹니다. 자바스크립트 기본문법과 함수형 자바스크립트, 그리고 자바스크립트 라이브러리 jQuery의 기본문법, Ajax요청, 캔버스제어 등도 쉬운 예제부터 고급 예제까지 차근차근 학습하면서 익힙니다. 마지막으로 보일러 플레이트를 사용해서 반응형 웹사이트의 템플릿을 얻어내서 쉽게 만드는 방법을 예제를 통해 배웁니다. 이 책이 입문자와 초보 개발자를 위한 지침서가 되기를 바랍니다.

마지막으로 이 책이 출간될 수 있도록 도와주신 삼양미디어 여러분들께 감사의 글을 올립니다.

김은옥

# 1 HTML5, CSS3, 자바스크립트의 개요

Chapter

# 2 코드를 작성하고 실행하는 개발 환경 설정

Chapter

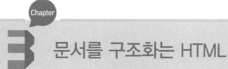

Chapter

# 3 문서를 구조화는 HTML

Chapter

# 태그를 표현하는 CSS와 Advanced CSS(CSS3)

# CONTENTS

6

# 5 동작을 처리하는 자바스크립트(JavaScript)와 제이쿼리(jQuery) 라이브러리

# Chapter 6 애니메이션을 만드는 캔버스(Canvas)

# Chapter 7 뭔가 만들어 보죠! (반응형 웹 사이트 만들기)

9

**자료 파일 안내**

이 책의 소스는 JDK17, Tomcat 10.1 기반에서 이클립스에서 작성했으며 실행 결과는 이클립스 내장 브라우저와 크롬, 엣지 브라우저를 사용했습니다. 다른 버전이나 다른 환경에서 테스트시 일부 결과가 다를 수 있습니다.

| 책 소스 다운로드 위치 ⚊ ☐ ✕ |
| --- |

다운로드 주소

https://github.com/keobooks/html_css_javascript/blob/main/HTML5_CSS3_JQuery_source.zip

다운로드 주소 QR코드

| 책 소스코드 직접 작성 시 필요한 파일 다운로드 위치 ⚊ ☐ ✕ |
| --- |

다운로드 주소

https://github.com/keobooks/html_css_javascript/blob/main/HTML5_CSS3_JQuery_etcfile.zip

다운로드 주소 QR코드

삼양미디어 홈페이지의 [자료실]–[IT 컴퓨터 자료실]에서 위 폴더를 포함하는 압축 파일을 다운로드한 후 압축을 풀어서 사용하시면 됩니다.

Chapter

# HTML5, CSS3, 자바스크립트의 개요

HTML 웹 페이지는 기본적으로 HTML, CSS, 자바스크립트(JavaScript)가 결합되어 이루어진다. HTML 웹 페이지를 클라이언트 사이드 웹 페이지라고 한다. JSP, PHP, ASP와 같은 서버사이드 웹 페이지는 HTML 웹 페이지에 서버사이드 스크립트가 추가된다. 즉, 모든 웹 페이지를 작성하려면 HTML, CSS, 자바스크립트가 기본적으로 필요하다. 여기서는 웹 페이지에서 HTML, CSS, 자바스크립트의 역할과 이들을 사용한 웹 페이지의 쓰임을 알아본다.

### 학습 목표

1. 웹 페이지에서 HTML, CSS, 자바스크립트의 역할을 알 수 있다.
2. HTML5, CSS3, 자바스크립트가 활용되는 부분을 이해한다.

Section 01  **HTML, CSS3, JavaScript를 알아보자!**

Section 02  **HTML, CSS3, JavaScript는 다양한 곳에 쓰인다**

① 웹 사이트 작성
② 사물 인터넷 구현
③ 게임 작성
④ 인공지능 프로그래밍

- 클라이언트 사이드 웹 페이지(client side web page) : HTML과 같이 웹 브라우저에서 실행되는 웹 페이지
- 서버사이드 웹 페이지(server side web page) : JSP, PHP, ASP와 같이 웹 서버에서 실행되는 웹 페이지

# 01 | HTML5, CSS3, JavaScript를 알아보자!

HTML은 하이퍼텍스트 마크업 언어(HyperText Markup Language)의 약자로 웹 페이지를 작성할 때 사용하는 프로그래밍 언어이다. 웹 문서인 웹 페이지의 구조를 〈html〉, 〈head〉, 〈body〉, 〈p〉 등의 태그를 사용해서 표현한다. HTML 문서는 웹 페이지 또는 HTML 웹 페이지라고 부른다. 요즘의 웹 사이트는 대부분 HTML5 문법을 기반으로 작성되며, HTML5와 HTML을 따로 구분하지 않고 그냥 HTML로 같이 지칭한다.

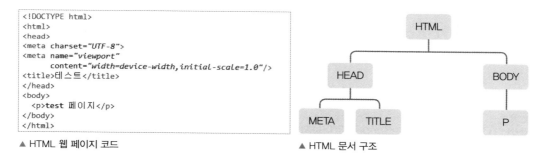

```
<!DOCTYPE html>
<html>
<head>
<meta charset="UTF-8">
<meta name="viewport"
      content="width=device-width,initial-scale=1.0"/>
<title>테스트</title>
</head>
<body>
  <p>test 페이지</p>
</body>
</html>
```

▲ HTML 웹 페이지 코드

▲ HTML 문서 구조

HTML 웹 페이지는 웹 브라우저를 사용해서 실행한다.

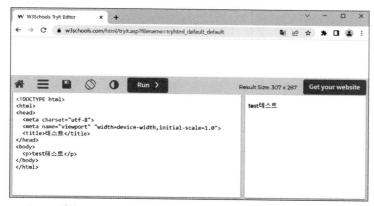

▲ w3c.org 사이트

HTML 웹 페이지를 작성한 후 웹 서버상에서 실행해야 정확한 결과가 표시된다.

▲ HTML 웹 페이지를 웹 서버 상에서 실행한 결과

HTML 문서를 탐색기에서 더블클릭해서 실행하는 것은 정확한 결과가 아니라는 것에 주의한다.

▲ HTML 웹 페이지를 탐색기에서 더블클릭해서 실행한 결과

CSS는 캐스케이딩 스타일시트(Cascading Style Sheets)의 약자로 HTML 웹 페이지를 웹 브라우저에 표현하는 방법을 제공한다. 정확하게 표현하면 HTML 태그를 어떤 형태로 표현할지를 결정한다.

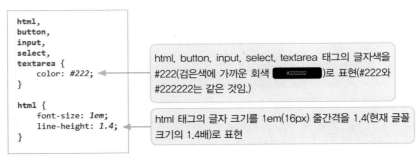

▲ CSS 코드

HTML 태그에 CSS 코드를 적용해서 웹 페이지를 표현한다.

다음은 https://www.w3schools.com/ 사이트를 HTML 태그만으로 표현한 것과 CSS를 적용한 것으로 그 차이를 확인할 수 있다.

| ▲ HTML 태그만으로 이루어진 사이트 | ▲ HTML 태그 + CSS로 이루어진 사이트 |

자바스크립트는 웹 브라우저에서 동작하는 프로그래밍 언어로 주로 태그 등을 클릭해서 어떤 동작을 처리할 때 사용한다.

```
$(document).ready(function(){
    $("#insertCart").click(function(){//[장바구니에 담기]버튼 클릭
        var buyer = $("#buyer").val();
        var book_kind = $("#book_kind").val();
        var query = {book_id:$("#book_id").val(),
                     buy_count:$("#buy_count").val(),
                     book_image:$("#book_image").val(),
                     book_title:$("#book_title").val(),
                     buy_price:$("#buy_price").val(),
                     buyer:buyer};
        $.ajax({
            type: "POST",
            url: "/shoppingmall/insertCart.do",
            data: query,
            success: function(data){
                alert("장바구니에 담겼습니다.");
            }
        });
    });
});
```

[장바구니] 버튼을 클릭하면 선택 또는 입력한 정보를 지정한 url로 ajax 방식으로 전송

jQuery는 자바스크립트를 간결하고 쉽게 사용할 수 있게 제공되는 라이브러리이다.

```
function dynamicListProcess(){//선택한 구에 해당하는 동표시
    clearList();

    var list = document.getElementById("dongList");//id속성의 값이 "dongList"인 태그를

    var result = xhrObject.responseXML.getElementsByTagName("dong");

    var option = "";

    for(var i=0; i<result.length; i++){//서블릿으로부터 리턴된 <dong>태그의 수만큼 반복
        option = document.createElement("option");//<option>태그생성
        option.appendChild(document.createTextNode(result[i].firstChild.nodeValue));//
        list.appendChild(option);//<select>태그에 자식태그로 <option>태그추가
    }
}
```

▲ 자바스크립트 기본 문법을 사용한 Ajax 구현

```
$.ajax({
    type: "POST",
    url: "/shoppingmall/insertCart.do",
    data: query,
    success: function(data){
        alert("장바구니에 담겼습니다.");
    }
});
```

▲ jQuery를 사용한 Ajax 구현

# 02 | HTML5, CSS3, JavaScript는 다양한 곳에 쓰인다

## 1 웹 사이트 작성

반응형 웹 사이트는 웹 사이트가 표시되는 화면의 크기에 따라 사이트의 표현 구조가 자동으로 변경되는 웹 페이지를 말한다. 반응형으로 웹 사이트를 만들면 1개의 사이트만 만들어서 자동으로 화면 크기에 따라 최적으로 표현된다. 즉, 다양한 화면 크기에 대응하는 각각의 웹 사이트를 만들 필요가 없어져서 개발비용이 단축되고, 유지보수가 간편해진다.

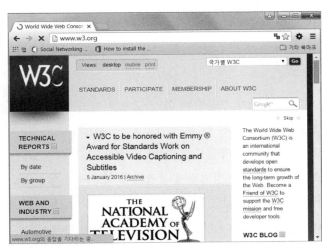

▲ PC 대응용 화면

▲ 모바일 대응용 화면

## 2 사물 인터넷 구현

HTML를 사용한 사물 인터넷(Internet of Things)을 구현하는 사례가 늘고 있다. 영국의 라즈베리 파이재단(https://www.raspberrypi.org/)에서 만든 초소형의 초저가 컴퓨터 라즈베리 파이(Raspberry Pi)에서 사물 인터넷 제어에 사용한다. 라즈베리 파이 컴퓨터는 다목적 PC로 사물 인터넷 제어와 관련 있는 전자기기 제어부터 일반적인 프로그래밍 작성, 웹서핑 등 다양한 작업을 할 수 있다.

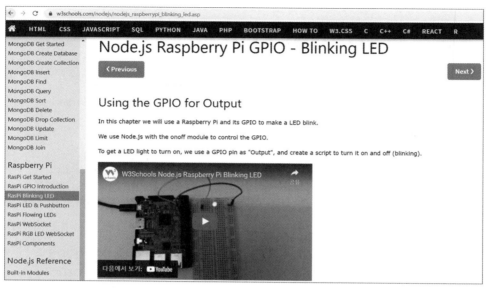

▲ www.w3schools.com에서 제공하는 라즈베리 파이 사물 인터넷 프로그래밍

## 3 ▷ 게임 작성

스마트 기기의 성능과 모바일 네트워크의 속도가 향상됨에 따라 모바일 게임도 다양화되고 있다. 이에 따라서 네이티브 앱(안드로이드 앱, iOS 앱)뿐만 아니라 HTML의 〈canvas〉 태그와 자바스크립트를 사용한 HTML5 기반의 게임도 다양하게 선보이기 시작했다. HTML 기반의 게임은 웹 기반으로 스마트 기기의 운영체제에 상관없이 실행되는 장점으로 과거에 플래시(Flash) 프로그램을 사용해서 만들어졌던 게임들을 대체하고 있다. HTML5 기반의 게임을 제공하는 http://html5games.com/, http://www.gamen.com/ 등의 게임 포털 사이트도 있다.

▲ HTML5 기반의 게임 포털 사이트– http://html5games.com/  ▲ HTML5 기반의 게임 포털 사이트– http://www.
gamen.com/

## 4 인공지능 프로그래밍

　딥러닝(Deep Learning) 라이브러리인 텐서플로(TensorFlow)가 자바스크립트 라이브
러리로 제공되어 HTML 기반에서 머신러닝/딥러닝 프로그래밍이 가능해졌다.

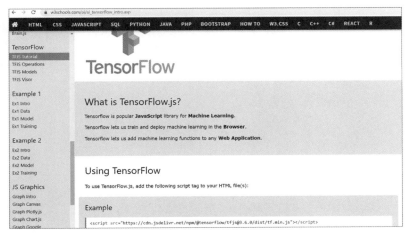

▲ www.w3schools.com에서 제공하는 인공지능 프로그래밍

## 학습 정리

### 1 HTML5, CSS3, JavaScript를 알아보자!

- HTML은 웹 페이지를 작성할 때 사용하는 프로그래밍 언어로, 웹 문서인 웹 페이지의 구조를 ⟨html⟩, ⟨head⟩, ⟨body⟩, ⟨p⟩ 등의 태그를 사용해서 표현한다.

- CSS는 캐스케이딩 스타일시트(Cascading Style Sheets)의 약자로 HTML 웹 페이지를 웹 브라우저에 표현하는 방법을 제공한다.

- 자바스크립트는 웹 브라우저에서 동작하는 프로그래밍 언어로, 주로 태그 등을 클릭하여 어떤 동작을 처리할 때 사용한다.

### 2 HTML5, CSS3, JavaScript는 다양한 곳에 쓰인다

- 일반/반응형/모바일 전용 웹 사이트 작성에 사용된다.

- 센서를 사용해서 사물 인터넷을 구현할 때도 사용할 수 있다.

- HTML의 ⟨canvas⟩ 태그와 자바스크립트를 사용해서 게임 프로그램을 작성하고 텐서플로 라이브러리를 사용해서 인공지능 프로그램도 작성한다.

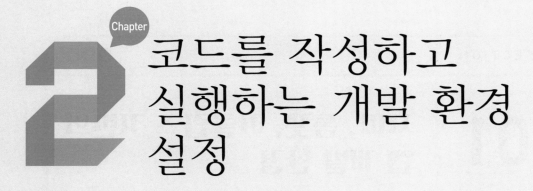

# 코드를 작성하고 실행하는 개발 환경 설정

Chapter 2

HTML 웹 페이지는 웹 브라우저에서 실행되기 때문에 작성 후 탐색기에서 해당 파일을 더블클릭해서 실행해도 결과를 볼 수 있다. 그러나 우리가 사용하는 웹 사이트들은 네트워크 통신(유/무선 통신)을 통한 인터넷 프로토콜(http)을 사용해서 서비스된다. 즉, 만들어진 HTML 웹 페이지는 웹 서버상에서 서비스되고 있는 상황이다. 따라서 웹 페이지를 만든 후 테스트할 때는 사용자들에서 서비스하는 환경과 거의 같은 환경을 사용해서 한다.

따라서 여기서는 HTML, CSS, JavaScript 코드를 작성하고 실행할 수 있는 개발환경을 직접 구축 및 클라우드 기반에서 서비스되는 코드 학습/테스트 사이트를 사용하는 방법을 학습한다.

• 학습 목표 •

1. 자바, 톰캣, 이클립스 기반의 웹 개발환경을 구축할 수 있다.
2. 클라우드 기반의 코드 학습 및 테스트 사이트를 활용할 수 있다.

Section 01 **자바, 톰캣, 이클립스 기반의 웹 개발 환경**

❶ JDK(Java Development Kit) 다운로드, 설치 및 환경 변수 설정
❷ 웹 컨테이너 톰캣(Tomcat) 다운로드, 설치 및 환경 변수 설정
❸ 통합개발 환경 이클립스(Eclipse) 다운로드, 설치 및 실행
❹ 이클립스에서 웹 애플리케이션 작성

Section 02 **클라우드 기반의 코드 학습 및 테스트 사이트를 사용한 웹 프로그래밍**

❶ w3schools.com
❷ jsbin.com

# 01 | 자바, 톰캣, 이클립스 기반의 웹 개발 환경

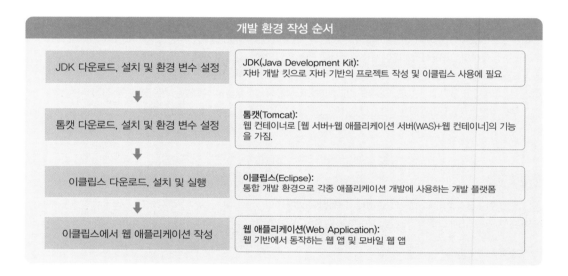

| 개발 환경 작성 순서 | |
|---|---|
| JDK 다운로드, 설치 및 환경 변수 설정 | **JDK(Java Development Kit):**<br>자바 개발 킷으로 자바 기반의 프로젝트 작성 및 이클립스 사용에 필요 |
| 톰캣 다운로드, 설치 및 환경 변수 설정 | **톰캣(Tomcat):**<br>웹 컨테이너로 [웹 서버+웹 애플리케이션 서버(WAS)+웹 컨테이너]의 기능을 가짐. |
| 이클립스 다운로드, 설치 및 실행 | **이클립스(Eclipse):**<br>통합 개발 환경으로 각종 애플리케이션 개발에 사용하는 개발 플랫폼 |
| 이클립스에서 웹 애플리케이션 작성 | **웹 애플리케이션(Web Application):**<br>웹 기반에서 동작하는 웹 앱 및 모바일 웹 앱 |

자바, 톰캣, 이클립스 기반의 웹 개발환경은 JDK, 톰캣, 이클립스 순서로 설치하고 각 단계에서 필요한 환경 변수 등을 설정하고 마지막으로 이클립스에서 설치된 JDK와 톰캣을 로드해서 웹 애플리케이션을 작성하고 실행한다.

## 1 JDK(Java Development Kit) 다운로드, 설치 및 환경 변수 설정

이클립스에서 애플리케이션을 개발하기 위해서는 반드시 JDK(Java Development Kit, 자바 개발 킷)를 설치해야 한다. 또한 웹 애플리케이션, 안드로이드 앱 및 자바 선수 설치를 요구하는 환경에서도 필요하다. 여기서는 이클립스에서 웹 애플리케이션을 개발하기 위해서 OpenJDK를 다운로드 받아 설치하고 환경 변수를 설정한 다음, JDK의 환경 변수 설정이 제대로 되었는지를 확인하는 일련의 작업을 수행한다.

JDK는 우리가 일반적으로 자바를 설치한다고 할 때 사용하는 개발 도구로, 자바 기반에서 작성되는 프로그래밍을 실행할 수 있는 환경으로 만들어주는 개발환경 도구이다. 즉, 자바언어를 컴퓨터가 인식할 수 있는 기계어로 번역해 프로그램을 실행한다.

JDK에는 OracleJDK와 OpenJDK가 있는데, 이것은 자바의 유료화라는 딜레마로부터 대두되었다. 사실 오라클이 단 한 번도 무료라고 한 적이 없었으나 우리는 자바를 무료로 사용하고 있었던 것이다. 이젠 상업적인 사용이 필요할 경우 유료인 OracleJDK와 무료인 OpenJDK 중 선택해야 한다. 유료인 OracleJDK와 무료인 OpenJDK의 세팅은 거의 같으며, 이 책에서는 상업적인 사용을 포함하여 모든 사용자들이 무료로 사용 가능한 JDK17을 사용해서 웹 애플리케이션을 구축하는 방식을 사용한다.

Java 17 LTS(이하 JDK 17) 버전은 자바(Java SE) 플랫폼의 최신 LTS(long-term support release)로, LTS 버전은 최소 8년 동안 성능 및 안정성 그리고 보안 등의 업데이트가 예정되어 있는 중요한 개발 버전이다(참고 https://blogs.oracle.com/javakr/post/jdk-17). JDK 17부터 Oracle No-Fee Terms and Conditions (NFTC) 라이선스를 적용해서 상업 및 프로덕션 용도를 포함하여, 모든 사용자에게 무료로 사용 및 배포가 허용된다. 개발 툴로 권장되는 JDK 버전은 8, 11, 17이 있으며 여기서는 최신인 17을 사용한다.

## (1) JDK 다운로드 및 설치

JDK17은 무료 프로그램으로 오라클사이트에서 제공하며, 다운로드 후 설치한다.

**01** 웹 브라우저의 주소에 https://www.oracle.com/java/technologies/downloads/을 입력 후 Enter↵를 누르면 다운받을 수 있는 페이지로 이동한다. [Java downloads] 항목이 표시되면 [Java 17] 탭 클릭, [Windows] 탭을 클릭 후 [x64 Installer] 항목의 다운로드 링크를 클릭한다.

◀ JDK 다운로드

02 다운로드된 jdk-17_windows-x64_bin.exe 파일을 더블클릭해서 설치한다. Windows에서 권한 부여에 대한 창이 표시되면 [예] 버튼을 클릭하고 설치를 시작한다. 초기 화면이 표시되면 [Next] 버튼을 클릭, 설치는 기본 값을 그대로 사용하고 [Next] 버튼을 클릭해서 설치를 진행한다.

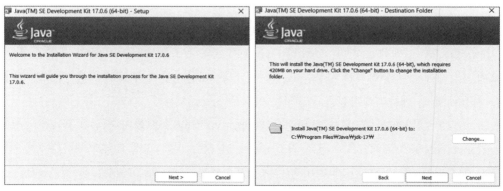

▲ JDK 설치 1                          ▲ JDK 설치 2

03 대화상자의 타이틀 바가 설치 완료를 표시하는 [Java(TM) SE Development Kit 17.~ - Complete]로 변경되면 [Close] 버튼을 눌러 설치를 끝낸다.
설치된 후 탐색기에서 설치 드라이브:₩Program Files₩Java 폴더의 [jdk-17] 폴더로 이동하면 다음과 같이 설치된 것을 확인할 수 있다.

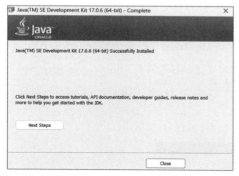 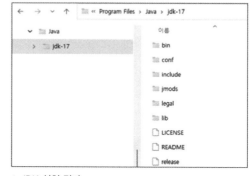

▲ JDK 설치 3                          ▲ JDK 설치 결과

## (2) 자바 환경 변수 설정

자바 컴파일 명령어(javac)와 실행 명령(java)의 위치를 컴퓨터에게 인식시켜 어느 위치에서도 그 명령어를 사용할 수 있도록 환경 변수를 설정해야 한다. 또한 자바 기반에서 작업을 해야 하는 다른 프로그램(웹 프로그래밍 등)이 제대로 작동하기 위해서도 환경 변수를 설정하는 것이 좋다.

설정해야 하는 환경 변수는 아래와 같이 2개이며, 환경 변수명은 가급적이면 대문자로 기술한다. 경우에 따라서 환경 변수명이 소문자인 경우 제대로 동작되지 않는 경우도 있다. 다음 환경 변수 값은 jdk-17을 설치한 경우의 예시이다. 다른 버전이 설치된 경우 jdk-17 대신 해당 버전을 사용한다.

| 환경 변수명 | 환경 변수 값 |
| --- | --- |
| PATH | C:\Program Files\Java\jdk-17\bin |
| JAVA_HOME | C:\Program Files\Java\jdk-17 |

**①** 탐색기에서 [내PC]에서 마우스 오른쪽 버튼 클릭 후 [속성] 메뉴를 클릭한다. [시스템] 창에서 [고급 시스템 설정] 항목을 클릭한다.

▲ 자바 환경 변수 설정 1

▲ 자바 환경 변수 설정 2

**②** [시스템 속성] 창에서 [고급] 탭의 [환경 변수] 버튼을 클릭하면 환경 변수를 편집할 수 있는 창으로 이동한다. [환경 변수] 창이 표시되면 [시스템 변수] 항목의 [새로 만들기]/[편집]/[삭제] 버튼을 눌러 환경 변수를 설정한다.

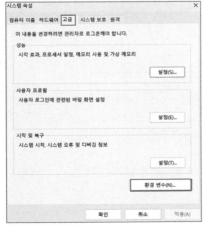

▲ 자바 환경 변수 설정 3

▲ 자바 환경 변수 설정 4

**03** PATH 설정 : [시스템 변수] 항목에서 PATH 환경 변수는 기존 Path 변수를 선택 후 [편집] 버튼을 클릭하고 설정한다.

[새로 만들기] 버튼을 클릭해서 변수 값의 제일 마지막에 C:₩Program Files₩Java₩ jdk-17₩bin 값을 추가한 후  Enter ↵ 를 눌러 입력을 완성 후 [확인] 버튼을 클릭한다.

| 변수 이름 | PATH |
| --- | --- |
| 추가할 변수 값 | C:₩Program Files₩Java₩jdk-17₩bin |

▲ 자바 환경 변수 설정 5

▲ 자바 환경 변수 설정 6

**04** JAVA_HOME 설정 : [시스템 변수] 항목에서 JAVA_HOME가 없는 경우, [새로 만들기] 버튼을 클릭해서 다음과 같이 입력 후 [확인] 버튼을 클릭한다.

| 변수 이름 | JAVA_HOME |
| --- | --- |
| 변수 값 | C:₩Program Files₩Java₩jdk-17 |

▲ 자바 환경 변수 설정 7

▲ 자바 환경 변수 설정 8

**05** [환경 변수] 창의 [확인] 버튼을 클릭하고 [시스템 속성] 창의 [확인] 버튼도 클릭한다.

## (3) 자바 설치 테스트

자바의 환경 변수가 제대로 설정되었는지, 명령 프롬프트 창에서 확인한다.

**01** Windows 창의 작업 표시줄에서 [검색] 입력 버튼을 눌러 표시되는 입력란에 "cmd"를 입력하고 [확인] 버튼을 클릭해서 [명령 프롬프트] 창을 연다.

**02** [명령 프롬프트] 창을 표시되면, "javac"(경로는 어디든 상관없다.) 라고 입력하고 Enter↵ 를 누른다. 이때 javac 명령어와 함께 쓸 수 있는 옵션에 대한 설명이 나오면 제대로 설치된 것이다.

> c:₩〉javac

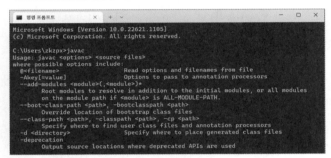

▲ 자바 환경 변수 설정 확인 1

**03** java 명령어도 실행되는지 확인하기 위해, "java"를 입력하고 Enter↵ 를 누른다.

> c:₩〉java

▲ 자바 환경 변수 설정 확인 2

앞의 그림과 같은 결과가 표시되지 않을 경우 환경 변수의 설정이 잘못된 것이므로, 다시 한 번 [시스템]의 [고급] 탭에서 [환경 변수] 버튼을 클릭해서 오타가 없는지를 확인한다. 거의 대부분 오타에 의한 것이니 다시 한 번 살펴본다. 실제 JDK의 설치경로와 환경 변수의 경로가 같아야 한다.

> 📢 주의
>
> **[명령 프롬프트] 창이 열린 상태에서 환경 변수를 수정하면 반영되지 않는다.**
> → 반드시 [명령 프롬프트] 창을 닫고 환경 변수를 수정 후 다시 [명령 프롬프트] 창을 열어서 작업을 한다.

## 2 웹 컨테이너 톰캣(Tomcat) 다운로드, 설치 및 환경 변수 설정

여기서는 웹 컨테이너인 톰캣을 다운로드 받아 설치 후 환경 변수를 설정하고 웹 애플리케이션을 작성 및 실행할 수 있는 환경을 구축하는 방법을 살펴본다.

웹 애플리케이션을 서비스하려면 웹 서버가 필요하다. 원래는 아파치 웹 서버를 설치하고 로직을 처리하는 웹 애플리케이션 서버(WAS), 그리고 서버 사이드로 JSP를 사용할 경우를 위해서 웹 컨테이너를 설치해야 한다. 우리는 학습용으로 사용할 것이기 때문에 이 모든 것을 설치하지 않고 톰캣만 설치한다. 톰캣은 JSP 및 서블릿을 작성하고 실행할 수 있는 웹 컨테이너로 웹 서버와 웹 애플리케이션 서버의 기능도 가지고 있다. 따라서 아파치 웹 서버를 설치하지 않고, 톰캣만을 설치해도 학습용으로 웹 애플리케이션을 작성하고 실행하기에는 충분하며, 프로그래밍 코딩도 거의 달라지지 않는다.

 참고 **웹 서버와 웹 애플리케이션 서버를 설치하는 이유**
실제로 현업에서 일을 하게 되면 웹 서버와 웹 애플리케이션 서버를 따로 설치한 환경에서 개발을 한다. 웹 서버와 웹 애플리케이션 서버를 각각 설치하는 이유는 웹 사이트 성능을 향상을 위해서이다.

## (1) 톰캣 다운로드

톰캣은 아파치(Apache)와 썬 마이크로 시스템즈(Sun microsystems)의 공동 프로젝트인 아파치 자카르타 프로젝트(Apache Jakarta Project)에 의해 만들어진 웹 컨테이너이다. 무료로 제공되기 때문에 많은 사용자들이 부담 없이 사용하고 있다. 설치된 JDK 버전과 톰캣 버전을 맞춰서 설치한다.

**Apache Tomcat Versions**

Apache Tomcat® is an open source software implementation of a subset of the Jakarta EE (formally Java EE) technologies. Different versions of Apache Tomcat are available for d[...] the specifications. The mapping between the specifications and the respective Apache Tomcat versions is:

| Servlet Spec | JSP Spec | EL Spec | WebSocket Spec | Authentication (JASPIC) Spec | Apache Tomcat Version | Latest Released Version | Supported Java Versions |
|---|---|---|---|---|---|---|---|
| 6.1 | 4.0 | 6.0 | TBD | TBD | 11.0.x | 11.0.0-M1 (alpha) | 17 and later |
| 6.0 | 3.1 | 5.0 | 2.1 | 3.0 | 10.1.x | 10.1.5 | 11 and later |
| 5.0 | 3.0 | 4.0 | 2.0 | 2.0 | 10.0.x (superseded) | 10.0.27 (superseded) | 8 and later |
| 4.0 | 2.3 | 3.0 | 1.1 | 1.1 | 9.0.x | 9.0.71 | 8 and later |
| 3.1 | 2.3 | 3.0 | 1.1 | 1.1 | 8.5.x | 8.5.85 | 7 and later |
| 3.1 | 2.3 | 3.0 | 1.1 | N/A | 8.0.x (superseded) | 8.0.53 (superseded) | 7 and later |
| 3.0 | 2.2 | 2.2 | 1.1 | N/A | 7.0.x (archived) | 7.0.109 (archived) | 6 and later (7 and later for WebSocket) |
| 2.5 | 2.1 | 2.1 | N/A | N/A | 6.0.x (archived) | 6.0.53 (archived) | 5 and later |
| 2.4 | 2.0 | N/A | N/A | N/A | 5.5.x (archived) | 5.5.36 (archived) | 1.4 and later |
| 2.3 | 1.2 | N/A | N/A | N/A | 4.1.x (archived) | 4.1.40 (archived) | 1.3 and later |
| 2.2 | 1.1 | N/A | N/A | N/A | 3.3.x (archived) | 3.3.2 (archived) | 1.1 and later |

▲ https://Tomcat.apache.org/whichversion.html

JDK17 버전은 톰캣10 이상의 버전을 요구하기 때문에 여기서는 10.1.x버전을 사용한다. 톰캣은 버전이 달라도 설치하는 방법이 같으며, 여기서는 Tomcat10.1.5를 예시로 설치하는 방법을 설명한다.

**01** 웹 브라우저의 주소에 http://Tomcat.apache.org/ 를 입력하면 톰캣 사이트로 이동한다. 왼쪽의 [Downloads] 항목의 하위 항목인 [Tomcat 10] 항목을 클릭 후 [Quick Navigation] 항목에서 [10.1.5]링크를 클릭한다. [10.1.5]링크는 다운로드 시점마다 최신 버전으로 다운로드 받는다.

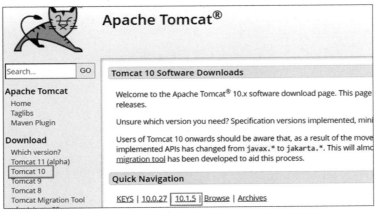

▲ 톰캣(Tomcat) 다운로드 1

**02** [10.1.업데이트 버전] 항목으로 이동한다. 다운로드 받는 시점에서 가장 최신 버전이 표시되며 [Binary Distributions] 항목의 [Core]_[zip]을 클릭하면 apache-Tomcat-10.1.업데이트 버전.zip 파일이 다운로드된다.

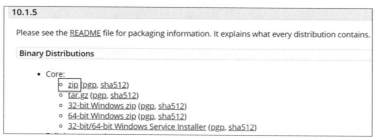

▲ 톰캣(Tomcat) 다운로드 2

## (2) 톰캣 설치, 환경 변수 설정 및 실행

다운로드 받은 apache-Tomcat-10.1.업데이트 버전.zip 파일의 압축을 해제하면 톰캣이 설치된다.

**01** 다운로드 받은 apache-Tomcat-10.1.업데이트 버전.zip을 드라이브의 루트에 해제한다. 예를 들어 C드라이브의 루트 아래에 해제하기 위해서 C드라이브를 선택한다. 원하는 드라이브의 루트를 선택해서 압축을 해제한다.

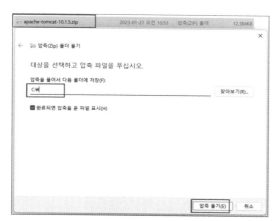

▲ 톰캣 설치

02 탐색기를 열어 톰캣을 설치한 드라이브로 이동해서 설치된 것을 확인한다. 설치한 드라이브에 [apache-Tomcat-10.1.업데이트 버전] 폴더가 생성된 것을 확인할 수 있다. 아래의 그림은 apache-Tomcat-10.1.5를 설치했을 때의 예시이다.

▲ 톰캣 설치 확인

03 탐색기의 [내PC]에서 마우스 오른쪽 버튼 클릭 후 [속성] 메뉴를 선택, 표시되는 화면에서 [고급 시스템 설정] 항목을 클릭한다.

04 [시스템 속성] 창 [고급] 탭의 [환경 변수] 버튼을 클릭하면 환경 변수를 편집할 수 있는 창으로 이동한다.

05 CATALINA_HOME 설정 : [시스템 변수] 항목에서 [새로 만들기] 버튼을 클릭해서 아래의 내용을 작성 후 [확인] 버튼을 클릭한다. [환경 변수] 창의 [확인] 버튼을 클릭한 후 [환경 변수], [시스템 속성] 창의 [확인] 버튼을 차례로 클릭한다. 아래의 환경 변수 값은 apache-Tomcat-10.1.5를 설치한 경우의 예시이다. 최신 버전은 설치 시점에 따라 다르며, apache-Tomcat-10.1.5 대신 최신 버전 번호를 사용해서 설정한다.

| 변수 이름 | CATALINA_HOME |
| --- | --- |
| 변수 값 | C:₩apache-Tomcat-10.1.5 |

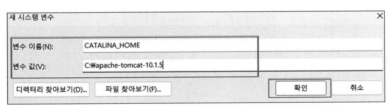

▲ 톰캣 환경 변수 설정

06 제대로 설치되었는지 확인하기 위해 톰캣 홈(드라이브명:Wapache-Tomcat-톰캣 버전)의 하위 폴더인 [bin] 폴더에 있는 [startup.bat] 파일을 더블클릭한다. [startup.bat] 파일은 톰캣 서비스를 올리기 위한 파일이다.

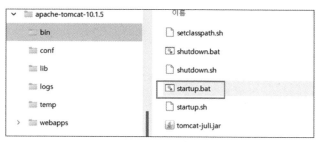

▲ 톰캣 서비스 올리기 1

07 [Tomcat] 창이 표시되면서 각종 서비스가 올라오는 것을 확인할 수 있다. 웹 서비스하기 위해서는 이 창은 닫으면 안 된다. Window 플랫폼에서는 [Tomcat] 창이 표시될 때 경고창이 표시될 수 있는데 [액세스 허용] 버튼을 클릭한다.

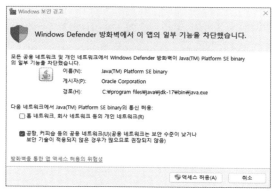

▲ 톰캣 서비스 올리기 2

성공적으로 서비스되면 창이 계속 표시된다. 한글이 깨져서 표시되는 것은 무시해도 된다. 이클립스에서 가져다 사용할 때는 한글이 제대로 표시된다.

◀ 톰캣 서비스 올리기 3

만일 [Tomcat] 창이 뜨다가 사라지면, 제어판의 환경 변수 중에서 "JAVA_HOME" 변수가 없거나 변수 값이 잘못되어서 그렇다. 반드시 JDK 설치 디렉터리를 확인해서 "JAVA_HOME" 변수 값을 확인하고 "CATALINA_HOME" 변수도 잘 설정되었는지 확인한다.

 **Windows OS에서만 발생하는 톰캣 콘솔 창 한글 깨짐 처리**

1. 톰캣홈 ₩logs 폴더 아래에 catalina.log 파일의 한글이 깨져 있는지 확인
   ▶ 한글 제대로 표시되면, 콘솔 창의 인코딩 문제임
2. 콘솔 창의 인코딩 문제 해결
   ① Windows 10의 경우 톰캣 콘솔 창 실행하고, Windows 11의 경우 톰캣 콘솔 창을 관리자 권한으로 실행한 후 톰캣 콘솔의 제어 아이콘 클릭 후 [속성] 메뉴를 클릭해서 인코딩 값 확인
   ▶ 현재 콘솔 창의 인코딩이 949(ANSI). 이것을 레지스트리에서 UTF-8인 65001변경해야 함
   ② 톰캣 콘솔 창 닫음
   ③ 실행창( Win + R )을 누르고 regedit을 입력하여 레지스트리 편집기 열기
   ④ Windows 10/11의 [컴퓨터]-[HKEY_CURRNET_USER]-[Console]에서
   ▶ Tomcat키가 있는 경우 : CodePage 값에서 마우스 오른쪽 버튼 클릭-[수정], 단위 : 10진수, 값 데이터 : 65001, 레지스트리 편집기 닫기
   ▶ Tomcat키가 없는 경우 :
      • [컴퓨터]-[HKEY_CURRNET_USER]-[Console]에서 마우스 오른쪽 버튼 클릭-[새로 만들기]-[key]로 새 키 생성, 키이름 : Tomcat.
      • Tomcat키가 선택된 상태에서 키 안에 마우스 오른쪽 버튼 클릭 - [새로 만들기]-[DWORD(32비트)]로 값을 추가, 값이름 : CodePage
      • CodePage 값에서 마우스 오른쪽 버튼 클릭-[수정], 단위 : 10진수, 값 데이터 : 65001
   ⑤ 레지스트리 편집기 닫기
   ⑥ Windows 10의 경우 톰캣을 재시동하고, Windows 11의 경우 톰캣을 관리자 권한으로 재시동, 한글이 제대로 표시되는 것을 확인

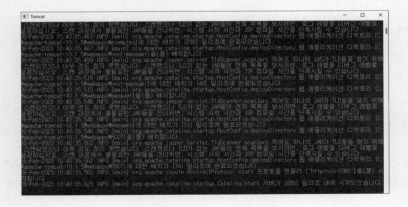

**08** 웹 브라우저를 열어서 주소에 http://127.0.0.1:8080/ 을 입력한다. 아래와 같은 화면이 표시되면 제대로 설치된 것이다.

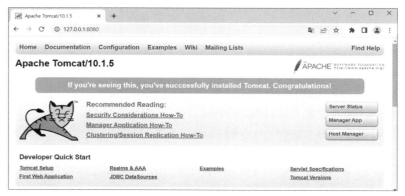

▲ 톰캣 서비스 올리기 4

만일 위와 같은 화면이 표시되지 않으면 주소에 입력한 URL에 오타가 있는지를 확인한다.

**09** 톰캣 서비스를 내릴 때는 톰캣 홈의 하위폴더인 [bin] 폴더에 있는 [shutdown.bat] 파일을 더블클릭해서 한다. 이클립스에서는 자체적으로 톰캣을 실행시킬 수 있기 때문에 여기서는 shutdown.bat를 더블클릭해서 서비스를 내린다.

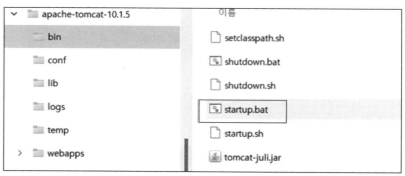

▲ 톰캣 서비스 올리기 4

---

**3** **통합 개발 환경 이클립스(Eclipse) 다운로드, 설치 및 실행**

여기서는 통합 개발 환경 이클립스를 다운로드 및 설치하고 이클립스에서 애플리케이션을 개발하기 위한 환경설정을 살펴본다.

프로젝트 단위로 개발해야 하는 애플리케이션의 경우 각 프로그램 파일 간의 유기적인 관계도 고려해야 하기 때문에 단순한 범용 에디터로 개발하는 것은 고역이다. 애플리케이션을 프로젝트 단위로 개발할 수 있도록 제공하는 많은 툴이 있는데, 그 중 웹 애플리케이션 개발에 많이 사용하는 이클립스는 애플리케이션을 개발하기 위한 통합개발 환경으로 각종 도구를 제공하고 있다.

## (1) 이클립스 다운로드

이클립스에서 웹 애플리케이션, 자바 애플리케이션 등을 개발하기 위해서는 [Eclipse IDE for Enterprise Java and Web Developers]를 다운로드 받는다. 이클립스 역시 버전이 달라도 설치방법은 같으며, 여기서는 eclipse-jee-2022-12-R-win32-x86_64.zip 버전을 예시로 사용한다.

**01** https://www.eclipse.org/downloads/ 사이트로 이동 후 표시되는 최신 버전에서 [Download Packages] 링크를 클릭한다.

◀ 이클립스 다운로드 1

**02** 패키지 목록이 표시되면 [Eclipse IDE for Enterprise Java and Web Developers] 항목에서 Windows의 [x86_64] 링크를 클릭한다.

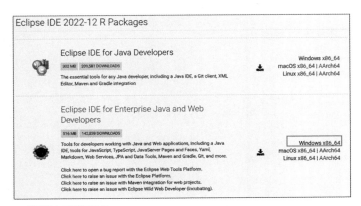

▲ 이클립스 다운로드 2

**03** [Selection Another Mirror] 링크 클릭 후 [Korea, Republic Of]~로 시작하는 항목을 클릭하면 화면이 이동 된 후 파일이 다운로드된다.

◀ 이클립스 다운로드 3

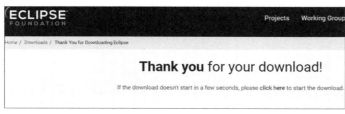
◀ 이클립스 다운로드 4

최신 버전인 eclipse-jee-버전번호-win32-x86_64.zip(예 : eclipse-jee-2022-12-R-win32-x86_64)이 다운로드된다.

## (2) 이클립스 설치 및 실행

다운로드 받은 Eclipse IDE for Enterprise Java and Web Developers의 압축을 해제해서 설치한 후 실행한다. 이클립스도 특별한 설치가 필요 없고, 압축해제를 통해서 설치가 이루어지는 시스템이다.

**01** 다운로드 받은 eclipse-jee-버전번호-win32-x86_64.zip을 드라이브 루트(C:₩)에 압축 해제한다.

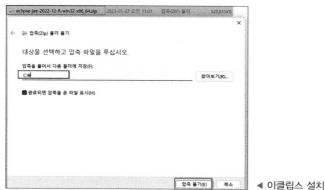
◀ 이클립스 설치

**02** 압축을 해제하면 [eclipse] 폴더가 생성되며, 이 폴더 안에 있는 eclipse.exe 파일을 더블클릭해서 이클립스를 실행한다.

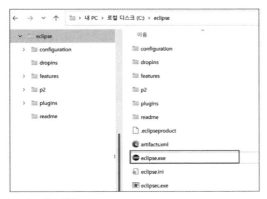

▲ 이클립스 실행 1

 **이클립스가 실행되지 않는 경우**
- 원인 : 이클립스가 자바 설치 경로를 찾지 못함
- 해결 방안 : eclipse.ini 파일에서 openFile 아래에 다음 내용 추가

```
-vm
C:/Program Files/Java/jdk자바버전/bin/javaw.exe
```

**03** 이클립스가 실행된다. 잠시 후 워크스페이스를 지정하는 [Workspace Launcher] 창이 표시된다.

워크스페이스는 이클립스 프로젝트를 저장하는 폴더이다. 워크스페이스명을 입력하고 [Launch] 버튼을 클릭한다.

기존에 존재하지 않는 폴더명(**예** C:\project2022_12)을 워크스페이스로 입력하면, 해당 폴더를 자동으로 생성해준다. [Use this as the default and do not ask again] 항목은 [Workspace Launcher] 창을 다음에도 표시할 것인지 여부를 결정하는 것으로 다시 표시하지 않으려면 이 항목을 선택하면 된다. 그러나 워크스페이스를 전환해야 할 경우가 종종 있기 때문에 이 항목을 체크하지 않는 것이 더 좋다.

▲ 이클립스 실행 2

▲ 이클립스 실행 3

04 이클립스를 설치하고 처음으로 기동하면 [Welcome] 탭이 표시되는데, 이클립스에서 애플리케이션을 개발하려면 [Hide] 아이콘을 클릭한다.

▲ 이클립스 실행 4

05 그러면 다음과 같이 [Java EE] 퍼스팩티브 화면에 표시된다.

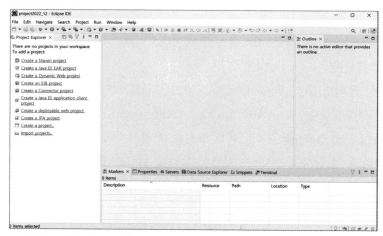
▲ 이클립스 실행 5 [Java EE] 퍼스팩티브 화면

- 퍼스팩티브(Perspective) : 어떤 작업을 수행하기 위한 뷰의 레이아웃 세트이다. 퍼스팩티브(Perspective)는 다양한 뷰의 배치 레이아웃이다. Java EE 퍼스팩티브는 [Project Explorer],

[Makes], [Properties], [Servers], [Data Source Explorer], [Snippets], [Terminal] 뷰를 갖는다.

· 뷰(View) : 전체 화면을 구성하는 요소로 개별적인 판넬의 형태를 갖는다.

**06** 이번엔 웹 애플리케이션을 위한 이클립스 작업환경을 설정하기 위해 [Window]-[Preferences] 메뉴를 선택한다.

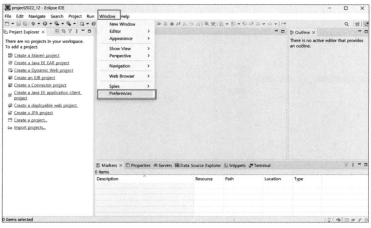

▲ 이클립스 작업환경 설정 1

**07** 웹 페이지에서 한글이 깨지지 않게 처리하는 환경 설정을 한다. [Preference] 창이 표시되면 [General]-[Workspace] 항목을 선택한다. 오른쪽에 표시되는 내용 중 [Text file encoding] 항목에서 [Other]-[UTF-8]을 선택한다. 변경 사항을 적용하기 위해 [Apply and Close] 버튼을 클릭한다.

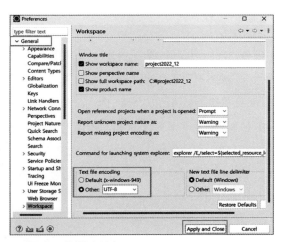

▲ 이클립스 작업환경 설정 2

**08** 개발 환경에 적합한 글꼴의 크기를 설정한다. [Window]-[Preferences] 메뉴 클릭, [Preference] 창이 표시되면 [General]-[Appearance]-[Colors and Fonts] 항목을 선택한다. 오른쪽에 표시되는 내용에서 [Basic]-[Text Font] 항목을 선택 후 [Edit...] 버튼을 클릭하고 글꼴의 크기를 지정 후 [확인] 버튼을 클릭한다. 변경 사항을 적용하기 위해 [Apply and Close] 버튼을 클릭한다.

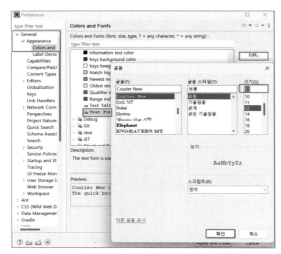

▲ 이클립스 작업환경 설정 3

## 4 ▷ 이클립스에서 웹 애플리케이션 작성

여기서는 이클립스에서 웹 애플리케이션을 작성하기 위한 웹 서버를 설정하고 동적 웹 프로젝트를 작성하고 웹 페이지를 작성하는 방법을 학습한다.

이클립스에서 작성한 웹 프로젝트는 웹 애플리케이션으로 웹 사이트나 게시판 등도 모두 웹 애플리케이션이다. 이 웹 애플리케이션은 웹 페이지인 HTML 페이지 등을 기반으로 작성된다. 이클립스에서 웹 페이지는 동적 웹 프로젝트(Dynamic Web Project)를 작성한 후 동적 웹 프로젝트 안에 만들어야 한다. 또한 동적 웹 프로젝트를 동작시키려면 설정한 먼저를 서버(Server)를 설정하고 서버에 웹 프로젝트를 추가시켜야 한다. 결론적으로 웹 서버, 동적 웹 프로젝트, 웹 페이지 순으로 만든다. 웹 서버는 해당 서버를 한 번만 만들고 동적 웹 프로젝트는 웹 사이트 1개당 1개를 만들며, 웹 페이지는 필요한 만큼 만든다.

## (1) 웹 서버 작성

이클립스에서 설정하는 웹 서버는 이미 설치된 것을 끌어다가 사용하는 것으로, 여기서는 앞에서 설치한 톰캣 10.1을 이클립스에서 가져와 사용할 수 있는 설정을 한다.

**01** 이클립스에서 서버 설정하려면 [File]-[New]-[Other] 메뉴를 선택한다.

**02** [Select a wizard] 창에서 스크롤바를 내려 [Server]-[Server] 항목을 선택하고 [Next] 버튼을 클릭한다.

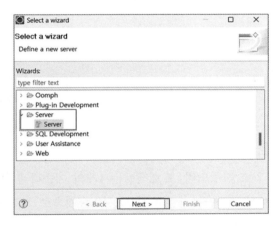

◀ 톰캣 서버를 이클립스에서 사용하는 설정 1

**03** [New Server] 창이 표시되고 [Define a New Server] 화면으로 진행하면, [Apache] 항목에서 [Tomcat v10.1 Server]를 선택 후 [Next] 버튼을 클릭한다. [Tomcat Server] 화면이 표시되면 [Tomcat installation directory] 항목에 설치된 톰캣홈 (C:₩apache-Tomcat-10.1.5)의 위치를 입력 후 [Finish] 버튼을 클릭한다.

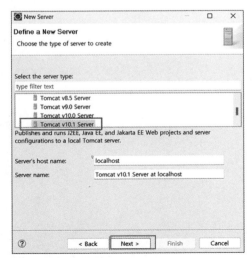

▲ 톰캣 서버를 이클립스에서 사용하는 설정 2

▲ 톰캣 서버를 이클립스에서 사용하는 설정 3

**04** 톰캣이 웹 서버로 이클립스에 등록된 것을 [Project Explorer] 뷰와 [Servers] 뷰에서 확인할 수 있다.

▲ 톰캣 서버를 이클립스에서 사용하는 설정 3

## (2) 동적 웹 프로젝트 작성 후 서버에 등록

이클립스에서 프로그래밍은 프로젝트 단위로 작성되며, 프로젝트는 1개의 애플리케이션 (앱, app)이 된다. 동적 웹 프로젝트는 웹 사이트를 만들기 위해서 사용되는 것으로, 여기서 는 동적 웹 프로젝트 studyhtml5를 작성 후 설정한 톰캣 서버에 등록한다.

**01** 이클립스에서 [File]-[New]-[Dynamic Web Project] 메뉴를 선택한다.

**02** [New Dynamic Web Project] 창의 내용이 [Dynamic Web Project] 화면으로 진행 되면 [Project name] 항목에 studyhtml5를 입력 후 나머지는 기본 값을 그대로 사용 하고 [Next] 버튼을 클릭한다.

◀ 동적 웹 프로젝트 studyhtml5 작성 1

**03** [Java] 화면이 표시되면 기본 값을 그대로 사용하고 [Next] 버튼을 클릭한다. [Web Module] 화면이 표시되면 [Generate web.xml deployment descriptor] 항목을 선택하고 나머지는 기본 값을 그대로 사용 후 [Finish] 버튼을 클릭한다.

▲ 동적 웹 프로젝트 studyhtml5 작성 2       ▲ 동적 웹 프로젝트 studyhtml5 작성 3

**04** [Project Explorer] 뷰에 [studyhtml5] 프로젝트가 생성된 것을 확인할 수 있다. 작성된 [studyhtml5] 프로젝트는 이클립스의 워크스페이스(workspace) 폴더에 프로젝트명과 같은 이름의 폴더로 관리된다. 탐색기에서 확인할 수 있으며, 그림은 [project2022_12] 워크스페이스에 작성된 [studyhtml5] 프로젝트 예시이다.

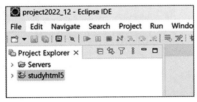     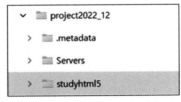

▲ 동적 웹 프로젝트 studyhtml5 작성 4       ▲ 동적 웹 프로젝트 studyhtml5 작성 5

❺ 생성된 동적 웹 프로젝트를 동작시키기 위해서 작성한 [studyhtml5] 프로젝트를 [Tomcat v10.1 Server]에 추가시키려면, 이클립스 창 하단 [Servers] 뷰의 [Tomcat v10.1 Server at localhost ~]에서 마우스 오른쪽 버튼을 눌러 표시되는 메뉴에서 [Add and Remove…]를 선택한다.

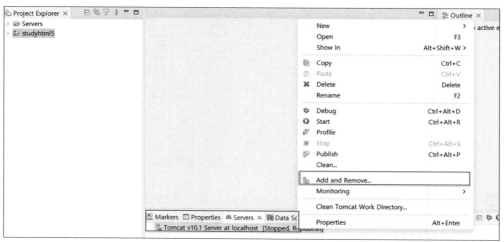

▲ [Tomcat v10.1 Server]에 [studyhtml5] 프로젝트 추가 1

❻ [Add and Remove…] 창이 표시되면 [Available] 항목에 있는 추가할 프로젝트인 [studyhtml5]를 선택 후 [Add >] 버튼을 클릭한다. 프로젝트가 [Configured] 항목에 표시되면 [Finish] 버튼을 클릭한다.

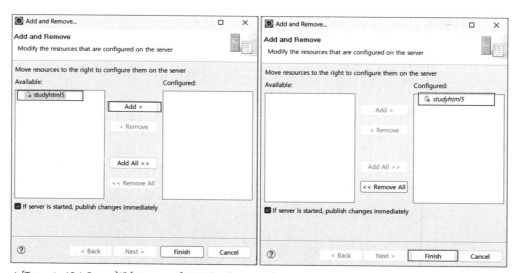

▲ [Tomcat v10.1 Server]에 [studyhtml5] 프로젝트 추가 2    ▲ [Tomcat v10.1 Server]에 [studyhtml5] 프로젝트 추가 3

**07** [Servers] 뷰의 [Tomcat v10.1 Server at localhost ~] 항목을 펼치면 [studyhtml5] 프로젝트가 추가된 것을 확인할 수 있다.

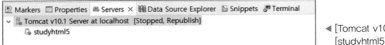

◀ [Tomcat v10.1 Server]에
　[studyhtml5] 프로젝트 추가 4

## (3) 웹 페이지 작성 및 실행

웹 서버의 설정과 동적 웹 프로젝트의 작성이 끝나면 웹 페이지를 작성해서 실행할 수 있다. 작성한 프로젝트에 웹 페이지를 추가 후 톰캣 서버에서 실행시킨다. 여기서는 HTML 페이지와 CSS의 인코딩을 변경하고, HTML 페이지를 작성 후 실행하는 일련의 작업을 한다.

### ■1 HTML 페이지와 CSS의 인코딩 변경

작성할 HTML페이지와 CSS의 인코딩을 utf-8로 지정한다.

**01** 이클립스에서 [Window]-[Preferences] 메뉴를 선택한다.

**02** [Preferences] 창이 표시되면 스크롤바를 내린다. [Web] 항목을 펼친 후 하위 항목인 [CSS Files] 항목을 선택한다. [CSS Files] 항목의 오른쪽에 표시되는 내용에서 [Ecoding] 항목의 값을 [ISO 10646/Unicode(UTF-8)]로 지정 후 나머지는 기본 값을 그대로 사용하고 [Apply] 버튼을 클릭한다. 같은 방법으로 [Web]의 [HTML Files] 항목의 오른쪽에 표시되는 내용에서 [Ecoding] 항목의 값을 [ISO 10646/Unicode (UTF-8)]로 지정 후 나머지는 기본 값을 그대로 사용하고 [Apply and Close] 버튼을 클릭한다.

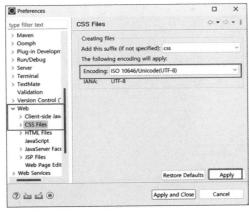

▲ CSS의 인코딩 설정

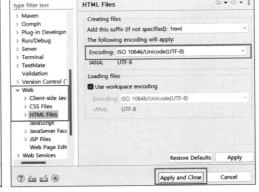

▲ HTML의 인코딩 설정

웹 프로젝트는 로직 소스 파일, 뷰 파일, 환경설정 파일, 라이브러리로 구성됨

- 로직 소스 파일 위치 : [프로젝트]–[Java Resources]–[src/main/java]
  - 자바 클래스 파일, 서블릿(클래스 파일) : .java
- 뷰 파일(화면 파일, 웹 페이지)과 기타 필요 파일 :
  - 뷰 파일(화면 파일, 웹 페이지) – html, jsp, css, js
  - 기타 필요 파일 – 이미지, 동영상 파일, 음악 …
  - 위치 : [프로젝트]–[src]–[main]–[webapp]
- 환경설정 파일 : 프로젝트의 환경 설정 파일 에러 페이지, 커넥션풀, 커스텀 태그 제어 등
  - web.xml
  - 위치 : [프로젝트]–[src]–[main]–[webapp]–[WEB–INF]
- 라이브러리 :
  - 시스템 제공 : jre, Tomcat라이브러리
    [프로젝트]–[Java Resources]–[Libraries]
  - 추가로 넣어서 사용 : jdbc커넥터, 커넥션풀, 업로드, JSTL 라이브러리 …
    [프로젝트]–[src]–[main]–[webapp]–[WEB–INF]–[lib]

## 2 HTML 페이지 작성 및 실행

이클립스 프로젝트에서 웹 페이지는 [프로젝트]–[src]–[main]–[webapp] 폴더에 작성한다. 여기서는 HTML페이지를 작성 후 실행한다.

**01** [Project Explorer] 뷰에서 [studyhtml5] 프로젝트를 펼친다. [src]–[main] 폴더를 펼친 후 [webapp] 폴더를 선택하고 마우스 오른쪽 버튼을 클릭해서 표시되는 단축 메뉴에서 [New]–[HTML File] 메뉴를 선택한다.

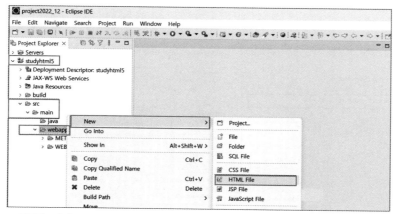

▲ 이클립스에서 HTML 페이지 작성 1

**02** [New HTML File] 창이 표시되면, 파일 작성 위치로 [studyhtml5] 프로젝트의 [webapp]를 선택하고, [File name] 항목에 "index.html"를 입력한 후 [Next] 버튼을 클릭한다. [New HTML File] 창에 [Select HTML Template] 화면이 표시되면, [New HTML File (5)] 항목을 선택하고 [Finish] 버튼을 클릭한다.

▲ 이클립스에서 HTML 페이지 작성 2

▲ 이클립스에서 HTML 페이지 작성 3

**03** 작성된 index.html 페이지에 다음과 같이 내용을 추가 후 [New]-[Save] 메뉴를 클릭해서 저장한다. 변경 및 추가된 부분은 색깔로 표시했다.

```
01  <!DOCTYPE html>
02  <html>
03  <head>
04  <meta charset="UTF-8">
05  <title>처음으로 작성하는 HTML페이지</title>
06  </head>
07  <body>
08  <p>처음으로 작성하는 HTML페이지
09  </body>
10  </html>
```

04 완성된 소스를 실행하기 위해서는 이클립스에서 톰캣 서버의 서비스를 실행해야 한다. 먼저 서버가 실행중인지 중단되어 있는지를 확인한다. [Servers] 뷰의 [Tomcat v10.1 Server at localhost]가 "Tomcat v10.1 Server at localhost [Stoppted, Republish]"로 표시되어 있으면 현재 서비스가 중단된 상태라는 의미이다.

서비스를 실행하기 위해서 "Tomcat v10.1 Server at localhost [Stoppted, Republish]"을 선택하고 [Servers] 뷰 ▶ [Start the Server] 아이콘을 클릭한다.

▲ 톰캣 서버 서비스 시작하기 1

05 그러면 화면의 제어가 [Console] 뷰로 넘어가 서비스에 필요한 파일들을 로딩한 후 제어가 다시 [Servers] 뷰로 돌아오며, 톰캣 서버가 "Tomcat v10.1 Server at localhost [Started, Synchronized]"로 변경된 것을 확인할 수 있다. 이것은 톰캣 서버가 현재 서비스 중이라는 의미이다. 처음 실행 시 액세스 허용 여부를 묻는 창이 표시되면 [액세스 허용] 버튼을 클릭한다.

▲ 톰캣 서버 서비스 시작하기 2

06 이클립스에서 웹 페이지 실행 브라우저를 설정할 수 있으며, 여기서는 실행의 편의성을 위해서 내장 브라우저로 실행을 설정한다. 내장 브라우저 설정은 [Window]-[Web Browser]-[Internal Web Browser] 메뉴를 선택한다.

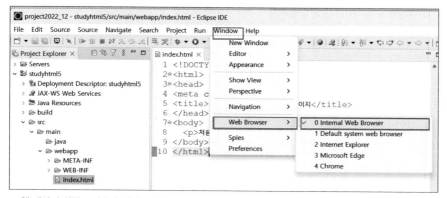

▲ 웹 페이지 실행 브라우저 설정

**07** 서버가 실행되면 [webapp] 폴더의 index.html 페이지를 선택한 후 마우스 오른쪽 버튼을 클릭해서 [Run As]−[Run on Server] 메뉴를 선택한다.

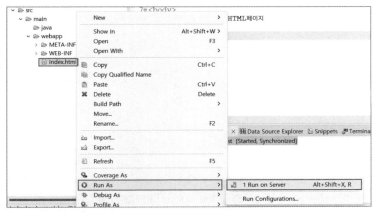

▲ index.html 페이지 실행 1

**08** [Run on Server] 창이 표시되면 [Tomcat v10.1 Server at localhost] 항목을 선택하고 [Always use this server when running this project] 항목에 체크 후 [Finish] 버튼을 클릭한다. [Always use this server when running this project] 항목에 체크를 하면 다시는 서버 선택을 묻지 않고 실행된다.

▲ index.html 페이지 실행 2

**09** index.html 페이지가 이클립스 자체 내장 웹 브라우저에서 실행되어 표시된다.

▲ index.html 페이지 실행 3

 **이클립스에서 톰캣 서버 내리기**

톰캣 서버가 서비스되고 있는 상태에서 "Tomcat v10.1 Server at localhost [Started, Synchronized]"를 선택하고 [Servers] 뷰 ■ [Stop the Server] 아이콘을 클릭한다.

▲ 이클립스에서 톰캣 서버 내리기

 **웹 사이트 배포-WAR**
- 웹 사이트 공유(기관 서버로 올림)
  - 자바 기반의 프로젝트 배포
  - 자바 프로젝트 : JAR file
  - 웹 프로젝트 : WAR file
  - 안드로이드 프로젝트 : APK file

1. 웹 프로젝트를 WAR로 배포 : 웹 사이트
  - WAR 파일의 목적 : 실제 환경에서 서비스
  - WAR 파일의 내용 : 작성한 웹 사이트 전체를 가진 파일
  - 주의사항 : 톰캣 서버를 내린 후 한다.
  가. 작성 방법
    - 배포할 프로젝트에서 마우스 오른쪽 버튼 클릭해서 [Export]-[WAR file] 메뉴
    - [WAR] 창에서 [destination] 항목에 경로(예 : C:₩apache-Tomcat-10.1.5₩webapps)
      를 지정하고, [Overwrite exist file] 항목을 체크하고 [Finish] 버튼 클릭
  나. 실환경에서 실행 :
    - 톰캣홈₩bin의 startup.bat 실행
    - 웹 브라우저에서 다음 페이지 실행
      http://127.0.0.1:8080/studyhtml5

2. 이클립스 가상 환경과 실제 서비스 환경
    - 프로젝트를 이클립스 가상 환경에서 테스트한 후 개발자의 실제 서비스 환경에 테스트한
      다. 이 테스트가 성공하면 기관의 서버로 올림(FTP 사용해서 업로드).
  가. 이클립스 가상 환경 : 이클립스에서 웹 서비스 환경을 제공
    • [Project Explorer] 뷰의 [Server] 항목
  ① web.xml
    - 웹 서버가 관리하는 모든 웹 사이트에 공통적인 사항을 세팅
       특정 확장자 파일을 열 것인지 다운할 것인지 결정
    - cf) [-[프로젝트]-[src]-[main]-[webapp]-[WEB-INF] : web.xml
      특정 프로젝트의 환경 설정 : 에러 페이지 제어, 커넥션 풀 사용, 커스텀 태그 사용 등
  ② context.xml : 커넥션 풀 설정
    - 커넥션 풀 : 웹 페이지의 로딩 속도를 빠르게 함
    - 탐색기에서는 워크스페이스(c:₩project)의 [.meta] 폴더
    - 이클립스에서 프로젝트 환경에 문제 발생시- 워크스페이스를 새로 만들고 기존 프로젝
      트를 새 워크스페이스로 가져옴
  나. 실제 서비스 환경
    • 가상환경에서 만든 사이트를 실환경에서 어떻게 실행 : WAR 파일
  ① 개발자 PC의 톰캣 홈
    - 탐색기에서 폴더로 존재(C:₩apache-Tomcat-10.1.5)
    - 톰캣 홈 ₩conf 폴더 : web.xml, context.xml
    - 웹 서버가 관리하는 모든 웹 사이트에 공통적인 사항을 세팅
    - [Project Explorer] 뷰의 [Server] 항목에서 하는 일과 같음
  ② 우리 기관의 실제 서버의 홈
    - 기관 서버의 홈

**참고** 이클립스 프로젝트의 실행에 문제가 발생하거나 잘되던 프로젝트에 갑자기 에러가 표시되는 이유
  • 원인 : 빌드시(컴파일하고 배치될 때) 오류 발생
  • 해결 : 방법1 - [project]-[clean project] 메뉴 사용
          방법2 - 이클립스 재기동

# 02 | 클라우드 기반의 코드 학습 및 테스트 사이트를 사용한 웹 프로그래밍

통합 개발 환경 이클립스 기반에서 웹 사이트 구축방식은 자바, 톰캣, 이클립스 순으로 설치할 프로그램이 많아 처음 학습하는 경우 세팅할 때 고생을 한다. 더욱이 각각의 프로그램들은 버전 및 운영체제에 따라 설치되는 프로그램이 다르다. 단순히 HTML 기반의 웹 프로그래밍을 이해하고 학습하는 초보자들에게는 매우 어려운 과정이다. 설치와 회원가입 등을 하지 않고 클라우드 기반의 코드 학습 및 테스트를 제공하는 사이트를 이용해서 책의 내용을 학습할 수도 있다.

클라우드 기반의 코드 학습 및 테스트를 제공하는 사이트는 다양하다. 이중에서 과금이나 회원가입 없이 사용할 수 있는 대표적인 사이트에 w3schools.com(https://www.w3schools.com/default.asp)과 jsbin.com(https://jsbin.com/)이 있다.

## 1 w3schools.com

w3schools.com은 온라인 웹 프로그래밍 학습 사이트로 HTML, CSS, JavaScript는 물론 C, JAVA, Python 등의 범용 프로그래밍 및 서버 사이드 프로그래밍, 인공지능 프로그래밍 학습을 제공한다.

▲ w3schools.com 사이트

## (1) w3schools.com 사이트 사용

w3schools.com 사이트의 [tutorials]에서 프로그래밍 언어 선택하고 코딩한다. HTML 코딩은 홈 화면에서도 할 수 있다.

❶ https://www.w3schools.com/의 홈 화면에서 스크롤을 내려서 [HTML] 항목으로 이동한 후 [Try it Yourself] 버튼을 클릭한다.

▲ w3schools.com 사이트 사용 1

❷ 왼쪽은 소스코드 입력 창, 오른쪽은 실행 결과 창이 표시된다. 소스코드를 수정한 후 [Run] 버튼을 클릭하면 수정된 내용으로 결과가 실행된다. 코드에 추가할 내용은 다음 과 같다.

> ⟨title⟩처음으로 작성하는 HTML페이지⟨/title⟩
> ⟨p⟩처음으로 작성하는 HTML페이지

▲ w3schools.com 사이트 사용 2

w3schools.com 사이트에서 작성한 코드는 직접 다운로드되지 않으며, 소스코드를 복 사해서 다른 툴에서 사용할 수 있다.

jsbin 사이트는 클라이언트 사이드 웹 프로그래밍 코딩 기능을 제공하며, 웹 페이지 작성에서 개발 툴의 사용이 번거로운 경우 사용하면 좋다. 코딩과 동시에 결과가 바로 표시되는 구조로 코드를 다운로드 받을 수 있으며, 라이브러리 추가도 쉽다.

▲ jsbin 사이트

## (1) https://jsbin.com/ 사이트 사용

jsbin 사이트에서 CSS나 JavaScript를 입력할 때는 [HTML] 영역에서 같이 입력해도 되고, [CSS] 클릭 후 [CSS] 영역에서 코딩하거나 [JavaScript] 클릭 후 [JavaScript] 영역에서 코딩해도 된다. 코드 입력과 동시에 [Output]에 결과가 표시된다.

**01** https://jsbin.com/의 홈 화면에서 [×] 버튼을 클릭, 코드 영역을 넓힌다.

▲ jsbin사이트 사용 1

02 왼쪽 HTML 소스코드 입력 창에 소스코드를 수정하면, 수정된 내용으로 결과가 실행된다. 코드에 추가할 내용은 다음과 같다.

⟨title⟩처음으로 작성하는 HTML페이지⟨/title⟩
⟨p⟩처음으로 작성하는 HTML페이지

▲ jsbin사이트 사용 2

03 소스코드를 다운로드하려면, [File]–[Save snapshot] 메뉴를 선택해서 소스코드를 저장한 후 [File]–[Download] 메뉴를 클릭한다.

▲ jsbin사이트 사용 3

▲ jsbin사이트 사용 4

학습에 사용할 툴은 이클립스 또는 클라우드 기반의 툴을 사용해도 된다. 자신에게 편한 툴을 사용해서 3장부터 학습한다.

**구글 크롬 브라우저 설치**

- 크롬은 html5 권고안을 가장 잘 반영한 브라우저
- 구글 크롬 다운로드 및 설치 : https://www.google.com/chrome/ 로 이동 후 [Chrome 다운로드] 버튼 클릭, 설치 진행
- 크롬 개발자 도구 사용
  - [크롬 개발자 도구] 표시 : Ctrl + Shift + I
  - [크롬 개발자 도구] 해제 : [크롬 개발자 도구]가 표시된 상태에서 Ctrl + Shift + I

**크롬에 Web Developer 확장 프로그램 설치**

- Web Developer 확장프로그램은 웹 페이지에 HTML, CSS 등의 기능을 선택적으로 끄거나 해서 문서 구조를 이해하기 좋음
  - 크롬 브라우저에서 [Chrome 웹 스토어] 선택 또는 https://chrome.google.com/webstore/category/extensions?hl=ko
  - Web Developer 입력 후 검색
  - 확장 프로그램 Web Developer 추가 설치

## 학습 정리

**1** 이클립스 사용에 필요한 JDK(Java Development Kit) 다운로드, 설치 및 환경 변수 설정

- JDK를 다운로드 받아 설치하고 환경 변수를 설정한 다음, JDK의 환경 변수 설정이 제대로 되었는지를 확인하는 일련의 작업 수행
- JDK 다운로드 – https://www.oracle.com/java/technologies/downloads/
- JDK 설치 – 다운로드 받은 파일 더블클릭해서 설치
- 자바 환경 변수 설정 – PATH, JAVA_HOME 환경 변수 설정
- 자바 환경 변수 설정 확인 – 명령 프롬프트에서 javac, java 명령어 실행

**2** 웹 컨테이너 톰캣(Tomcat) 다운로드, 설치 및 환경 변수 설정

- 웹 컨테이너인 톰캣을 다운로드 받아 설치 후 환경 변수를 설정
- 톰캣 다운로드 – http://Tomcat.apache.org/
- 톰캣 설치 – 다운로드 받은 파일 압축 해제
- 톰캣 환경 변수 – CATALINA_HOME 환경 변수 설정
- 톰캣 서비스 실행/중단 – startup.bat 파일을 실행해서 서비스 실행, shutdown.bat 파일을 실행해서 서비스 중단

**3** 통합개발 환경 이클립스(Eclipse) 다운로드, 설치 및 실행

- 통합개발환경 이클립스를 다운로드 및 설치하고 이클립스에서 애플리케이션을 개발하기 위한 환경 설정 수행
- 이클립스 다운로드 – http://www.eclipse.org/downloads
- 이클립스 설치 – 다운로드 받은 파일 압축 해제
- 이클립스 실행 – eclipse.exe 더블 클릭
- 워크스페이스의 인코딩은 utf-8로 지정

**4** 이클립스에서 웹 애플리케이션 작성

- 웹 서버를 설정하고 동적 웹 프로젝트를 작성한 다음 웹 페이지 작성
- 웹 서버 작성 – [File]–[New]–[Other] 메뉴
- 동적 웹 프로젝트 작성 – [File]–[New]–[Project] 메뉴
- 톰캣 서버에 동적 웹 프로젝트 추가 – [Servers] 뷰의 [Tomcat v10.1 Server at localhost ~] 에서 마우스 오른쪽 버튼을 눌러 표시되는 메뉴에서 [Add and Remove...] 메뉴
- HTML 페이지와 CSS의 인코딩은 utf-8로 지정
- HTML 페이지 작성 – [New]–[HTML File] 메뉴

**5** 클라우드 기반의 코드 학습 및 테스트 사이트를 사용한 웹 프로그래밍

- 회원가입 없이 사용할 수 있는 대표적인 사이트에 w3schools.com(https://www.w3schools.com/default.asp)과 jsbin.com(https://jsbin.com/)이 있음

# 3 문서를 구조화하는 HTML

HTML태그와 HTML5는 서로 다른 것이 아니다. HTML5는 기본적인 HTML 문서를 좀 더 간결하고 구조적으로 표현하기 위한 것으로 간결한 표현을 위해서 CSS와 중복되는 속성은 제거하고, 구조적인 표현을 위해서 추가되는 태그를 제공한다. 현재는 둘의 구분 없이 그냥 HTML 태그로 지칭된다. 여기서는 기본적인 HTML의 개요와 기본 태그 및 주요 태그에 대해서 살펴본다.

• 학습 목표 •

1. HTML 문서 구조와 기본 태그를 알 수 있다.
2. HTML 주요 태그를 사용할 수 있다.

# 01 | HTML 개요 및 기본 태그

여기서는 HTML 문서의 기본적인 사항과 자주 사용되는 기본 태그를 살펴본다.

## 1 ▶ HTML 개요

■ HTML은 마크업 언어(markup language)로 웹 문서를 작성하며, 태그를 사용해서 문서의 구조 등을 기술하는 언어이다.

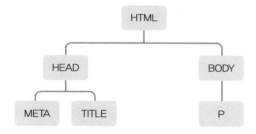

■ 마크업 언어는 마크업 태그들로 이루어져 있으며, HTML 문서는 HTML 태그로 작성된다.

```
<!DOCTYPE html>
<html>
<head>
<meta charset="UTF-8">
<title>처음으로 작성하는 HTML페이지</title>
</head>
<body>
   <p>처음으로 작성하는 HTML페이지
</body>
</html>
```

■ 각각의 HTML 태그는 문서 내에서 다른 내용을 기술한다.
- ⟨!DOCTYPE⟩ 태그 : 현재의 문서를 HTML 문서로 선언한다.
- ⟨html⟩ ⟨/html⟩ 태그 : ⟨html⟩과 ⟨/html⟩ 사이에 html 문서를 작성한다.

- ⟨head⟩ ⟨/head⟩ 태그 : ⟨head⟩과 ⟨/head⟩ 사이에 인코딩, 키워드, 뷰포트 등의 문서에 대한 정보를 제공한다.
- ⟨title⟩ ⟨/title⟩ 태그 : ⟨title⟩과 ⟨/title⟩ 사이에는 문서의 제목을 쓴다.
- ⟨body⟩ ⟨/body⟩ 태그 : ⟨body⟩과 ⟨/body⟩ 사이에는 화면에 표시되는 문서의 내용을 쓴다.
- ⟨h1⟩ ⟨/h1⟩ 태그 : ⟨h1⟩과 ⟨/h1⟩에는 제목 또는 주제를 쓴다.
- ⟨p⟩ ⟨/p⟩ 태그 : ⟨p⟩과 ⟨/p⟩ 사이에는 문단의 내용을 쓴다.

■ HTML 태그는 태그 이름을 ⟨,⟩(angle bracket : 앵글 브라켓)으로 둘러싸서 표현한다.

> ⟨태그 이름⟩내용⟨/태그 이름⟩

- HTML 태그는 ⟨p⟩, ⟨/p⟩와 같이 일반적으로 쌍으로 기술한다. 물론 ⟨br⟩ 태그와 같은 단독 태그도 있다.
- ⟨태그 이름⟩내용⟨/태그 이름⟩에서 ⟨태그 이름⟩을 시작 태그, ⟨/태그 이름⟩을 종료 태그라 부른다.

html 문서는 웹 브라우저에서 실행한다. 웹 브라우저에는 크롬, 엣지(Edge), 파이어폭스, 사파리 등이 있다. html 문서가 웹 브라우저에서 실행될 때는 화면에 태그 이름은 표시되지 않고 내용 부분에 기술한 것만 표시된다.

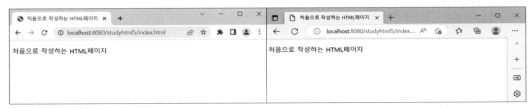

▲ 크롬 브라우저에서 실행　　　　　　　▲ 엣지 브라우저에서 실행

■ HTML 태그에는 어느 태그에나 넣어서 사용할 수 있는 글로벌 속성(보편적인 속성, global attribute)이 있다. 주요 속성은 다음과 같다.

| 글로벌 속성 | 설명 |
|---|---|
| class | 태그에 적용할 스타일의 이름을 지정<br>예 ⟨div class="u_c1"⟩ |
| dir | 내용의 텍스트 방향을 지정. 왼쪽에서 오른쪽으로(기본 값, ltr) 또는 오른쪽에서 왼쪽으로 (rtl) 등과 같이 사용되어 왼쪽 맞춤, 오른쪽 맞춤과 유사한 형태로 표현<br>예 ⟨p dir="rtl"⟩ 내용이 오른쪽에서 왼쪽으로 표시됨. 오른쪽 맞춤⟨/p⟩ |

| 글로벌 속성 | 설명 |
|---|---|
| id | 태그에 유일한 ID를 부여함. 자바스크립트 제어에서 주로 사용<br>예 〈div id="d1"〉 |
| style | 인라인 스타일시트를 적용하기 위해 사용<br>예 〈p style="color:red;text-align:center"〉하하하〈/p〉 |

**실습**  **[ch03] 폴더 작성**

이 장에서 학습하는 예제들을 관리하는 [ch03] 폴더를 작성한다. 웹 페이지를 관리하는 [studyhtml5] 프로젝트의 [src]-[main]-[webapp] 폴더(이하 [webapp] 폴더)에 [ch03] 폴더를 생성한다.

**01** [studyhtml5] 프로젝트의 [webapp] 폴더에서 마우스 오른쪽 버튼을 클릭한 후 [New]-[Folder] 메뉴를 선택한다.

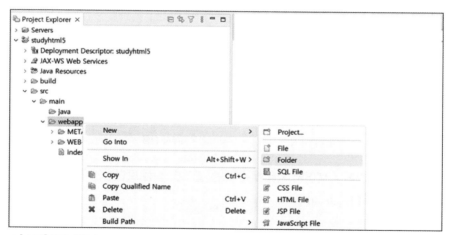

▲ [ch03] 폴더 생성 1

02 [New Folder] 창이 표시되면 [Enter or select the parent folder] 항목의 값이 [studyhtml5/src/main/webapp]인지 확인 후 [Folder name] 항목에 "ch03"를 입력하고 [Finish] 버튼을 클릭한다.

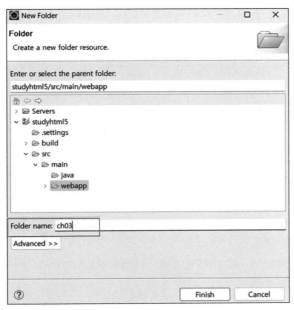

▲ [ch03] 폴더 생성 2

03 [Project Explorer] 뷰에서 [webapp] 폴더에 [ch03] 폴더가 생성된 것을 확인할 수 있다.

▲ [ch03] 폴더 생성 3

## 2  HTML 기본 태그

### (1) 〈head〉 태그

html 문서에 대한 정보를 써 놓은 곳으로 이 정보는 메타데이터(metadata, 데이터를 설명하는 데이터)로 표현한다. html 메타데이터는 실행 시 화면에 표시되지 않는다. html 문서에 대한 데이터로 일반적으로 문서 제목, 스타일, 스크립트 그리고 다른 메타 정보로 정의되며 〈title〉, 〈style〉, 〈meta〉, 〈link〉, 〈script〉, 〈base〉 태그를 사용해서 작성한다.

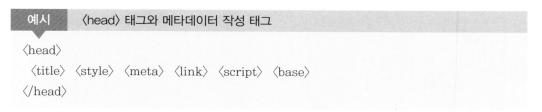

```
〈head〉
  〈title〉 〈style〉 〈meta〉 〈link〉 〈script〉 〈base〉
〈/head〉
```

■ 〈head〉 태그 안에 쓰는 메타데이터 작성 태그
  · 〈title〉 태그 : html 문서 제목을 〈title〉와 〈/title〉 사이에 쓰며, 모든 HTML/XHTML 문서에서 필수적으로 사용되는 태그이다.

  · 〈base〉 태그 : 웹 페이지상의 모든 링크를 위한 기본 주소 또는 기본 대상(타깃)을 지정한다.
  · 〈link〉 태그 : 웹 페이지와 외부 자원간의 관계를 정의하며, 주로 스타일시트 파일(CSS 파일) 링크에 사용한다.

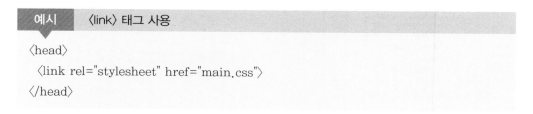

  · 〈meta〉 태그 : html 문서에 대한 메타데이터를 정의하며 주로 페이지 설명, 키워드, 인코딩, 뷰포트, 검색 로봇 차단 등을 설정할 때 사용한다.

- 페이지 설명 : 〈meta name="description"〉로 시작하며 보통 웹 페이지나 웹 사이트에 대한 개괄적인 설명을 기술한다.

> **예시** 〈meta〉 태그 사용
>
> ```
> 〈head〉
>   〈meta name="description" content="테스트를 위한 사이트로..."〉
> 〈/head〉
> ```

- 키워드 사용 : 〈meta name="keywords"〉로 시작하며 검색 엔진 등에서 키워드 검색에 사용할 단어들을 content속성 값에 ,(쉼표)를 써서 나열한다.

> **예시** 〈meta〉 태그 사용
>
> ```
> 〈head〉
>   〈meta name="keywords" content="HTML5, Advanced CSS, JavaScript"〉
> 〈/head〉
> ```

- 인코딩 설정 : 〈meta charset="인코딩 형식"〉로 시작하며 charset 속성의 값으로 인코딩 형식을 지정해서 웹 페이지에 표시되는 문자의 인코딩을 설정한다. 인코딩 형식은 utf-8 사용을 권장한다.

> **예시** 〈meta〉 태그 사용
>
> ```
> 〈head〉
>   〈meta charset="UTF-8"〉
> 〈/head〉
> ```

**실습  템플릿을 사용한 웹 페이지 작성**

이클립스의 템플릿 페이지를 사용하면 기본적인 html 태그, 인코딩 설정 등의 메타 태그를 자동으로 완성해주어서 쉽게 웹 페이지를 작성할 수 있다. 여기서는 html5 템플릿을 사용해서 웹 페이지를 작성한다.

**01** view.html 페이지를 작성하기 위해서 [ch03] 폴더에서 마우스 오른쪽 버튼을 클릭한 후 [New]-[HTML File] 메뉴를 선택한다.

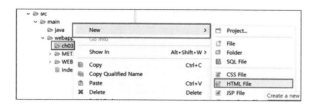

**02** [New HTML File] 창이 표시되면 [Enter or select the parent folder] 항목의 값이 [studyhtml5/src/main/webapp/ch03]인 것을 확인한 후 [File name] 항목에 "view.html"를 입력하고 [Next] 버튼을 클릭한다. [New HTML File] 창에 [Select HTML Template] 화면이 표시되면 템플릿 목록에서 [New HTML File (5)] 항목을 선택하고 [Finish] 버튼을 클릭한다.

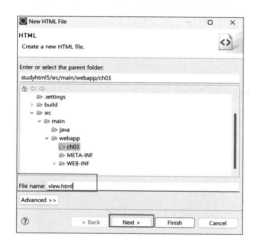

**03** view.html 페이지의 기본적인 코딩이 작성되면 기본적인 html 태그 및 인코딩 설정 등의 메타 태그가 자동 완성된 것을 볼 수 있다.

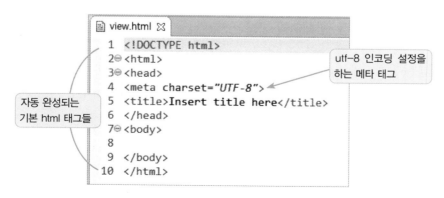

04 웹 페이지의 제목을 test로 변경하고 "연습test"를 화면에 표시하게 수정한 후 저장한다. 수정할 내용은 다른 색으로 표시되어 있다.

```
01  <!DOCTYPE html>
02  <html>
03  <head>
04  <meta charset="UTF-8">
05  <title>test</title>
06  </head>
07  <body>
08    <p>연습test</p>
09  </body>
10  </html>
```

05 [Servers] 뷰의 Tomcat 서버가 시작되지 않았으면 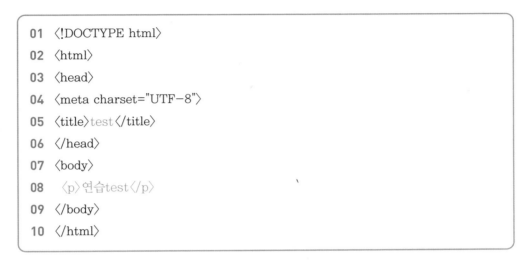[Start the Server] 아이콘을 클릭해서, Tomcat 서버를 시작시킨다.

06 Tomcat 서버가 시작된 것을 확인한 후 [Project Explorer] 뷰의 view.html 파일에서 마우스 오른쪽 버튼을 눌러 [Run As]-[Run on Server] 메뉴를 선택하고 [Finish] 버튼을 누르면 이클립스 내장 브라우저에 실행 결과가 표시된다.

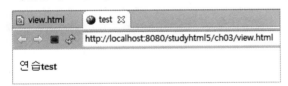

▲ view.html 페이지 실행 결과 – 이클립스 내장 브라우저

07 PC에 설치된 다른 브라우저로 결과를 확인하기 위해서 크롬, 사파리, 엣지 중에서 아무거나 실행시킨다. 브라우저가 실행되면 주소 표시줄에 "http://localhost:8080/studyhtml5/ch03/view.html"를 입력한 후 Enter ↵를 눌러 실행한다.

▲ view.html 페이지 실행 결과 – 크롬 PC브라우저

⑧ 이번에는 모바일 기기에서 웹 페이지가 실행되도록 IP 주소를 얻어낸다. [시작]–[모든 프로그램]–[보조프로그램]–[명령 프롬프트] 메뉴를 실행한다. 명령 프롬프트창이 표시되면 "ipconfig"를 입력하고 Enter↵ 를 누른다.

⑨ [명령 프롬프트] 창에서 [이더넷 어댑터 로컬 영역 연결] 항목의 IPv4(필자의 경우 192.168.xxx.xxx)가 현재 PC의 IP 주소이다. 집에서 사용하는 PC의 IP 주소는 대부분 유동 IP 주소이기 때문에 PC를 껐다가 다시 켜면 IP 주소가 항상 바뀐다. 따라서 모바일 기기에서 테스트하려면 항상 ipconfig 명령어를 사용해서 IP 주소를 얻어내야 한다.

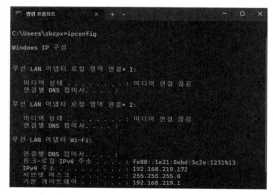

▲ PC의 IP 주소

⑩ 모바일 기기에서 모바일 브라우저 앱(인터넷, Safari, Chrome 등)을 실행하고, 주소 표시줄에 "http://자신의IP:8080/studyhtml5/ch03/view.html"을 입력하고 실행한다. 방화벽이 있는 경우 처음 실행 시 익명의 접근을 허용할지 여부를 묻는 항목이 표시되면 허용한다.

◀ view.html 페이지 실행 결과 – 모바일 Safari 브라우저

모바일 브라우저에서는 작은 화면에 내용을 모두 표시하기 위해서 화면의 내용이 자동으로 축소되어 글씨가 작게 보인다. 이것을 해제하려면 〈meta〉 태그에서 뷰포트를 설정한다.

– **뷰포트 설정** : 〈meta name="viewport"〉로 시작하며 content 속성의 값으로 화면의 내용 확대/축소 배율 등을 지정한다. 뷰포트 설정은 웹 브라우저의 페이지 자동 크기 조정 기능을 중단 시킬 목적으로 사용한다. content 속성의 값을 "width=device-width,initial-scale=1.0"과 같이 지정하면 원래의 크기대로 표시된다.

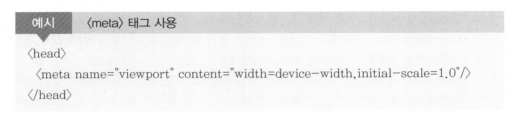

| 예시 | 〈meta〉 태그 사용 |

```
〈head〉
  〈meta name="viewport" content="width=device-width,initial-scale=1.0"/〉
〈/head〉
```

모바일 브라우저에서 웹 페이지를 표시하면 글자가 아주 작게 표시되는 것을 볼 수 있다. 이것은 화면의 내용을 작은 화면에 모두 표시하기 위해서 화면의 크기에 따라 콘텐츠가 자동으로 축소되는 기능이 모바일 기기의 브라우저에 내장되어 있기 때문이다. 이런 브라우저의 페이지 자동 크기 조정 기능을 중단시켜야 글자의 크기가 원래의 크기로 표시된다.

▲ 모바일 브라우저에 표시되는 웹 페이지    ▲ 뷰포트를 사용해서 원래크기로 표시된 웹 페이지

웹 브라우저의 페이지 자동 크기 조정 기능은 〈meta〉 태그에서 뷰포트를 설정하여 조정한다.

## 뷰포트를 지정하는 〈meta〉 태그 사용법

문법

〈meta name="viewport" content="크기지정"/〉

크기 지정에 사용되는 속성 값
- width : 뷰포트의 가로 너비. device-width를 값으로 가장 많이 사용
- height : 뷰포트의 세로 높이. 일반적으로 잘 사용하지 않음
- initial-scale : 내용의 확대/축소의 기본 값을 지정. 0.0~10.0사이의 값을 입력할 수 있으며, 전자정부 권고안은 원래 크기인 1.0
- maximum-scale : 내용을 확대할 수 있는 최대 값 지정. 0.0~10.0사이의 값을 입력할 수 있으며, 전자정부 권고안은 원래 크기인 1.0
- minimum-scale : 내용을 확대할 수 있는 최소 값 지정. 0.0~10.0사이의 값을 입력할 수 있으며, 전자정부 권고안은 원래 크기인 1.0
- user-scalable : 사용자가 손가락을 사용하여 콘텐츠를 직접 확대/축소할 수 있는지 여부를 yes 또는 no로 지정. 기본 값은 yes이며, 전자정부 권고안은 no

사용 예

〈meta name="viewport" content="width=device-width,initial-scale=1.0"/〉

 **참고** **스크린(screen)과 뷰포트(viewport)**
- 스크린 : 브라우저 창
- 뷰포트 : 브라우저에서 문서의 내용이 표시되는 영역

**브라우저의 페이지 자동 크기 조정 기능을 중단 – 뷰포트 설정**

글자가 PC 브라우저이든 모바일브라우저든지 간에 원래의 크기로 표시되도록 뷰포트 설정 코드를 추가하고 템플릿에도 반영한다.

**01** 앞의 예제에서 작성한 view.html 페이지의 5라인에 뷰포트 설정 태그를 추가한 후 저장한다.

```
01  <!DOCTYPE html>
02  <html>
03  <head>
04  <meta charset="UTF-8">
05  <meta name="viewport" content="width=device-width,initial-scale=1.0"/>
06  <title>test</title>
07  </head>
08  <body>
09    <p>연습test
10  </body>
11  </html>
```

**소스코드 설명**

5라인  <meta name="viewport" content="width=device-width,initial-scale=1.0"/>는 화면의 뷰포트를 설정하는 것으로 너비는 기기의 너비 값, 초기의 배율은 콘텐츠의 원래 크기 값인 1.0을 설정했다.

**02** 수정된 view.html을 PC 브라우저와 모바일 브라우저에서 실행한다. PC 브라우저에서는 원래의 크기대로 변함없이 표시되고, 모바일 기기에서는 축소 없이 원래의 크기대로 표시된다.

▲ 뷰포트 설정 후 view.html 페이지 실행 결과 – 이클립스 내장 브라우저

◀ 뷰포트 설정 후 view.html 페이지 실행 결과 – 모바일 Safari 브라우저

**03** 앞으로 작성하는 모든 HTML 페이지에서 내용 자동 축소를 방지하는 코드를 템플릿에 반영하는 설정을 위해서 [Window]−[Preferences] 메뉴를 선택한다.

**04** 왼쪽의 [Web] 항목을 펼쳐서 [HTML Files]−[Editor]−[Template] 항목을 선택한다. [Template] 항목에서 [New HTML File (5)] 항목을 선택하고 [Edit...] 버튼을 클릭한다.

◀ html 페이지에 뷰포트 설정 1

**05** [Edit Template] 창이 표시되면 〈title〉 태그 위에 〈meta name="viewport" content="width=device-width,initial-scale=1.0"/〉을 입력 한 후 [OK] 버튼을 클릭한다. [Preferences] 창의 [Apply and Close] 버튼도 클릭한다.

▲ html 페이지에 뷰포트 설정 2

이제부터 이클립스의 템플릿을 사용해서 생성하는 HTML5 기반의 html 페이지에는 뷰포트가 설정된 〈mata〉 태그가 자동으로 기술된다.

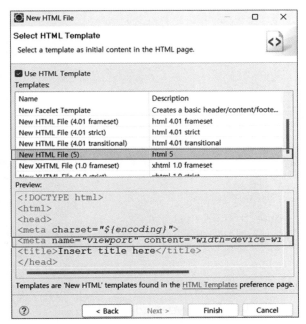

▲ html 페이지의 템플릿에 뷰포트 설정의 추가 확인

- **검색 로봇 차단** : 웹 페이지가 검색되지 않도록 검색 로봇의 접근을 차단할 때는 〈meta name ="robots"〉로 시작한다. 구글 해킹을 방어하기 위해서 구글 검색 로봇만을 차단할 때는 〈meta name="googlebot"〉으로 시작한다.

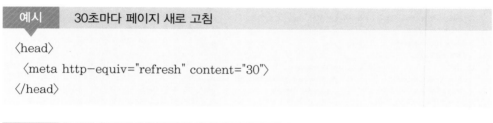

| 예시 | 모든 검색 로봇 차단 |

```
〈head〉
  〈meta name="robots" content="NOINDEX, NOFOLLOW"〉
〈/head〉
```

| 예시 | 구글 검색 로봇 차단 |

```
〈head〉
  〈meta name="googlebot" content="NOINDEX, NOFOLLOW"〉
〈/head〉
```

-페이지 새로 고침 : 〈meta http-equiv="refresh"〉를 사용해서 페이지를 새로 고침 하거나 특
정 페이지로 이동시킬 수 있다.

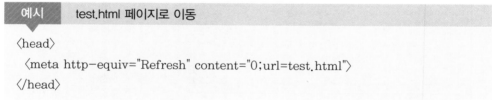

| 예시 | 30초마다 페이지 새로 고침 |

```
〈head〉
  〈meta http-equiv="refresh" content="30"〉
〈/head〉
```

| 예시 | test.html 페이지로 이동 |

```
〈head〉
  〈meta http-equiv="Refresh" content="0;url=test.html"〉
〈/head〉
```

• 〈script〉 태그 : 웹 페이지의 처리를 담당하는 코드인 자바스크립트(클라이언트 사이드 스크립트)를
정의한다. 〈script〉와 〈/script〉 태그 사이에 자바스크립트 코드를 기술한다.

예시 〈script〉 태그 사용 – 화면에 "test"라는
내용을 가진 메시지 상자를 표시

```
<head>
<script>
  alert("test");
</script>
</head>
```

자바스크립트의 사용은 5장에서 자세히 학습한다.

• 〈style〉 태그 : 웹 페이지를 위한 스타일 정보를 정의하며 웹 브라우저에서 HTML 태그를 표현하는 방법을 기술한다. 〈style〉과 〈/style〉 태그 사이에 스타일시트 코드를 기술한다.

예시 〈style〉 태그 사용 – 웹 페이지 배경
색을 파랑으로 지정

```
<head>
 <style>
  body { background-color : blue; }
 </style>
</head>
```

스타일시트의 사용은 4장에서 자세히 학습한다.

## (2) 〈body〉 태그

html 문서의 본문의 시작과 종료를 알려주며, 웹 브라우저의 화면에 보이는 내용은 이곳에서 작성된다. 여러 속성들이 있으나 〈body〉 태그에서 사용하는 속성 중 태그의 표현과 관련된 것으로 html5에서는 이런 속성들은 CSS 파일에서 지정하는 것을 권장한다.

■ 주요 속성
  • background = "이미지 파일명" : 배경으로 사용할 이미지 파일 지정. 태그 표현
  • bgcolor = "RGB 또는 색상명" : 배경색 지정. 태그 표현

• text = "RGB 또는 색상명" : 글자색 지정. 태그 표현

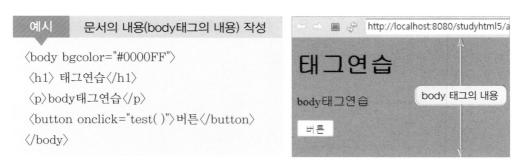

| 예시 | 문서의 내용(body태그의 내용) 작성 |

⟨body bgcolor="#0000FF"⟩
  ⟨h1⟩ 태그연습⟨/h1⟩
  ⟨p⟩body태그연습⟨/p⟩
  ⟨button onclick="test( )"⟩버튼⟨/button⟩
⟨/body⟩

## (3) ⟨p⟩ 태그

문단과 문단 사이를 구분할 때 사용하며 html 문서에서는 특별한 지시를 해주지 않으면 문단을 구분하지 않고 한 문장으로 취급한다. 화면에는 줄 바꿈과 한 줄 띄우기가 합쳐진 형태로 보인다. 속성 중 태그의 표현과 관련된 것은 CSS 파일에서 지정하는 것을 권장한다.

■ 주요 속성
  • align=" left | center | right" : 문단의 정렬. 태그 표현

| 예시 | 문단 구분 |

⟨p⟩ 태그연습⟨/p⟩
⟨p⟩CSS연습⟨/p⟩

## (4) ⟨br⟩ 태그

줄 바꿈을 하는 태그이다. 한 문장을 끝내고 다음 줄부터 시작하며, 종료 태그 없이 단독으로 사용하는 태그이다.

| 예시 | 줄 바꿈 |

리스트1⟨br⟩
리스트2

## (5) 글꼴 속성 태그 ⟨i⟩, ⟨b⟩

⟨i⟩, ⟨b⟩ 태그는 글자를 강조할 때 사용하는 것으로 ⟨i⟩ 태그는 글꼴을 기울임으로 표시

하고, 〈b〉 태그는 글꼴을 진하게 표시한다.

| 예시 | 글꼴의 속성 |
|---|---|

〈b〉사물인터넷〈/b〉(〈i〉IoT〈/i〉)과 〈b〉보안〈/b〉(〈i〉Security〈/i〉)

〈i〉 태그 사용

**사물인터넷**(*IoT*) 과 **보안**(*Security*)

〈b〉 태그 사용

---

| 실습 | 문단 구분 및 글꼴 속성 태그 사용 |
|---|---|

문단 구분 기호, 줄 바꿈 기호 및 글꼴 속성 관련 태그를 사용한 웹 페이지를 작성한다.

**실행 결과**

📄 htmltags01.html    🌐 문단 구분 및 글꼴 속성 태그 사용 ☒

← → ■ ⟳   http://localhost:8080/studyhtml5/ch03/htmltags01.html

**IoT(Internet of Things, 사물인터넷)**
사물에 센서와 통신 기능을 내장하여 인터넷에 연결하는 기술.
네트워크를 사용하기 때문에 해킹의 위험이 높음.
보안이 필수임.

**3D printing(3D 프린팅)**
3차원 물체를 만들어내는 제조 기술.
컴퓨터로 제어되기 때문에 형태를 만들 수 있음.
다른 제조 기술에 비해 쉽게 사용할 수 있음.

▲ htmltags01.html 실행 결과

**01** htmltags01.html 페이지를 작성하기 위해서 [ch03] 폴더에서 마우스 오른쪽 버튼을 클릭한 후 [New]-[HTML File] 메뉴를 선택한다.

**02** [New HTML File] 창이 표시되면 [File name] 항목에 "htmltags01.html"를 입력하고 [Next] 버튼을 클릭한다.

**03** [New HTML File] 창에 [Select HTML Template] 화면이 표시되면 템플릿 목록에서 [New HTML File (5)] 항목을 선택하고 [Finish] 버튼을 클릭한다.

**04** htmltags01.html 페이지의 기본적인 코딩이 작성되면 내용을 수정한 후 저장한다.

```
01  <!DOCTYPE html>
02  <html>
03  <head>
04  <meta charset="UTF-8">
05  <meta name="viewport" content="width=device-width,initial-scale=1.0"/>
06  <title>문단 구분 및 글꼴 속성 태그 사용</title>
07  </head>
08  <body>
09   <p>
10    <b>IoT(Internet of Things, 사물인터넷)</b><br>
11    사물에 센서와 통신 기능을 내장하여 인터넷에 연결하는 기술.<br>
12    네트워크를 사용하기 때문에 해킹의 위험이 높음.<br>
13    보안이 필수임.<br>
14   </p>
15   <p>
16    <b>3D printing(3D 프린팅)</b><br>
17    3차원 물체를 만들어내는 제조 기술.<br>
18    컴퓨터로 제어되기 때문에 형태를 만들 수 있음.<br>
19    다른 제조 기술에 비해 쉽게 사용할 수 있음.
20   </p>
21  </body>
22  </html>
```

05 Tomcat 서버가 시작된 것을 확인한 후 [Project Explorer] 뷰의 htmltags01.html 파일에서 마우스 오른쪽 버튼을 눌러 [Run As]-[Run on Server] 메뉴를 선택하고 [Finish] 버튼을 누르면 이클립스 내장 브라우저에 실행 결과가 표시된다.

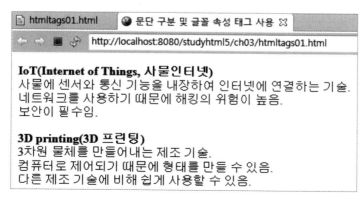

◀ htmltags01.html 실행 결과

## (6) ⟨img⟩ 태그

웹 페이지에 이미지를 삽입할 때 사용한다. 속성 중 태그의 표현과 관련된 것은 CSS 파일에서 지정하는 것을 권장한다.

### ■ 주요 속성

- src = "파일 이름" : 표시할 이미지 파일의 경로를 포함한 이름을 입력한다. 필수 속성으로 반드시 사용한다.
- align = "left | right | top | middle | bottom" : "left | right"은 글자가 같이 표시될 경우 그림이 표시되는 위치를 지정하고, "top | middle | bottom"은 그림과 같이 표시될 문자의 수직 위치. 태그 표현
- border = "n" : 이미지 테두리의 두께. 태그 표현
- width = "n" : 이미지의 가로길이. 태그 표현
- height = "n" : 이미지의 세로길이. 태그 표현
- alt = "대신할 문자" : 이미지가 표시되지 못할 경우 대신 표시할 메시지 지정

| 예시 | 이미지 표시 |
| --- | --- |

⟨img src="picture1.png" ⟩그림1⟨br⟩
⟨img src="picture2.png" width="30" height="40"align="middle"⟩그림2

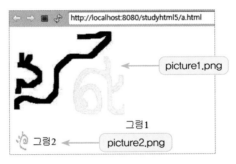

| 예시 | 인터넷상의 이미지 표시 |
| --- | --- |

⟨img src="http://localhost:8080/
studyhtml5/logo3.png" ⟩

이미지를 포함 시키는 태그를 사용한 웹 페이지를 작성한다.

**실행 결과**

◀ htmltags02.html 실행 결과

**01** 자료 파일의 [images] 폴더에 있는 p1_s.png, p2_s.png 파일을 복사해서 [ch03] 폴더에 붙여넣기한다.

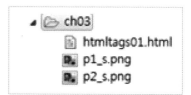

**02** htmltags02.html 페이지를 작성하기 위해서 [ch03] 폴더에서 마우스 오른쪽 버튼을 클릭한 후 [New]-[HTML File] 메뉴를 선택한다.

**03** [New HTML File] 창이 표시되면 [File name] 항목에 "htmltags01.html"를 입력하고 [Next] 버튼을 클릭한다.

**04** [New HTML File] 창에 [Select HTML Template] 화면이 표시되면 템플릿 목록에서 [New HTML File (5)] 항목을 선택하고 [Finish] 버튼을 클릭한다.

**05** htmltags02.html 페이지의 기본적인 코딩이 작성되면 기본적인 html 태그 및 인코딩 설정 등의 메타 태그가 자동 완성된 것을 볼 수 있다. 내용을 수정한 후 저장한다.

```
01  <!DOCTYPE html>
02  <html>
03  <head>
04  <meta charset="UTF-8">
05  <meta name="viewport" content="width=device-width,initial-scale=1.0"/>
06  <title>이미지 포함 페이지</title>
07  </head>
08  <body>
09   <p>
10     <img src="p1_s.png">이미지 1
11   </p>
12   <p>
13     <img src="p2_s.png">이미지 2
14   </p>
15  </body>
16  </html>
```

06 Tomcat 서버가 시작된 것을 확인한 후 [Project Explorer] 뷰의 htmltags02.html 파일에서 마우스 오른쪽 버튼을 눌러 [Run As]–[Run on Server] 메뉴를 선택하고 [Finish] 버튼을 누르면 이클립스 내장 브라우저에 실행 결과가 표시된다.

◀ htmltags02.html 실행 결과

## (7) 리스트 태그와 〈a〉 태그

### 1 리스트 태그

목록을 만들 때 사용하며, 순서 없는 리스트는 〈ul〉 태그를 사용하고 순서 있는 리스트는 〈ol〉 태그를 사용한다. 목록의 내용인 아이템은 〈li〉 태그에 기술한다.

| 〈ul〉 태그 리스트 | | 〈ol〉 태그 리스트 | |
|---|---|---|---|
| 코드 | 결과 | 코드 | 결과 |
| 〈ul〉<br>　〈li〉LOL〈/li〉<br>　〈li〉WOW〈/li〉<br>〈/ul〉 | • LOL<br>• WOW | 〈ol〉<br>　〈li〉LOL〈/li〉<br>　〈li〉WOW〈/li〉<br>〈/ol〉 | 1. LOL<br>2. WOW |

최근에는 리스트 태그를 메뉴를 만들 때 주로 〈ul〉 태그를 〈a〉 태그와 함께 사용한다. 헤더 영역에서 내비게이션 바(메뉴)를 작성할 때 사용한다.

```
〈header〉〈!-- 로고, 메뉴(내비게이션) --〉
  〈p〉헤더〈/p〉
  〈nav〉
   〈ul〉
    〈li〉〈a href="#"〉낮잠〈/a〉
    〈li〉〈a href="#"〉TV시청〈/a〉
   〈/ul〉
  〈/nav〉
〈/header〉
```

리스트 태그와 〈a〉 태그를 결합한 예제는 [ch03] 폴더에 htmltags05.html 파일로 제공한다.

### 2 〈a〉 태그

하이퍼링크(또는 링크)를 사용해서 이동할 페이지 또는 이동할 위치를 지정할 때 사용한다. 속성 중 태그의 표현과 관련된 것은 CSS 파일에서 지정하는 것을 권장한다.

■ **주요 속성**

· href ="이동할 페이지 또는 위치" : 다른 문서로 이동 또는 같은 문서 내의 특정 위치로 이동할 때 사용함. 필수 속성으로 반드시 사용한다.

–다른 문서로 이동할 때 : 이동할 페이지명을 기술

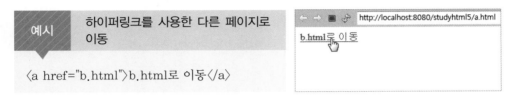

| 예시 | 하이퍼링크를 사용한 다른 페이지로 이동 |
| --- | --- |

〈a href="b.html"〉b.html로 이동〈/a〉

–같은 페이지 내의 특정위치로 이동할 때 : "#위치명"과 같이 위치명에 #을 같이 기술

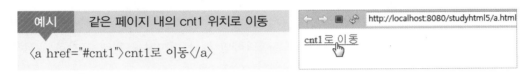

| 예시 | 같은 페이지 내의 cnt1 위치로 이동 |
| --- | --- |

〈a href="#cnt1"〉cnt1로 이동〈/a〉

· target = "_blank" : 이 속성을 생략하면 현재의 창에 링크된 페이지의 내용을 표시하고, 속성 값으로 _blank를 사용하면 새 창에 링크된 페이지의 내용을 표시한다.

| 예시 | 하이퍼링크를 사용한 다른 페이지로 이동 |
| --- | --- |

〈a href="b.html"〉b.html로 이동〈/a〉〈
〈a href="b.html" target="_blank"〉새창을 열어서 b.html로 이동〈/a〉

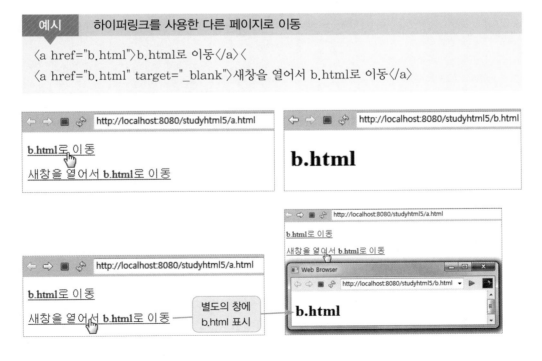

별도의 창에
b.html 표시

- name = "위치명" 또는 id="ID명" : 같은 페이지로 이동하는 하이퍼링크의 경우 같은 페이지 내의 이동 위치를 표시하기 위해 이 속성을 사용한다. html5부터는 name 속성이 폐기되어 id 속성을 사용한다.

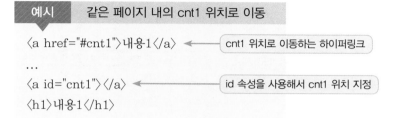

예시   같은 페이지 내의 cnt1 위치로 이동

〈a href="#cnt1"〉내용1〈/a〉 ← cnt1 위치로 이동하는 하이퍼링크

…

〈a id="cnt1"〉〈/a〉 ← id 속성을 사용해서 cnt1 위치 지정

〈h1〉내용1〈/h1〉

---

**실습**   이미지를 클릭하면 다른 html 페이지로 이동하는 페이지 작성

htmltags03.html 페이지의 이미지를 클릭하면 해당 이미지를 원래 크기로 표시하는 img_cont.html 페이지로 이동하는 웹 페이지를 작성한다.

**실행 결과**

▲ htmltags03.html 실행 결과      ▲ img_cont.html 실행 결과

**01** 자료 파일의 [images] 폴더에 있는 picture2.png 파일을 복사해서 [Webcontent]–[ch03] 폴더에 붙여넣기한다.

**02** htmltags03.html 페이지를 작성하기 위해서 [ch03] 폴더에서 마우스 오른쪽 버튼을 클릭한 후 [New]–[HTML File] 메뉴를 선택한다.

**03** [New HTML File] 창이 표시되면 [File name] 항목에 "htmltags03.html"를 입력하고 [Next] 버튼을 클릭한다.

**04** [New HTML File] 창에 [Select HTML Template] 화면이 표시되면 템플릿 목록에서 [New HTML File (5)] 항목을 선택하고 [Finish] 버튼을 클릭한다.

**05** htmltags03.html 페이지의 기본적인 코딩이 작성되면 내용을 수정한 후 저장한다.

```
01  <!DOCTYPE html>
02  <html>
03  <head>
04  <meta charset="UTF-8">
05  <meta name="viewport" content="width=device-width,initial-scale=1.0"/>
06  <title>페이지 이동</title>
07  </head>
08  <body>
09   <a href="img_cont.html">
10     <img src="picture2.png" width="60" height="70"></a>
11  </body>
12  </html>
```

**소스코드 설명**

9~10라인    <img> 태그로 picture2.png 이미지를 표시하고, 이 이미지에 <a> 태그를 사용해서 img_cont.html로 이동하는 코드를 작성했다.

**06** img_cont.html 페이지를 [New]-[HTML File] 메뉴를 사용해서 같은 방법으로 생성하고 내용을 수정한 후 저장한다.

```
01  <!DOCTYPE html>
02  <html>
03  <head>
04  <meta charset="UTF-8">
```

```
05  〈meta name="viewport" content="width=device-width,initial-scale=1.0"/〉
06  〈title〉원래크기 이미지〈/title〉
07  〈/head〉
08  〈body〉
09   〈img src="picture2.png"〉
10  〈/body〉
11  〈/html〉
```

**07** Tomcat 서버가 시작된 것을 확인한 후 [Project Explorer] 뷰의 htmltags03.html 파일에서 마우스 오른쪽 버튼을 눌러 [Run As]-[Run on Server] 메뉴를 선택하고 [Finish] 버튼을 누르면 이클립스 내장 브라우저에 실행 결과가 표시된다.

**08** htmltags03.html 페이지가 표시된 후 이미지를 클릭하면 원래 크기의 이미지를 표시하는 img_cont.html 페이지가 실행된다.

▲ htmltags03.html 실행 결과

▲ img_cont.html 실행 결과

## (8) 테이블 관련 태그

### 1 〈table〉 태그

표를 작성하는 태그이다. 〈table〉 태그는 표 영역만을 설정하는 태그이며 표를 이루려면 행, 열을 표시하는 〈tr〉, 〈td〉 태그를 사용해야 한다. 〈table〉 태그는 고정 크기의 웹 사이트를 개발하는 경우 사용하는 것이 권장되며, 반응형 웹 사이트와 같이 유동형 구조의 표현에는 거의 사용되지 않는다. 속성 중 태그의 표현과 관련된 것은 CSS 파일에서 지정하는 것을 권장한다.

■ 주요 속성
- align="left | right | center" : 전체 표가 정렬되는 위치 지정. 태그 표현
- bgcolor="색상코드" : 배경색. 태그 표현

- background="배경이미지의 파일명" : 배경이미지. 태그 표현
- border="n" : 테이블의 테두리선의 두께. 태그 표현
- cellspacing="n" : 칸과 칸 사이의 간격. 태그 표현
- cellpadding="n" : 칸의 테두리선과 실제 안에 기록되는 내용과의 간격. 태그 표현
- width="n%" 혹은 "n" : 테이블의 너비. 태그 표현

| 예시 | 표 영역 설정 – 테두리와 가로, 세로 너비를 지정해서 표 영역을 표시 |
| --- | --- |

⟨table border=1 width=200 height=100⟩
⟨/table⟩

표 영역 : 가로 200, 세로 100의 영역을 가짐

## 2 ⟨tr⟩ 태그

표의 행을 정의하는 태그이다. 정의하지 않은 속성은 상위 태그인 ⟨table⟩ 태그에서 지정한 것을 그대로 이어 받는다(상속 받는다). 속성 중 태그의 표현과 관련된 것은 CSS 파일에서 지정하는 것을 권장한다.

■ 주요 속성
- align="left | right | center" : 해당 행의 가로 정렬. 태그 표현
- valign="top | moddle | bottom" : 해당 행의 세로 정렬. 태그 표현
- height="n%" 혹은 "n" : 해당 행의 높이. 행 높이는 주로 ⟨tr⟩ 태그에서 지정함. 태그 표현

| 예시 | 표의 행을 정의 – ⟨td⟩ 사용 전까지 화면에서 볼 수 없음 |
| --- | --- |

⟨table border=1 width=200 height=100⟩
　⟨tr height=70⟩⟨/tr⟩
　⟨tr⟩⟨/tr⟩
⟨/table⟩

## 3 ⟨td⟩ 태그

표의 열 즉, 하나의 셀을 정의하는 태그이다. 정의하지 않은 속성은 상위 태그인 ⟨table⟩ 또는 ⟨tr⟩ 태그에서 상속 받는다. 속성 중 태그의 표현과 관련된 것은 CSS 파일에서 지정하는 것을 권장한다.

■ 주요 속성

- align="left | right | center" : 해당 셀 안의 가로 정렬. 태그 표현
- valign="top | middle | bottom" : 해당 셀 안의 세로 정렬. 태그 표현
- width= "n%" 혹은 "n" : 해당 셀의 너비. 태그 표현
- colspan="n" : n으로 지정한 수만큼 열을 합침. 셀 합치기는 〈td〉 태그에서 지정함.
- rowspan="n" : n으로 지정한 수만큼 행을 합침. 셀 합치기는 〈td〉 태그에서 지정함.

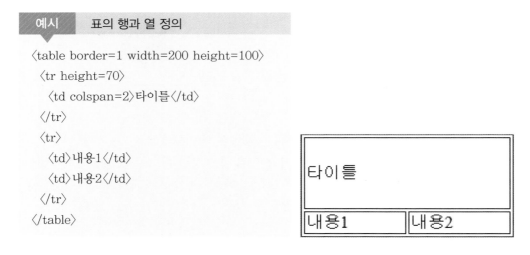

| 예시 | 표의 행과 열 정의 |

```
〈table border=1 width=200 height=100〉
  〈tr height=70〉
    〈td colspan=2〉타이틀〈/td〉
  〈/tr〉
  〈tr〉
    〈td〉내용1〈/td〉
    〈td〉내용2〈/td〉
  〈/tr〉
〈/table〉
```

| 실습 | 테이블을 사용한 페이지 작성 |

테이블을 생성하는 태그를 사용하는 웹 페이지를 작성한다.

실행 결과

▲ htmltags04.html 실행 결과

① 자료 파일의 [images] 폴더에 있는 picture1.png 파일을 복사해서 [Webcontent]-[ch03] 폴더에 붙여넣기한다.

② htmltags04.html 페이지를 작성하기 위해서 [ch03] 폴더에서 마우스 오른쪽 버튼을 클릭한 후 [New]-[HTML File] 메뉴를 선택한다.

③ [New HTML File] 창이 표시되면 [File name] 항목에 "htmltags04.html"를 입력하고 [Next] 버튼을 클릭한다.

④ [New HTML File] 창에 [Select HTML Template] 화면이 표시되면 템플릿 목록에서 [New HTML File (5)] 항목을 선택하고 [Finish] 버튼을 클릭한다.

⑤ htmltags04.html 페이지의 기본적인 코딩이 작성되면 다음과 같이 수정한 후 저장한다.

```
01  <!DOCTYPE html>
02  <html>
03  <head>
04  <meta charset="UTF-8">
05  <meta name="viewport" content="width=device-width,initial-scale=1.0"/>
06  <title>테이블 사용</title>
07  </head>
08  <body>
09   <table border="1">
10      <tr>
11       <td>이미지 </td>
12       <td>이미지 파일명 </td>
13      </tr>
14      <tr>
15       <td><img src="picture1.png"
16          width="90" height="60" border="0"></td>
17       <td>picture1.png</td>
18      </tr>
```

```
19        〈tr〉
20         〈td〉〈img src="picture2.png"
21            width="90" height="60" border="0"〉〈/td〉
22         〈td〉picture2.png〈/td〉
23        〈/tr〉
24       〈/table〉
25   〈/body〉
26   〈/html〉
```

**06** Tomcat 서버가 시작된 것을 확인한 후 [Project Explorer] 뷰의 htmltags04.html 파일에서 마우스 오른쪽 버튼을 눌러 [Run As]−[Run on Server] 메뉴를 선택하고 [Finish] 버튼을 누르면 이클립스 내장 브라우저에 실행 결과가 표시된다.

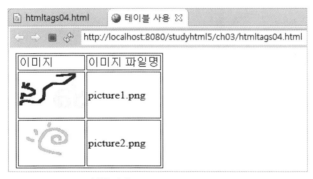

▲ htmltags04.html 실행 결과

## (9) 〈div〉 태그

html 문서에서 영역 또는 구역을 정의한다. 〈div〉 태그는 주로 문서를 구역 별로 나누거나, 스타일시트를 적용할 그룹 영역으로 사용하거나 문서 전체에 스타일시트 적용을 초기화할 때 사용한다. 각 〈div〉 태그는 id 속성을 사용해서 구분하며, 스타일시트는 id 속성 또는 class 속성을 사용하여 적용한다.

 -**문서를 구역 별로 나눌 때** : 문서를 구역별로 나누면 1개 화면의 각각의 구역에 다른 웹 페이지를 로드할 수 있어서 Ajax를 구현할 수 있다.

| 예시 | 문서를 구역별로 나누는 예시 |

```
<div id="header">
  <div id="logo" class="box">
  </div>
  <div id="auth" class="box">
  </div>
</div>
```

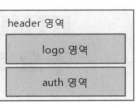

- 스타일시트를 적용할 그룹 영역으로 사용할 때 : 문서의 일부 영역에 스타일시트를 적용하기 위해서
사용한다. 이때 class 속성 또는 id 속성을 사용해서 한다.

| 예시 | 특정 구역에 스타일시트를 적용 |

```
<div id="logo" class="box">
</div>
```

- 문서 전체에 스타일시트 적용 또는 초기화 할 때 : 문서 전체에 적용된 스타일시트를 초기화하거나 문
서 전체에 공통적인 스타일시트를 적용하기 위해서 사용한다. 이때 id 속성을 사용해서 적용한다.

| 예시 | 특정 구역 전체를 초기화 할 때 |

```
<div id="wrapper">
</div>
```

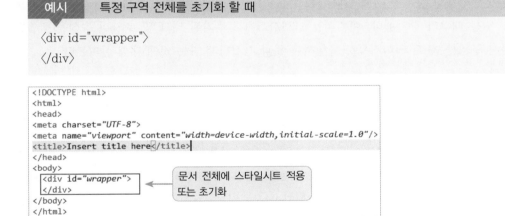

```
<!DOCTYPE html>
<html>
<head>
<meta charset="UTF-8">
<meta name="viewport" content="width=device-width,initial-scale=1.0"/>
<title>Insert title here</title>
</head>
<body>
  <div id="wrapper">
  </div>
</body>
</html>
```

문서 전체에 스타일시트 적용
또는 초기화

> **참고** **html 주석**
> - html 주석은 <!--주석내용-->게 표
> 현하며, 화면에 표시되지 않으나 실행
> 됨. 따라서 html 주석에 실행될 수 있
> 는 코드를 넣지 않도록 주의.

> **참고** **어노테이션(annotation)**
> - 일종의 주석(설명문)
>   - 주석 : 대상 – 사람
>   - 어노테이션 : 대상 – 사람, 시스템
>     ▶ 자바 계열 : @ 기호 사용

# 02 | HTML5 문서 구조 및 주요 태그

여기서는 HTML5의 문서 구조와 추가되거나 제거된 태그들 및 속성들에 대해 학습한다. HTML5는 HTML의 최신 버전으로 웹에서 문서의 내용을 구조화하고 표현하기 위한 마크업 언어(markup language : 태그 등을 사용해서 데이터의 구조를 표기하는 언어)이다. HTML은 웹 페이지를 작성할 때 일반적으로 사용하고 있는 마크업 언어이다. HTML 태그로 표현된 콘텐츠는 인터넷상의 웹 서버에서 다운로드 되어, 브라우저에 의해 해석되어 표시된다. 웹 브라우저상에서 실행되는 클라이언트 사이드 기술에는 자바애플릿, 어도비 플래시, 마이크로소프트 실버라이트 등이 있으나 사실 HTML을 더 많이 사용한다. 웹과 HTML은 같이 탄생했고 같이 발전해 왔다. HTML은 10여 년간의 발전을 통해서 간결해졌고 사용할 수 있는 태그가 증가했다. 여기서는 HTML5에서 추가된 태그 및 추가된 속성을 학습하여 문서 구조를 좀 더 의미적으로 표현하는 것과 간결하게 하는 것에 대해 살펴본다.

## 1 ▶ HTML5 문서 구조

HTML5는 기존의 HTML 태그를 사용하는 것과 같은 방식으로 쓴다. 다만 달라진 점을 좀 더 간결한 방식으로 문서를 표현하기 위해, 태그 기술 방식이 간단해지고 기술할 필요가 없는 속성이 사라졌다는 것이다. 이에 따라 전체적으로 html 문서가 간결해지는 효과를 갖게 되었다. 여기서는 HTML5 태그의 문서 구조를 이해하기 위해 태그의 기술 방법이 어떻게 달라지고 문서 구조를 좀 더 알아보기 쉽게 하는 태그(이것을 시맨틱 태그(semantic tag, 의미적 태그)라 한다.)에 어떤 것들이 추가 되었는지를 살펴본다.

시맨틱 태그(semantic tag)
의미적 태그로, 태그명이 표현하는 데이터를 설명
⑩ 〈id〉1234〈id〉 : 1234라는 값이 ID값이라는 것을 〈id〉 태그만 봐도 알 수 있음.

## (1) HTML5의 간결해진 태그 기술 방법

HTML5에서 문서의 타입, 인코딩 지정, 외부 CSS 링크 및 자바스크립트 코드 기술 등에 사용되는 태그의 기술 방법이 간단해졌다.

• 〈!DOCTYPE〉 태그 : 문서 타입을 선언하는 태그로 html 문서임을 선언하는 부분을 간단하게 기술할 수 있다.

> **예시**     HTML5의 〈!DOCTYPE〉 선언
>
> 〈!DOCTYPE html〉

• 〈meta charset=" "〉 태그 : 〈meta〉 태그에 charset 속성을 사용하면 해당 문서의 문자 인코딩을 지정할 수 있다. 모바일을 고려한 HTML5에서는 문자의 인코딩을 utf-8로 지정할 것을 권장한다. 모든 문자를 표현하기 위한 표준 인코딩이 utf-8 이다.

> **예시**     HTML5 문서의 문자인코딩을 utf-8로 지정
>
> 〈meta charset="utf-8"〉

• 〈link〉 태그 : 외부 CSS(스타일시트)를 현재의 html 문서로 가져오기 위한 링크를 연결할 때 사용한다. HTML5에서는 외부 CSS의 사용이 필요할 경우 〈link〉 태그에 href 속성과 rel 속성만을 써서 사용할 수 있다.

> **예시**     HTML5의 외부 CSS를 링크하는 〈link〉 태그
>
> 〈link href="test.css" rel="stylesheet"〉

• 〈script〉 태그 : 자바스크립트 코드를 기술할 때 쓴다. 코드를 html 문서 내에 직접 쓸 경우 〈script〉〈/script〉 태그 사이에 기술하며, 외부 자바스크립트 파일을 가져와 쓸 경우 〈script src="자바스크립트파일명"〉〈/script〉과 같이 src 속성 값에 파일명을 기입해서 쓴다.

> **예시**     html 문서에 자바스크립트 코드를 직접 기술
>
> 〈script〉
>   //자바스크립트 코드 기술
>   $(document).ready(function( ){ });
> 〈/script〉

> **예시**     html 문서에 외부 자바스크립트 파일을 가져와 쓸 경우
>
> 〈script src="xhrTest1.js"〉〈/script〉

또한 태그를 기술하는 문법이 유연해졌다.

- 태그나 속성을 기술할 때 대소문자 구별 안 함 : 태그나 속성을 기술할 때 대소문자를 구별하지 않는다. 태그를 〈SCRIPT〉 또는 〈script〉와 같이 쓸 수 있다. 속성도 〈link HREF=" "〉 또는 〈link href=" "〉와 같이 쓸 수 있다.

- 경우에 따라 종료 태그 생략 및 단독 태그의 경우 / 생략 가능 : 태그들 중에는 〈p〉〈/p〉와 같이 시작 태그와 종료 태그가 쌍(pair)으로 이루어진 태그들이 있다. 이 경우 종료 태그 〈/p〉를 생략할 수 있다. 물론 〈script〉〈/script〉 태그와 같이 종료 태그 〈/script〉를 생략할 수 없는 태그도 있다. 또한 〈br〉과 같은 단독 태그의 경우 〈br/〉과 같이 태그의 종료를 알리는 /를 생략하고 〈br〉과 같이 쓸 수 있다.

| 예시 | 경우에 따라 종료 태그 생략 |
| --- | --- |

〈p〉〈/p〉 => 〈p〉로만 기술 가능
〈li〉〈/li〉 => 〈li〉로만 기술 가능

| 예시 | 단독 태그의 경우 /생략 |
| --- | --- |

〈link href="test.css" rel="stylesheet"/〉
〈link href="test.css" rel="stylesheet"〉

- 태그의 속성 값 지정 시 " "(따옴표) 생략 가능 : 속성에 값을 지정할 때 href="test.css" 또는 href=test.css처럼 값에 " "를 지정해도 되고 생략해도 된다. 코드의 바이트 수가 차이 나기 때문에 안 주는 것이 용량이 더 적으나 " "를 쓰는 것이 더 편한 사용자의 경우 써도 된다. 요즘은 모바일 네트워크의 속도도 좋아졌기 때문에 차이가 거의 없다.

| 예시 | 속성 값 지정 |
| --- | --- |

〈link href="test.css" rel="stylesheet"/〉
〈link href=test.css rel=stylesheet/〉

다음은 HTML5 문법에 맞게 작성한 예로, 이클립스 HTML5 템플릿을 사용해서 작성한 예시이다.

```
〈!DOCTYPE html〉
〈html〉
〈head〉
〈meta charset="UTF-8"〉
〈title〉test〈/title〉
〈/head〉
〈body〉
```

```
  〈p〉연습test
〈/body〉
〈/html〉
```

## (2) HTML 페이지의 기술 방식의 변화

   html 문서를 좀 더 구조적으로 표현하기 위해 HTML5에서는 문서 구조에 사용되는 태그가 추가되었다. 따라서 HTML4 기반에서의 문서 구조를 표현하는 태그가 HTML5 기반에서는 달라졌으며, 이것은 웹 페이지의 기술 방식에도 영향을 미쳤다.

   웹 페이지 기술 방식을 설명하기 위해 1개의 웹 페이지를 이루는데 필요한 HTML 웹 페이지, CSS, JavaScript가 HTML4와 HTML5에서 어떤 역할을 하는지에 대해서 알아본다.

### ■ HTML4 기반에서의 웹 페이지 기술 방식

   기존의 HTML4에서의 HTML, CSS, JavaScript의 역할과 기능은 다음과 같다.

   • HTML : 문서의 내용과 구조를 기술하는 곳으로 〈div〉 태그를 사용해 문서 구조의 각 영역을 구분한다. 하나의 웹 페이지를 들여다보면 크게 문서의 헤더 영역(메뉴, 로고, 내비게이션 등의 영역), 내용 영역, 푸터 영역(보안 정책, 찾아오시는 길, 주소 등의 영역)으로 이루어져있다. 이들을 각각 표현할 태그가 없었기 때문에 〈div〉 태그를 사용하여 영역을 표현하고, id 속성을 사용하여 이들을 구분했다.

| 헤더 : 〈div〉 태그 | |
|---|---|
| (내비게이션 : 〈div〉 태그) | |
| 내용 : 〈div〉 태그 | 사이드바 : 〈div〉 태그 |
| 푸터 : 〈div〉 태그 | |

**예시**   HTML4에서 HTML 웹 페이지 작성

```
〈link rel="stylesheet" href="../css/style.css"/〉
〈script srogc="lin.js"〉〈/script〉
…중략…
〈div id="header"〉 〈!--문서의 헤더 영역--〉
  〈div id="nav"〉〈/div〉 〈!--문서의 네비게이션 영역--〉
〈/div〉
〈div id="content"〉〈/div〉 〈!--문서의 내용 영역--〉
〈div id="footer"〉〈/div〉 〈!--문서의 푸터 영역--〉
```

- CSS : 문서를 표현하는 곳으로 HTML 태그로 이루어진 웹 페이지에 디자인을 입혀서 표현한다.
- JavaScript : HTML 웹 페이지에 필요한 작업 처리나 서버에 웹 페이지 요청을 담당한다. 웹 페이지에 필요한 프로그래밍을 하는 곳이다.

■ HTML5 기반에서의 웹 페이지의 문서 구조 기술 방식

HTML5의 변경된 HTML, CSS, JavaScript의 역할과 기능은 다음과 같다.

- HTML : 문서의 내용과 구조를 기술하는 곳으로 문서 구조는 〈header〉, 〈nav〉, 〈section〉, 〈footer〉 태그 등을 사용해서 각각의 영역을 표현한다. 태그만 봐도 어떤 영역인지 바로 알 수 있어 문서의 구조와 가독성이 좋아진다.

| 헤더 : 〈header〉 태그 (네비게이션 : 〈nav〉 태그) | |
|---|---|
| 내용 : 셋 중 하나 사용 〈section〉 태그 〈article〉 태그 〈div〉 태그 | 사이드바 : 〈aside〉 태그 |
| 푸터 : 〈footer〉 태그 | |

 문서의 내용을 표현하는 〈section〉 태그 대신 〈div〉 태그를 사용해도 된다. 뒤에서 학습할 jQuery Mobile에서는 〈section〉 태그가 주로 페이지를 지정(정의)할 때 사용된다.

**예시**　　HTML5에서 HTML 웹 페이지 작성

```
〈link rel="stylesheet" href="../css/style.css"/〉
〈script src="login.js"〉〈/script〉
…중략…
〈header id="header"〉 〈!--문서의 헤더 영역--〉
  〈nav id="nav"〉〈/nav〉〈!--문서의 네비게이션 영역--〉
〈/header〉
〈section id="content"〉〈/section〉〈!--문서의 내용 영역--〉
〈footer id="footer"〉〈/footer〉〈!--문서의 푸터 영역--〉
```

또한 자바스크립트가 담당하던 처리의 일부를 HTML 태그의 속성에서 처리한다(검색어 자동 완성 및 빈 입력란 체크 등).

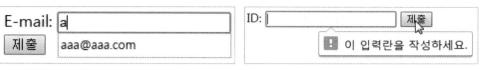

▲ 검색어 자동 완성 예            ▲ 빈 입력란 체크 예

· Advanced CSS : 화면에 HTML 태그를 표현하는 본래의 작업 이외에 포토샵 등과 같은 이미지 처리 프로그램이 하는 작업(이미지의 변형, 그러데이션 등) 및 자바스크립트가 담당하던 처리의 일부 (애니메이션 효과 등)도 수행한다.

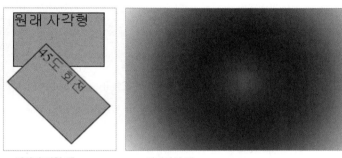

▲ 이미지 변형 예       ▲ 그러데이션 예

· JavaScript : 웹 페이지에 필요한 작업처리나 서버에 웹 페이지를 요청하는 본래의 작업 및 HTML5, CSS에서 처리할 수 없는 기능 등을 담당한다. 예를 들어 플래시(Flash) 게임은 캔버스(Canvas) + 자바스크립트로 대체되어 게임의 작성도 가능하다.

◀ 캔버스로 만든 시계 애니메이션 예

참고 **플래시(Flash)는 HTML5에서는 사용하지 않는다.**
플래시(Flash) 프로그램은 움직이는 애니메이션 효과 때문에 인터넷 배너 등에 많이 사용되었다. 문제는 이 플래시 애니메이션이 웹 브라우저에서 표현하기에는 너무 무겁다는 것이다. PC에서는 그냥 쓸 만했으나 보안의 문제가 야기되고, 모바일에서는 이 무거움과 보안이 약한 점을 무시할 수 없어서 현재는 거의 버려진 프로그램이다. 전자정부표준안에서도 웹 앱과 하이브리드 앱에서는 HTML, CSS, JavaScript를 사용해서 만들도록 권고하고 있다.

HTML5 문서 구조를 표현하기 위해 추가된 태그들과 더 이상 사용되지 않는 태그들을 살펴본다. 또한 프로그래밍 코드를 줄이기 위해 추가된 속성들과 불필요해서 없어진 속성들도 알아본다.

>  **태그(tag)와 엘리먼트(element)**
> 책에서 태그를 태그라고 지칭할 때와 엘리먼트라고 부를 때가 있다. 태그는 태그 자체를 말하며 엘리먼트는 태그를 구조적 문서 개념에서 설명할 때 주로 쓰인다.
> **예** ⟨body⟩ 태그의 경우
> 태그 : ⟨body⟩. 이런 경우 ⟨body⟩ 태그라고 부른다.
> 엘리먼트 : body, ⟨, ⟩를 제외한 태그의 이름 부분에 해당하는 것으로 ⟨body⟩ 태그라고 부른다.

HTML5에 추가된 새로운 태그들은 크게 구조적 문서를 지원하는 시맨틱/구조적 태그(엘리먼트), 웹 폼 태그, 그리고 그래픽/미디어 태그로 구분할 수 있다. 자주 사용되는 태그를 중심으로 살펴본다. (웹 브라우저의 종류나 버전에 따라 지원되지 않는 태그도 있으니 자세한 사항 및 사용법은 http://www.w3schools.com/html/html5_new_elements.asp 을 참조한다.)

## (1) 시맨틱/구조적 태그(엘리먼트)

■ 문서의 영역 구조를 표현 태그들

문서의 영역을 나누는 블록 요소인 ⟨div⟩ 태그를 대체해서 문서를 구조적으로 표현하는 데 사용된다. 기본적으로 다음과 같은 형태로 사용된다.

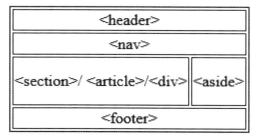

▲ 문서 영역 구조를 표현하는 태그들의 각 영역 위치

① 〈header〉 태그 : 사이트의 소개나 내비게이션 등을 표시
② 〈nav〉 태그 : 사이트의 내비게이션(메뉴) 항목을 표시. 주로 〈header〉 태그에 넣어서 사용한다.

```
〈header id="header"〉
  〈nav id="nav"〉
    〈a href="#intro"〉회사소개〈/a〉
    〈a href="#product"〉제품소개〈/a〉
  〈/nav〉
〈/header〉
```

③ 〈article〉 태그 : 문서의 내용(글)을 표시하는 태그로, 주로 블로그의 글이나 기사와 같이 독립적인 콘텐츠를 표시
④ 〈section〉 태그 : 문서의 내용을 표시하는 태그로, 주로 문서의 영역적인 의미로 사용됨. 문서의 내용을 표시할 때 〈article〉, 〈section〉, 〈div〉중에 아무거나 사용해도 된다. 실제로 사용 시에는 그다지 차이가 없다.

```
〈section id="content"〉
  〈p〉페이지 내용〈/p〉
〈/section〉
```

⑤ 〈aside〉 태그 : 본문의 내용과는 독립적인 내용(주로 광고나 부 메뉴 등)인 사이드바 콘텐츠를 표시
⑥ 〈footer〉 태그 : 사이트의 제작자, 주소, 저작권 정보 등을 주로 표시

**실습　HTML5 문서 영역 구조를 사용한 html 페이지 작성**

　HTML5 문서 영역구조를 표시하는 태그를 사용해서 웹 페이지를 작성한 예제로, CSS를 사용해야 제대로 표시된다. 여기서는 그냥 문서 구조를 익히기 위해서 한번 작성해 본다. 확실한 형태는 스타일시트(CSS)를 학습하면서 표현한다.

**01** documentArea.html 페이지를 [ch03] 폴더에 작성한다.

```html
01  <!DOCTYPE html>
02  <html>
03  <head>
04  <meta charset="UTF-8">
05  <meta name="viewport" content="width=device-width,initial-scale=1.0"/>
06  <title>Insert title here</title>
07  </head>
08  <body>
09     <div id="page">
10       <header id="header">
11        <p>헤더영역</p>
12        <nav id="menu">
13         <a href="#">회사소개</a>
14         <a href="#">상품소개</a>
15        </nav>
16       </header>
17       <section id="content">내용영역</section>
18       <aside id="sub"> 사이드바</aside>
19       <footer id="footer">푸터영역</footer>
20     </div>
21  </body>
22  </html>
```

**소스코드 설명**

**9~20라인**   이 역의 <div> 태그는 페이지 전체에 스타일을 지정할 때 편리하다.

**02** [Servers] 뷰의 Tomcat 서버가 시작되지 않았으면 ▶[Start the Server] 아이콘을 클릭해서 Tomcat 서버를 시작시킨 후, documentArea.html 파일을 선택하고 마우스 오른쪽 버튼을 클릭해 [Run As]-[Run on Server] 메뉴를 선택하면 실행 결과가 표시된다.

▶ documentArea.html 페이지 실행 결과

다음의 태그들은 태그 설명을 목적으로 하는 것으로, HTML5 문서 영역 구조 태그를 사용하지 않고 예시나 실습을 작성한다.

■ 그 밖의 시맨틱/구조적 태그들

① 〈figure〉 태그 : 설명글을 붙일 대상을 정의한다.

② 〈figcaption〉 태그 : 〈figure〉 태그로 정의한 대상에 설명글을 붙인다. 〈figure〉와 같이 사용된다.

〈figure〉, 〈figcaption〉 태그를 사용해서 이미지에 설명을 붙이는 예제를 작성한다.

실행 결과

▲ htmltags_sy03.html 페이지 실행 결과

**01** 자료 파일의 [media] 폴더에서 제공하는 notebook02_s.png 파일을 복사해서 이클립스의 [studyhtml5/WebContent/ch03] 폴더에 붙여넣기한다.

**02** [ch03] 폴더에 htmltags_sy03.html 페이지를 작성한다.

```
01  <!DOCTYPE html>
02  <html>
03  <head>
04  <meta charset="UTF-8">
05  <meta name="viewport" content="width=device-width,initial-scale=1.0"/>
06  <title>figure, figcaption 태그 연습</title>
07  </head>
08  <body>
09    <div>
10     <figure>
11      <img src="notebook02_s.png" alt="awesome notebook">
12      <figcaption>핸드메이드 awesome notebook</figcaption>
13     </figure>
14    </div>
15  </body>
16  </html>
```

**03** [Servers] 뷰의 Tomcat 서버가 시작되지 않았으면 ▶[Start the Server] 아이콘을 클릭해서, Tomcat 서버를 시작시킨 후, htmltags_sy03.html 파일을 선택하고 마우스 오른쪽 버튼을 클릭해 [Run As]-[Run on Server] 메뉴를 선택하면 실행 결과가 표시된다.

③ <mark> 태그 : 텍스트에 형광펜을 칠한 것과 같은 강조 효과를 갖는다.

```
<p>본 웹사이트의 <mark>고객센터</mark> 입니다.</p>
```

본 웹사이트의 고객센터 입니다.

<mark> 사용 영역

④ ⟨meter⟩ 태그 : 측정값을 표시한다. 전체에서 어느 정도 차지하는 가를 표시하는 것으로 프로그래스 바와는 다르며, 보통 디스크의 사용량이나 쿼리 결과의 유사성 정도를 나타 낼 때 사용한다. 현재(2016.5.20.기준) 엣지에서는 지원되지 않는다.

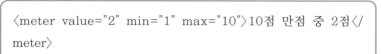 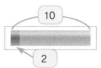

```
⟨meter value="2" min="1" max="10"⟩10점 만점 중 2점⟨/
meter⟩
```

⑤ ⟨progress⟩ 태그 : 프로그래스 바를 표시한다. 작업의 진행 상태를 막대로 표시한다.

```
⟨progress value="30" max="100"⟩⟨/progress⟩
```

**실습** 〈mark〉, 〈meter〉, 〈progress〉 태그 사용 예제

〈mark〉, 〈meter〉, 〈progress〉 태그를 사용해서 강조 효과와 측정값, 진행 상태를 표 시하는 예제를 작성한다.

**실행 결과**

▲ htmltags_sy04.html 페이지 실행 결과

**01** htmltags_sy04.html 페이지를 작성한다.

```
01  ⟨!DOCTYPE html⟩
02  ⟨html⟩
03  ⟨head⟩
```

```
04  <meta charset="UTF-8">
05  <meta name="viewport" content="width=device-width,initial-scale=1.0"/>
06  <title>mark, meter, progress 태그 연습</title>
07  </head>
08  <body>
09    <div>
10      <p>본 웹사이트의 <mark>고객센터</mark> 입니다.</p>
11    </div>
12    <div>
13     <p>측정값 :
14     <meter value="5" min="1" max="10">1~10사이에서 5</meter></p>
15     <p>디스크 사용량 :
16     <meter value="0.7">70%</meter></p>
17    </div>
18    <div>
19     <p>작업진행상태:
20     <progress value="30" max="100"></progress></p>
21    </div>
22  </body>
23  </html>
```

❷ htmltags_sy04.html 파일을 선택하고 마우스 오른쪽 버튼을 클릭해 [Run As]—[Run on Server] 메뉴를 선택해서 실행한다. 내장 브라우저에서는 <meter> 태그를 지원하지 않으므로 내장 브라우저에서 실행한 페이지 url을 복사해서 크롬 또는 엣지에서 실행한다.

▲ 이클립스 내장 브라우저에서 htmltags_sy04.html 페이지 실행 결과

▲ 크롬에서 htmltags_sy04.html 페이지 실행 결과

## (2) 웹 폼 태그(엘리먼트) – 입력 폼을 구성하는 태그

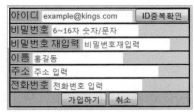

▲ 웹 폼 태그를 사용한 사용자 입력 폼

웹 폼 태그는 사용자의 입력을 받기 위한 화면을 구성할 때 사용하는 태그들로 입력란, 체크박스, 버튼, 콤보 상자 등을 말한다. 주로 〈form〉와 〈/form〉 사이에 넣어서 사용자 입력화면을 구현한다.

■ HTML5에서 웹 폼을 구성하는 방법
  – 모든 폼 태그는 원칙적으로 〈form〉과 〈/form〉 사이에 위치한다. Ajax 기능을 사용하는 경우 등의 프로그램을 코딩하는 방법에 따라서 〈form〉 태그를 생략해도 된다.
  – 레이블이 없는 〈input〉, 〈select〉와 같은 폼 태그에는 〈label〉 태그를 붙여서 작성한다.

```
〈label for="name"〉이름〈/label〉
〈input type="text" id="name"/〉
```

▲ 〈label〉 태그 사용 예

---

**실습**  **〈label〉 태그 사용 예제**

〈label〉 태그를 사용해서 웹 폼 태그에 레이블을 붙이는 예제를 작성한다.

**실행 결과**

| 🗎 htmltags_wf01.html | 🌐 label 태그 연습 ⊠ |

← → ■ ⟳ | http://localhost:8080/studyhtml5/ch03/htmltags_wf01.html |

이름 [_____]

▲ htmltags_wf01.html 페이지 실행 결과

**01** htmltags_wf01.html 페이지를 작성한다.

```
01  〈!DOCTYPE html〉
02  〈html〉
03  〈head〉
```

```
04  <meta charset="UTF-8">
05  <meta name="viewport" content="width=device-width,initial-scale=1.0"/>
06  <title>label 태그 연습</title>
07  </head>
08  <body>
09    <form>
10      <label for="name">이름</label>
11      <input type="text" id="name"/>
12    </form>
13  </body>
14  </html>
```

**02** htmltags_wf01.html 페이지를 실행한다.

－그룹화가 필요한 체크박스나 라디오 버튼 등은 <fieldset> 태그를 사용해서 그룹화한다.

```
<fieldset>
  <legend>취미</legend>
  <input type="checkbox"name="h1" id="h1"/>
  <label for="h1">낮잠</label>
  <input type="checkbox" name="h2" id="h2"/>
  <label for="h2">TV시청</label>
</fieldset>
```

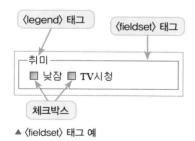

▲ <fieldset> 태그 예

실습 〈fieldset〉 태그 사용 예제

〈fieldset〉 태그를 사용해서 웹 폼 태그를 그룹화하는 예제를 작성한다.

실행 결과

▲ htmltags_wf02.html 페이지 실행 결과

**01** htmltags_wf02.html 페이지를 작성한다.

```
01  <!DOCTYPE html>
02  <html>
03  <head>
04  <meta charset="UTF-8">
05  <meta name="viewport" content="width=device-width,initial-scale=1.0"/>
06  <title>fieldset 태그 연습</title>
07  </head>
08  <body>
09    <form>
10      <fieldset>
11        <legend>취미</legend>
12        <input type="checkbox" name="h1" id="h1"/>
13        <label for="h1">낮잠</label>
14        <input type="checkbox" name="h2" id="h2"/>
15        <label for="h2">TV시청</label>
16      </fieldset>
17    </form>
18  </body>
19  </html>
```

**❷** htmltags_wf02.html 페이지를 실행한다.

■ HTML5에서 웹 폼 구성 예시

• ⟨form⟩ 태그를 사용해서 웹 폼을 구성할 경우

폼에 입력한 내용을 전달할 페이지는 일반적으로 ⟨form⟩ 태그의 action 속성에 쓴다. 이때 페이지를 전달하는 이벤트는 ⟨input type="submit"⟩ 태그를 사용해서 발생시킨다.

```
⟨form id="tform"action="a.jsp" method="post"⟩
  ⟨label for="name"⟩이름⟨/label⟩
  ⟨input type="text"id="name" name="name"/⟩
  ⟨fieldset⟩
    ⟨legend⟩취미⟨/legend⟩
    ⟨input type="checkbox" name="h1" id="h1"/⟩
    ⟨label for="h1"⟩낮잠⟨/label⟩
    ⟨input type="checkbox"name="h2"id="h2"/⟩
    ⟨label for="h2"⟩TV시청⟨/label⟩
  ⟨/fieldset⟩
  ⟨input type="submit" value="전송"⟩
⟨/form⟩
```

• ⟨form⟩ 태그를 사용하지 않을 경우

⟨div⟩ 태그 등의 영역을 나누는 태그로 싸준 후 ⟨button⟩ 태그 등을 사용해서 폼에 입력한 내용을 전달할 페이지로 넘겨준다. 이때 자바스크립트에서 Ajax 코드 등을 기술해서 처리한다. ⟨form⟩ 태그에 action 속성을 쓰지 않고 구성해도 된다.

```
⟨script⟩
  $(document).ready(function( ){
    $("button").click(function( )//페이지 이동 기술});
  });
⟨/script⟩

⟨div⟩
  ⟨label for="name"⟩이름⟨/label⟩
```

```
    <input type="text"id="name" name="name"/>
    <fieldset>
      <legend>취미</legend>
      <input type="checkbox" name="h1" id="h1"/>
      <label for="h1">낮잠</label>
      <input type="checkbox" name="h2" id="h2"/>
      <label for="h2">TV시청</label>
    </fieldset>
    <button>전송</button>
  </div>
```

위의 두 소스의 실행 결과 화면은 같다. 다만 내부적으로 처리하는 방법이 다를 뿐이다.

◀ 웹 폼 구성 예

■ <form> 태그 – 웹 폼 영역 설정

html에서 폼은 사용자 입력을 받기 위해서 사용하며 폼은 <form> 태그를 사용해서 정의한다.

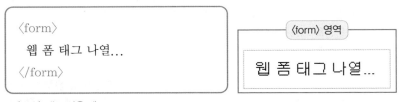

▲ <form> 태그 사용 예

<form> 태그를 정의할 때 속성을 사용할 수 있다. 예를 들어 name 속성은 폼에 이름을 부여해서
폼을 구별할 때 사용하며, action 속성은 사용자가 입력한 값을 처리할 페이지 명을 값으로 갖는다.
사용자가 입력한 값은 주로 DB에 저장되기 때문에 처리할 페이지는 jsp, asp, php와 같은 서버사
이드 스크립트를 쓴다. 처리할 페이지가 서버사이트 스크립트여서 서버에서 처리되기 때문에 입력
한 값을 서버로 제출한다고 표현할 수 있다.

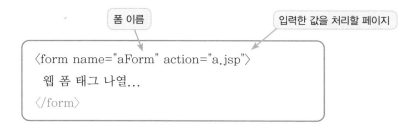

폼 이름

입력한 값을 처리할 페이지

```
<form name="aForm" action="a.jsp">
  웹 폼 태그 나열...
</form>
```

현재의 웹 프로그래밍은 거의 Ajax 기반으로 여기서는 〈form〉 태그에 속성을 사용하지 않고도 자바스크립트에서 처리할 수 있기 때문에 굳이 〈form〉 태그의 모든 속성을 자세히 알 필요는 없다. 다만 속성들이 어떤 역할을 하는지만 알고 있으면 된다.

| 〈form〉 태그 속성 | 설명 |
|---|---|
| accept-charset | 폼의 캐릭터 셋을 지정한다. 생략 시 기본 값으로 현재 페이지의 캐릭터 셋을 사용한다.<br>예 폼의 캐릭터 셋으로 utf-8 지정<br>　　〈form accept-charset="utf-8"〉 |
| action | 폼에 입력된 값을 처리(제출)할 페이지의 url을 지정한다. 생략 시 기본 값으로 현재 페이지(자신)에 입력 값을 넘겨준다.<br>예 폼의 입력 값을 처리할 페이지로 a.jsp 지정<br>　　〈form action="a.jsp"〉 |
| autocomplete | html5에서 추가된 속성으로 폼에 입력 값을 자동 완성할지를 지정한다. 생략 시 기본 값은 on으로, on을 사용하면 자동 완성을 하고 off는 자동완성을 하지 않는다.<br>예 자동완성을 사용한 폼 지정<br>　　〈form autocomplete="on"〉 |
| enctype | 폼에 입력된 값을 처리 페이지로 넘길 때 인코딩 방식을 지정한다. 생략 시 기본 값은 application/x-www-form-urlencoded로, 값이 넘겨지기 전에 인코딩된다. multipart/form-data은 파일 업로드하는 폼에 사용된다.<br>예 파일 업로드 폼 형태 지정. 파일 업로드 폼의 method는 반드시 post를 사용한다.<br>　　〈form method="post" enctype="multipart/form-data"〉 |
| method | 폼에 입력된 값을 처리 페이지로 넘길 때 HTTP 방식을 지정한다. 생략 시 기본 값은 get이다. post는 회원가입, 파일 업로드와 같은 많은 데이터를 넘길 때 사용한다.<br>예 get 방식으로 지정된 폼<br>　　〈form method="get"〉 |

| ⟨form⟩ 태그 속성 | 설명 |
|---|---|
| name | 폼의 이름을 지정한다. 생략 가능<br>**예** 폼 이름을 aForm으로 지정<br>    ⟨form name="aForm"⟩ |
| novalidate | html5에서 추가된 속성으로 폼에 입력된 값을 처리 페이지로 넘길 때 입증된 데이터가 아니라는 것을 지정한다. 생략 가능하며 생략하면 novalidate 속성은 지정되지 않는다.<br>**예** 폼에 novalidate 사용<br>    ⟨form novalidate⟩ |
| target | action 속성에 있는 처리 페이지의 타깃을 지정한다. 타깃은 처리할 페이지를 현재 창(_self)에 표시할지 새 창(_blank)에 표시할지 등을 지정한다. 생략 시 기본값은 현재 창(_self)에 표시이다.<br>**예** 처리할 페이지를 현재 창에 표시<br>    ⟨form action="a.jsp" target="_self"⟩ |

⟨form⟩ 태그는 사용자 입력을 묶어서 처리하는 것을 제공하며 실제로 사용자 입력을 웹 폼 태그들을 사용한다. 웹 폼 태그에는 ⟨input⟩, ⟨select⟩, ⟨textarea⟩, ⟨button⟩ 등이 있다.

| 웹 폼 태그의 종류 | 설명 |
|---|---|
| ⟨input⟩ | 텍스트 필드(입력 상자), 체크 박스, 라디오 버튼 등을 만들 때 사용<br><br>▲ 텍스트 필드          ▲ 라디오 버튼     ▲ 체크 박스 |
| ⟨select⟩ | 콤보 박스(드롭다운 박스)를 만들 때 사용<br><br>◀ 콤보 박스 |
| ⟨textarea⟩ | 여러 줄을 입력하는 입력 필드인 텍스트 에리어를 만들 때 사용<br><br>◀ 텍스트 에리어 |
| ⟨button⟩ | 버튼을 만들 때 사용<br><br>◀ 버튼 |

■ 〈input〉 태그 – 인풋 태그

〈input〉 태그는 웹 폼 태그들 중 가장 많이 사용되는 것으로 텍스트 필드, 패스워드 필드, 체크 박스, 라디오 버튼, 파일 선택기, submit/reset/button 등의 각종 버튼을 만들 때 사용한다. html5에서는 이메일 필드, URL 필드, 전화번호 필드, 숫자 필드, 날짜 선택 필드, 시간 선택 필드, 주 선택 필드, 색상 선택 등을 추가로 사용할 수 있다. 이런 다양한 종류의 웹 폼 태그는 〈input type="type값"〉과 같이 type 속성 값을 사용해서 지정한다. 또한 〈input〉 태그는 〈input〉 태그로 만든 웹 폼을 지원하 기 위한 다양한 속성도 제공한다. 제공되는 주요 〈input〉 태그의 속성은 다음과 같으며, 텍스트 필드, 체크 박스, 파일 선택기 등의 웹 폼 태그의 종류에 따라 같이 사용할 수 있는 속성이 다르다.

| 〈input〉 태그 속성 | 값 | 설명 |
|---|---|---|
| accept | .png, .doc 등의 확장자<br>audio/*<br>video/*<br>image/*<br>미디어타입 | 파일 선택기인 〈input type="file"〉에서만 사용하는 속성으로, 서버가 받아들일 수 있는 파일의 타입을 지정<br>예 〈input type="file" name="afile" accept="image/*"〉 |
| autocomplete | on<br>off | 텍스트 필드와 같이 직접 값을 입력하는 웹 폼태그에서 자동 완성 기능을 사용할 수 있도록 지정. 자동 완성을 지정하려면 autocomplete="on", 자동 완성을 끄려면 autocomplete="off" 로 지정<br>예 〈input type="text" autocomplete="on"〉 |
| autofocus | autofocus | 웹 페이지가 화면에 표시될 때 자동으로 특정 웹 폼 태그에 포커스를 지정. 포커스를 지정할 태그에 auto focus를 기술<br>예 〈input type="text" autofocus〉 |
| checked | checked | 체크박스 또는 라디오 버튼에서 선택 항목을 미리 지정할 때 사용. 주요 항목이나 필수 항목 등에 사용됨.<br>예 〈input type="radio" name="g" value="f" checked〉 |
| disabled | disabled | 웹 폼 태그를 사용할 수 없도록 지정<br>예 〈input type="text" disabled〉 |
| list | 데이터 리스트의 id | 데이터 리스트에서 선택한 항목을 표시<br>예 〈input list="m_units"〉 |

| 〈input〉 태그 속성 | 값 | 설명 |
|---|---|---|
| max | 숫자, 날짜 | 숫자 입력 〈input type="number"〉나 날짜 입력〈input type="date" 등에서 최댓값을 지정<br>예 〈input type="number" name="q" min="1" max="10"〉<br>〈input type="date" name="birth" max="2015-12-31"〉 |
| maxlength | 숫자 | 텍스트 필드나 패스워드 필드에서 입력할 문자의 수를 제한하기 위해서 사용. maxlength="10"이면 최대 10개의 문자를 입력할 수 있다는 의미임.<br>예 〈input type="text" maxlength="10"〉 |
| min | 숫자, 날짜 | 숫자 입력 〈input type="number"〉나 날짜입력 〈input type="date" 등에서 최솟값을 지정<br>예 〈input type="number" name="q" min="1" max="10"<br>〈input type="date" name="birth" min="2010-01-01"〉 |
| multiple | multiple | 1개 이상의 값을 입력 받을 때 사용. 주로 파일 선택 기인 〈input type="file"〉에서 여러 파일을 선택할 때 사용<br>예 〈input type="file" name="imgs" multiple〉 |
| name | 이름 | 웹 폼 태그의 이름을 지정<br>예 〈input type="text" name="imgs" multiple〉 |
| pattern | 정규표현식 | 유효한 값이 입력되도록 정규표현식을 지정. 입력되는 글자 수를 6자 이상 요구하는 경우 pattern=".{6,}" 과 같이 지정할 수 있음.<br>예 〈input type="password" pattern=".{6,}"〉 |
| placeholder | 힌트 | 텍스트 필드와 같이 값을 직접 입력하는 웹 폼 태그에 입력 힌트 값을 지정<br>예 〈input type="text" id="id" placeholder="aaa@aaa.com"〉 |
| required | required | 반드시 입력해야 하는 필수 항목을 지정<br>예 〈input type="text" id="id" placeholder="aaa@aaa.com" required〉 |
| size | 숫자 | 텍스트 필드 등의 너비 지정<br>예 〈input type="text" size="20"〉 |

| ⟨input⟩ 태그 속성 | 값 | 설명 |
| --- | --- | --- |
| step | 숫자 | 숫자 입력 ⟨input type="number"⟩에서 입력되는 숫자 간격을 지정<br>예 ⟨inputtype="number"name="q"min="1"max="10" step="1"⟩ |
| type | button, checkbox, color, date, datetime, datetime-local,<br><br>email, file, hidden, month, number, password radio, range, reset, search<br><br>submit, tel, text time, url, week | 텍스트 필드, 패스워드 필드, 체크 박스, 라디오 버튼, 파일 선택기, submit/reset/button 버튼, 메일 필드, URL 필드, 전화번호 필드, 숫자 필드, 날짜 선택 필드, 시간 선택 필드, 주 선택 필드, 색상 선택 등의 웹 폼 태그를 만들 때 사용<br>예 ⟨input type="text"⟩ |
| value | text | 웹 폼 태그의 기본 값을 지정<br>예 ⟨input type="text" value="20"⟩ |

① ⟨input type="text"⟩ : 텍스트 필드

⟨input type="text"⟩ 태그는 문자를 입력받을 수 있는 1줄짜리 텍스트 필드를 만들 때 사용한다.

```
⟨form⟩
 ⟨label for="id"⟩아이디⟨/label⟩
 ⟨input type="text" id="id"/⟩
⟨/form⟩
```

▲ 텍스트 필드 사용 예

텍스트 필드에서는 글로벌 속성인 id(아이디), title(설명 추가)과 ⟨input⟩ 태그의 auto complete(자동 완성), autofocus(포커스 지정), maxlength(최대 글자수), name(이름), placeholder(힌트), pattern(패턴), required(필수), size(크기) 등의 속성을 사용할 수 있다. pattern 속성은 패스워드 필드에서 설명한다.

- id(아이디) 속성과 name(이름) 속성 : 태그를 구별하기 위한 유일성과 입력 값을 전송할 수 있는 변수를 정의한다. 둘은 다른 용도로 사용하기 때문에 둘 다 사용하는 것이 좋다. id 속성은 자바스크립트와 CSS에서 사용되고 name 속성은 폼 처리 페이지에서 사용된다.

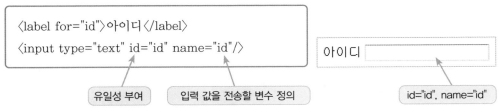

▲ 텍스트 필드에 id, name 속성 지정 예

- autocomplete(자동완성) 속성 : 한 번 입력된 내용을 다시 입력 시, 첫 글자만 입력해도 전에 입력된 내용이 자동으로 아래에 표시된다. 이때 아래에 표시된 내용을 선택하면 같은 내용을 다시 입력할 필요가 없이 전에 입력한 내용을 완성할 수 있다. autocomplete="on"을 사용하면 자동 완성을 사용하고 autocomplete="off"를 사용하면 중단된다.

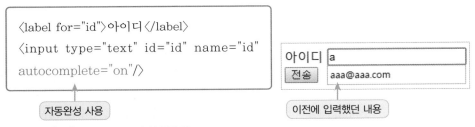

▲ 텍스트 필드에 autocomplete 속성 지정 예

- autofocus(포커스 지정) 속성 : 웹 폼에 입력할 항목이 많고 순서대로 입력해야하는 경우, 맨 처음에 입력되어야 할 필드에 autofocus를 설정해서 웹 페이지가 화면에 표시될 때 자동으로 포커스를 위치시킬 수 있다. 포커스를 위치시킬 태그에 autofocus를 추가하면 포커스가 설정된다. PC 브라우저에서는 유용한 기능이나 모바일 브라우저에서는 입력 항목이 많지 않고 포커스를 표시하기 어려운 경우가 많기 때문에 그다지 많이 사용되지 않는다.

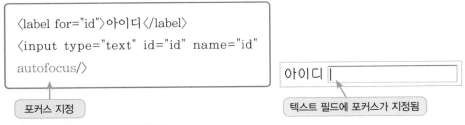

▲ 텍스트 필드에 autofocus 속성 지정 예

• title(설명 추가)과 placeholder(힌트) 속성 : 웹 폼 태그에 title은 설명문을 추가하고 placeholder는 어떤 값을 입력할지 도움을 주는 힌트를 지정한다.

▲ 텍스트 필드에 title 속성 지정 예

▲ 텍스트 필드에 placeholder 속성 지정 예

• maxlength(최대 글자수)와 size(크기) 속성 : maxlength는 입력 필드에 입력할 수 있는 최대 글자수를 지정하고 size는 입력 필드의 크기를 지정한다. maxlength="최대 입력 글자수", size="크기로 지정할 글자수"와 같이 지정한다. 즉, maxlength="10"이면 최대로 입력할 수 있는 글자수가 20개라는 의미이고, size="20"은 대략 20글자 정도를 입력할 수 있는 크기를 갖는 필드를 의미한다. 대략 20글자라는 의미는 알파벳 a를 기준으로 한 것으로 글자의 너비가 큰 대문자 M의 경우 20글자보다 적은 글자가 입력되고, 소문자 i의 경우 20글자보다 많은 글자가 입력될 수 있다.

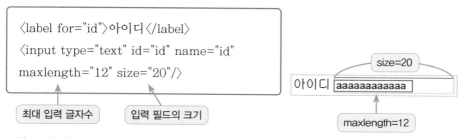

▲ 텍스트 필드에 maxlength, size 속성 지정 예

• required(필수) 속성 : required 속성은 웹 폼의 입력 값을 처리 페이지로 넘길 때 반드시 입력할 항목을 체크하기 위해서 지정한다. 이 속성이 지정된 폼 태그 중에서 값을 입력하지 않은 항목이 1개라도 있으면 처리페이지로 넘어가지 않는다. 필수로 입력해야 하는 태그에는 required를 추가해서 반드시 입력되도록 강제할 수 있다. 입력 값을 처리 페이지로 넘기기 위해서 〈input type="submit"〉

를 사용한 submit 버튼과 같이 사용해야 재대로 실행된다.

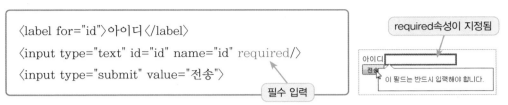

▲ 텍스트 필드에 requirede 속성 지정 예

텍스트 필드 사용 예제 1 – id, name, autofocus, placeholder 속성 사용

〈input type="text"〉 태그에 id, name, autofocus, placeholder 등의 속성을 추가해
서 텍스트 필드를 만드는 예제를 작성한다.

실행 결과

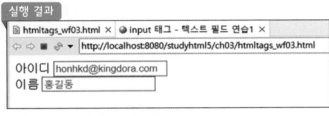

▲ htmltags_wf03.html페이지 실행 결과

**01** htmltags_wf03.html 페이지를 작성한다.

```
01  〈!DOCTYPE html〉
02  〈html〉
03  〈head〉
04  〈meta charset="UTF-8"〉
05  〈meta name="viewport" content="width=device-width,initial-scale=1.0"/〉
06  〈title〉input 태그 – 텍스트 필드 연습1〈/title〉
07  〈/head〉
08  〈body〉
09   〈form〉
10     〈label for="id"〉아이디〈/label〉
11     〈input type="text" id="id" name="id" autofocus required
```

```
12            placeholder="honhkd@kingdora.com"/> <br>
13       <label for="name">이름</label>
14       <input type="text" id="name" name="name" required
15            placeholder="홍길동"/>
16   </form>
17 </body>
18 </html>
```

**소스코드 설명**

**10~12라인**   10라인은 <label for="id">를 사용해서 레이블을 만들고 11라인은 <input type="text">를 사용해서 텍스트 필드를 만든다. 11라인 텍스트 필드의 id와 name의 값을 'id'로 지정해서 태그를 구별할 수 있으며 autofocus를 지정해서 페이지가 화면에 표시되면 자동으로 커서가 위치된다. required 속성은 <input type="submit">을 사용한 submit 버튼과 같이 사용해서 입력한 값을 처리 페이지로 넘길 때 실행되는 속성이기 때문에 여기서는 동작되지 않는다. 다만, 텍스트 필드에서 사용한다는 것을 보여주기 위해서 지정했다. 또한 12라인 placeholder="honhkd@kingdora.com"/>에서 힌트를 사용했다.

**02** htmltags_wf03.html 페이지를 실행한다.

---

**실습**   **텍스트 필드 사용 예제 2 – size, maxlength 속성 사용**

<input type="text"> 태그에 size와 maxlength 속성을 추가해서 두 속성의 차이를 이해하는 예제를 작성한다.

**실행 결과**

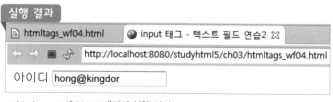

▲ htmltags_wf04.html 페이지 실행 결과

**❶** htmltags_wf04.html 페이지를 작성한다.

```
01  <!DOCTYPE html>
02  <html>
03  <head>
04  <meta charset="UTF-8">
05  <meta name="viewport" content="width=device-width,initial-scale=1.0"/>
06  <title>input 태그 - 텍스트 필드 연습2</title>
07  </head>
08  <body>
09   <form>
10     <label for="id">아이디</label>
11     <input type="text" id="id" name="id" maxlength="12" size="20"
12     placeholder="hong@kingdora.com" required/><br>
13   </form>
14  </body>
15  </html>
```

**소스코드 설명**

**11라인** `<input type="text" id="id" name="id" maxlength="12" size="20"`은 텍스트 필드를 만든다. 이 텍스트 필드의 id와 name이 "id"이고 size="20", maxlength="12"이기 때문에 대략 20글자 정도를 입력할 수 있는 크기를 갖고 최대 12글자까지만 입력할 수 있다.

**❷** htmltags_wf04.html 페이지를 실행한다.

실행 결과가 표시되면 아이디 텍스트 필드를 클릭하고 입력한다. 이때 입력할 수 있는 글자의 수는 최대 12글자이다.

▲ htmltags_wf04.html 페이지 실행 결과

▲ htmltags_wf04.html 페이지 실행 결과

**텍스트 필드 사용 예제 3 – required 속성 사용**

⟨input type="text"⟩ 태그에 required 속성을 사용해서 필수 속성을 이해하는 예제를 작성한다.

**실행 결과**

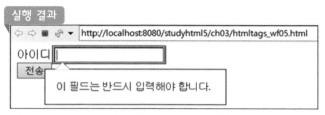

▲ htmltags_wf05.html페이지에서 required 속성 사용 결과

❶ htmltags_wf05.html 페이지를 작성한다.

```
01  ⟨!DOCTYPE html⟩
02  ⟨html⟩
03  ⟨head⟩
04  ⟨meta charset="UTF-8"⟩
05  ⟨meta name="viewport" content="width=device-width,initial-scale=1.0"/⟩
06  ⟨title⟩input 태그 – 텍스트 필드 연습3⟨/title⟩
07  ⟨/head⟩
08  ⟨body⟩
09    ⟨form⟩
10      ⟨label for="id"⟩아이디⟨/label⟩
11      ⟨input type="text" id="id" name="id" required/⟩⟨br⟩
12      ⟨input type="submit" value="전송"⟩
13    ⟨/form⟩
14  ⟨/body⟩
15  ⟨/html⟩
```

**소스코드 설명**

9~13라인   폼 영역으로 내용을 입력하고 12라인의 [전송] 버튼을 누르면 입력한 내용이 현재 페이지(자기 자신)로 넘겨진다. ⟨form⟩태그에 action 속성을 사용하지 않으면 입력한 값은 submit 타입인 [전송] 버튼을 눌렀을 때, 기본적으로 현재 페이지인 자기 자신에게 넘겨진다.

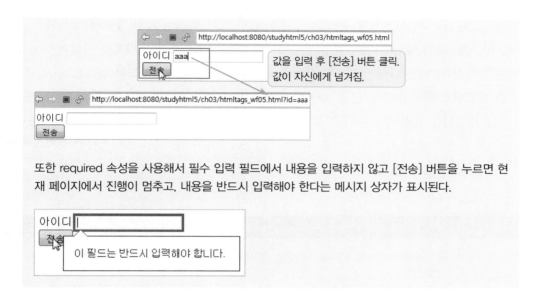

또한 required 속성을 사용해서 필수 입력 필드에서 내용을 입력하지 않고 [전송] 버튼을 누르면 현재 페이지에서 진행이 멈추고, 내용을 반드시 입력해야 한다는 메시지 상자가 표시된다.

**02** htmltags_wf05.html 페이지를 실행한다.

### ② 〈input type="password"〉: 패스워드 필드

〈input type="password"〉 태그는 비밀번호를 입력받을 수 있는 1줄짜리 패스워드 필드를 만들 때 사용한다. 패스워드 필드에 비밀번호를 입력하면 입력한 글자 수 만큼 "●"로 표시되어 입력한 비밀번호가 화면상에 노출되지 않게 해준다.

```
〈form〉
  〈label for="padd"〉비밀번호〈/label〉
  〈input type="password" id="pass" name="pass"/〉
〈/form〉
```

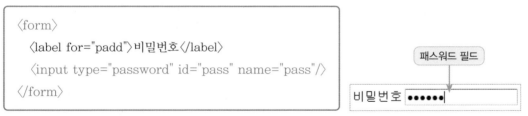

▲ 패스워드 필드 사용 예

패스워드 필드에서는 글로벌 속성인 id(아이디), title(설명 추가)과 〈input〉 태그의 max length(최대 글자수), name(이름), placeholder(힌트), pattern(패턴), required(필수), size(크기) 등의 속성을 사용할 수 있다.

• pattern 속성 : 정규표현식(regular expression)을 사용해서 입력 필드에 입력된 값을 검사하며, 주로 패스워드 필드(password), 텍스트 필드(text), 검색 필드(search), 전화번호 필드(tel), 이메일 필드(email) 등에서 사용된다.

정규표현식은 특정 문자열 패턴, 비밀번호 패턴 또는 검색어 패턴 등에서 사용되는 글자의 연속적인 나열 방법으로 이 나열 방법이 규정하는 규칙대로 비밀번호를 작성하거나 검색어를 입력한다. 이런 나열 방법을 사용함으로써 정확한 값을 입력하도록 유도할 수 있고, 강력한 비밀번호를 작성할 수 있고, 정확한 검색어의 사용으로 검색 성능을 향상시킬 수 있다.

정규표현식을 표현하기 위한 지정 문자는 그 종류가 많으며 가장 많이 사용되는 형태는 [xyz]를 사용한 포함 문자와 반복을 의미하는 {n}을 조합한다. 예를 들어 6자리 숫자의 입력은 [0-9]{6}과 같이 한다.

| 문자 | 의미 |
|---|---|
| \ | \(\ : backslash) 문자 다음에 나오는 문자를 처리하지 말고, 문자 그대로 표시하라는 의미로 사용한다.<br>예를 들어 /a\*/는 'a*' 문자를 매치하라는 의미이다. '*'는 정규표현식 지정 문자가 아니라 단순한 '*' 문자로 취급하라는 의미이다. 즉, /a₩*/는 문자열 'a*dkkfe'에 매치된다. |
| ^ | ^(caret) 문자는 ^다음에 나오는 문자를 문자열의 시작 부분이나 여러 줄인 경우 줄의 시작 부분에 매치시킨다.<br>예를 들어 /^A/는 처음 문자가 대문자 'A'인 경우 매치되는 것으로, 문자열 "an Apple"에는 매치되지 않으나 "An Apple"에는 매치된다. 이는 기본 적으로 대소문자를 구분하기 때문이다. |
| $ | $ 문자는 $ 앞에 나오는 문자를 문자열의 끝부분이나 여러 줄의 경우 줄의 마지막 부분에 매치시킨다.<br>예를 들어 /k$/는 마지막 문자가 소문자 'k'인 경우 매치되는 것으로, 문자열 'cook'에는 매치되나 'baker'에는 매치되지 않는다. 또한 대소문자를 구별하기 때문에 'cooK'에는 매치되지 않는다. |
| * | * 문자는 * 문자 앞에 나오는 문자가 0번 이상 나온다는 것을 의미한다.<br>예를 들어 /of*/의 경우 소문자 'o'는 반드시 나와야하고 * 바로 앞에 있는 문자인 소문자 'f'는 0번 이상이므로 안 나와도 되고 여러번 나와도 된다는 의미이다. 즉, /of*/에 문자열 "of", "off" 및 "odd"도 매치된다. 그러나 반드시 나와야하는 'o'가 나오지 않으면 안 된다. 따라서 'farm'은 매치되지 않는다. |
| + | + 문자는 + 문자 앞에 나오는 문자가 1번 이상 나온다는 것을 의미한다. 즉, {1,}과 같다.<br>예를 들어 /a+/의 경우 소문자 'a'가 반드시 1번 이상 나와야 한다. 즉, 'apple', 'haaa' 등은 매치되나 'a'가 없는 'doctor'는 매치되지 않는다. |
| ? | ? 문자는 ? 문자 앞에 나오는 문자가 0번 또는 1번 나온다는 것을 의미한다. 즉, 안나올 수 있고, 나오면 1번 나온다는 의미이다.<br>예를 들어 /mo?/는 소문자 'm'은 반드시 나와야 하고, ? 바로 앞에 있는 소문자 'o'는 안 나와도 되고, 나오면 1번 나와야 한다. 즉, 'monk', 'mnk'는 매치되지만 'pilot'는 매치되지 않는다. |

| 문자 | 의미 |
|---|---|
| . | .(decimal point)는 .의 위치에 줄바꿈 문자를 제외한 하나의 문자를 매치한다.<br>예를 들어 /.o/은 'o' 앞에 반드시 하나의 문자가 나와야 한다. 즉, 'po', 'oo', 'pot'는 매치되지만 'ot'는 매치되지 않는다. |
| (x) | 그룹화로써 그룹화할 문자를 x 위치에 기술한다. x 위치에 기술한 문자를 매치하고 후에 참조하기 위해 이 그룹에 매치된 문자열을 기억한다.<br>예를 들어 /(full)/은 'full'은 'full driver'에서 매치되고 기억된다. 매치된 부분 문자열을 배열의 elements[1], ....[n] 또는 미리 정의된 RegExp 객체의 속성 $1, ....,$9를 사용해서 다시 호출할 수 있다. |
| x\|y | 'x' 혹은 'y'의 위치에 기술한 문자를 매치한다. 즉, 둘 중의 하나의 문자만 포함해도 된다.<br>예를 들어 /bus\|taxi/은 문자열 'bus driver'에서는 'bus'가 매치되고 'taxi driver'에서는 'taxi'가 매치된다. 또한 'take a bus' 와 'take a taxi'도 매치된다. |
| {n} | {n} 앞의 항목이 정확하게 n번 나온다. 그러나 n번 이상 나와도 n번 나온 시점에서 매치가 되기 때문에 가능하다. 이때 n은 횟수로 양의 정수만 올 수 있다.<br>예를 들어 /o{2}/은 소문자 'o'가 두 번 나오는 'oo'가 반드시 주어진 문자열에 나와야 매치가 된다. 즉, 'cook'은 매치가 되나 'comedian'은 매치가 되지 않는다. 그러나 'coook'은 매치가 된다. 처음에 두 번 'oo'가 나온 시점에서 매치가 된 것으로 간주한다. |
| {n,} | {n,} 앞의 항목이 n번 이상 나온다. 즉, 적어도 n번 이상 발생되면 매치된다.<br>예를 들어 /o{2,}/은 소문자 'o'가 두 번 이상 나오는 'oo' 혹은 'ooo..'가 반드시 주어진 문자열에 나와야 매치가 된다. 즉, 'cook'과 'coook'은 매치가 된다. |
| {n,m} | {n,m}은 이것 앞의 문자가 n번 이상 m번 이하로 나오면 매치된다. 즉, n은 최소한 나와야할 횟수이고, m은 최대한 나올 수 있는 횟수이다. 그러나 m번 이상 나와도 m번 나온 시점에 매치되기 때문에 가능하다.<br>예를 들어 /f{1,4}/로 지정하면 'f'는 1번 이상 4번 이하로 나와야 한다. 즉, 'of', 'off', 'offff'는 매치가 된다. 또한 'offffff'도 된다. 이는 처음 'ffff'가 나온 시점에서 매치가 일어나기 때문에 매치된다. 그러나 'odd'는 'f'가 하나도 없기 때문에 매치되지 않는다. |
| [xyz] | [xyz]은 대괄호([ ])안에 있는 문자가 포함되어 있으면 매치된다. [ab]는 문자열에 'a' 또는 'b'가 포함되면 매치된다. 또한 하이픈(-)을 사용해서 포함 문자를 표시할 수 있는데, [a-z]는 알파벳 소문자가 포함되면 매치된다.<br>예를 들어 /[abc]/는 /[a-c]/라고도 표기할 수 있으며, 문자열에 'a', 'b', 'c' 중 하나의 문자라도 포함되면 매치된다. 즉, 'apple', 'bag', 'cake' 등은 매치된다. 그러나 'pilot'는 매치되지 않는다. |

| 문자 | 의미 |
|---|---|
| [^xyz] | [^xyz]은 대괄호([ ]) 안에 있는 문자가 포함되어 있지 않았으면 매치된다. [^ab]는 문자열에 'a' 또는 'b' 이외의 문자가 포함되어 있으면 매치된다. 또한 하이픈(-)을 사용해서 포함되지 않아야 할 문자를 표시할 수 있는데, [^a-z]는 알파벳 소문자 이외의 문자가 포함되어 있으면 매치된다. 예를 들어 /[^abc]/는 /[^a-c]/라고도 표기할 수 있으며, 문자열에 'a', 'b', 'c' 이외의 문자가 하나라도 있으면 매치된다. 즉, 'farm', 'bag', 'monk' 등은 매치된다. 그러나 'a'와 'b'로만 이루어진 'baa'은 매치되지 않는다. |
| [\b] | 백스페이스(back space)와 매치된다. 예를 들어 /[\b]/는 문자열에 '\b'가 있으면 매치된다. 즉, 'f\baa', 'faa\b' 등은 매치된다. |
| \b | 일반 단어 범위에서 공백으로써 매치가 된다. 즉, 문자가 하나라도 있으면 매치된다. 예를 들어 /\b/의 경우 'a', '1', 'abc', 'a a' 모두 매치된다. 그러나 '\b'와 같은 특수문자만 있는 경우 매치되지 않는다. |
| \B | 일반 단어 범위가 아닌 ₩b 등과 같은 문자가 아닌 것이 있는 경우 매치된다. 예를 들어 /\B/의 경우 '\ndm', 'a\bc'는 모두 매치되지만, 'aaa'와 같이 모두 문자로 이루어져 있는 경우 매치되지 않는다. |
| \cX | \cX는 문자열 안에 위치한 제어문자와 매치된다. 이때 c는 control의 약자이고 X는 문자이다. \cM은 문자열 내에 있는 control-M과 매치된다. 예를 들어 /\cJ/는 control-J로 줄바꿈 문자 '\n'과 매치된다. 즉, 'a\nc'는 매치된다. |
| \d | \d는 숫자와 매치되는 것으로 [0-9]와 같다. 즉, 주어진 문자열에 숫자가 하나라도 있으면 매치된다. 예를 들어 /\d/는 '1', 'c4y'와 매치된다. |
| \D | \D는 숫자가 아닌 것과 매치되는 것으로 [^0-9]과 같다. 즉, 주어진 문자열에 문자가 하나라도 있으면 매치된다. 예를 들어 /\D/는 'a112'의 'a'와 매치되며, 'aaa', '13d' 등과도 매치된다. 그러나 숫자로만 이루어진 '123'과는 매치되지 않는다. |
| \f | 폼피드(form-feed)와 매치된다. |
| \n | 라인피드(linefeed)와 매치된다. |
| \r | 캐리지 리턴(carriage return)과 매치된다. |
| \s | \s는 하나의 공백 문자(white space character)와 매치되는데, 여기에 공백, 탭, 폼피드, 라인피드가 포함된다. 즉, \s는 [\f\n\r\t\v]과 같다. 예를 들어 /\s/는 'ab c'와 매치된다. |

| 문자 | 의미 |
|------|------|
| \S | \S는 공백 문자가 아닌 하나의 문자와 매치되는데, \S는 [^\f\n\r\t\v]과 같다.<br>예를 들어 /\S/는 'a b', ' f' 등과 같이 공백 문자가 아닌 문자가 하나라도 있는 경우 매치가 되나 ' '과 같이 공백만으로 이루어져 있는 문자열과는 매치되지 않는다. |
| \t | 탭(tab)과 매치된다. |
| \v | 수직 탭(vertical tab)과 매치된다. |
| \w | \w은 어떤 알파벳 및 숫자(alphanumeric)와도 매치가 되는 것으로 [A-Za-z0-9_]과 같다.<br>예를 들어 /\w/은 'abc', '1de', '123', '$10,000', 'a\b' 등과 매치된다. 즉, 알파벳 및 숫자가 하나라도 있으면 매치된다. 그러나 '$$' 등과 같이 알파벳 및 숫자가 아닌 것으로만 이루어진 경우에는 매치되지 않는다. |
| \W | \W은 어떤 알파벳 및 숫자(alphanumeric)가 아닌 것과 매치가 되는 것으로 [^A-Za-z0-9_]과 같다.<br>예를 들어 /\W/는 '15%'에서 '%'와 매치되며, '$10', '12.7' 등과도 매치된다. 즉, 알파벳 및 숫자가 아닌 것이 하나라도 있으면 매치된다. 그러나 모두 알파벳 및 숫자로만 이루어진 '1a'는 매치되지 않는다. |
| \n | \n에서 n에는 양의 정수값이 들어가며, 그룹번호 n의 바로 앞에 지정한 문자를 사용해서 매치를 수행한다. 그룹은 괄호를 사용해서 한다.<br>예를 들어 /a(,)b\1/은 문자열 내에 'a,b,'를 포함하는 경우 매치가 된다. 즉, 'a,b,c,d'는 매치된다. |
| \0 | 널(NUL) 문자와 매치된다. |
| \xhh | 2개의 16진수(hexadecimal digits) 코드에 해당하는 라틴문자와 매치된다. 이때 hh는 16진수로 '0A', 'FF' 등과 같이 쓸 수 있다.<br>예를 들어 /\x0A/은 줄바꿈을 의미하는 '\n'과 같은 값으로 주어진 문자열에 '\n'을 포함하면 매치된다. 즉, 'aaa\nddd'는 매치된다. |
| \uhhhh | 4개의 16진수(hexadecimal digits) 코드에 해당하는 유니코드 문자와 매치된다. 이때 hhhh는 16진수로 '000A', 'F0F1' 등과 같이 쓸 수 있다.<br>예를 들어 /\u0041/은 대문자 'A'와 같은 값으로 주어진 문자열에 'A'을 포함하면 매치된다. 즉, 'aAff'는 매치된다. |

비밀번호를 숫자, 알파벳 대소문자 및 #, @, $, %, ^, * 등을 조합해서 6자 이상 12자 이하로 만드는 pattern 속성을 적용한 예는 다음과 같다. pattern 속성을 제대로 적용하려면 submit 버튼과 같이 사용한다.

```
〈form〉
  〈label for="pass"〉비밀번호〈/label〉
  〈input type="password" id="pass" name="pass" maxlength="12" size="30"
      pattern="[0-9A-Za-z#@$%^*]{6,12}" required/〉
  〈input type="submit" value="전송"〉
〈/form〉
```

**실습**    패스워드 필드 사용 예제 1

〈input type="password"〉 태그를 사용해서 패스워드 필드를 만드는 예제를 작성한다.

**실행 결과**

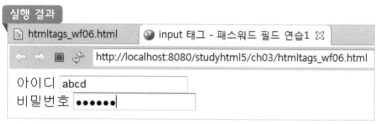

▲ htmltags_wf06.html 페이지 실행 결과

**01** htmltags_wf06.html 페이지를 작성한다.

```
01  〈!DOCTYPE html〉
02  〈html〉
03  〈head〉
04  〈meta charset="UTF-8"〉
05  〈meta name="viewport" content="width=device-width,initial-scale=1.0"/〉
06  〈title〉input 태그 - 패스워드 필드 연습1〈/title〉
07  〈/head〉
08  〈body〉
09   〈form〉
10      〈label for="id"〉아이디〈/label〉
11      〈input type="text" id="id" name="id" required/〉〈br〉
12      〈label for="pass"〉비밀번호〈/label〉
```

```
13      〈input type="password" id="pass" name="pass" required/〉〈br〉
14   〈/form〉
15 〈/body〉
16 〈/html〉
```

소스코드 설명

13라인   〈input type="password"〉 태그를 사용해서 비밀번호를 입력하는 패스워드 필드를 만든다.

⑫ htmltags_wf06.html 페이지를 실행한다.

실습   패스워드 필드 사용 예제 2 – pattern 속성 사용

텍스트 필드와 패스워드 필드에 패턴을 적용한 예제를 작성한다.

실행 결과

▲ htmltags_wf07.html 페이지 실행 결과

⓵ htmltags_wf07.html 페이지를 작성한다.

```
01 〈!DOCTYPE html〉
02 〈html〉
03 〈head〉
04 〈meta charset="UTF−8"〉
05 〈meta name="viewport" content="width=device−width,initial−scale=1.0"/〉
06 〈title〉input 태그 – 패스워드 필드 연습2〈/title〉
07 〈/head〉
```

```
08  〈body〉
09  〈form〉
10      〈label for="id"〉아이디〈/label〉
11      〈input type="text" id="id" name="id" maxlength="20" size="30"
12      pattern="[0-9A-Za-z@.]{6,20}" autofocus required/〉〈br〉
13      〈label for="pass"〉비밀번호〈/label〉
14      〈input type="password" id="pass" name="pass" maxlength="12" size
    ="30"
15      pattern="[0-9A-Za-z#@$%^*]{6,12}" required/〉〈br〉
16      〈input type="submit" value="전송"〉
17  〈/form〉
18  〈/body〉
19  〈/html〉
```

### 소스코드 설명

11~12라인   텍스트 필드에 pattern="[0-9A-Za-z@.]{6,20}"을 적용해서 숫자, 알파벳 대소문자 및 @, .을 조합해서 6자 이상 20자 이하로 아이디를 만들게 했다.

14~15라인   텍스트 필드에 pattern="[0-9A-Za-z#@$%^*]{6,12}"을 적용해서 숫자, 알파벳 대소문자 및 @, #, $, %, ^, *를 조합해서 6자 이상 12자 이하로 비밀번호를 만들게 했다.

02 htmltags_wf07.html 페이지를 실행한다. 페이지가 표시되면 정규표현식 패턴이 제대로 적용되는지 확인하기 위해서 아이디에 쓸 수 없는 글자를 추가해서 입력하고 비밀번호도 6개 미만으로 입력한 후 [전송] 버튼을 클릭한다. 그러면 정규표현식의 규칙을 위반했기 때문에 메시지와 함께 현재 페이지에서 실행이 멈춘다. 다음은 아이디에 쓸 수 없는 #을 사용하고 비밀번호는 5글자만 입력해서 발생했다.

아이디에서 잘못 입력된 글자를 수정하면 빨간 박스가 사라진다. 아직 비밀번호가 정규표현식 위반이어서 비밀번호에 빨간 박스가 남았다. 비밀번호를 6글자 이상으로 제대로 입력하면 빨간 박스가 사라지고 정상의 상태가 된다.

③ 〈input type="checkbox"〉 : 체크박스

〈input type="checkbox"〉 태그는 0개 이상의 항목을 선택해서 여러 값을 입력받을 수 있는 수 있는 체크박스를 만들 때 사용한다.

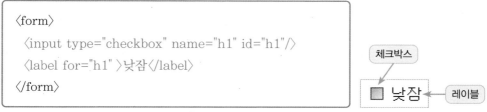

▲ 체크박스 사용 예

체크박스가 여러 항목을 갖는 경우에는 〈fieldset〉 태그를 사용해서 그룹화 한다.

```
〈form〉
  〈fieldset〉
    〈legend〉취미〈/legend〉
    〈input type="checkbox" name="h1" id="h1" value="a1"/〉
    〈label for="h1" 〉낮잠〈/label〉
    〈input type="checkbox" name="h1" id="h1" value="a2"/〉
    〈label for="h2" 〉TV시청〈/label〉
    〈input type="checkbox" name="h1" id="h1" value="a3"/〉
    〈label for="h3" 〉만화보기〈/label〉
  〈/fieldset〉
〈/form〉
```

◀ 체크박스 사용 예

체크박스에서는 글로벌 속성인 id(아이디), title(설명 추가)과 〈input〉 태그의 name(이름), value(값 지정), checked(선택됨) 등의 속성을 사용할 수 있다.

· value(값 지정) 속성 : 〈input〉 웹 폼 태그에 값을 지정한다. 버튼(button), 리셋(reset), 서밋(submit)에서는 버튼 레이블을 지정하고 텍스트 필드(text), 패스워드 필드(password), 히든 필드(hidden)에서는 기본 값으로 정의된다. 체크박스, 라디오 버튼 등에서는 항목의 값으로 사용되어, 항목을 선택한 후 submit 버튼을 누르면 이 value 속성의 값이 name 속성에서 정의한 변수에 저장되어 처리 페이지로 넘어간다.

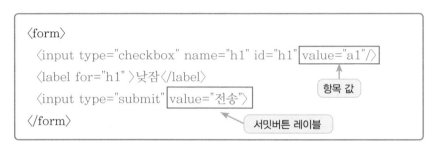

▲ 체크박스의 value 속성 사용 예

· checked(선택됨) 속성 : 웹 페이지가 화면에 표시될 때 항목이 미리 선택되도록 할 때 사용되며 체크박스나 라디오 버튼 등을 위해서 제공된다.

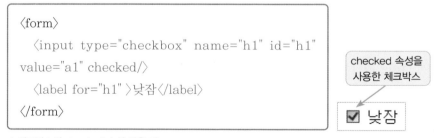

▲ 체크박스의 checked 속성 사용 예

**실습**     체크박스 사용 예제 – value, checked 속성 사용

〈input type="checkbox"〉 태그에 value, checked 속성을 추가해서 체크박스를 만드는 예제를 작성한다.

**실행 결과**

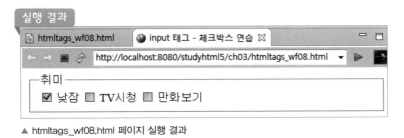

▲ htmltags_wf08.html 페이지 실행 결과

**01** htmltags_wf08.html 페이지를 작성한다.

```
01  <!DOCTYPE html>
02  <html>
03  <head>
04  <meta charset="UTF-8">
05  <meta name="viewport" content="width=device-width,initial-scale=1.0"/>
06  <title>input 태그 - 체크박스 연습</title>
07  </head>
08  <body>
09   <form>
10    <fieldset>
11     <legend>취미</legend>
12     <input type="checkbox" name="h1" id="h1" value="a1" checked/>
13     <label for="h1" >낮잠</label>
14     <input type="checkbox" name="h1" id="h2" value="a2"/>
15     <label for="h2" >TV시청</label>
16     <input type="checkbox" name="h1" id="h3" value="a3"/>
17     <label for="h3" >만화보기</label><br>
18     <input type="submit" value="전송">
19    </fieldset>
```

```
20  </form>
21  </body>
22  </html>
```

10~18라인  〈fieldset〉 태그를 사용해서 12,14,16라인의 체크박스를 그룹화한다.

12라인  〈fieldset〉 그룹화 항목에 〈legend〉 태그를 사용해서 레이블을 추가한다.

12,14,16라인  〈input type="checkbox"〉 태그를 사용해서 체크박스를 만든다. 이때 name 속성의 값을 "h1"으로 같은 이름을 주면 같은 이름에 여러 값을 저장하는 배열과 같은 형태가 되어서 처리 페이지에서 배열로 받아서 처리하기 편하다. id 속성은 유일한 값을 주는 속성이기 때문에 각각 다른 이름을 부여한다. 12라인의 체크박스는 checked 속성을 부여해서 페이지가 화면에 표시될 때 자동으로 선택되도록 했다.

**02** htmltags_wf08.html 페이지를 실행한다.

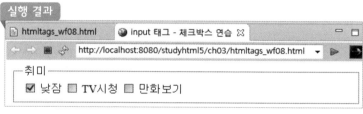

▲ htmltags_wf08.html 페이지 실행 결과

이때 항목을 선택하고 [전송] 버튼을 누른다.

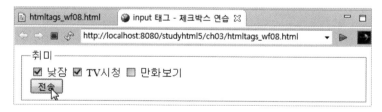

선택된 항목의 값이 처리 페이지로 넘어간다. 여기서는 2개의 항목을 선택했기 때문에 2개의 값이 넘어간다.

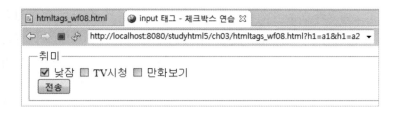

④ 〈input type="radio"〉 : 라디오 버튼

〈input type="radio"〉 태그는 여러 항목 중 반드시 1개의 값을 선택할 수 있는 라디오 버튼을 만들 때 사용한다. 반드시 1개의 항목이 선택되어야 하기 때문에 항목 중 1개는 반드시 checked를 사용해서 만든다.

```
〈form〉
  〈input type="radio" name="g" id="g" value="m" checked/〉
  〈label for="g"〉남〈/label〉
  〈input type="radio" name="g" id="g" value="f"/〉
  〈label for="g"〉여〈/label〉
〈/form〉
```

라디오 버튼

◉ 남 ◯ 여

checked 속성 사용

▲ 라디오 버튼 사용 예

라디오 버튼은 여러 항목 중 1개를 선택하는 형태이기 때문에 항목이 많은 경우 〈fieldset〉 태그를 사용해서 그룹화 한다.

```
〈form〉
 〈fieldset〉
  〈legend〉성별〈/legend〉
  〈input type="radio" name="g" id="g" value="m" checked/〉
  〈label for="g"〉남〈/label〉
  〈input type="radio" name="g" id="g" value="f"/〉
  〈label for="g"〉여〈/label〉
 〈/fieldset〉
〈/form〉
```

성별

◉ 남 ◯ 여

▲ 라디오 버튼 사용 예

라디오 버튼은 〈fieldset〉 태그를 사용하지 않고도 name 속성에 같은 값을 줘서 논리적으로 그룹화 할 수 있다. 이 논리적인 그룹화는 [남] 라디오 버튼 항목을 선택하면 [여] 라디오 버튼 항목이 자동으로 해제되고, 다시 [여] 라디오 버튼 항목을 선택하면 [남] 라디오 버튼 항목이 자동으로 해제된다.

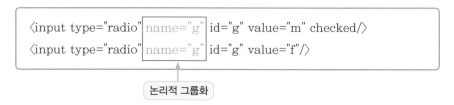

〈input type="radio" name="g" id="g" value="m" checked/〉
〈input type="radio" name="g" id="g" value="f"/〉

논리적 그룹화

라디오 버튼에서는 글로벌 속성인 id(아이디), title(설명 추가)과 〈input〉 태그의 name (이름), value(값 지정), checked(선택됨) 등의 속성을 사용할 수 있다.

**실습** | **라디오 버튼 사용 예제 – name, checked 속성 사용**

〈input type="radio"〉 태그에 name, checked 등의 속성을 논리적 그룹화가 된 라디오 버튼을 만드는 예제를 작성한다.

**실행 결과**

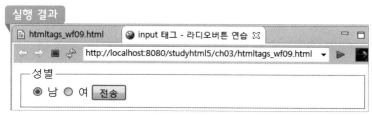

▲ htmltags_wf09.html 페이지 실행 결과

**01** htmltags_wf09.html 페이지를 작성한다.

```
01  〈!DOCTYPE html〉
02  〈html〉
03  〈head〉
04  〈meta charset="UTF-8"〉
05  〈meta name="viewport" content="width=device-width,initial-scale=1.0"/〉
06  〈title〉input 태그 – 라디오 버튼 연습〈/title〉
```

```
07  </head>
08  <body>
09    <form>
10      <fieldset>
11        <legend>성별</legend>
12        <input type="radio" name="g" id="g" value="m" checked/>
13        <label for="g">남</label>
14        <input type="radio" name="g" id="g" value="f"/>
15        <label for="g">여</label>
16        <input type="submit" value="전송">
17      </fieldset>
18    </form>
19  </body>
20  </html>
```

소스코드 **설명**

**12,14라인**  라디오 버튼을 정의하며 name 속성의 값을 모두 "g"로 지정해서 논리적 그룹화를 했다. 선택된 1개의 값만 g변수의 값으로 처리 페이지로 넘겨진다.

**02** htmltags_wf09.html 페이지를 실행한다. 페이지가 표시되면 [남] 라디오 버튼 항목이 자동으로 선택되어 표시된다.

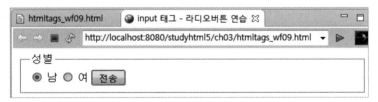

▲ htmltags_wf09.html 페이지 실행 결과

이때 [여] 라디오 버튼 항목을 선택하면 [남] 라디오 버튼 항목이 자동으로 해제된다. [전송] 버튼을 누르면 선택한 값이 처리 페이지로 넘겨진다.

⑤ 〈input type="file"〉 : 파일 선택기

〈input type="text"〉 태그는 파일을 선택하고 업로드할 수 있는 필드를 제공한다. 웹 브라우저의 종류에 따라 [찾아보기...] 또는 [파일 선택] 선택된 파일 없음과 같은 형태로 제공된다. 파일 선택은 [찾아보기..] 또는 [파일 선택] 버튼을 누르면 [열기] /[업로드할 파일 선택] 대화상자가 표시되고 원하는 파일을 선택한 후 [열기] 버튼을 클릭한다.

선택한 파일

파일이 선택되고 나면 파일 선택기가 l:\jsporg\cloud.png [찾아보기...] 또는 [파일 선택] cloud.png 과 같은 형태로 선택한 파일과 같이 표시된다.

선택한 파일

파일 업로드하려는 폼은 〈form〉 태그의 method 속성이 "post"이고, enctype이 "multipart/form-data"를 가져야 한다.

> 〈form    name="formName"    action="filePro.jsp"    method="post"
> enctype="multipart/form-data"〉

- method 속성 : 서버에 요청 방식을 지정하는 것으로 생략이 가능하며, 생략 시 기본 값 get을 사용한다. 파일을 업로드할 때는 이 속성을 생략할 수 없으며, 반드시 post로 지정해야 한다.
- enctype 속성 : 서버에 폼 데이터를 전송 시 인코딩 방식을 지정하는 것으로 생략 가능하다. 생략 시 기본 값 application/x-www-form-urlencoded로 지정되어 공백은 +로, 특수문자는 아스키 16진수(ASCII HEX)로 변경된 후 전송된다. 이 속성의 값으로는 multipart/form-data, text/plain도 있다. multipart/form-data는 전송데이터를 인코딩하지 않으며, 업로드할 때 사용한다. text/plain은 공백은 +로 변환하나 특수문자는 인코딩하지 않는다.
- action 속성 : 입력할 값을 처리할 서버페이지명을 기술한다. 여기서는 "filePro.jsp"가 서버 페이지이다.

다음은 파일을 입력받아 업로드하기 위해서 필요한 기본적인 폼 태그와 파일 선택기 사용
예시이다.

```
<form   name="form1"   action="filePro.jsp"      method="post"
       enctype="multipart/form-data">
 <label for="id">파일선택:</label>
 <input type="file" id="file1" name="file1"/>
 <input type="submit" value="전송">
</form>
```

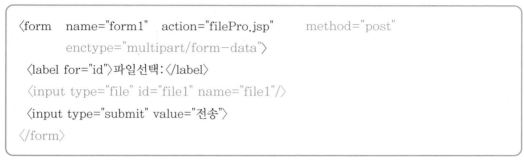

▲ 파일 선택기 사용 예

파일 선택기에서는 글로벌 속성인 id(아이디), title(설명 추가)과 <input> 태그의 name
(이름), multiple(다중 선택), required(필수) 등의 속성을 사용할 수 있다.

• multiple(다중 선택) 속성 : <input> 태그를 사용하는 웹 폼 태그에 값을 1개 이상 넣을 수 있게 해준다.
 − <input type="file" multiple>에서와 같이 파일을 여러 개 선택하는 경우에는 Ctrl 또는 Shift
  를 같이 사용한다. 여러 파일은 ,(쉼표)를 사용해서 나열된다.
 − <input type="email" multiple>의 경우에는 이메일 입력 필드에 ddd@aaa.com, aaa@aaa.
  com 등과 같이 여러 이메일 주소를 ,(쉼표)를 사용해서 나열한다.

```
<form   name="form1"   action="filePro.jsp"      method="post"
enctype="multipart/form-data">
  <label for="id">파일선택:</label>
  <input type="file" id="file1" name="file1" multiple/>
  <input type="submit" value="전송">
</form>
```

파일 선택기 예제 1 – 단일 파일 선택

⟨input type="file"⟩ 태그를 사용해서 단일 파일을 선택하는 예제를 작성한다.

**실행 결과**

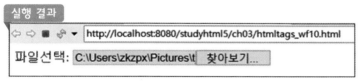

▲ htmltags_wf10.html 페이지 실행 결과

**01** htmltags_wf10.html 페이지를 작성한다.

```
01  ⟨!DOCTYPE html⟩
02  ⟨html⟩
03  ⟨head⟩
04  ⟨meta charset="UTF-8"⟩
05  ⟨meta name="viewport" content="width=device-width,initial-scale=1.0"/⟩
06  ⟨title⟩input 태그 – 파일 선택기 연습1⟨/title⟩
07  ⟨/head⟩
08  ⟨body⟩
09   ⟨form name="form1" action="#" method="post" enctype="multipart/form
     -data"⟩
```

```
10    <label for="id">파일선택:</label>
11    <input type="file" id="file1" name="file1"/>
12 </form>
13 </body>
14 </html>
```

**소스코드 설명**

9~12라인   폼 영역으로 method="post", enctype="multipart/form-data"를 사용해서 파일 업로
드를 위한 형태를 갖고 있다. 서버쪽 처리 페이지를 작성하지 않았기 때문에 action="#" 로 지정해
서 현재 페이지가 웹 폼 태그의 값을 받도록 했다. 다만, 업로드 파일은 바이너리 파일을 위한 처리
가 필요하기 때문에 이 상태에서 submit 버튼을 눌러 전송하면 오류가 발생한다. 따라서 submit 버
튼 작성을 생략했다. 업로드하는 전체 과정은 뒤에 나오는 심화학습에서 제공한다.

11라인   <input type="file" id="file1" name="file1"/>은 파일을 선택할 수 있는 웹 폼으로 [찾아보
기] 버튼과 선택한 파일을 보여주는 부분으로 이루어져 있다. 여기서는 1개의 파일만 선택할 수 있
는 선택기를 제공한다.

**02** htmltags_wf10.html 페이지를 실행한다. 페이지가 표시되면 [찾아보기...] 버튼을 클
릭한다.

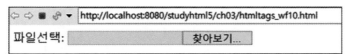

▲ htmltags_wf10.html 페이지 실행 결과

파일을 선택하고 [열기] 버튼을 클릭한다.

Chapter 3 문서를 구조화하는 HTML   | **137**

파일이 선택된 것을 확인할 수 있다.

**파일 선택기 예제 2 — 다중 파일 선택**

⟨input type="file"⟩ 태그에 multiple 속성을 추가해서 여러 파일을 선택하는 예제를 작성한다.

**실행 결과**

▲ htmltags_wf.html 페이지 실행 결과

❶ htmltags_wf11.html 페이지를 작성한다.

```
01  ⟨!DOCTYPE html⟩
02  ⟨html⟩
03  ⟨head⟩
04  ⟨meta charset="UTF-8"⟩
05  ⟨meta name="viewport" content="width=device-width,initial-scale=1.0"/⟩
06  ⟨title⟩input 태그 — 파일 선택기 연습2⟨/title⟩
07  ⟨/head⟩
08  ⟨body⟩
09  ⟨form name="form1" action="#" method="post" enctype="multipart/form
    -data"⟩
10    ⟨label for="id"⟩파일선택:⟨/label⟩
11    ⟨input type="file" id="file1" name="file1" multiple/⟩
12  ⟨/form⟩
13  ⟨/body⟩
14  ⟨/html⟩
```

**소스코드 설명**

**9~12라인** 폼 영역으로 파일업로드를 위한 형태를 갖고 있다.

**11라인** 〈input type="file" id="file1" name="file1" multiple/〉에서는 multiple 속성을 사용해서 여러 개 파일을 선택할 수 있는 선택기를 제공한다. 여러 개의 파일은 Ctrl 또는 Shift 키를 같이 사용해서 선택한다.

◀ 다중 선택 예

02 htmltags_wf11.html 페이지를 실행한다. 페이지가 표시되면 [찾아보기...] 버튼을 클릭한다.

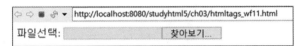

◀ htmltags_wf11.html 페이지 실행 결과

Ctrl 또는 Shift 를 사용해서 여러 개의 파일을 선택하고 [열기] 버튼을 클릭한다.

파일이 선택된 것을 확인할 수 있다.

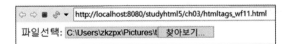

⑥ 〈input type="submit"〉 : submit 버튼

〈input type="submit"〉 태그는 submit(서밋) 버튼을 만들 때 사용한다.

▲ submit 버튼 사용 예

폼에 값을 입력하고 submit 버튼은 누르면 〈form〉 태그의 action 속성에서 기술한 페이지로 입력한 폼의 값을 넘긴다. 다음은 폼에서 아이디를 입력하고 submit 버튼인 [전송] 버튼을 클릭하면 입력한 값을 갖고 submitPro.jsp 페이지로 이동한다. submitPro.jsp에서는 폼에서 넘어온 값을 request.getParameter("id") 메소드를 사용해서 얻어낸다.

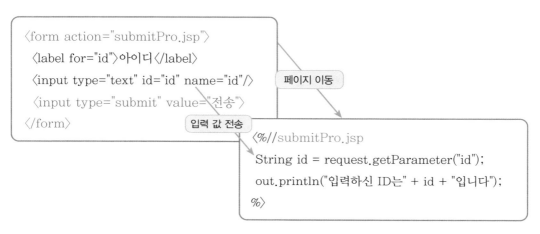

이때 〈form〉 태그의 method 속성을 생략했기 때문에 get 방식으로 넘어가서 주소 줄에 넘겨지는 값이 표시된다. 즉, http://xxx/submitPro.jsp?id=aaa@aaa.com와 같이 처리 페이지인 submitPro.jsp 뒤에는 값의 리스트 형태인 ?id=aaa@aaa.com와 같은 형태로 넘어간다.

▲ submit 버튼 사용 예– get 방식

method="get" 방식일 경우 처리 페이지로 넘어가는 중요한 데이터가 주소 줄에 노출되기 때문에 보안상 중요한 데이터가 있는 경우 method="post" 방식으로 보내거나 암호화하는 것이 좋다. method="post" 방식인 경우 주소 줄에 데이터가 노출되지 않는다.

▲ submit 버튼 사용 예- post 방식

submit 버튼에서는 글로벌 속성인 id(아이디), title(설명 추가)과 ⟨input⟩ 태그의 name (이름), value(기본 값) 등의 속성을 사용할 수 있다. submit 버튼에서 value(기본 값) 속성은 버튼의 레이블을 지정하기 위해서 사용한다.

**실습**　submit 버튼 사용 예제 1 – get 방식으로 데이터 전송

⟨input type="submit"⟩ 태그를 사용해서 submit 버튼을 만들고 입력한 데이터를 get 방식으로 전송하는 예제를 작성한다.

**실행 결과**

▲ htmltags_wf12.html 페이지 실행 결과　　　▲ submitPro2.jsp 페이지 실행 결과

**01** htmltags_wf12.html 페이지를 작성한다.

```
01  ⟨!DOCTYPE html⟩
02  ⟨html⟩
03  ⟨head⟩
04  ⟨meta charset="UTF-8"⟩
05  ⟨meta name="viewport" content="width=device-width,initial-scale=1.0"/⟩
06  ⟨title⟩input 태그 - submit버튼 연습1⟨/title⟩
07  ⟨/head⟩
```

```
08  <body>
09    <form action="submitPro.jsp">
10      <label for="id">아이디</label>
11      <input type="text" id="id" name="id" required/><br>
12      <input type="submit" value="전송">
13    </form>
14  </body>
15  </html>
```

소스코드 설명

9~13라인  폼 영역으로 값을 입력 후 12라인의 [전송] 버튼을 클릭하면 9라인의 action 속성에서 기술한 submitPro.jsp 페이지로 입력한 값을 get 방식으로 보낸다.

② [ch03] 폴더를 선택하고 마우스 오른쪽 버튼을 클릭해서 [New]−[JSP File] 메뉴를 선택한다. [File name] 항목에 "submitPro.jsp"를 입력하고 [Finish] 버튼을 클릭한다.

```
01  <%@ page language="java" contentType="text/html; charset=UTF-8"
02      pageEncoding="UTF-8"%>
03  <meta name="viewport" content="width=device-width,initial-scale=1.0"/>
04
05  <% request.setCharacterEncoding("utf-8");%>
06
07  <h2>폼에서 넘어온 값</h2>
08  <%
09    String id = request.getParameter("id");
10    out.println("입력하신 ID는" + id + "입니다");
11  %>
```

소스코드 설명

1라인  페이지의 인코딩을 UTF−8로 지정했다.

5라인  htmltags_wf12.html의 폼에 입력한 값에 한글이 있는 경우 한글이 깨지지 않도록 설정했다.

9라인  htmltags_wf12.html의 11라인 〈input type="text" id="id" name="id" required/〉에 입력한 값을 request.getParameter("id") 메소드를 사용해서 얻어낸 후 id 변수에 저장한다.

10라인  id 변수의 값을 out.println( ) 메소드를 사용해서 화면에 출력한다.

**③** htmltags_wf12.html 페이지를 실행한다. 페이지가 표시되면 아이디를 입력하고 [전송] 버튼을 클릭한다. 그러면 프로그램의 제어가 submitPro.jsp로 이동하고 submitPro.jsp 페이지의 내용이 출력된다. 이때 htmltags_wf12.html에서 get 방식으로 데이터를 전송하기 때문에 submitPro.jsp?id=aaa@aaa.com과 같이 주소에 데이터가 표시된다.

▲ htmltags_wf12.html 페이지 실행 결과      ▲ submitPro.jsp 페이지 실행 결과

---

**실습**  submit 버튼 사용 예제 2 – post 방식으로 데이터 전송

〈input type="submit"〉 태그를 사용해서 submit 버튼을 만들고 입력한 데이터를 post 방식으로 전송하는 예제를 작성한다.

**실행 결과**

▲ htmltags_wf13.html 페이지 실행 결과      ▲ submitPro2.jsp 페이지 실행 결과

**①** htmltags_wf13.html 페이지를 작성한다.

```
01 〈!DOCTYPE html〉
02 〈html〉
03 〈head〉
04 〈meta charset="UTF-8"〉
```

```
05  <meta name="viewport" content="width=device-width,initial-scale=1.0"/>
06  <title>input 태그 - submit버튼 연습2</title>
07  </head>
08  <body>
09   <form method="post" action="submitPro2.jsp">
10      <label for="id">아이디</label>
11      <input type="text" id="id" name="id" required/><br>
12      <label for="pass">비밀번호</label>
13      <input type="password" id="pass" name="pass" required/><br>
14      <input type="submit" value="전송">
15    </form>
16  </body>
17  </html>
```

**소스코드 설명**

9~15라인  폼 영역으로 값을 입력 후 12라인의 [전송] 버튼을 클릭하면 9라인의 action 속성에서 기술한 submitPro.jsp 페이지로 입력한 값을 post 방식으로 보낸다.

**02** [New]-[JSP File] 메뉴를 선택해서 submitPro2.jsp 페이지를 작성한다.

```
01  <%@ page language="java" contentType="text/html; charset=UTF-8"
02      pageEncoding="UTF-8"%>
03  <meta name="viewport" content="width=device-width,initial-scale=1.0"/>
04
05  <% request.setCharacterEncoding("utf-8");%>
06
07  <h2>폼에서 넘어온 값</h2>
08  <%
09   String id = request.getParameter("id");
10  String pass = request.getParameter("pass");
11  out.println("입력하신 ID는" + id + "이고,");
12  out.println("입력하신 비밀번호는" + pass + "입니다.");
13  %>
```

9라인　htmltags_wf13.html의 11라인 〈input type="text" id="id" name="id" required/〉에서 입력한 값을 request.getParameter("id") 메소드를 사용해서 얻어낸 후 id 변수에 저장한다.

10라인　htmltags_wf13.html의 13라인 〈input type="password" id="pass" name="pass" required/〉에서 입력한 값을 request.getParameter("pass") 메소드를 사용해서 얻어낸 후 pass 변수에 저장한다.

**03** htmltags_wf11.html 페이지를 실행한다. 페이지가 표시되면 아이디와 비밀번호를 입력하고 [전송] 버튼을 클릭한다. 폼에 입력한 내용을 submitPro2.jsp 페이지로 넘긴다. 이때 post 방식을 사용하기 때문에 데이터가 주소에 노출되지 않는다.

▲ htmltags_wf11.html 페이지 실행 결과　　▲ submitPro.jsp 페이지 실행 결과

⑦ 〈input type="reset"〉 : [reset] 버튼

〈input type="reset"〉 태그는 입력한 내용을 모두 초기화하는 리셋 버튼을 만들 때 사용한다.

```
<form>
  <label for="id">아이디</label>
  <input type="text" id="id" name="id" required/><br>
  <label for="pass">비밀번호</label>
  <input type="password" id="pass" name="pass" required/><br>
  <label for="name">이름</label>
  <input type="text" id="name" name="name" required/><br>
  <input type="reset" value="취소">
</form>
```

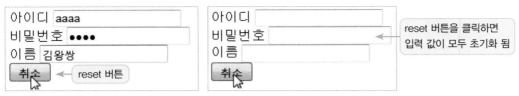

▲ reset 버튼 사용 예

    reset 버튼에서는 글로벌 속성인 id(아이디), title(설명 추가)과 〈input〉 태그의 name (이름), value(기본 값) 등의 속성을 사용할 수 있다. reset 버튼에서도 value(기본 값) 속성은 버튼의 레이블을 지정하기 위해서 사용한다.

**실습**　**reset 버튼 사용 예제**

    〈input type="reset"〉 태그를 사용해서 reset 버튼을 만드는 예제를 작성한다.

**실행 결과**

▲ htmltags_wf14.html 페이지 실행 결과

**01** htmltags_wf14.html 페이지를 작성한다.

```
01  〈!DOCTYPE html〉
02  〈html〉
03  〈head〉
04  〈meta charset="UTF-8"〉
05  〈meta name="viewport" content="width=device-width,initial-scale=1.0"/〉
06  〈title〉input 태그 - reset버튼 연습〈/title〉
07  〈/head〉
08  〈body〉
09    〈form〉
10      〈label for="id"〉아이디〈/label〉
```

```
11      <input type="text" id="id" name="id" required/><br>
12      <label for="pass">비밀번호</label>
13      <input type="password" id="pass" name="pass" required/><br>
14      <label for="name">이름</label>
15      <input type="text" id="name" name="name" required/><br>
16      <input type="reset" value="취소">
17    </form>
18  </body>
19  </html>
```

**소스코드 설명**

9-17라인   폼 영역으로 16라인 〈input type="reset" value="취소"〉은 리셋 버튼을 정의한다. reset 버튼인 [취소] 버튼을 클릭하면 입력한 내용이 모두 지워진다.

② htmltags_wf14.html 페이지를 실행한다. 페이지가 표시되면 폼을 입력한다. [취소] 버튼을 누르면 입력한 값이 모두 사라지고 폼이 초기화된다.

▲ htmltags_wf14.html 페이지 실행 결과

⑧ 〈input type="button"〉: [button] 버튼

〈input type="button"〉 태그는 일반적인 버튼을 만들 때 사용한다.

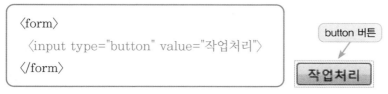

```
<form>
  <input type="button" value="작업처리">
</form>
```

button 버튼

작업처리

▲ button 버튼 사용 예

button 버튼은 글로벌 속성인 id(아이디), title(설명 추가)과 〈input〉 태그의 name(이름), value(기본 값) 등의 속성을 사용할 수 있다. button 버튼에서도 value(기본 값) 속성은 버튼의 레이블을 지정하기 위해서 사용한다. button 버튼은 onclick 속성 등을 사용해서 자바스크립트와 연결되는 이벤트 처리에 주로 사용된다. onclick 속성 값에는 자바스크립트 함수나 코드를 기술한다.

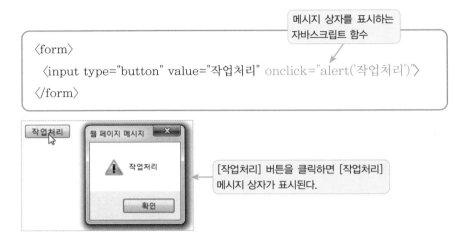

```
<form>
  <input type="button" value="작업처리" onclick="alert('작업처리')">
</form>
```

메시지 상자를 표시하는
자바스크립트 함수

[작업처리] 버튼을 클릭하면 [작업처리]
메시지 상자가 표시된다.

## 실습    button 버튼 사용 예제

〈input type="button"〉 태그를 사용해서 button 버튼을 만드는 예제를 작성한다.

**실행 결과**

▲ htmltags_wf15.html 페이지 실행 결과

**❶** htmltags_wf15.html 페이지를 작성한다.

```
01  <!DOCTYPE html>
02  <html>
03  <head>
04  <meta charset="UTF-8">
05  <meta name="viewport" content="width=device-width,initial-scale=1.0"/>
06  <title>input 태그 - button버튼 연습</title>
07  </head>
08  <body>
09   <form>
10      <input type="button" value="작업처리" onclick="alert('작업처리')">
11   </form>
12  </body>
13  </html>
```

**소스코드 설명**

**9-11라인** 폼 영역으로 10라인 `<input type="button" value="작업처리" onclick="alert('작업처리')">`은 버튼을 정의한다. [작업처리] 버튼을 클릭하면 click 이벤트에 반응해서 이벤트 핸들러 onclick에 기술한 alert('작업처리')가 실행된다. alert( )는 메시지 상자를 표시하는 자바스크립트 함수이다.

**❷** htmltags_wf15.html 페이지를 실행한다. 페이지가 표시되면 [작업처리] 버튼을 누른다. 그러면 [작업처리]라는 메시지가 화면에 표시된다.

▲ htmltags_wf15.html 페이지 실행 결과

⑨ 〈input type="email"〉 : 이메일 필드

〈input type="email"〉 태그는 이메일을 입력받을 수 있는 1줄짜리 입력 필드를 만들 때 사용한다. 이 태그는 스마트기기의 모바일 브라우저에서 실행하면 키보드에 @가 표시된다.

```
〈form〉
  〈label for="email"〉이메일〈/label〉
  〈input type="email" id="email" name="email"/〉
〈/form〉
```

▲ 이메일 필드 사용 예

스마트기기에서 실행하는 방법은 "〈실습〉 템플릿을 사용한 웹 페이지 작성"의 ⑥~⑧을 참고한다.

이메일 필드에서는 글로벌 속성인 id(아이디), title(설명 추가)과 〈input〉 태그의 auto complete(자동 완성), autofocus(포커스 지정), maxlength(최대 글자수), name(이름), placeholder(힌트), required(필수), size(크기) 등의 속성을 사용할 수 있다.

이메일 필드 사용 예제

⟨input type="email"⟩ 태그를 사용해서 이메일 필드를 만드는 예제를 작성한다.

실행 결과

◀ 스마트기기에서 htmltags_wf16.html 페이지 실행 결과

**01** htmltags_wf16.html 페이지를 작성한다.

```
01  ⟨!DOCTYPE html⟩
02  ⟨html⟩
03  ⟨head⟩
04  ⟨meta charset="UTF-8"⟩
05  ⟨meta name=" viewport" content="width=device-width,initial-scale=1.0"/⟩
06  ⟨title⟩input 태그 - 이메일 필드 연습⟨/title⟩
07  ⟨/head⟩
08  ⟨body⟩
09    ⟨form⟩
10      ⟨label for="email"⟩이메일⟨/label⟩
11      ⟨input type="email" id="email" name="email"/⟩
12    ⟨/form⟩
13  ⟨/body⟩
14  ⟨/html⟩
```

소스코드 설명

11라인   ⟨input type="email" id="email" name="email"/⟩는 이메일을 입력할 수 있는 필드를 만든다.

**02** [Servers] 뷰의 Tomcat 서버가 시작되지 않았으면 [Start the Server] 아이콘을 클릭해서 Tomcat 서버를 시작시킨다.

스마트기기에서 모바일 브라우저 앱(인터넷, Safari, Chrome] 등)을 실행하고 주소 표시줄에 http://자신의IP:8080/studyhtml5/ch03/htmltags_wf16.html을 입력하고 실행한다. 페이지가 표시되면 이메일 입력 필드를 클릭한다. 이메일 입력을 위한 키보드가 표시된다.

▲ 스마트기기에서 htmltags_wf16.html 페이지 실행 결과

⑩ 〈input type="url"〉 : URL 필드

〈input type="url"〉 태그는 인터넷 주소인 URL을 입력받을 수 있는 1줄짜리 입력 필드를 만들 때 사용한다. 이 태그는 스마트기기의 모바일 브라우저에서 실행하면 키보드에 [.com]이 표시된다.

```
〈form〉
  〈label for="url"〉 사이트 주소〈/label〉
  〈input type="url" id="url" name="url"/〉
〈/form〉
```

[.com] 키를 길게 누르면 co.kr과 같이 다른 형식의 도메인이 표시된다.

▲ URL 필드 사용 예

URL 필드에서는 글로벌 속성인 id(아이디), title(설명 추가)과 〈input〉 태그의 auto complete(자동 완성), autofocus(포커스 지정), maxlength(최대 글자수), name(이름), placeholder(힌트), required(필수), size(크기) 등의 속성을 사용할 수 있다.

---

**실습**  URL 필드 사용 예제

〈input type="url"〉 태그를 사용해서 URL 필드를 만드는 예제를 작성한다.

**실행 결과**

◀ 스마트기기에서 htmltags_wf17.html 페이지 실행 결과

**01** htmltags_wf17.html 페이지를 작성한다.

```
01  <!DOCTYPE html>
02  <html>
03  <head>
04  <meta charset="UTF-8">
05  <meta name="viewport" content="width=device-width,initial-scale=1.0"/>
06  <title>input 태그 - URL 필드 연습</title>
07  </head>
08  <body>
09    <form>
10      <label for="url"> 사이트 주소</label>
11      <input type="url" id="url" name="url"/>
12    </form>
13  </body>
14  </html>
```

**소스코드 설명**

**11라인**  <input type="url" id="url" name="url"/>는 웹 사이트 주소를 입력할 수 있는 입력 필드를 제공한다.

**02** 스마트기기의 모바일 브라우저 앱(인터넷, Safari, Chrome 등)에서 http://자신의 IP:8080/studyhtml5/ch03/htmltags_wf17.html을 입력하고 실행한다.
페이지가 표시되면 URL 입력 필드를 클릭한다. URL 입력을 위한 키보드가 표시된다.

◀ 스마트기기에서 htmltags_wf17.html 페이지 실행 결과

⑪ 〈input type="tel"〉 : 전화번호 필드

〈input type="tel"〉 태그는 전화번호를 입력받을 수 있는 1줄짜리 입력 필드를 만들 때 사용한다. 이 태그는 스마트기기의 모바일 브라우저에서 실행하면 키보드가 전화번호를 입력할 수 있는 숫자와 전화번호 입력 및 ARS 응답 등에 사용되는 특수문자가 같이 표시된다.

〈form〉
　〈label for="tel"〉전화번호〈/label〉
　〈input type="tel" id="tel" name="tel"/〉
〈/form〉

▲ 전화번호 필드 사용 예

패스워드 필드에서는 글로벌 속성인 id(아이디), title(설명 추가)과 〈input〉 태그의 auto complete(자동 완성), autofocus(포커스 지정), maxlength(최대 글자수), name(이름), placeholder(힌트), required(필수), size(크기) 등의 속성을 사용할 수 있다.

⟨input type="tel"⟩ 태그를 사용해서 전화번호 필드를 만드는 예제를 작성한다.

**실행 결과**

▲ 스마트기기에서 htmltags_wf18.html 페이지 실행 결과

**01** htmltags_wf18.html 페이지를 작성한다.

```
01  ⟨!DOCTYPE html⟩
02  ⟨html⟩
03  ⟨head⟩
04  ⟨meta charset="UTF-8"⟩
05  ⟨meta name="viewport" content="width=device-width,initial-scale=1.0"/⟩
06  ⟨title⟩input 태그 - 전화번호 필드 연습⟨/title⟩
07  ⟨/head⟩
08  ⟨body⟩
09   ⟨form⟩
10      ⟨label for="tel"⟩전화번호⟨/label⟩
11      ⟨input type="tel" id="tel" name="tel"/⟩
12   ⟨/form⟩
13  ⟨/body⟩
14  ⟨/html⟩
```

11라인  ⟨input type="tel" id="tel" name="tel"/⟩는 전화번호를 입력할 수 있는 입력 필드를 제공한다.

02 http://자신의IP:8080/studyhtml5/ch03/htmltags_wf18.html 페이지를 실행한다.

⑫ ⟨input type="number"⟩ : 숫자 필드, ▲/▼눌러 선택

⟨input type="number"⟩ 태그는 숫자만 입력받을 수 있는 1줄짜리 입력 필드를 만들 때 사용한다. 숫자 필드는 ▲/▼를 제공하는 PC 브라우저에서는 ▲/▼을 눌러 숫자를 증감할 수 있다. 이 태그는 스마트기기의 모바일 브라우저에서 실행하면 키보드가 숫자 키보드로 표시된다.

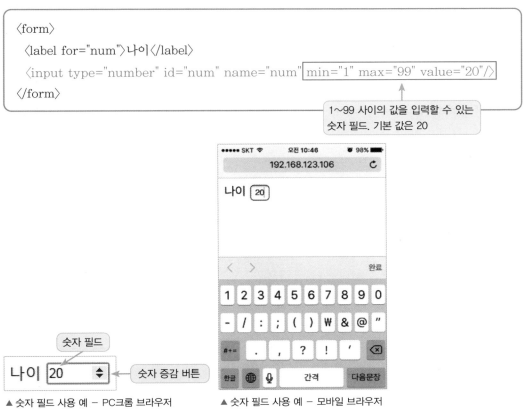

```
⟨form⟩
  ⟨label for="num"⟩나이⟨/label⟩
  ⟨input type="number" id="num" name="num" min="1" max="99" value="20"/⟩
⟨/form⟩
```

1~99 사이의 값을 입력할 수 있는 숫자 필드. 기본 값은 20

숫자 필드

숫자 증감 버튼

▲ 숫자 필드 사용 예 – PC크롬 브라우저 　　▲ 숫자 필드 사용 예 – 모바일 브라우저

패스워드 필드에서는 글로벌 속성인 id(아이디), title(설명 추가)과 ⟨input⟩ 태그의 name(이름), min(최솟값), max(최댓값), placeholder(힌트), required(필수), size(크기), step(단계 값), value(기본 값) 등의 속성을 사용할 수 있다. step(단계 값) 속성은 숫자를 증감할 때 증감 값을 지정할 수 있다. 생략하면 기본적으로 1증감이다.

〈input type="number"〉 태그를 사용해서 숫자 필드를 만드는 예제를 작성한다.

**실행 결과**

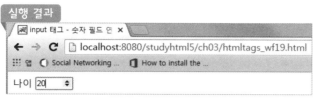

▲ PC 크롬 브라우저에서 htmltags_wf19.html 페이지 실행 결과

**01** htmltags_wf19.html 페이지를 작성한다.

```
01  <!DOCTYPE html>
02  <html>
03  <head>
04  <meta charset="UTF-8">
05  <meta name="viewport" content="width=device-width,initial-scale=1.0"/>
06  <title>input 태그 - 숫자 필드 연습</title>
07  </head>
08  <body>
09   <form>
10      <label for="num">나이</label>
11      <input type="number" id="num" name="num" min="1" max="99"
   value="20"/>
12   </form>
13  </body>
14  </html>
```

**소스코드 설명**

**11라인**  〈input type="number" id="num" name="num" min="1" max="99" value="20"/〉는
1~99 사이의 숫자를 입력할 수 있는 입력 필드를 제공한다. 이때 입력 필드에 표시되는 기본 값은
20이다.

❷ PC의 크롬 브라우저에서 http://localhost:8080/studyhtml5/ch03/htmltags_wf19.html를 실행한다. 페이지가 표시되고 숫자 입력 필드를 클릭하면 ▲/▼ 버튼이 표시된다. 이 버튼을 눌러 숫자를 증감할 수 있다.

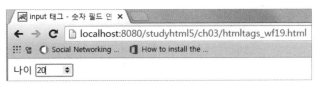

▲ 스마트기기에서 htmltags_wf19.html 페이지 실행 결과

스마트기기에서 실행해본다.

⑬ 〈input type="range"〉 : 숫자 필드, 슬라이드 막대를 사용해 숫자 선택

〈input type="range"〉 태그는 슬라이드 막대를 사용해서 숫자 범위에서 숫자를 선택하는 필드를 만들 때 사용한다.

```
〈form〉
 〈label for="temp"〉온도〈/label〉
 〈input type="range" id="temp" name="temp" min="-20" max="70"
  value="20" step="1"/〉
〈/form〉
```
-20~70까지의 숫자 범위에서 슬라이드 막대를 사용해서 숫자를 선택한다. 슬라이드 막대의 단계 값은 1이다.

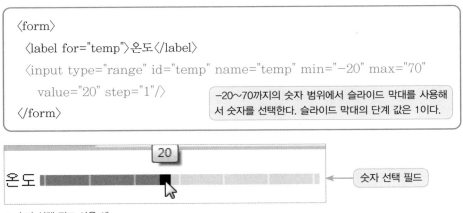

▲ 숫자 선택 필드 사용 예

숫자 선택 필드에서는 글로벌 속성인 id(아이디), title(설명 추가)과 〈input〉 태그의 name(이름), min(최솟값), max(최댓값), required(필수), size(크기), step(단계 값), value(기본 값) 등의 속성을 사용할 수 있다.

**숫자 선택 필드 사용 예제**

⟨input type="range"⟩ 태그를 사용해서 숫자 선택 필드를 만드는 예제를 작성한다.

**실행 결과**

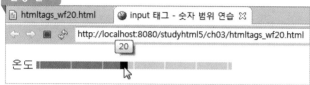

▲ htmltags_wf20.html 페이지 실행 결과

**01** htmltags_wf20.html 페이지를 작성한다.

```
01  ⟨!DOCTYPE html⟩
02  ⟨html⟩
03  ⟨head⟩
04  ⟨meta charset="UTF-8"⟩
05  ⟨meta name="viewport" content="width=device-width,initial-scale=1.0"/⟩
06  ⟨title⟩input 태그 – 숫자 범위 연습⟨/title⟩
07  ⟨/head⟩
08  ⟨body⟩
09    ⟨form⟩
10      ⟨label for="temp"⟩온도⟨/label⟩
11      ⟨input type="range" id="temp" name="temp" min="-20" max="70"
12      value="20" step="1"/⟩
13    ⟨/form⟩
14  ⟨/body⟩
15  ⟨/html⟩
```

**소스코드 설명**

11~12라인   ⟨input type="range" id="temp" name="temp" min="-20" max="70" value="20" step="1"/⟩ 은 슬라이드 막대를 사용해서 숫자를 선택하는 필드를 만든다. 이 필드는 -20~70까지의 범위 내에서 값을 선택할 수 있으며, step="1"이어서 슬라이드 막대 이동 시 1씩 증감한다.

**02** htmltags_wf20.html 페이지를 실행한다.

페이지가 표시되면 기본 값 20에 막대가 위치한다. 이 막대를 눌러 드래그하면 원하는
값을 선택할 수 있다.

▲ htmltags_wf20.html 페이지 실행 결과

⑭ 〈input type="date"〉: 날짜 선택 필드

〈input type="date"〉 태그는 날짜를 선택 및 입력할 수 있는 1줄짜리 날짜 선택 필드를
만들 때 사용한다.

〈form〉
  〈label for="day"〉오늘날짜〈/label〉
  〈input type="date" id="day" name="day"
    min="2015-01-01" max="2020-12-31" value="2016-03-10"/〉
〈/form〉

> 2015-01-01~2020-12-31 범위에서 날짜를
> 선택할 수 있다. 기본 값은 2016-03-10이다.

▲ 날짜 선택 필드 사용 예

날짜 선택 필드에서는 글로벌 속성인 id(아이디), title(설명 추가)과 〈input〉 태그의
name(이름), min(최솟값), max(최댓값), required(필수), size(크기), value(기본 값) 속
성 등을 사용할 수 있다.

〈input type="date"〉 태그를 사용해서 날짜 선택 필드를 만드는 예제를 작성한다.

**실행 결과**

◀ htmltags_wf21.html 페이지 실행 결과

**01** htmltags_wf21.html 페이지를 작성한다.

```
01  <!DOCTYPE html>
02  <html>
03  <head>
04  <meta charset="UTF-8">
05  <meta name="viewport" content="width=device-width,initial-scale=1.0"/>
06  <title>input 태그 - 날짜 선택 연습</title>
07  </head>
08  <body>
09   <form>
10     <label for="day">오늘날짜</label>
11     <input type="date" id="day" name="day"
12      min="2023-01-01" max="2025-12-31" value="2023-03-10"/>
13   </form>
14  </body>
15  </html>
```

11~12라인 〈input type="date" id="day" name="day" min="2015-01-01" max="2020-12 -31" value="2016-03-10"/〉은 기본 값이 2016-03-10인 날짜 선택 필드로 2015-01- 01~2020-12-31 사이의 날짜를 선택할 수 있다.

**02** PC의 크롬 브라우저 또는 엣지 브라우저에서 http://localhost:8080/studyhtml5/ ch03/htmltags_wf21.html 페이지를 실행한다.

⑮ 〈input type="time"〉 : 시간 선택 필드

〈input type="time"〉 태그는 시간을 선택 및 입력할 수 있는 1줄짜리 시간 선택 필드를 만들 때 사용한다.

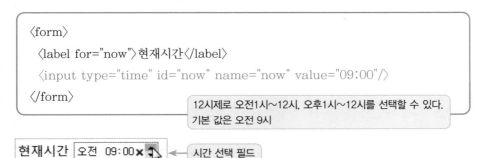

▲ 시간 선택 필드 사용 예

시간 선택 필드에서는 글로벌 속성인 id(아이디), title(설명 추가)과 〈input〉 태그의 name(이름), min(최솟값), max(최댓값), required(필수), size(크기), value(기본 값) 속 성 등을 사용할 수 있다.

〈input type="time"〉 태그를 사용해서 시간 선택 필드를 만드는 예제를 작성한다.

**실행 결과**

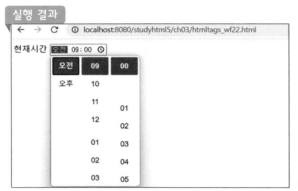

◀ htmltags_wf22.html 페이지 실행 결과

**01** htmltags_wf22.html 페이지를 작성한다.

```
01  <!DOCTYPE html>
02  <html>
03  <head>
04  <meta charset="UTF-8">
05  <meta name="viewport" content="width=device-width,initial-scale=1.0"/>
06  <title>input 태그 - 시간 선택 연습</title>
07  </head>
08  <body>
09    <form>
10      <label for="now">현재시간</label>
11      <input type="time" id="now" name="now" value="09:00"/>
12    </form>
13  </body>
14  </html>
```

**소스코드 설명**

11라인   〈input type="time" id="now" name="now" value="09:00"/〉은 기본 값 오전 09:00를 갖는 시간 선택 필드로 오전1시~12시, 오후1시~12시 범위의 모든 시간을 선택할 수 있다.

❷ PC의 크롬 브라우저 또는 엣지 브라우저에서 http://localhost:8080/studyhtml5/ ch03/htmltags_wf22.html 페이지를 실행한다.

⑯ 〈input type="search"〉: 검색 필드
〈input type="search"〉 태그는 검색 필드를 만들 때 사용한다.

```
〈form〉
  〈label for="search"〉검색어〈/label〉
  〈input type="search" id="search" name="search" placeholder="검색어입력"/〉
〈/form〉
```

▲ 검색 필드 사용 예

검색 필드에서는 글로벌 속성인 id(아이디), title(설명 추가)과 〈input〉 태그의 auto complete(자동완성), autofocus(포커스지정), maxlength(최대 글자수), name(이름), placeholder(힌트), required(필수), size(크기) 등의 속성을 사용할 수 있다.

**실습  검색 필드 사용 예제**

〈input type="search"〉 태그를 사용해서 검색 필드를 만드는 예제를 작성한다.

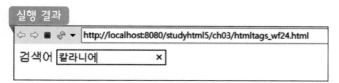

▲ htmltags_wf24.html 페이지 실행 결과

❶ htmltags_wf24.html 페이지를 작성한다.

```
01  〈!DOCTYPE html〉
02  〈html〉
03  〈head〉
04  〈meta charset="UTF-8"〉
```

```
05  <meta name="viewport" content="width=device-width,initial-scale=1.0"/>
06  <title>input 태그 - 검색 필드 연습</title>
07  </head>
08  <body>
09   <form>
10      <label for="search">검색어</label>
11      <input type="search" id="search" name="search" placeholder="검색어
     입력"/>
12   </form>
13  </body>
14  </html>
```

**소스코드 설명**

11라인   <input type="search" id="search" name="search" placeholder="검색어입력"/>은 검색
필드를 만든다.

② htmltags_wf24.html 페이지를 실행한다.

⑰ <input type="color"> : 색상 선택 필드

<input type="color"> 태그는 색상을 선택할 수 있는 필드를 만들 때 사용한다.

```
<form>
 <label for="color">색상 선택</label>
 <input type="color" id="color" name="color"/>
</form>
```

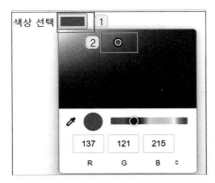

◀ 색상 선택 필드 사용 예

색상 선택 필드에서는 글로벌 속성인 id(아이디), title(설명 추가)과 ⟨input⟩ 태그의 name(이름) 등의 속성을 사용할 수 있다.

**색상 선택 필드 사용 예제**

⟨input type="color"⟩ 태그를 사용해서 색상 선택 필드를 만드는 예제를 작성한다.

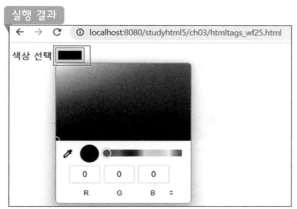

실행 결과

◀ htmltags_wf25.html 페이지 실행 결과

**01** htmltags_wf25.html 페이지를 작성한다.

```
01 ⟨!DOCTYPE html⟩
02 ⟨html⟩
03 ⟨head⟩
04 ⟨meta charset="UTF-8"⟩
05 ⟨meta name="viewport" content="width=device-width,initial-scale=1.0"/⟩
06 ⟨title⟩input 태그 - 색상 필드 연습⟨/title⟩
07 ⟨/head⟩
08 ⟨body⟩
09    ⟨form⟩
10      ⟨label for="color"⟩색상 선택⟨/label⟩
11      ⟨input type="color" id="color" name="color"/⟩
12    ⟨/form⟩
13 ⟨/body⟩
14 ⟨/html⟩
```

11라인 〈input type="color" id="color" name="color"/〉은 검은색이 기본 값으로 선택된 색상 선택 필드를 만든다.

**02** PC의 크롬 브라우저 또는 엣지 브라우저에서 http://localhost:8080/studyhtml5/ch03/htmltags_wf25.html를 실행한다. 기본적으로 선택된 검은색 버튼을 클릭하면 색을 선택할 수 있는 선택기가 표시된다.

원하는 색을 선택하면 색상이 변경된 것을 확인할 수 있다.

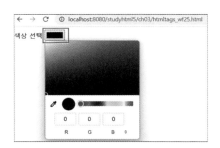 

■ 〈select〉 태그 – 드롭다운 리스트

〈select〉 태그는 콤보 상자인 드롭다운 리스트를 만들 때 사용한다. 〈select〉 태그는 단지 드롭다운 리스트의 영역을 만들며, 〈option〉 태그를 사용해서 각 목록을 만든다. 〈select〉 태그는 name 속성을 갖고 드롭다운 리스트의 이름을 정의하고 〈option〉 태그는 value 속성을 갖고 각 항목의 값을 갖는다. 이것은 〈option〉 태그의 항목을 선택하면 〈select〉 태그의 name에 정의된 변수에 선택 항목의 value값이 저장된다.

예를 들어 lang 이름으로 정의된 드롭다운 리스트에서 "한국어" 항목을 선택하면 lang="ko"와 같이 lang 변수에 "ko"가 저장된다.

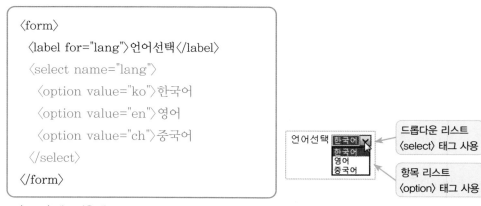

```
〈form〉
 〈label for="lang"〉언어선택〈/label〉
 〈select name="lang"〉
  〈option value="ko"〉한국어
  〈option value="en"〉영어
  〈option value="ch"〉중국어
 〈/select〉
〈/form〉
```

언어선택   드롭다운 리스트 〈select〉 태그 사용

항목 리스트 〈option〉 태그 사용

▲ 〈select〉 태그 사용 예

또한 ⟨option⟩ 태그에 selected 속성을 사용하면 기본 값으로 선택된다.

⟨form⟩
　⟨label for="lang"⟩언어선택⟨/label⟩
　⟨select name="lang"⟩
　　⟨option value="ko"⟩한국어
　　⟨option value="en" selected⟩영어
　　⟨option value="ch"⟩중국어
　⟨/select⟩
⟨/form⟩

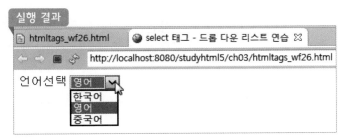

selected 속성을 사용한 ⟨option⟩ 태그가 기본 값으로 표시됨.

언어선택 영어 ▼

▲ ⟨select⟩ 태그 사용 예

**실습**　⟨select⟩ 태그 – 드롭다운 리스트 사용 예제

⟨select⟩ 태그를 사용한 드롭다운 리스트 만드는 예제를 작성한다.

**실행 결과**

htmltags_wf26.html　● select 태그 - 드롭 다운 리스트 연습 ✕

← → ■ ⟲ http://localhost:8080/studyhtml5/ch03/htmltags_wf26.html

언어선택 영어 ▼
　　　한국어
　　　영어
　　　중국어

▲ htmltags_wf26.html 페이지 실행 결과

**①** htmltags_wf26.html 페이지를 작성한다.

```
01  ⟨!DOCTYPE html⟩
02  ⟨html⟩
03  ⟨head⟩
04  ⟨meta charset="UTF-8"⟩
05  ⟨meta name="viewport" content="width=device-width,initial-scale=1.0"/⟩
06  ⟨title⟩select 태그 – 드롭 다운 리스트 연습⟨/title⟩
07  ⟨/head⟩
```

```
08  <body>
09   <form>
10    <label for="lang" id="lang">언어선택</label>
11    <select name="lang">
12     <option value="ko">한국어
13     <option value="en" selected>영어
14     <option value="ch">중국어
15    </select>
16   </form>
17  </body>
18 </html>
```

소스코드 설명

11~15라인   드롭다운 리스트를 정의하는 <select> 태그로 12~14라인의 항목을 목록으로 갖는다.

❷ htmltags_wf26.html 페이지를 실행한다.

드롭다운 리스트가 표시되고 콤보 상자를 클릭하면 목록을 확인할 수 있다.

■ <textarea> 태그 − 여러 줄 입력 항목

<textarea> 태그는 여러 줄을 입력할 수 있는 필드를 제공한다. name 속성을 사용해서 이름을 정의하고 rows 속성을 사용해서 화면에 보이는 줄 수, cols 속성을 사용해서 화면에 보이는 열 수를 지정할 수 있다. 지정한 줄 수 이상 입력한 경우에는 자동으로 스크롤바가 표시된다.

```
<form>
 <label for="lang">내용</label>
 <textarea name="lang" id="lang" rows="5" cols="30"></textarea>
</form>
```

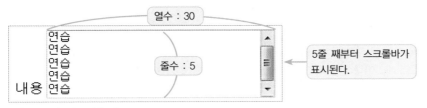

▲ 〈textarea〉 태그 사용 예

〈textarea〉 태그를 사용한 여러 줄 입력 필드를 만드는 예제를 작성한다.

실행 결과

▲ htmltags_wf27.html 페이지 실행 결과

01 htmltags_wf27.html 페이지를 작성한다.

```
01 〈!DOCTYPE html〉
02 〈html〉
03 〈head〉
04 〈meta charset="UTF-8"〉
05 〈meta name="viewport" content="width=device-width,initial-scale=1.0"/〉
06 〈title〉textarea 태그 – 텍스트에리어 연습〈/title〉
07 〈/head〉
08 〈body〉
09   〈form〉
10     〈label for="lang"〉내용〈/label〉
11     〈textarea name="lang" id="lang" rows="5" cols="30"〉〈/textarea〉
12   〈/form〉
13 〈/body〉
14 〈/html〉
```

소스코드 **설명**

11라인 〈textarea name="lang" id="lang" rows="5" cols="30"〉〈/textarea〉은 5줄에 30자를 화면에 표시하는 텍스트 에리어를 만든다. 5줄 째를 입력하면 스크롤바가 표시된다.

**02** htmltags_wf27.html 페이지를 실행한다.

텍스트 에리어가 표시되면 내용을 입력한다. 5번째 줄을 입력하면 스크롤바가 표시된다.

▲ htmltags_wf27.html 페이지 실행 결과

■ 〈button〉 태그 – 버튼

〈button〉 태그는 버튼을 만들 때 사용한다. name 또는 id 속성을 사용해서 이름 또는 ID를 정의한다. 〈button〉 태그와 같은 일반 버튼은 주로 자바스크립트 제어를 사용하기 때문에 id 속성을 부여해서 자바스크립트에서 사용한다.

```
〈form〉
  〈button id="result"〉결과처리〈/button〉
〈/form〉
```

▲ 〈button〉 태그 사용 예

또한 이벤트 핸들러를 속성으로 추가해서 이벤트를 처리할 수 있다. 제이쿼리를 사용할 때는 이벤트 핸들러를 태그에 추가하지 않고 사용하며 5장에서 학습한다.

실습  〈button〉 – 버튼 사용 예제

〈button〉 태그를 사용한 버튼을 만드는 예제를 작성한다.

실행 결과

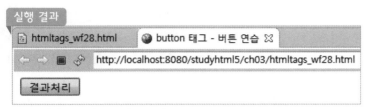

▲ htmltags_wf28.html 페이지 실행 결과

**01** htmltags_wf28.html 페이지를 작성한다.

```
01  〈!DOCTYPE html〉
02  〈html〉
03  〈head〉
04  〈meta charset="UTF-8"〉
05  〈meta name="viewport" content="width=device-width,initial-scale=1.0"/〉
06  〈title〉button 태그 – 버튼 연습〈/title〉
07  〈/head〉
08  〈body〉
09    〈form〉
10      〈button id="result"〉결과처리〈/button〉
11    〈/form〉
12  〈/body〉
13  〈/html〉
```

소스코드 설명

10라인   〈button id="result"〉결과처리〈/button〉은 [결과처리] 버튼을 만든다.

**02** htmltags_wf28.html 페이지를 실행한다.

## (3) 미디어/그래픽 태그(엘리먼트) – 멀티미디어 재생 및 그래픽 영역 제공 태그

■ 미디어 태그 – 멀티미디어 재생

① 〈audio〉 태그 – 오디오 파일 재생

〈audio〉 태그는 오디오 파일을 재생할 때 사용하며, autoplay(자동 재생), controls(컨트롤러 표시), loop(반복), muted(뮤트), preload(미리 오디오파일 로드), src(재생할 오디오 파일) 속성을 갖는다. 재생할 오디오 파일에 대한 정보는 주로 〈source〉 태그를 사용해서 정의한다.

– 〈source〉 태그 : 오디오/비디오 파일을 재생할 수 있으며 media(미디어 쿼리), src(재생할 미디어 파일), type(미디어 타입) 속성을 갖는다. mp3(audio/mpeg), wav(audio/wav), ogg(audio/ogg) 타입의 오디오 파일을 재생할 수 있으며, 권장은 mp3 타입이다.

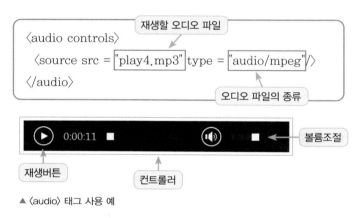

▲ 〈audio〉 태그 사용 예

오디오 재생 예제

〈audio〉, 〈source〉 태그를 사용해서 오디오 파일을 재생하는 예제를 작성한다.

▲ htmltags_md01.html 페이지 실행 결과

**①** 자료 파일의 [media] 폴더에서 제공하는 play4.mp3 파일을 복사해서 이클립스의 [studyhtml5/src/main/webapp/ch03] 폴더에 붙여넣기한다.

**②** htmltags_md01.html 페이지를 작성한다.

```
01  <!DOCTYPE html>
02  <html>
03  <head>
04  <meta charset="UTF-8">
05  <meta name="viewport" content="width=device-width,initial-scale=1.0"/>
06  <title>audio 태그 - 오디오 재생 연습</title>
07  </head>
08  <body>
09    <div>
10      <p>오디오 파일 재생</p>
11      <audio controls>
12        <source src = "play4.mp3" type = "audio/mpeg"/>
13      </audio>
14    </div>
15  </body>
16  </html>
```

**소스코드 설명**

**11~13라인** 오디오 파일(play4.mp3)을 재생하는 <audio> 태그를 정의하는 부분으로 오디오 재생에 사용되는 controls 속성을 사용해서 컨트롤러도 같이 표시된다.

 ◀── 컨트롤러

**12라인** <source src ="play4.mp3" type ="audio/mpeg"/>은 재생되는 오디오 파일을 지정하는 부분으로 src 속성에 재생할 오디오 파일명을 설정하고 type 속성에 오디오 파일의 타입을 입력했다.

**03** htmltags_md01.html 페이지를 실행한다.

▲ htmltags_md01.html 페이지 실행 결과　　　　　▲ htmltags_md01.html 페이지에서 [재생] 버튼을 누른 결과

② 〈video〉 태그 – 비디오 재생

〈video〉 태그는 비디오 파일을 재생할 때 사용하며, autoplay(자동 재생), controls(컨트롤러 표시), height(비디오 화면 높이), loop(반복), muted(뮤트–화면 *끄기*), preload(미리 비디오 파일 로드), src(재생할 비디오 파일), width(비디오 화면 너비)속성을 갖는다. 재생할 비디오 파일에 대한 정보는 주로 〈source〉 태그를 사용해서 정의한다. mp4(video/mp4), WebM(video/webm), ogg(video/ogg) 타입의 비디오 파일을 재생할 수 있으며, 권장은 mp4 타입이다.

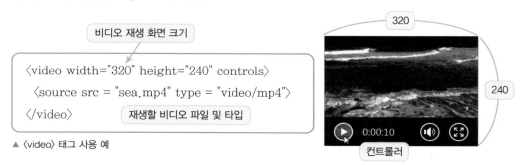

▲ 〈video〉 태그 사용 예

**실습** 비디오 재생 예제

⟨video⟩, ⟨source⟩ 태그를 사용해서 비디오 파일을 재생하는 예제를 작성한다.

**실행 결과**

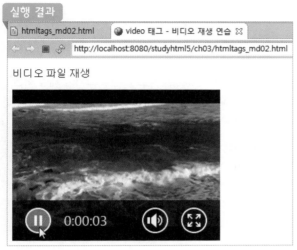

▲ htmltags_md02.html 페이지 실행 결과

**①** 자료 파일의 [media] 폴더에서 제공하는 sea.mp4 파일을 복사해서 이클립스의 [studyhtml5/src/main/webapp/ch03] 폴더에 붙여넣기한다.

**②** htmltags_md02.html 페이지를 작성한다.

```
01  ⟨!DOCTYPE html⟩
02  ⟨html⟩
03  ⟨head⟩
04  ⟨meta charset="UTF-8"⟩
05  ⟨meta name="viewport" content="width=device-width,initial-scale=1.0"/⟩
06  ⟨title⟩video 태그 - 비디오 재생 연습⟨/title⟩
07  ⟨/head⟩
08  ⟨body⟩
09    ⟨div⟩
10    ⟨p⟩비디오 파일 재생⟨/p⟩
11    ⟨video width="320" height="240" controls⟩
12      ⟨source src ="sea.mp4" type ="video/mp4"⟩
```

```
13    </video>
14   </div>
15  </body>
16  </html>
```

11~13라인  비디오 파일(sea.mp4) 파일을 재생하는 가로 320px 세로 240px 크기의 재생 화면을 갖는 〈video〉 태그를 정의하는 부분이다. 또한 controls 속성을 추가해서 비디오 컨트롤러가 표시되도록 했다.

12라인  〈source src = "sea.mp4" type = "video/mp4"〉은 sea.mp4 비디오 파일을 재생하는 태그로, mp4 파일 재생을 위해서 type 속성에 "video/mp4"를 지정했다.

❸ htmltags_md02.html 페이지를 실행한다.

③ 〈embed〉 태그 – 플러그인 콘텐츠 표시

〈embed〉 태그는 플래시 파일(.swf) 및 동영상파일(.mp4 등), html 파일(.html), 이미지 파일(.jpg) 등을 플러그인 콘텐츠로써 화면에 표시한다. src(플러그인 콘텐츠 파일), width(플러그인 콘텐츠의 가로 너비), height(플러그인 콘텐츠의 세로 높이) 속성을 갖는다.

```
〈embed src="page_s.jpg" width="150" height="100"〉
〈embed src="view.html" width="100" height="50"〉
〈embed src="sea.mp4" width="200" height="150"〉
```

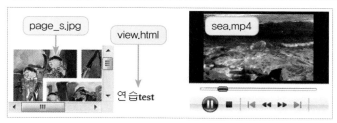

▲ 〈embed〉 태그 사용 예

**실습** 플러그인 콘텐츠 표시 예제

〈embed〉 태그를 사용해서 플러그인 콘텐츠를 표시하는 예제를 작성한다.

**실행 결과**

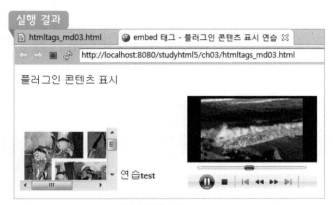

▲ htmltags_md03.html 페이지 실행 결과

① 자료 파일의 [images] 폴더에서 제공하는 page_s.jpg 파일을 복사해서 이클립스의 [studyhtml5/src/main/webapp/ch03] 폴더에 붙여넣기한다.

② htmltags_md03.html 페이지를 작성한다.

```
01  <!DOCTYPE html>
02  <html>
03  <head>
04  <meta charset="UTF-8">
05  <meta name="viewport" content="width=device-width,initial-scale=1.0"/>
06  <title>embed 태그 - 플러그인 콘텐츠 표시 연습</title>
07  </head>
08  <body>
09    <div>
10       <p>플러그인 콘텐츠 표시</p>
11       <embed src="page_s.jpg" width="150" height="100">
12       <embed src="view.html" width="100" height="50">
13       <embed src="sea.mp4" width="200" height="150">
14    </div>
```

```
15  </body>
16  </html>
```

11라인  <embed src="page_s.jpg" width="150" height="100">은 이미지 파일인 page_s.jpg을 플러그인 콘텐츠로 표시했다.

12라인  <embed src="view.html" width="100" height="50">은 html 파일인 view.html을 플러그인 콘텐츠로 표시했다.

13라인  <embed src="sea.mp4" width="200" height="150">은 비디오 파일인 sea.mp4을 플러그인 콘텐츠로 표시했다.

**03** htmltags_md03.html 페이지를 실행한다.

④ <object> 태그 – 내장 객체를 사용한 콘텐츠 표시

<object> 태그는 웹 페이지에서 일종의 내장 객체로, 플래시 파일(.swf) 및 동영상 파일(.mp4 등), html 파일(.html), 이미지 파일(.jpg) 등의 콘텐츠를 화면에 표시한다. 웹 페이지에서 자바애플릿, PDF 리더, 플래시 플레이어와 같은 내장 플러그인을 쓸 때도 사용된다. data(콘텐츠 파일), width(콘텐츠의 가로 너비), height(콘텐츠의 세로 높이) 속성을 갖는다.

```
<object data="page_s.jpg" width="150" height="100"></object>
<object data="view.html" width="100" height="50"></object>
<object data="sea.mp4" width="200" height="150"></object>
<object data="initialization_parameter.pdf"></object>
```

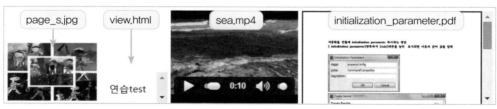

▲ <object> 태그 사용 예

**실습** | **내장 객체를 사용한 콘텐츠 표시 예제**

〈object〉 태그를 사용해서 콘텐츠를 표시하는 예제를 작성한다.

**실행 결과**

▲ htmltags_md04.html 페이지 실행 결과

**01** 자료 파일의 [media] 폴더에서 제공하는 initialization_parameter.pdf 파일을 복사해서 이클립스의 [studyhtml5/src/main/webapp/ch03] 폴더에 붙여넣기한다.

**02** htmltags_md04.html 페이지를 작성한다.

```
01  〈!DOCTYPE html〉
02  〈html〉
03  〈head〉
04  〈meta charset="UTF-8"〉
05  〈meta name="viewport" content="width=device-width,initial-scale=1.0"/〉
06  〈title〉object 태그 - 내장 객체를 사용한 콘텐츠 표시 연습〈/title〉
07  〈/head〉
08  〈body〉
09    〈div〉
10      〈p〉내장 객체를 사용한 콘텐츠 표시〈/p〉
11      〈object data="page_s.jpg" width="150" height="100"〉〈/object〉
12      〈object data="view.html" width="100" height="50"〉〈/object〉
13      〈object data="sea.mp4" width="200" height="150"〉〈/object〉
14      〈object data="initialization_parameter.pdf"〉〈/object〉
15    〈/div〉
```

```
16  ⟨/body⟩
17  ⟨/html⟩
```

**소스코드 설명**

**11라인**  ⟨object data="page_s.jpg" width="150" height="100"⟩⟨/object⟩은 이미지 파일인 page_s.jpg을 내장 객체를 사용해서 콘텐츠로 표시했다.

**12라인**  ⟨object data="view.html" width="100" height="50"⟩⟨/object⟩은 html 파일인 view.html 을 내장 객체를 사용해서 콘텐츠로 표시했다.

**13라인**  ⟨object data="sea.mp4" width="200" height="150"⟩⟨/object⟩은 비디오 파일인 sea. mp4을 내장 객체를 사용해서 콘텐츠로 표시했다.

**14라인**  ⟨object data="initialization_parameter.pdf"⟩⟨/object⟩은 PDF 파일인 initialization_ parameter.pdf를 내장 객체를 사용해서 콘텐츠로 표시했다. 엣지에서 실행할 때 PDF 화면의 구 성 형태 때문에 불편하게 표시되면 ⟨object data="initialization_parameter.pdf" width="400" height="500"⟩⟨/object⟩과 같이 width="400"과 height="500"속성을 추가해서 확인한다.

**03** htmltags_md04.html 페이지를 실행한다.

▲ htmltags_md04.html 페이지 실행 결과

PDF 파일의 보기가 잘 되지 않거나 불편하게 표시되면 크롬 브라우저 또는 엣지 브라우 저에서 실행해서 결과를 확인한다.

⑤ ⟨iframe⟩ 태그 – 유튜브 동영상 연결

⟨iframe⟩ 태그는 유튜브(Youtube) 동영상을 웹 페이지에 연결할 때 사용된다. ⟨iframe⟩ 태그는 원래 독립영역을 표시하는 태그로 Ajax가 없던 초창기 웹에서 Ajax를 대신하는 역 할도 했으나 요즘에는 주로 유튜브 동영상 연결하는 데 사용된다. src(유튜브 소스 경로),

width(재생화면 가로 너비), height(재생화면 세로 높이), allowfullscreen(전체 화면) 속성을 갖는다.

〈iframe width="560" height="315" src="//www.youtube.com/embed/StTqXEQ 2l−Y" frameborder="0" allowfullscreen〉〈/iframe〉

〈iframe〉 태그를 사용한 유튜브 동영상 표시

▲ 〈iframe〉 태그 사용 예

유튜브 동영상을 표시할 때는 직접 코딩하지 않고 유튜브 동영상의 공유 코드를 복사해서 사용한다.

 기업 또는 공공기관에서는 〈iframe〉 대신 〈embed〉 태그를 사용해서 유튜브 동영상 연결
예 〈embed src="//www.youtube.com/embed/StTqXEQ2l−Y" width="200" height="150"〉
− 이유 : 〈iframe〉 태그 안에 있는 if 단어 때문.

〈iframe〉 태그를 사용해서 유튜브 동영상을 웹 페이지에 연결하는 예제를 작성한다.

실행 결과

▲ htmltags_md05.html 페이지 실행 결과

① https://www.youtube.com/사이트로 이동해서 원하는 동영상의 제목을 입력하고 검색한다.

② 원하는 동영상을 선택한 후 재생되는 동영상이 원하는 항목이 맞으면 동영상 제목 아래에 있는 [공유] 항목을 클릭한다. [퍼가기] 항목을 클릭한다.

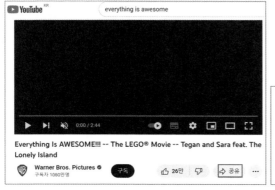

**03** [동영상 퍼가기]에서 [복사] 버튼을 클릭한다.

**04** 메모장을 열어 붙여넣기한다. 붙여넣은 소스코드에서 width, height, src, frameborder, allowfullscreen 속성을 제외한 나머지 속성은 제거 후 필요한 곳에 복사해서 사용한다.

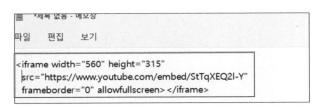

**05** htmltags_md05.html 페이지를 작성한다.

```
01  <!DOCTYPE html>
02  <html>
03  <head>
04  <meta charset="UTF-8">
05  <meta name="viewport" content="width=device-width,initial-scale=1.0"/>
06  <title>iframe 태그 – 유튜브 동영상 표시 연습</title>
07  </head>
08  <body>
09    <div>
10      <section>
11        <h2>Everything Is AWESOME!!!</h2>
12        <p> -- The LEGO® Movie -- Tegan and Sara feat. The Lonely
    Island</p>
13        <iframe width="560" height="315"
```

```
14              src="//www.youtube.com/embed/StTqXEQ2l-Y"
15                  frameborder="0" allowfullscreen></iframe>
16      </section>
17    </div>
18  </body>
19 </html>
```

**소스코드 설명**

13~15라인    <iframe width="560" height="315" src="//www.youtube.com/embed/
StTqXEQ2l-Y" frameborder="0" allowfullscreen></iframe>은 유튜브 동영상을 웹 페이지에 표시
하기 위한 태그로 src 속성에 재생할 유튜브 동영상의 경로를 지정한다. 이 13~15라인 소스코드
는 **03**번에서 메모장에 붙여넣기한 소스를 복사해서 사용했다.

**06** htmltags_md05.html 페이지를 실행한다.

▲ htmltags_md05.html 페이지 실행 결과

■ 그래픽 태그 - 그래픽 영역 제공

① <canvas> 태그 - 게임을 만들 때 사용

<canvas> 태그는 모든 종류의 그래픽을 그릴 수 있는 영역을 제공하며 주로 게임을 만들
때 사용된다. 자바스크립트 및 API와 같이 사용해서 다양한 애플리케이션을 만들 수 있으
며, 캔버스 제어는 자바스크립트에서 한다. <canvas> 태그는 6장에서 자세히 학습한다.

```
〈!--가로:320, 세로 240의 영역을 갖는 캔버스--〉
〈canvas id = "canvas1" width="320" height="240"/〉
```

② 〈svg〉 태그 - 지도 표시 등에 사용

SVG는 W3C의 권장 그래픽 형식으로 스칼라 벡터 그래픽(Scalable Vector Graphics)을 대표하는 것으로 지도 등을 표시할 때 사용한다. 게임을 만들 때는 부적합하다. 〈svg〉 태그는 SVG 그래픽을 사용할 수 있는 영역(container)을 제공한다. 이 태그의 하위에 〈rect〉, 〈circle〉, 〈polygon〉, 〈ellipse〉 태그 등을 추가해서 사각형, 원, 다각형, 타원 등을 그릴 수 있다.

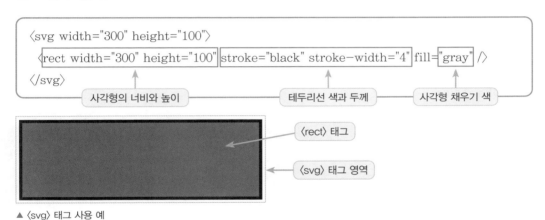

▲ 〈svg〉 태그 사용 예

〈svg〉 태그 사용 예제

〈svg〉 태그를 사용해서 SVG 그래픽을 사용하는 예제를 작성한다.

▲ htmltags_md06.html 페이지 실행 결과

**01** htmltags_md06.html 페이지를 작성한다.

📢 주의

실행 시 문제가 없기 때문에 이클립스 에디터뷰가 태그나 속성을 인식하지 못해서 경고 표시가 발생할 경우 무시한다.

```
01  <!DOCTYPE html>
02  <html>
03  <head>
04  <meta charset="UTF-8">
05  <meta name="viewport" content="width=device-width,initial-scale=1.0"/>
06  <title>svg 태그 - svg 연습</title>
07  </head>
08  <body>
09    <div>
10    <svg width="300" height="100">
11      <rect width="300" height="100" stroke="black" stroke-width="4" fill="gray" />
12    </svg>
13    </div>
14  </body>
15  </html>
```

**소스코드 설명**

10~12라인   <svg> 태그로 SVG 그래픽을 위한 영역이 가로 300, 세로 100픽셀로 정의 되었다.

11라인   <rect> 태그는 가로300, 세로100픽셀의 크기의 사각형을 그리기 위한 태그이다. stroke는 테두리 선 색, stroke-width는 테두리 선의 두께이며, fill은 채우기 색으로 검은색 테두리를 갖는 회색의 채워진 사각형이 그려진다.

**02** htmltags_md06.html 페이지를 실행한다.

## (4) HTML5에서 제거된 태그 및 제거된 속성

### ■ HTML5에서 제거된 태그

CSS로 대체되거나 다른 유사한 태그들과 사용법에서 혼란을 주는 등의 이유로 더 이상 사용되지 않는 태그는 다음과 같다.

> ⟨basefont⟩, ⟨big⟩, ⟨center⟩, ⟨font⟩, ⟨frame⟩, ⟨frameset⟩, ⟨noframes⟩, ⟨s⟩, ⟨strike⟩, ⟨tt⟩, ⟨u⟩, ⟨acronym⟩, ⟨applet⟩, ⟨dir⟩

### ■ 권장하지 않는 속성

다른 속성에서 이를 대체하거나 생략 가능해서 가급적이면 사용하지 않는 것을 권장하는 속성은 다음과 같다.

> • ⟨img⟩의 border 속성 : 값이 0일 때만 사용하고 가급적이면 CSS 사용
> • ⟨script⟩의 language 속성 : type 속성과 중복되어 생략
> • ⟨a⟩의 name 속성 : id 속성으로 바꿔 쓰기를 권장

### ■ 제거된 속성

CSS로 대체 가능해서 더 이상 사용하지 않는 속성은 다음과 같다.

> align, background, border, cellpadding, cellspacing, frame, height, width, size, type, valign 등

## 학습 정리

### 1 HTML 개요 및 기본 태그

- HTML은 마크업 언어(markup language)로 웹 문서를 작성하며, 태그를 사용해서 문서의 구조 등을 기술하는 언어이다.
- 〈!DOCTYPE〉 태그 : 현재의 문서를 HTML 문서로 선언한다.
- 〈html〉〈/html〉 태그 : 〈html〉과 〈/html〉 사이에 html 문서를 작성한다.
- 〈head〉〈/head〉 태그 : 〈head〉과 〈/head〉 사이에 인코딩, 키워드, 뷰포트 등의 문서에 대한 정보를 제공한다.
- 〈title〉〈/title〉 태그 : 〈title〉과 〈/title〉 사이에는 문서의 제목을 쓴다.
- 〈body〉〈/body〉 태그 : 〈body〉과 〈/body〉 사이에는 화면에 표시되는 문서의 내용을 쓴다.
- 〈h1〉〈/h1〉 태그 : 〈h1〉과 〈/h1〉에는 제목 또는 주제를 쓴다.
- 〈p〉〈/p〉 태그 : 〈p〉과 〈/p〉 사이에는 문단의 내용을 쓴다.
- 〈img〉 태그 : 웹 페이지에 이미지를 삽입할 때 사용한다.
- 〈a〉〈/a〉 태그 : 하이퍼링크(또는 링크)를 사용해서 이동할 페이지 또는 이동할 위치를 지정할 때 사용한다.
- 테이블 관련 태그에서 〈table〉 태그는 표를 작성하는 태그이고 〈tr〉 태그는 표의 행을 정의하고 〈td〉 태그가 하나의 셀을 정의하는 태그이다.
- 〈div〉〈/div〉 태그 : html 문서에서 영역 또는 구역을 정의한다.

### 2 HTML5 문서 구조 및 주요 태그

- HTML5에서 문서의 타입, 인코딩 지정, 외부CSS 링크 및 자바스크립트 코드 기술 등에 사용되는 태그의 기술방법이 간단해지고 유연해졌다.
- 〈header〉〈/header〉 태그 : 사이트의 소개나 내비게이션 등을 표시한다.
- 〈nav〉〈/nav〉 태그 : 사이트의 내비게이션(메뉴) 항목을 표시. 주로 〈header〉 태그에 넣어서 사용한다.
- 〈article 〉〈/article〉 태그 : 문서의 내용(글)을 표시하는 태그로, 주로 블로그의 글이나 기사와 같이 독립적인 콘텐츠를 표시한다.
- 〈aside〉〈/aside〉 태그 : 본문의 내용과는 독립적인 내용(주로 광고나 부 메뉴 등)인 사이드바 콘텐츠를 표시한다.
- 〈footer〉〈/footer〉 태그 : 사이트의 제작자, 주소, 저작권 정보 등을 주로 표시한다.

- 〈figure〉〈/figure〉 : 설명글을 붙일 대상을 정의한다.

- 〈figcaption〉〈/figcaption〉 태그 : 〈figure〉 태그로 정의한 대상에 설명글을 붙인다. 〈figure〉
와 같이 사용한다.

- 〈mark〉〈/mark〉 태그 : 텍스트에 형광펜을 칠한 것과 같은 강조 효과를 갖는다.

- 〈meter〉〈/meter〉 태그 : 측정값을 표시한다.

- 〈progress〉〈/progress〉 태그 : 프로그래스 바를 표시한다.

- 웹 폼 태그는 사용자의 입력을 받기 위한 화면을 구성할 때 사용하는 태그들로 입력란, 체크박스,
버튼, 콤보상자 등을 말한다. 주로 〈form〉와〈/form〉 사이에 넣어서 사용자 입력 화면을 구현한다.

- 〈form〉〈/form〉 태그 : 사용자 입력을 묶어서 처리하는 것을 제공하며 실제로 사용자 입력을 웹
폼 태그들을 사용한다. 웹 폼 태그에는 〈input〉, 〈select〉, 〈textarea〉, 〈button〉 등이 있다.

- 〈input〉 태그 : 웹 폼 태그들 중 가장 많이 사용되는 것으로 텍스트 필드, 패스워드 필드, 체크
박스, 라디오 버튼, 파일 선택기, submit/reset/button 등의 각종 버튼을 만들 때 사용하며,
html5에서는 이메일 필드, URL 필드, 전화번호 필드, 숫자 필드, 날짜 선택 필드, 시간 선택 필
드, 주 선택 필드, 색상 선택 등을 추가로 사용할 수 있다.

- 〈select〉〈/select〉 태그 : 콤보 상자인 드롭다운 리스트를 만들 때 사용한다.

- 〈textarea〉〈/textarea〉 태그 : 여러 줄을 입력할 수 있는 필드를 제공한다.

- 〈button〉〈/button〉 태그 : 버튼을 만들 때 사용한다.

- 〈audio〉〈/audio〉 태그 : 오디오 파일을 재생할 때 사용된다.

- 〈video〉〈/video〉 태그 : 비디오 파일을 재생할 때 사용된다.

- 〈embed〉 태그 : 플래시 파일(.swf) 및 동영상 파일(.mp4 등), html 파일(.html), 이미지 파일
(.jpg) 등을 플러그인 콘텐츠로써 화면에 표시한다.

- 〈object〉〈/object〉 태그 : 웹 페이지에서 일종의 내장 객체로, 플래시 파일(.swf) 및 동영상 파일
(.mp4 등), html 파일(.html), 이미지파일(.jpg) 등의 콘텐츠를 화면에 표시한다. 웹 페이지에서
자바애플릿, PDF 리더, 플래시 플레이어와 같은 내장 플러그인을 쓸 때도 사용된다.

- 〈iframe〉〈/iframe〉 태그 : 유튜브(Youtube) 동영상을 웹 페이지에 연결할 때 사용된다.

- 〈canvas〉〈/canvas〉 태그 : 모든 종류의 그래픽을 그릴 수 있는 영역을 제공하며 주로 게임을 만
들 때 사용된다.

- 〈svg〉〈/svg〉 태그 : SVG 그래픽을 사용할 수 있는 영역을 제공한다.

Chapter

# 태그를 표현하는 CSS와 Advanced CSS(CSS3)

HTML 문서는 태그를 사용해서 문서를 구조화하는 데 사용되고, CSS는 태그로 이루어진 문서의 내용과 구조를 표현하는 방법을 제공한다. 예를 들어 하이퍼링크 태그로 만들어진 내용을 메뉴나 버튼 등으로 표현하거나 텍스트에 그라데이션을 주거나 이미지를 회전, 왜곡시켜 다양한 형태로 표현할 수 있다. 여기서는 태그를 다루기 위한 CSS의 기본적인 문법과 Advanced CSS(CSS3)에서 추가된 라운드 사각형, 그림자, 그러데이션, 트랜스 폼, 트랜지션, 애니메이션 등에 대해서 살펴본다.

◀ 학습 목표 ▶

1. 태그를 표현하는 CSS의 기본 문법을 알 수 있다.
2. Advanced CSS에서 추가된 기능을 이해하고 사용할 수 있다.

# 01 | CSS 개요 및 CSS 기본 사용법

여기서는 HTML이나 XML 문서의 내용을 화면에 표시하는 방법을 제공하는 CSS에 대한 개요를 살펴본다.

## 1 CSS 개요

### (1) CSS란?

CSS는 캐스캐이딩 스타일시트(Cascading Style Sheets)의 약자로 HTML 태그를 화면상에 어떻게 표현할지를 설정한다.

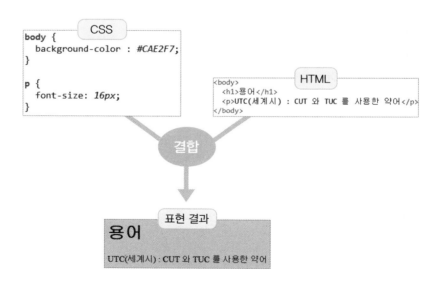

HTML이 문서의 구조와 내용을 가지고 있다면, 스타일시트(CSS)는 문서의 내용을 화면에 표시하는 방법인 디자인을 설정한다. 예를 들어 다음과 같은 HTML 문서가 있다고 하자.

```
〈table〉
  〈tr〉
    〈td〉아이디〈/td〉
    〈td〉〈input type="text" id="name"/〉〈/td〉
  〈/tr〉
  〈tr〉
    〈td〉패스워드〈/td〉
    〈td〉〈input type="text" id="hobby"/〉
        〈input type="button" id="process" value="로그인"/〉
    〈/td〉
  〈/tr〉
〈/table〉
```

이러한 태그들이 기술된 문서를 실행하면 다음과 같은 결과가 표시된다.

◀ 스타일시트가 없는 HTML 문서의 실행

이때 문서에 스타일시트를 적용하면 다음과 같이 표현할 수도 있다.

◀ 스타일시트가 있는 HTML 문서의 실행

같은 문서를 실행시킨 것이지만 스타일시트를 적용한 것과 그렇지 않은 것은 표시되는 형태가 다르다. 즉, 스타일시트는 브라우저에 표시되는 문서의 형태를 다르게 표현할 수 있도록 지원하는 기능이다.

## (2) CSS를 사용하는 이유

CSS는 디자인, 레이아웃, 다양한 기기 및 화면 크기에 따른 디스플레이의 다양성 문제를 포함한 웹 페이지의 스타일을 정의할 때 사용한다. PC 화면, 태블릿 화면, 스마트폰 화면의 크기는 각각 다르고 다양하다. 웹 페이지를 작성할 때 이들 화면의 종류에 따라 보이는 화면이 달라야 한다는 것을 알고 있어야 한다. 아래 그림은 화면의 크기에 따라 적정한 형태로 내용이 보이도록 설계된 사이트이다.

▲ http://muumilaakso.tampere.fi/사이트 http://mediaqueri.es/에서 발췌

화면에 크기는 다른데 같게 보이도록 한다면, 보이는 화면이 축소되어 표현되어야 하고 그에 따라 디자인이 어그러지게 된다. 다음은 화면의 크기가 달라도 같은 모양으로 표시된 사이트로, 스마트폰에서 볼 경우 화면이 축소되어 내용을 보기 위해서는 손가락을 사용해서 확대해야 하는 불편함이 있다.

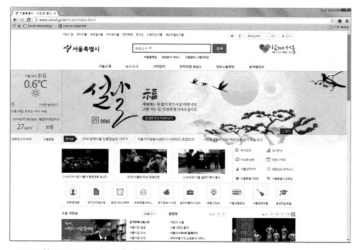

▲ http://www.seoul.go.kr/ 사이트

화면의 크기에 따라 다른 모양의 사이트를 일일이 만든다는 것은 매우 힘들고 비용이 많이 든다. 화면의 크기에 반응하여 자동으로 내용이 최적화되어 보인다면 매우 편할 것이다. 이것은 CSS로 해결된다. CSS의 미디어쿼리를 사용해서 화면 크기에 자동으로 반응한 사이트(이것을 반응형 웹이라 한다.)를 만들 수 있다. 이것이 CSS를 사용하는 이유 중에 하나이다. 다른 이유는 HTML은 웹 페이지의 서식 설정을 위한 태그를 사용하지 않는 것이 좋기 때문이다. HTML은 ⟨p⟩단락의 내용 기술⟨/p⟩와 같은 웹 페이지의 내용을 기술하기 위해 사용된다. 과거 HTML3.2에서 ⟨font⟩ 태그에 color 속성이 추가되었을 때 웹 개발에 큰 혼란을 가져왔다. 방대한 웹 사이트에서 매 페이지마다 폰트 정보와 색상 정보를 추가한다는 것은 많은 시간이 필요한 작업이었고 결국 웹 사이트 개발비를 상승시켰다. 이런 문제를 해결하기 위해서 W3C(World Wide Web Consortium)에서는 CSS를 만들게 되었다. CSS는 HTML 페이지에서 서식 설정을 제거하고 CSS라는 단일 체계에서 서식을 통합적으로 관리한다. 결국 체계적인 웹 사이트 개발과 이에 따른 개발 비용 감소라는 장점도 가지게 되었다.

## 2 CSS 기본 사용법

여기서는 기본적인 CSS(Cascade Style Sheet)의 작성 규칙 및 사용법에 대하여 살펴본다.

### (1) CSS의 작성 위치

스타일시트(CSS)는 작성하려는 위치에 따라 3가지 방법으로 작성할 수 있다.

### 1 방법1 : 스타일시트를 태그의 style 속성에 기술

스타일을 지정할 태그의 style 속성에 직접 지정하는 방법으로 인라인(inline) 스타일시트라고도 부르며, 간단한 속성을 지정할 때 사용한다.

▲ 스타일시트를 태그의 style 속성에 기술한 예

가장 간단한 방법이지만 스타일이 지정된 태그에서만 적용된다는 단점이 있다. 여러 태그에 같은 스타일을 줄 경우 style 속성에 값을 각각 지정해야 하는 불편함이 있어서, 이런 경우는 매우 비효율적인 방법이다.

같은 스타일 각각 기술

실습 **[ch04] 폴더 작성**

[studyhtml5] 프로젝트의 [src]-[main]-[webapp] 폴더에서 마우스 오른쪽 버튼을 눌러 [New]-[Folder] 메뉴를 선택해서 [ch04] 폴더를 작성한다.

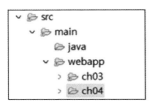

실습 **스타일시트를 태그의 style 속성에 기술하는 예제**

스타일시트를 태그의 style 속성에 기술해서 태그에 스타일을 지정하는 예제를 작성한다.

▲ css_01.html 페이지 실행 결과

**01** [ch04] 폴더에 "css_01.html" 페이지를 작성한다. 기본적인 코딩이 작성되면 다음과 같이 수정한 후 저장한다.

```
01 〈!DOCTYPE html〉
02 〈html〉
03 〈head〉
04 〈meta charset="UTF-8"〉
05 〈meta name="viewport" content="width=device-width,initial-scale=1.0"/〉
06 〈title〉스타일시트를 태그의 style 속성에 작성 연습〈/title〉
07 〈/head〉
08 〈body〉
09 〈div〉
10    〈p style="color:blue;"〉네셔널 리그〈/p〉
11    〈p style="color:red;"〉퍼시픽 리그〈/p〉
12    〈p style="color:#000000;font-weight:bold;"〉KBO 한국 시리즈〈/p〉
13 〈/div〉
14 〈/body〉
15 〈/html〉
```

**소스코드 설명**

10~12라인　〈p〉 태그에 각각 style 속성을 추가해서 스타일을 지정했다. 10라인의 〈p〉 태그에는 글자색 파랑, 11라인의 〈p〉 태그에는 글자색 빨강을 지정했고 12라인의 〈p〉 태그에는 글자색 파랑과 글꼴 스타일을 굵게 지정했다.

⓶ [Servers] 뷰의 Tomcat 서버가 시작되지 않았으면 Tomcat 서버를 시작시킨 후, css_01.html 파일을 [Run As]-[Run on Server] 메뉴를 선택해서 실행한다.

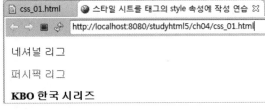

▲ css_01.html 페이지 실행 결과

**2** 방법2 : 스타일시트를 HTML 문서 내에 포함해서 작성

이 방법은 HTML 문서 안에 〈style〉 태그를 사용해서 스타일시트를 작성하며, 내부(internal) 스타일시트라고도 부른다. 스타일을 지정하는 〈style〉 태그는 일반적으로 〈head〉 태그 안에 쓴다. html5에서는 〈style〉 태그에 type="text/css" 속성을 쓰지 않아도 된다.

▲ 스타일시트를 html 문서 내에 포함해서 작성하는 예

이 방법은 간단하나 다른 문서에서 재사용할 수 없다는 단점이 있다. 1개의 html 문서에서 여러 태그에 같은 스타일을 줄 때 반복을 피해서 효율적이나 여러 파일에 동일한 스타일을 적용할 경우에는 비효율적이다. 각각의 html 문서마다 〈style〉 태그를 사용해서 각각 만들어야 하기 때문에 같은 작업을 여러 번 반복해서 작성해야 하는 불편함이 있다.

**실습**     스타일시트를 HTML 문서 내에 포함해서 작성하는 예제

스타일시트를 html 문서에 〈style〉 태그를 사용해서 기술하는 예제를 작성한다.

▲ css_02.html 페이지 실행 결과

**01** [ch04] 폴더에 "css_02.html" 페이지를 작성한다.

```
01 〈!DOCTYPE html〉
02 〈html〉
03 〈head〉
04 〈meta charset="UTF-8"〉
05 〈meta name="viewport" content="width=device-width,initial-scale=1.0"/〉
06 〈title〉스타일시트를 html 문서 내에 포함해서 작성 연습〈/title〉
07 〈style〉
08   div{
09       width  : 200px;
10       height  : 100px;
11       background-color : #ddeff f;
12   }
13 〈/style〉
14 〈/head〉
15 〈body〉
16   〈div〉
17     〈p〉네셔널 리그〈/p〉
18     〈p〉퍼시픽 리그〈/p〉
19     〈p〉KBO 한국 시리즈〈/p〉
20   〈/div〉
21 〈/body〉
22 〈/html〉
```

**소스코드 설명**

7~13라인  〈style〉 태그는 현재의 웹 페이지에 적용할 스타일을 정의한다. 웹 페이지에 직접 스타일을 기술할 때는 일반적으로 〈head〉 태그 안에 기술한다. 8~12라인은 현재의 html 웹 페이지에 있는 모든 〈div〉 태그에 가로는 200px, 세로는 100px, 배경색을 #ddefff로 지정하는 스타일을 정의한다.

**02** css_02.html 페이지를 실행한다.

네셔널 리그

퍼시픽 리그

**KBO** 한국 시리즈

▲ css_02.html 페이지 실행 결과

### ③ 방법3 : 스타일시트를 별도의 파일로 작성

이 방법은 스타일시트를 여러 웹 페이지에서 재사용할 목적으로 별도의 파일로 저장해서 사용하며, 외부(external) 스타일시트라고도 부른다. 웹 애플리케이션 전체에 적용할 공통의 스타일시트를 작성할 때 주로 사용하는 방법이다. 사실 HTML 문서 안에 스타일시트 코드까지 기술되어 있으면 문서의 가독성이 떨어지기 때문에 가급적이면 별도의 파일로 저장해서 사용하는 것이 좋다. 스타일시트를 별도의 파일로 작성할 때 확장자는 .css이다.

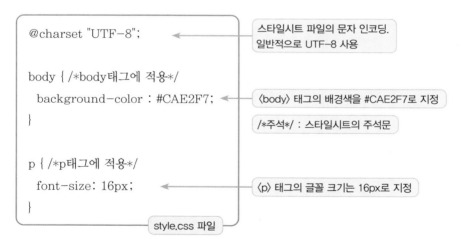

```css
@charset "UTF-8";

body { /*body태그에 적용*/
  background-color : #CAE2F7;
}

p { /*p태그에 적용*/
  font-size: 16px;
}
```
스타일시트 파일의 문자 인코딩. 일반적으로 UTF-8 사용

〈body〉 태그의 배경색을 #CAE2F7로 지정

/*주석*/ : 스타일시트의 주석문

〈p〉 태그의 글꼴 크기는 16px로 지정

style.css 파일

html 문서에 별도의 파일로 작성된 스타일시트를 적용하려면 〈link〉 태그를 사용한다. 〈link〉 태그의 rel 속성에 "stylesheet"를 값으로 지정하고, href 속성에 스타일시트 파일명(.css)을 값으로 지정해서 사용한다.

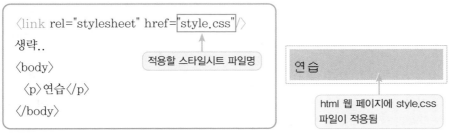

```
⟨link rel="stylesheet" href="style.css"/⟩
생략..
⟨body⟩
  ⟨p⟩연습⟨/p⟩
⟨/body⟩
```

적용할 스타일시트 파일명

연 습

html 웹 페이지에 style.css
파일이 적용됨

▲ 스타일시트를 HTML 문서 내에 포함해서 작성하는 예

**실습**  스타일시트를 별도의 파일로 작성하는 예제

스타일시트를 별도의 파일로 작성한 후 ⟨link⟩ 태그를 사용해서 적용하는 예제를 작성한다.

실행 결과

📄 css_03.css    📄 css_03.html    🌐 스타일 시트를 별도의 파일로

http://localhost:8080/studyhtml5/ch04/css_03.html

야구
축구
농구

◀ css_03.html 페이지 실행 결과

**①** [ch04] 폴더에서 마우스 오른쪽 버튼을 클릭해 [New]-[CSS File] 메뉴를 선택한다. [File name] 항목에 "css_03.css"를 입력하고 [Finish] 버튼을 클릭한다.

**②** 기본적인 코딩이 작성되면 다음과 같이 수정한 후 저장한다.

```
01 @charset "UTF-8";
02
03 body /*body태그에 적용*/
04   background-color : #CAE2F7; /*배경색*/
05 }
06
07 p /*p태그에 적용*/
08   font-size: 16px; /*글꼴크기*/
09 }
```

1라인　@charset "UTF-8";은 css 파일의 문자 인코딩을 utf-8로 지정한다.

3~5라인　〈body〉 태그에 적용할 스타일을 지정하는 부분으로 배경색을 #CAE2F7로 설정했다.

7~9라인　이 스타일시트 파일 css_03.css를 적용하는 html 웹 페이지에 있는 모든 〈p〉 태그에 적용하는 스타일로, 글꼴의 크기를 16px로 설정했다.

③ [ch04] 폴더에 "css_03.html" 페이지를 작성한다.

```
01 〈!DOCTYPE html〉
02 〈html〉
03 〈head〉
04 〈meta charset="UTF-8"〉
05 〈meta name="viewport" content="width=device-width,initial-scale=1.0"/〉
06 〈title〉스타일시트를 별도의 파일로 작성 연습〈/title〉
07 〈link rel="stylesheet" href="css_03.css"/〉
08 〈/head〉
09 〈body〉
10    〈div〉
11       〈p〉야구〈/p〉12  〈p〉축구〈/p〉
13       〈p〉농구〈/p〉
14    〈/div〉
15 〈/body〉
16 〈/html〉
```

소스코드 설명

7라인　〈link rel="stylesheet" href="css_03.css"/〉은 현재의 html 웹 페이지인 css_03.html에 css_03.css 파일에 있는 스타일을 적용한다는 의미이다.

④ css_03.html 페이지를 실행한다.

## (2) CSS의 작성 규칙

### ■ CSS 기본 규칙

스타일시트를 구성하는 규칙 집합(rule set or rule)은 실렉터(selector)와 선언 블록({ })으로 구성된다. 실렉터에는 태그명, id 속성 값, class 속성 값이 올 수 있다.

| 문법 | 예 |
|---|---|
| 실렉터{<br>} | h1{<br>} |

선언 블록({ }) 안에는 선언들을 기술할 수 있으며, 선언들은 속성과 값의 쌍으로 이루어진다. 속성과 값은 콜론(:)으로 구분하며, 0개 이상의 선언을 나열할 수 있다. 선언과 선언 사이는 세미콜론(;)으로 구분한다.

| 문법 | 예 |
|---|---|
| 실렉터{<br>  속성 : 값 ;<br>} | h1{ /*2개의 선언 나열*/<br>  color:green;<br>  font-size:20px;<br>} |

또한 두 개 이상의 실렉터에 같은 선언을 기술할 경우에는 실렉터를 콤마(,)를 사용해서 나열한다. /**/은 CSS의 주석이다.

| 문법 | 예 |
|---|---|
| 실렉터1,실렉터2{<br>  속성 : 값 ;<br>} | h1,h2{ /*두개의 실렉터에 같은 선언을 기술*/<br>  color:green;<br>  font-size:20px;<br>} |

스타일시트 선언에 키워드가 사용되는데, CSS의 키워드는 " "(큰따옴표) 또는 ' '(작은따옴표) 사이에 쓰면 안 된다. 즉, green은 키워드이지만 "green"은 키워드가 아니기 때문에 " " 안에 쓰면 안 된다.

```
color : green;        ← 바른 선언
color : "green";      ← 틀린 선언
```

■ 실렉터의 종류

스타일시트 실렉터(selector)에는 타입 실렉터(type selector)와 유니버설 실렉터(universal selector)가 있다.

① 타입 실렉터

타입 실렉터는 HTML 태그명(엘리먼트명)으로 스타일시트 집합을 작성한다.

```
h1{        ←── 태그명
  color:green;
  font-size:20px;
}
```

타입 실렉터를 사용해서 특정 태그에 대한 스타일시트를 정의하면 해당 html 문서 내에서 같은 이름을 갖는 모든 태그가 이 스타일시트를 적용받게 된다. 즉, 특정 태그에 같은 스타일을 지정할 때 사용한다.

② 유니버설 실렉터

유니버설 실렉터에는 속성 실렉터(attribute selector), ID 실렉터(selector), class 실렉터(selector)가 있다.

• 속성을 실렉터로 사용(속성 실렉터)

태그에 지정한 속성명이 있는 경우에만 스타일을 지정하는 방법으로 같은 태그 중 지정한 속성이 있는 태그에 스타일을 지정할 때 사용한다. 실렉터는 태그명[속성명]과 같이 기술한다. 예를 들어 있는 〈p〉 태그에만 스타일 적용할 경우, 실렉터는 p[id]와 같은 형태로 작성하고 〈p id="p1"〉와 같은 형태에 스타일이 적용된다. 다음은 〈p〉 태그에 id 속성이 있는 경우에만 적용할 스타일을 선언한 것이다.

```
p[id] {        ←── 〈p id=""〉와 같은 형태의 〈p〉
  color:blue;          태그에만 스타일이 적용됨
}
```

• class 속성 값을 실렉터로 사용(class 실렉터)

태그의 class 속성 값을 실렉터로 사용하는 방법으로 여러 태그에 같은 스타일을 적용하기 위해

사용한다. 다음은 태그의 class 속성 값이 area인 경우(예 : ⟨p class="area"⟩)에 적용할 스타일을 선언한 것이다.

```
.area{              태그의 속성 값이 "area" 태그에
    color:blue;     적용할 스타일
}
```

• id 속성 값을 실렉터로 사용(ID 실렉터)

태그의 id 속성의 값을 실렉터로 사용하는 방법으로, 1개의 태그에만 스타일을 지정할 때 사용한다. 다음은 ⟨div⟩ 태그의 id 속성 값이 display인 경우(⟨div id="display"⟩)에 적용할 스타일을 선언한 것이다.

```
div#display{         ⟨div⟩ 태그의 속성 값이 "display"인
    color:red;       경우에만 적용할 스타일
}
```

③ 의사 엘리먼트 – 태그명 : hover

태그명 : hover와 같은 형태로 해당 태그에서 마우스 포인터가 위치하는 경우 적용되는 스타일을 기술한다.

| 문법 | 예 html |
|---|---|
| 실렉터:hover{규칙 집합} | ⟨link rel="stylesheet" href="css/main.css"⟩<br>⟨div⟩⟨/div⟩ |
| | 예 CSS |
| | div{<br>    width: 200px;<br>    height: 100px;<br>    background-color: blue;<br>}<br>div:hover{/*⟨div⟩ 태그에 마우스 포인터가 들어오면*/<br>    /* box-shadow: 영역에 그림자 지정*/<br>    box-shadow: 10px 10px 5px #888888;<br>} |

④ 조건 실렉터 – 태그명[조건]

주로 특정 태그 중 조건을 만족하는 태그에만 스타일을 지정할 때 사용한다.

| 문법 | 예 〈p〉 태그 중 id 속성이 있는 태그의 글자색을 파랑으로 지정 |
|---|---|
| 태그명[조건] | p[id]{<br>    color:blue;<br>} |

실렉터 사용 예제

스타일시트에서 실렉터를 사용해서 스타일을 정의하는 예제를 작성한다.

실행 결과

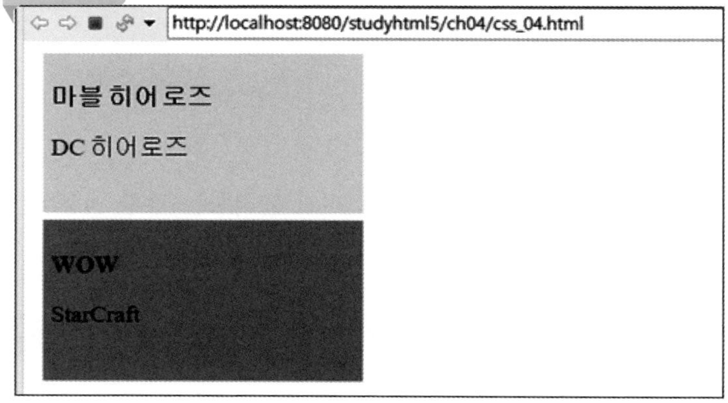

http://localhost:8080/studyhtml5/ch04/css_04.html

마블 히어로즈

DC 히어로즈

WOW

StarCraft

▲ css_04.html 페이지 실행 결과

**01** css_04.css 파일을 작성한다.

```
01 @charset "UTF-8";
02
03 div { /*모든 〈div〉태그에 적용*/
04    width : 200px; /*너비*/
05    height : 100px; /*높이*/
```

```
06    margin : 5px; /*외부 간격*/
07    padding : 5px; /*내부 간격*/
08    font-size : 16px; /*글꼴크기*/
09    background-color : #CAE2F7; /*배경색*/
10 }
11
12 div#display { /*<div id="display">인 태그에만 적용*/
13    background-color : grey;
14 }
15
16 .area { /*class="area"인 태그에 적용*/
17    font-weight: bold; /*글꼴 굵게*/
18 }
19
20 div:hover{ /* <div>태그에 마우스 포인터를 위치시키면 적용*/
21    background-color : yellow;
22    border : 5px double blue;  /*테두리*/
23 }
```

**소스코드 설명**

3~10라인   모든 〈div〉 태그에 적용되는 스타일이다.

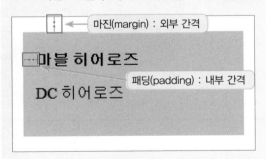

12~14라인   〈div〉 태그 중 id 속성의 값이 "display"인 태그에만 적용된다. 이 태그의 경우 3~10 라인의 〈div〉 태그의 스타일을 적용받고 이어서 id 속성의 값이 "display"인 태그에만 적용되는 스타일을 추가로 적용받는다. 즉, 3~10라인은 모든 〈div〉 태그에 공통으로 적용되는 스타일시트, 12~14라인은 〈div〉 태그 중 id 속성의 값이 "display"인 태그에만 추가로 적용되는 스타일이다.

16～18라인 class 속성의 값이 "area"인 태그에 적용된다.

20～23라인 〈div〉 태그에 마우스 포인터를 위치시키면 배경색이 노란색에 파란색 이중 테두리선
이 표시된다. 단, 〈div id="display"〉인 태그는 12～14라인에서 배경색을 회색으로 지정했기 때문에
노란색으로 변경되지 않는다.

**02** [ch04] 폴더에 "css_04.html" 페이지를 작성한다.

```
01 〈!DOCTYPE html〉
02 〈html〉
03 〈head〉
04 〈meta charset="UTF-8"〉
05 〈meta name="viewport" content="width=device-width,initial-scale=1.0"/〉
06 〈title〉실렉터 사용 연습〈/title〉
07 〈link rel="stylesheet" href="css_04.css"/〉
08 〈/head〉
09 〈body〉
10    〈div〉
11       〈p class="area"〉마블 히어로즈〈/p〉
12       〈p〉DC 히어로즈〈/p〉
13    〈/div〉
14    〈div id="display"〉
15       〈p class="area"〉WOW〈/p〉
16       〈p〉StarCraft〈/p〉
17    〈/div〉
18 〈/body〉
19 〈/html〉
```

소스코드 **설명**

10～13, 14～17라인 〈div〉 태그에는 css_04.css의 3～10라인의 스타일이 적용되고, 14～17라
인의 〈div〉 태그에는 추가로 css_04.css의 12～14라인의 스타일이 적용된다.

11, 15라인 〈p〉 태그는 class="area" 속성을 갖고 있어서 css_04.css의 16～18라인의 스타일시
트가 적용되어 글꼴이 굵게 표시된다.

**03** css_04.html 페이지를 실행한다.

■ 1개의 태그에 스타일을 2개 이상 중첩하면 1개만 적용된다.

어떤 태그에 스타일이 2개 이상 설정된 경우, 스타일이 적용되는 우선순위는 스타일 설정을 기술한 순서로 결정된다. 가장 처음에 온 스타일 설정을 최우선으로 수행하고 그 다음에 나온 스타일의 설정은 수행되지 않는다. 즉, 먼저 온 스타일 설정 1개만 적용된다.

CSS가 기술된 것을 보면 〈div id="displayArea" class="area"〉 태그에는 id="displayArea"일 때 적용할 스타일과 class="area"일 때 적용할 스타일이 있는 것을 알 수 있다.이런 경우 〈div〉 태그에 먼저 나온 id="displayArea" 스타일이 적용되고, class="area" 속성은 적용되지 않는다. 따라서 1개의 태그에 스타일을 2개 이상 중첩하면 안 된다.

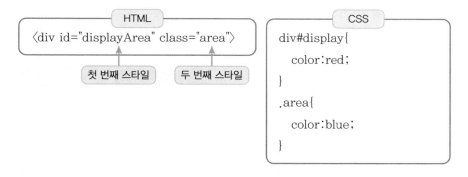

# 02 | CSS의 주요 속성과 값

다음은 CSS에서 제공하는 스타일시트의 선언에 사용되는 속성과 값을 표시한 표이다. 스타일 정의할 때 제시된 표의 스타일시트 속성에 대한 값을 참고해서 작성한다.(참고 : http://www.w3.org/TR/CSS21/)

| 속성 명 | 속성 값 | 기본 값 |
|---|---|---|
| 'azimuth' | 〈angle〉 \| [[ left-side \| far-left \| left \| center-left \| center \| center-right \| right \| far-right \| right-side ] \|\| behind ] \| leftwards \| rightwards \| inherit | center |
| 'background-attachment' | scroll \| fixed \| inherit | scroll |
| 'background-color' | 〈color〉 \| transparent \| inherit | transparent |
| 'background-image' | 〈uri〉 \| none \| inherit | none |
| 'background-position' | [ [ 〈percentage〉 \| 〈length〉 \| left \| center \| right ] [ 〈percentage〉 \| 〈length〉 \| top \| center \| bottom ]? ] \| [ [ left \| center \| right ] \|\| [ top \| center \| bottom ] ] \| inherit | 0% 0% |
| 'background-repeat' | repeat \| repeat-x \| repeat-y \| no-repeat \| inherit | repeat |
| 'background' | ['background-color' \|\| 'background-image' \|\| 'background-repeat' \|\| 'background-attachment' \|\| 'background-position'] \| inherit | 각각의 세부 속성에 따라 다름 |

| 속성 명 | 속성 값 | 기본 값 |
|---|---|---|
| 'border-collapse' | collapse \| separate \| inherit | separate |
| 'border-color' | [ ⟨color⟩ \| transparent ] {1,4} \| inherit | 각각의 세부 속성에 따라 다름 |
| 'border-spacing' | ⟨length⟩ ⟨length⟩? \| inherit | 0 |
| 'border-style' | ⟨border-style⟩ {1,4} \| inherit | 각각의 세부 속성에 따라 다름 |
| 'border-top' 'border-right' 'border-bottom' 'border-left' | [ ⟨border-width⟩ \|\| ⟨border-style⟩ \|\| 'border-top-color' ] \| inherit | 각각의 세부 속성에 따라 다름 |
| 'border-top-color' 'border-right-color' 'border-bottom-color' 'border-left-color' | ⟨color⟩ \| transparent \| inherit | 'color' 속성 값 |
| 'border-top-style' 'border-right-style' 'border-bottom-style' 'border-left-style' | ⟨border-style⟩ \| inherit | none |
| 'border-top-width' 'border-right-width' 'border-bottom-width' 'border-left-width' | ⟨border-width⟩ \| inherit | medium |
| 'border-width' | ⟨border-width⟩ {1,4} \| inherit | 각각의 세부 속성에 따라 다름 |
| 'border' | [ ⟨border-width⟩ \|\| ⟨border-style⟩ \|\| 'border-top-color' ] \| inherit | 각각의 세부 속성에 따라 다름 |
| 'bottom' | ⟨length⟩ \| ⟨percentage⟩ \| auto \| inherit | auto |
| 'caption-side' | top \| bottom \| inherit | top |
| 'clear' | none \| left \| right \| both \| inherit | none |
| 'clip' | ⟨shape⟩ \| auto \| inherit | auto |

| 속성 명 | 속성 값 | 기본 값 |
|---|---|---|
| 'color' | 〈color〉 \| inherit | 브라우저에 따라 다름 |
| 'content' | normal \| none \| [ 〈string〉 \| 〈uri〉 \| 〈counter〉 \| attr(〈identifier〉) \| open-quote \| close-quote \| no-open-quote \| no-close-quote ]+ \| inherit | normal |
| 'counter-increment' | [ 〈identifier〉 〈integer〉? ]+ \| none \| inherit | none |
| 'counter-reset' | [ 〈identifier〉 〈integer〉? ]+ \| none \| inherit | none |
| 'cue-after' | 〈uri〉 \| none \| inherit | none |
| 'cue-before' | 〈uri〉 \| none \| inherit | none |
| 'cue' | [ 'cue-before' \|\| 'cue-after' ] \| inherit | 각각의 세부 속성에 따라 다름 |
| 'cursor' | [ [〈uri〉 ,]* [ auto \| crosshair \| default \| pointer \| move \| e-resize \| ne-resize \| nw-resize \| n-resize \| se-resize \| sw-resize \| s-resize \| w-resize \| text \| wait \| help \| progress ] ] \| inherit | auto |
| 'direction' | ltr \| rtl \| inherit | ltr |
| 'display' | inline \| block \| list-item \| run-in \| inline-block \| table \| inline-table \| table-row-group \| table-header-group \| table-footer-group \| table-row \| table-column-group \| table-column \| table-cell \| table-caption \| none \| inherit | inline |
| 'elevation' | 〈angle〉 \| below \| level \| above \| higher \| lower \| inherit | level |
| 'empty-cells' | show \| hide \| inherit | show |
| 'float' | left \| right \| none \| inherit | none |

> table-cell은 vertical-align: middle; 과 같이 결합해서 텍스트 수직 정렬에 사용

| 속성 명 | 속성 값 | 기본 값 |
|---|---|---|
| 'font-family' | [[ 〈family-name〉 \| 〈generic-family〉 ] [, 〈family-name〉\| 〈generic-family〉]* ] \| inherit | 브라우저에 따라 다름 |
| 'font-size' | 〈absolute-size〉 \| 〈relative-size〉 \| 〈length〉 \| 〈percentage〉 \| inherit | medium |
| 'font-style' | normal \| italic \| oblique \| inherit | normal |
| 'font-variant' | normal \| small-caps \| inherit | normal |
| 'font-weight' | normal \| bold \| bolder \| lighter \| 100 \| 200 \| 300 \| 400 \| 500 \| 600 \| 700 \| 800 \| 900 \| inherit | normal |
| 'font' | [ [ 'font-style' \|\| 'font-variant' \|\| 'font-weight' ]? 'font-size' [ / 'line-height' ]? 'font-family' ] \| caption \| icon \| menu \| message-box \| small-caption \| status-bar \| inherit | 각각의 세부 속성에 따라 다름 |
| 'height' | 〈length〉 \| 〈percentage〉 \| auto \| inherit | auto |
| 'left' | 〈length〉 \| 〈percentage〉 \| auto \| inherit | auto |
| 'letter-spacing' | normal \| 〈length〉 \| inherit | normal |
| 'line-height' | normal \| 〈number〉 \| 〈length〉 \| 〈percentage〉 \| inherit | normal |
| 'list-style-image' | 〈uri〉 \| none \| inherit | none |
| 'list-style-position' | inside \| outside \| inherit | outside |
| 'list-style-type' | disc \| circle \| square \| decimal \| decimal-leading-zero \| lower-roman \| upper-roman \| lower-greek \| lower-latin \| upper-latin \| armenian \| georgian \| lower-alpha \| upper-alpha \| none \| inherit | disc |

| 속성 명 | 속성 값 | 기본 값 |
|---|---|---|
| 'list-style' | [ 'list-style-type' \|\| 'list-style-position' \|\| 'list-style-image' ] \| inherit | 각각의 세부 속성에 따라 다름 |
| 'margin-right' 'margin-left' | ⟨margin-width⟩ \| inherit | 0 |
| 'margin-top' 'margin-bottom' | ⟨margin-width⟩ \| inherit | 0 |
| 'margin' | ⟨margin-width⟩ {1,4} \| inherit | 각각의 세부 속성에 따라 다름 |
| 'max-height' | ⟨length⟩ \| ⟨percentage⟩ \| none \| inherit | none |
| 'max-width' | ⟨length⟩ \| ⟨percentage⟩ \| none \| inherit | none |
| 'min-height' | ⟨length⟩ \| ⟨percentage⟩ \| inherit | 0 |
| 'min-width' | ⟨length⟩ \| ⟨percentage⟩ \| inherit | 0 |
| 'orphans' | ⟨integer⟩ \| inherit | 2 |
| 'outline-color' | ⟨color⟩ \| invert \| inherit | invert |
| 'outline-style' | ⟨border-style⟩ \| inherit | none |
| 'outline-width' | ⟨border-width⟩ \| inherit | medium |
| 'outline' | [ 'outline-color' \|\| 'outline-style' \|\| 'outline-width' ] \| inherit | 각각의 세부 속성에 따라 다름 |
| 'overflow' | visible \| hidden \| scroll \| auto \| inherit | visible |
| 'padding-top' 'padding-right' 'padding-bottom' 'padding-left' | ⟨padding-width⟩ \| inherit | 0 |
| 'padding' | ⟨padding-width⟩ {1,4} \| inherit | 각각의 세부 속성에 따라 다름 |
| 'page-break-after' | auto \| always \| avoid \| left \| right \| inherit | auto |

| 속성 명 | 속성 값 | 기본 값 |
| --- | --- | --- |
| 'page-break-before' | auto \| always \| avoid \| left \| right \| inherit | auto |
| 'page-break-inside' | avoid \| auto \| inherit | auto |
| 'pause-after' | ⟨time⟩ \| ⟨percentage⟩ \| inherit | 0 |
| 'pause-before' | ⟨time⟩ \| ⟨percentage⟩ \| inherit | 0 |
| 'pause' | [ [⟨time⟩ \| ⟨percentage⟩] {1,2} ] \| inherit | 각각의 세부 속성에 따라 다름 |
| 'pitch-range' | ⟨number⟩ \| inherit | 50 |
| 'pitch' | ⟨frequency⟩ \| x-low \| low \| medium \| high \| x-high \| inherit | medium |
| 'play-during' | ⟨uri⟩ [ mix \|\| repeat ]? \| auto \| none \| inherit | auto |
| 'position' | static \| relative \| absolute \| fixed \| inherit | static |
| 'quotes' | [⟨string⟩ ⟨string⟩]+ \| none \| inherit | 브라우저에 따라 다름 |
| 'richness' | ⟨number⟩ \| inherit | 50 |
| 'right' | ⟨length⟩ \| ⟨percentage⟩ \| auto \| inherit | auto |
| 'speak-header' | once \| always \| inherit | once |
| 'speak-numeral' | digits \| continuous \| inherit | continuous |
| 'speak-punctuation' | code \| none \| inherit | none |
| 'speak' | normal \| none \| spell-out \| inherit | normal |
| 'speech-rate' | ⟨number⟩ \| x-slow \| slow \| medium \| fast \| x-fast \| faster \| slower \| inherit | medium |
| 'stress' | ⟨number⟩ \| inherit | 50 |
| 'table-layout' | auto \| fixed \| inherit | auto |

| 속성 명 | 속성 값 | 기본 값 |
|---|---|---|
| 'text-align' | left \| right \| center \| justify \| inherit | direction="ltr"일 경우 'left', direction="rtl"일 경우 'right' |
| 'text-decoration' | none \| [ underline \|\| overline \|\| line-through \|\| blink ] \| inherit | none |
| 'text-indent' | ⟨length⟩ \| ⟨percentage⟩ \| inherit | 0 |
| 'text-transform' | capitalize \| uppercase \| lowercase \| none \| inherit | none |
| 'top' | ⟨length⟩ \| ⟨percentage⟩ \| auto \| inherit | auto |
| 'unicode-bidi' | normal \| embed \| bidi-override \| inherit | normal |
| 'vertical-align' | baseline \| sub \| super \| top \| text-top \| middle \| bottom \| text-bottom \| ⟨percentage⟩ \| ⟨length⟩ \| inherit | baseline |
| 'visibility' | visible \| hidden \| collapse \| inherit | visible |
| 'voice-family' | [[⟨specific-voice⟩ \| ⟨generic-voice⟩ ],]* [⟨specific-voice⟩ \| ⟨generic-voice⟩ ] \| inherit | 브라우저에 따라 다름 |
| 'volume' | ⟨number⟩ \| ⟨percentage⟩ \| silent \| x-soft \| soft \| medium \| loud \| x-loud \| inherit | medium |
| 'white-space' | normal \| pre \| nowrap \| pre-wrap \| pre-line \| inherit | normal |
| 'widows' | ⟨integer⟩ \| inherit | 2 |
| 'width' | ⟨length⟩ \| ⟨percentage⟩ \| auto \| inherit | auto |
| 'word-spacing' | normal \| ⟨length⟩ \| inherit | normal |
| 'z-index' | auto \| ⟨integer⟩ \| inherit | auto |

앞의 표에서 제시된 속성을 종류별로 나누면 다음과 같다.

- 색상과 배경(Colors and Backgrounds) 지정
- 폰트(Fonts) 지정
- 텍스트(Text) 지정
- 테이블(Table) 지정
- 테두리(Border) 지정
- 박스 모델(Box mode) 지정
- 가시성(Visibility)과 위치(Positioning) 지정

이제부터 종류별로 나뉜 속성과 값에 대한 알아보고, 예제를 통해 표현된 결과를 살펴본다.

## 1 색상과 배경(Colors and Backgrounds) 지정

### (1) 글자색(Foreground Color)

#### 1 color 속성

이 속성은 태그 내용인 텍스트 문자열의 글자색을 지정하는 데 사용된다.

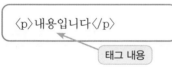

```
<p>내용입니다</p>
```
태그 내용

| color 속성 | |
|---|---|
| 값 | 〈color〉 \| inherit(부모로부터 상속) |
| 기본 값 | 브라우저에 따라 다름 |
| 적용 대상 | 모든 태그 |

color 속성을 사용해서 글자색을 지정하는 예는 다음과 같다.

```
p {color : blue;} /*글자색을 색상 명으로 지정*/
p {color : rgb(0,0,255);} /*RGB색상 값을 지정해서 글자색을 지정*/
p {color : #0000FF;} /*16진수로 RGB색상 값을 지정해서 글자색을 지정*/
p {color : rgb(0%, 0%, 100%);} /*RGB색상값 을 퍼센트로 지정해서 글자색을 지정*/
```

## (2) 배경(Background)

태그의 배경으로 색상 또는 이미지를 지정하는데 사용된다. 박스 모델(box model)에서의 배경은 내용(content), 패딩(padding), 테두리 영역(border area)의 배경을 설정하는 것을 의미한다. 선 색과 스타일은 테두리 속성에서 지정한다.

배경의 속성들은 상속되지 않으며, 루트 엘리먼트(태그)의 배경은 'background-position'에 의해 위치가 고정된 상태에서 루트 엘리먼트에 배경을 지정하는 것으로써 캔버스의 배경과 전체 캔버스를 커버할 수 있다.

HTML 웹 페이지에 배경을 지정할 때는 〈html〉 태그보다는 〈body〉 태그에 배경을 지정하는 것을 권장한다. 웹 브라우저는 HTML과 XHTML의 〈html〉 태그로부터 배경 속성의 계산된 값을 사용하는 것보다는 〈body〉 태그에서 처리하는 것을 사용하기 때문이다.

```
body {          ←──── 〈body〉 태그에 배경색 지정
  background-color : #CAE2F7;
}
```

### 1 background-color 속성

이 속성은 태그의 배경색을 지정하는 데 사용된다.

| background-color 속성 | |
|---|---|
| 값 | 〈color〉| transparent(투명한 색상 지정) | inherit(부모로부터 상속) |
| 기본 값 | transparent(투명한 색상 지정) |
| 적용 대상 | 모든 태그 |

배경색을 지정하는 예는 다음과 같다.

```
p {background-color : blue;} /*배경색을 색상 명으로 지정*/
p {background-color : #0000FF;} /*16진수로 RGB 색상 값을 지정해서 배경색을 지정*/
```

| 실습 | CSS의 color, background – color 속성 사용 |

스타일시트의 color, background-color 속성을 사용하는 예제를 작성한다.

**실행 결과**

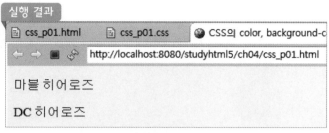

▲ css_p01.html 페이지 실행 결과

**01** [ch04] 폴더에 "css_p01.css" 페이지를 작성한다.

```
01 @charset "UTF-8";
02
03 body /*<body> 태그에 글자색은 파랑, 배경색은 노랑으로 지정*/
04    color : #0000FF; /*글자색 파랑*/
05    background-color : #FFFF00; /*배경색 노랑*/
06 }
```

**02** [ch04] 폴더에 "css_p01.html" 페이지를 작성한다.

```
01 <!DOCTYPE html>
02 <html>
03 <head>
04 <meta charset="UTF-8">
05 <meta name="viewport" content="width=device-width,initial-scale=1.0"/>
06 <title>CSS의 color, background-color속성 사용 연습</title>
07 <link rel="stylesheet" href="css_p01.css"/>
08 </head>
09 <body>
10    <div>
11       <p>마블 히어로즈</p>
```

```
12      <p>DC 히어로즈</p>
13    </div>
14 </body>
15 </html>
```

**03** css_p01.html 페이지를 실행한다.

## 2 background-image 속성

이 속성은 태그의 배경 이미지를 지정하는데 사용된다. 배경 이미지가 지정되었을 경우에도 배경색을 지정할 수 있다. 배경 이미지의 경로는 상대 경로, 절대 경로로 지정할 수 있다.

| background-image 속성 | |
| --- | --- |
| 값 | <uri> \| none(없음) \| inherit(부모로부터 상속) |
| 기본 값 | none(없음) |
| 적용 대상 | 모든 태그 |

배경 이미지를 지정하는 예는 다음과 같다.

```
/*<body> 태그에 배경 이미지를 상대 경로로 지정*/
body { background-image : url("picture2.jpg");}
/*<body> 태그에 배경 이미지를 절대 경로로 지정*/
body { background-image : url("http://127.0.1:8080/studyhtml5/images/picture2.jpg");}
p { background-image : none } /*배경 이미지가 없으면 'none'로 지정.*/
```

---

**실습**   CSS의 background — image 속성 사용

스타일시트의 background-image 속성을 사용하는 예제를 작성한다. 이미지의 크기가 화면보다 작은 경우 이미지는 기본적으로 반복되어 화면에 채워진다.

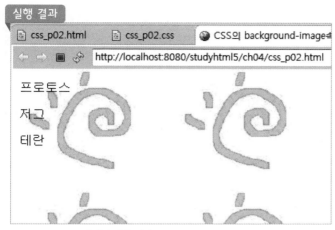

▲ css_p02.html 페이지 실행 결과

**01** [studyhtml5] 프로젝트의 [src]-[main]-[webapp] 폴더에서 마우스 오른쪽 버튼을 눌러 [New]-[Folder] 메뉴를 선택해서 [images] 폴더를 작성한다.

**02** 자료 파일의 [images] 폴더에서 제공하는 picture2.png 파일을 복사해서 이클립스의 [Project Explorer] 뷰의 [studyhtml5] 프로젝트 [src]-[main]-[webapp] 폴더(이하 [webapp] 폴더)-[images] 폴더에 붙여넣기한다.

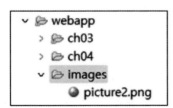

**03** [ch04] 폴더에 "css_p02.css" 페이지를 작성한다.

```
01 @charset "UTF-8";
02
03 body /*<body> 태그의 스타일을 지정*/
04    background-image : url("../images/picture2.png"); /*배경 이미지 지정*/
05 }
```

**04** [ch04] 폴더에 "css_p02.html" 페이지를 작성한다.

```
01 <!DOCTYPE html>
02 <html>
03 <head>
04 <meta charset="UTF-8">
05 <meta name="viewport" content="width=device-width,initial-scale=1.0"/>
06 <title>CSS의 background-image속성 사용 연습</title>
07 <link rel="stylesheet" href="css_p02.css"/>
08 </head>
09 <body>
10    <div>
11       <p>프로토스</p>
12       <p>저그</p>
13       <p>테란</p>
14    </div>
15 </body>
16 </html>
```

**05** css_p02.html 페이지를 실행한다.

### 3 background-repeat 속성

이 속성은 배경 이미지가 있는 경우, 이것을 반복해서 화면에 표시할지 여부를 결정하는 데 사용한다.

| background-repeat 속성 | |
|---|---|
| 값 | repeat(수평, 수직 양방향으로 반복)<br>\| repeat-x(수평으로만 반복)<br>\| repeat-y(수직으로만 반복)<br>\| no-repeat(반복 안 함)<br>\| inherit(부모로부터 상속) |
| 기본 값 | repeat(반복) |
| 적용 대상 | 모든 태그 |

• 배경 이미지에 반복 여부를 'repeat'로 지정한 결과

```
body
  background-image: url("../images/picture2.jpg");
  background-repeat: repeat; /*배경 이미지 수평, 수직으로 모두 반복함*/
}
```

▲ background-repeat 속성의 값을 repeat로 지정한 결과

• 배경 이미지에 반복 여부를 'repeat-x'로 지정한 결과

```
body {
  background-image: url("../images/picture2.jpg");
  background-repeat: repeat-x; /*배경 이미지 수평 방향으로만 반복함*/
}
```

▲ background-repeat 속성의 값을 repeat-x로 지정한 결과

• 배경 이미지에 반복 여부를 'repeat-y'로 지정한 결과

```
body
  background-image: url("../images/picture2.jpg");
  background-repeat: repeat-y; /*배경 이미지 수직 방향으로만 반복함*/
}
```

▲ background-repeat 속성의 값을 repeat-y로 지정한 결과

• 배경 이미지에 반복 여부를 'no-repeat'로 지정한 결과

```
body
  background-image: url("../images/picture2.jpg");
  background-repeat: no-repeat; /*배경 이미지 반복 안 함*/
}
```

▲ background-repeat 속성의 값을 no-repeat로 지정한 결과

### 4 background-attachment 속성

이 속성은 배경 이미지가 있을 때 화면의 스크롤이 이동하더라도 이미지를 고정적으로 보여줄 것인지의 여부를 지정한다.

| background-attachment 속성 | |
|---|---|
| 값 | scroll(스크롤) \| fixed(고정) \| inherit(부모로부터 상속) |
| 기본 값 | scroll(스크롤) |
| 적용 대상 | 모든 태그 |

• 스크롤을 이동하더라도 배경 이미지를 고정적인 위치에 보여주는 'fixed'로 지정 –스크롤을 이동해도 이미지의 위치는 항상 고정

```
body

  background-image: url("../images/picture2.jpg");

  background-repeat: no-repeat; /*배경 이미지 반복 안 함*/

  background-attachment: fixed; /*배경 이미지 위치 고정*/

}
```

▲ background-attachment 속성의 값을 fixed로 지정

▲ 스크롤을 이동해도 이미지의 위치는 항상 고정

• 스크롤을 이동하면 배경 이미지가 상황에 따라 보이지 않는 'scroll'로 지정 – 스크롤을 이동하면 이미지는 보일 수도 안 보일 수도 있음

```
body

  background-image: url("../images/picture2.jpg");

  background-repeat: no-repeat; /*배경 이미지 반복 안 함*/

  background-attachment: scroll; /*배경 이미지 스크롤에 따라 표시 여부 다름*/

}
```

▲ background-attachment 속성의 값을 scroll로 지정

▲ 스크롤을 이동하면 이미지는 보일 수도 안 보일 수도 있음

## 5 background-position 속성

이 속성은 배경 이미지가 있을 경우 이미지의 초기 위치를 지정한다.

| background-position 속성 | |
| --- | --- |
| 값 | [ [ ⟨percentage⟩ | ⟨length⟩ | left | center | right ] [ ⟨percentage⟩ | ⟨length⟩ | top | center | bottom ]? ] | [ [ left | center | right ] || [ top | center | bottom ] ] | inherit(부모로부터 상속) |
| 기본 값 | 0% 0%(X와 Y의 크기로 쌍(pair)으로 기술) |
| 적용 대상 | 모든 태그 |

• 배경 이미지 초기 위치를 '100% 100%'로 지정 – 배경 이미지가 오른쪽 하단에 표시

```
body
  background-image: url("../images/picture2.jpg");
  background-repeat: no-repeat; /*배경 이미지 반복 안 함*/
  background-attachment: fixed; /*배경 이미지 위치 고정*/
  background-position: 100% 100%; /*배경 이미지의 시작 위치를 오른쪽 하단으로
  지정*/
}
```

Ajax란 "Asynchronous JavaScript + XML"의 약자로, JavaScript에 의한 비동기적인 (Asynchronous)통신으로 XML기반인 데이터를 클라이언트인 웹브라우저와 서버사이에서 교환하는 방법이다. 여기서 비동기적인(Asynchronous)통신이란 서버가 응답을 받을 준비가 되어있는지 상관없이 웹 브라우저는 서버로 정보를 전송하는 것을 의미한다. 따라서 사용자는 언제 정보가 전송되었는지 알지 못한다. 이와같은 방법을 사용하므로 Ajax를 사용한 방법이 정보의 전송에 더 빠르다. Ajax를 사용하면, 페이지의 이동 없이 웹 브라우저화면을 동적으로 바꾸는 일이 가능하다. 예를 들어, Ajax의 대표적인 서비스 Google이 제공하는 지도 서비스 "Google Map"및 각종 검색엔진이 제공하는 지도에서는, 페이지의 이동 없이 마우스 조작만으로 지도 표시영역을 바꾸어 가는 것이 가능하다.

▲ background-position 속성의 값을 100% 100%로 지정

• 배경 이미지 초기 위치를 'right top'로 지정 - 배경 이미지가 오른쪽 상단에 표시

```
body
  background-image: url("../images/picture2.jpg");
  background-repeat: no-repeat; /*배경 이미지 반복 안 함*/
  background-attachment: fixed; /*배경 이미지 위치 고정*/
  background-position: right top; /*배경 이미지의 시작 위치를 100% 0%로 지정*/
}
```

Ajax란 "Asynchronous JavaScript + XML"의 약자로, JavaScript에 의한 비동기적인 (Asynchronous)통신으로 XML기반인 데이터를 클라이언트인 웹브라우저와 서 버사이에서 교환하는 방법이다. 여기서 비동기적인(Asynchronous)통신이란 서 버가 응답을 받을 준비가 되어있는지 상관없이 웹 브라우저는 서버로정보를 전송하는 것을 의미한다. 따라서 사용자는 언제 정보가 전송되었는지 알지 못 한다. 이와같은 방법을 사용하므로 Ajax를 사용한 방법이 정보의 전송에 더 빠 르다. Ajax를 사용하면, 페이지의 이동 없이 웹 브라우저화면을 동적으로 바꾸 는 일이 가능하다. 예를 들어, Ajax의 대표적인 서비스 Google이 제공하는 지도 서비스 "Google Map"및 각종 검색엔진이 제공하는 지도에서는, 페이지의 이동 없이 마우스 조작만으로 지도 표시영역을 바꾸어 가는 것이 가능하다. }

▲ background-position 속성의 값을 'right top'로 지정

• 배경 이미지 초기 위치를 'top center'로 지정 - 배경 이미지가 상단 가운데에 표시

```
body
  background-image: url("../images/picture2.jpg");
  background-repeat: no-repeat; /*배경 이미지 반복안함*/
  background-attachment: fixed; /*배경 이미지 위치고정*/
  background-position: top center; /*배경 이미지의 시작 위치를 50% 0%로 지정*/
}
```

Ajax란 "Asynchronous JavaScript + XML"의 약자로, JavaScript에 의한 비동기적인 (Asynchronous)통신으로 XML기반인 데이터를 클라이언트인 웹브라우저와 서버사이에서 교환하는 방법이다. 여기서 비동기적인(Asynchronous)통신이란 서버가 응답을 받을 준비가 되어있는지 상관없이 웹 브라우저는 서버로 정보를 전송하는 것을 의미한다. 따라서 사용자는 언제 정보가 전송되었는지 알지 못한다. 이와같은 방법을 사용하므로 Ajax를 사용한 방법이 정보의 전송에 더 빠르다. Ajax를 사용하면, 페이지의 이동 없이 웹 브라우저화면을 동적으로 바꾸는 일이 가능하다. 예를 들어, Ajax의 대표적인 서비스 Google이 제공하는 지도 서비스 "Google Map"및 각종 검색엔진이 제공하는 지도에서는, 페이지의 이동 없이 마우스 조작만으로 지도 표시영역을 바꾸어 가는 것이 가능하다. }

▲ background-position 속성의 값을 'top center'로 지정

• 배경 이미지 초기 위치를 'center'로 지정 – 배경 이미지가 화면의 가로 세로 가운데에 표시

```
body
    background-image: url("../images/picture2.jpg");
    background-repeat: no-repeat; /*배경 이미지 반복 안 함*/
    background-attachment: fixed; /*배경 이미지 위치 고정*/
    background-position: center; /*배경 이미지의 시작 위치를 50% 50%로 지정*/
}
```

Ajax란 "Asynchronous JavaScript + XML"의 약자로, JavaScript에 의한 비동기적인 (Asynchronous)통신으로 XML기반인 데이터를 클라이언트인 웹브라우저와 서버사이에서 교환하는 방법이다. 여기서 비동기적인(Asynchronous)통신이란 서버가 응답을 받을 준비가 되어있는지 상관없이 웹 브라우저는 서버로 정보를 전송하는 것을 의미한다. 따라서 사용자는 언제 정보가 전송되었는지 알지 못한다. 이와같은 방법을 사용하므로 Ajax를 사용한 방법이 정보의 전송에 더 빠르다. Ajax를 사용하면, 페이지의 이동 없이 웹 브라우저화면을 동적으로 바꾸는 일이 가능하다. 예를 들어, Ajax의 대표적인 서비스 Google이 제공하는 지도 서비스 "Google Map"및 각종 검색엔진이 제공하는 지도에서는, 페이지의 이동 없이 마우스 조작만으로 지도 표시영역을 바꾸어 가는 것이 가능하다. }

▲ background-position 속성의 값을 'center'로 지정

• 배경 이미지 초기 위치를 'bottom'로 지정 – 배경 이미지가 하단 가운데에 표시

```
body
  background-image: url("../images/picture2.jpg");
  background-repeat: no-repeat; /*배경 이미지 반복 안 함*/
  background-attachment: fixed; /*배경 이미지 위치 고정*/
  background-position: bottom; /*배경 이미지의 시작 위치를 50% 100%로 지정*/
}
```

Ajax란 "Asynchronous JavaScript + XML"의 약자로, JavaScript에 의한 비동기적인 (Asynchronous)통신으로 XML기반인 데이터를 클라이언트인 웹브라우저와 서버사이에서 교환하는 방법이다. 여기서 비동기적인(Asynchronous)통신이란 서버가 응답을 받을 준비가 되어있는지 상관없이 웹 브라우저는 서버로 정보를 전송하는 것을 의미한다. 따라서 사용자는 언제 정보가 전송되었는지 알지 못한다. 이와같은 방법을 사용하므로 Ajax를 사용한 방법이 정보의 전송에 더 빠르다. Ajax를 사용하면, 페이지의 이동 없이 웹 브라우저화면을 동적으로 바꾸는 일이 가능하다. 예를 들어, Ajax의 대표적인 서비스 Google이 제공하는 지도 서비스 "Google Map"및 각종 검색엔진이 제공하는 지도에서는, 페이지의 이동 없이 마우스 조작만으로 지도 표시영역을 바꾸어 가는 것이 가능하다. }

▲ background-position 속성의 값을 'bottom'으로 지정

## 6 background 속성

이 속성은 'background-color', 'background-image', 'background-repeat', 'background-attachment' 그리고 'background-position' 속성 값을 한 번에 같이 간단히 표기하기 위해 사용한다.

| background 속성 | |
|---|---|
| 값 | [⟨'background-color'⟩ \|\| ⟨'background-image'⟩ \|\| ⟨'background-repeat'⟩ \|\| ⟨'background-attachment'⟩ \|\| ⟨'background-position'⟩] \| inherit(부모로부터 상속) |
| 기본 값 | individual properties(각각의 속성 값들) |
| 적용 대상 | 모든 태그 |

background 속성의 사용 예는 다음과 같다.

```
body /*배경색 빨강*/
  background: red;
}

p {/*배경 이미지 지정*/
  background: url("../images/picture2.jpg");
}
```

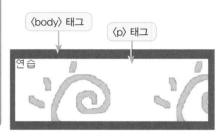

- 배경에 관한 속성을 한 번에 여러 개 지정 – 배경 이미지, 배경색, 이미지의 시작 위치, 이미지 반복 여부, 이미지 위치 고정 여부의 속성을 한 번에 기술

```
body {/*배경 이미지 지정, 배경색 빨강, 이미지의 시작 위치 center, 이미지 반복 안 함,
이미지 위치 고정의 속성을 한 번에 기술*/
  background: url("../images/picture2.jpg") red center no-repeat fixed;
}
```

Ajax란 "Asynchronous JavaScript + XML"의 약자로, JavaScript에 의한 비동기적인(Asynchronous)통신으로 XML기반인 데이터를 클라이언트인 웹브라우저와 서버사이에서 교환하는 방법이다. 여기서 비동기적인(Asynchronous)통신이란 서버가 응답을 받을 준비가 되어있는지 상관없이 웹 브라우저는 서버로 정보를 전송하는 것을 의미한다. 따라서 사용자는 언제 정보가 전송되었는지 알지 못한다. 이와같은 방법을 사용하므로 Ajax를 사용한 방법이 정보의 전송에 더 빠르다. Ajax를 사용하면, 페이지의 이동 없이 웹 브라우저화면을 동적으로 바꾸는 일이 가능하다. 예를 들어, Ajax의 대표적인 서비스 Google이 제공하는 지도 서비스 "Google Map"및 각종 검색엔진이 제공하는 지도에서는, 페이지의 이동 없이 마우스 조작만으로 지도 표시영역을 바꾸어 가는 것이 가능하다. }

▲ background 속성을 사용해서 여러 속성을 한꺼번에 지정

## 2 ⟩ 폰트(Fonts) 지정

### 1 font-family 속성

이 속성은 엘리먼트에 설정할 폰트의 종류를 지정하는데, 지정하는 값은 'Gill', 'Helvetica', 'serif', 'sans-serif', 'cursive', 'fantasy', 'monospace' 중에서 선택할 수 있으며, font-family 이름의 우선순위 리스트로 지정할 수도 있다.

| font-family 속성 | |
|---|---|
| 값 | [[ ⟨family-name⟩ \| ⟨generic-family⟩ ] [, ⟨family-name⟩\| ⟨generic-family⟩]* ] \| inherit(부모로부터 상속) |
| 기본 값 | 웹 브라우저에 따라 다름 |
| 적용 대상 | 모든 태그 |

지정하는 방법은 다음과 같다. 만일 지정한 폰트가 없는 경우에는 기본 폰트로 표시된다.

### 2 font-style 속성

이 속성은 폰트 스타일을 'normal', 'italic', 'oblique' 중에서 하나를 선택하는데 'oblique'는 'italic'과 형태가 거의 유사하다.

| font-style 속성 | |
|---|---|
| 값 | normal \| italic(기울임꼴) \| oblique(기울임꼴) \| inherit(부모로부터 상속) |
| 기본 값 | normal (스타일 없는 일반 형태) |
| 적용 대상 | 모든 태그 |

폰트스타일을 지정하는 예는 다음과 같다.

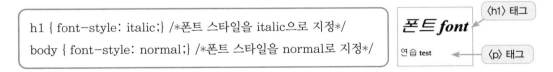

### 3 font-variant 속성

이 속성의 'small-caps' 속성 값을 사용하면 소문자는 모두 대문자로 표시한다.

| font-variant 속성 | |
|---|---|
| 값 | normal \| small-caps \| inherit(부모로부터 상속) |
| 기본 값 | normal (스타일 없는 일반형태) |
| 적용 대상 | 모든 태그 |

이 속성을 사용한 예는 다음과 같다.

```
/*h1엘리먼트의 내용으로 소문자가 있는 경우 대문자로 변환됨*/
h1 {font-variant: small-caps;}
```

```
<h1>폰트 font</h1>
<p>연습 test</p>
```

폰트 FONT
연습 test

### 4 font-weight 속성

이 속성은 폰트의 굵기를 선택한다. 100~900 사이의 값을 지정해서 폰트의 굵기를 지정하는데, 숫자가 클수록 굵어진다. 속성 값으로 'normal'을 지정하면 400이고, 'bold'는 700이다.

| font-weight 속성 | |
|---|---|
| 값 | normal \| bold \| bolder \| lighter \| 100 \| 200 \| 300 \| 400 \| 500 \| 600 \| 700 \| 800 \| 900 \| inherit(부모로부터 상속) |
| 기본 값 | normal (스타일 없는 일반 형태) |
| 적용 대상 | 모든 태그 |

이 속성을 사용한 예는 다음과 같다.

> body {font-weight: normal;} /*normal은 400 정도의 값*/
> p {font-weight: 700;} /*700은 bold정도의 굵기*/

| 폰트 font | 폰트 **font** |
|---|---|
| ⟨p⟩연습 test⟨/p⟩ | **연 습 test** |

## 5 font-size 속성

이 속성은 폰트의 크기를 지정하는 속성이다.

| font-size 속성 | |
|---|---|
| 값 | ⟨absolute-size⟩ \| ⟨relative-size⟩ \| ⟨length⟩ \| ⟨percentage⟩ \| inherit(부모로부터 상속) |
| 기본 값 | medium(중간 크기) |
| 적용 대상 | 모든 태그 |

• ⟨absolute-size⟩ : 절대적인 크기로 다음 값들 중 하나를 지정한다.

[ xx-small \| x-small \| small \| medium \| large \| x-large \| xx-large ]

CSS absolute-size 값이 어느 정도의 크기인지 HTML 폰트 사이즈와 비교한 표이다.

| CSS absolute-size 값 | xx-small | x-small | small | medium | large | x-large | xx-large | |
|---|---|---|---|---|---|---|---|---|
| HTML font size | 1 | | 2 | 3 | 4 | 5 | 6 | 7 |

• ⟨relative-size⟩ : 상대적인 크기로 다음 값들 중 하나가 온다.

[ larger \| smaller ]

⟨relative-size⟩는 부모 태그의 폰트에 따라 상대적으로 크기가 결정된다. 예를 들어 부모 태그의 폰트의 크기가 'small'인 경우 ⟨relative-size⟩의 값을 'larger'로 지정하면 해당 태그의 크기는 'medium'이 된다. 반대로 'smaller'로 지정하면 'x-small'의 크기를 갖는다.

• ⟨length⟩와 ⟨percentage⟩ : 사용자가 직접 폰트의 사이즈를 값을 기술하는데 음수 값은 쓸 수 없다. font-size 속성의 사용 예는 다음과 같다.

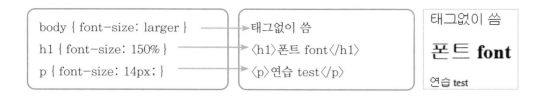

### 6 font 속성

이 속성을 사용하면 'font-style', 'font-variant', 'font-weight', 'font-size', 'line-height' 그리고 'font-family' 속성을 한 번에 간결하게 표시한다.

| font 속성 | |
|---|---|
| 값 | [ [ ⟨'font-style'⟩ \|\| ⟨'font-variant'⟩ \|\| ⟨'font-weight'⟩ ]? ⟨'font-size'⟩ [ / ⟨'line-height'⟩ ]? ⟨'font-family'⟩ ] \| caption \| icon \| menu \| message-box \| small-caption \| status-bar \| inherit(부모로부터 상속) |
| 기본 값 | 각각의 속성 값들 |
| 적용 대상 | 모든 태그 |

font 속성을 사용한 예는 다음과 같다.

```
/*font-style: italic; font-weight: bold; font-size: 16px; font-family: Gill;*/
p {font: italic bold 16px Gill;}
/*font-size: 80%; font-family: sans-serif;*/
.s2 {font: 80% sans-serif;}/*부모 태그에 대해 상대적인 크기 80%*/
```

실습 **CSS의 font 속성 사용**

스타일시트의 font 속성을 사용하는 예제를 작성한다.

◀ css_p03.html 페이지 실행 결과

**01** [ch04] 폴더에 "css_p03.css" 페이지를 작성한다. 기본적인 코딩이 작성되면 다음과 같이 수정한 후 저장한다.

```
01 @charset "UTF-8";
02
03 /*font-style: italic; font-weight: bold; font-size: 16px; font-family: Gill;*/
04 p { font: italic bold 16px Gill;}
05 /*font-size: 80%; font-family: sans-serif;*/
06 .s2 { font: 80% sans-serif;}/*부모태그에 대해 상대적인 크기 80%*/
```

**02** [ch04] 폴더에 "css_p03.html" 페이지를 작성한다.

```
01 <!DOCTYPE html>
02 <html>
03 <head>
04 <meta charset="UTF-8">
05 <meta name="viewport" content="width=device-width,initial-scale=1.0"/>
06 <title>CSS의 font속성 사용 연습</title>
07 <link rel="stylesheet" href="css_p03.css"/>
08 </head>
09 <body>
10   <div>
11     <p>프로토스</p>
12     <p>저그</p>
13     <p class="s2">테란</p>
14   </div>
15 </body>
16 </html>
```

**03** css_p03.html 페이지를 실행한다.

## 3 텍스트(Text) 지정

### 1 text-indent 속성

이 속성은 문단에서 첫 번째 줄의 들여쓰기를 지정한다.

| text-indent 속성 | |
|---|---|
| 값 | 〈length〉 | 〈percentage〉 | inherit(부모로부터 상속) |
| 기본 값 | 0 |
| 적용 대상 | block-level elements(block-level 엘리먼트), table cells(테이블의 셀), inline blocks (인라인 블록) |

다음은 '2em' 정도 문단 들여쓰기를 하는 예이다. 여기서 em은 전각 대문자 M의 크기를 사각형으로 취급했을 때의 크기로 1em은 16px과 같은 크기이다.

```
p { text-indent: 2em; } /*'2em' 정도 문단 첫줄 들여쓰기*/
```

> **Ajax**란 "Asynchronous JavaScript + XML"의 약자로, JavaScript
> 에 의한 비동기적인(Asynchronous)통신으로 XML기반인 데이터
> 를 클라이언트인 웹브라우저와 서버사이에서 교환하는 방법이
> 다.

▲ 'text-indent' 속성 값으로 '2em' 사용 시

### 2 text-align 속성

이 속성은 문단의 내용을 왼쪽, 오른쪽 등으로 맞춤시킨다. 이 속성의 값으로는 'left(왼쪽 맞춤)', 'right(오른쪽 맞춤)', 'center(가운데 맞춤)', 'justify(양쪽 맞춤)' 중 하나가 온다.

| text-align 속성 | |
|---|---|
| 값 | left | right | center | justify | inherit(부모로부터 상속) |
| 기본 값 | left 또는 right |
| 적용 대상 | block-level elements(block-level 엘리먼트), table cells(테이블의 셀), inline blocks (인라인 블록) |

다음은 문단 맞춤을 하는 예이다.

```
p{
  text-align: center; /*가운데 맞춤*
}
```

Khalani is the language "spoken" (via telepathy) by the protoss.
The language's written form is glyph-based. -발췌
http://starcraft.wikia.com/wiki/Khalani

```
p{
  text-indent: 2em; /*'2em' 정도 문단 첫줄 들여쓰기*/
  text-align: justify; /*양쪽 맞춤*/
}
```

Khalani is the language "spoken" (via telepathy) by the
protoss. The language's written form is glyph-based. -발췌
http://starcraft.wikia.com/wiki/Khalani

## 3 text-decoration 속성

이 속성은 텍스트에 장식(데코레이션)을 지정한다. 속성 값은 'none(없음)', 'under
line(밑줄)', 'overline(윗줄)', 'line-through(취소선)' 중 하나의 값이 올 수 있다.

| text-decoration 속성 | |
|---|---|
| 값 | none \| [ underline \|\| overline \|\| line-through] \| inherit(부모로부터 상속) |
| 기본 값 | none(없음) |
| 적용 대상 | 모든 태그 |

다음은 'text-decoration' 속성을 사용하는 예이다.

```
body{
  background: #FFFF00;
}

p {
  text-indent: 2em; /*'2em' 정도 문단 첫줄 들여쓰기*/
  text-align: justify; /*양쪽 맞춤*/
  text-decoration: underline; /*문단에 밑줄 지정*/
}

blockquote {
  text-decoration: line-through; /*문단에 취소선 지정*/
  color: blue; /*글자색은 파랑*/
}
```

**Ajax**

Ajax란 "Asynchronous JavaScript + XML"의 약자

하하하..

▲ 'text-decoration' 속성을 지정한 예

## 4 letter-spacing 속성

이 속성은 글자 간격을 지정한다.

| letter-spacing 속성 | |
| --- | --- |
| 값 | normal | ⟨length⟩ | inherit(부모로부터 상속) |
| 기본 값 | normal (속성을 지정 안한 형태) |
| 적용 대상 | 모든 태그 |

다음은 'letter-spacing' 속성을 사용하는 예이다.

```
p {
  text-decoration: line-through; /*문단에 취소선 지정*/
  color: blue; /*글자색은 파랑*/
  letter-spacing: 0.1em; /*글자 간격은 0.1em*/
}

h3{
  letter-spacing: 1cm; /*글자간격 1cm*/
}
```

**K h a l a n i**

~~Khalani is the language "spoken" (via telepathy) by the protoss. The language's written form is glyph based.~~ 발췌
~~http://starcraft.wikia.com/wiki/Khalani~~

▲ 'letter-spacing' 속성을 지정한 예

### 5 word-spacing 속성

이 속성은 단어 간격을 지정한다.

| font-size 속성 | |
| --- | --- |
| 값 | normal \| 〈length〉 \| inherit(부모로부터 상속) |
| 기본 값 | normal (속성을 지정 안한 형태) |
| 적용 대상 | 모든 태그 |

다음은 'word-spacing' 속성을 사용하는 예이다.

```
p {
  text-indent: 2em; /*'2em' 정도 문단 첫줄 들여쓰기*/
  text-align: justify; /*양쪽 맞춤*/
  text-decoration: underline; /*문단에 밑줄 지정*/
```

> Khalani    is    the    language    "spoken"    (via    telepathy)
> by    the    protoss.    The    language's    written    form    is
> glyph-based.    -발췌    http://starcraft.wikia.com/wiki/Khalani

▲ 'word-spacing' 속성을 지정한 예

## 6 text-transform 속성

이 속성은 영문자의 첫 글자를 대문자로 변환하거나 영문자의 대소문자의 변경을 지정한다. 속성 값은 'capitalize(첫 글자만 대문자로)', 'uppercase(대문자로)', 'lowercase(소문자로)', 'none(지정 안함)' 중 하나의 값이 올 수 있다.

| text-transform 속성 | |
| --- | --- |
| 값 | capitalize \| uppercase \| lowercase \| none \| inherit(부모로부터 상속) |
| 기본 값 | normal (속성을 지정 안한 형태) |
| 적용 대상 | 모든 태그 |

text-transform 속성을 사용한 예는 다음과 같다.

```
.upper { text-transform: uppercase; } /*대문자로 지정*/
.lower { text-transform: lowercase; } /*대문자로 지정*/
.cap { text-transform: capitalize; } /*첫 글자만 대문자로*/
```

**LEGACY OF VOID**

legacy of void

**Legacy Of Void**

▲ 'text-transform' 속성을 지정한 예

## 7 white-space 속성

이 속성은 태그 내의 여백을 처리하는 방법을 정의한다. 속성의 값이 'normal'일 경우 줄 바꿈이 필요한 경우 자동으로 줄 바꿈되며, 'pre'일 경우 엔터와 같은 줄 바꿈 기호가 있는 경우에만 줄 바꿈된다. 'nowrap'일 경우 〈br〉 태그를 만나기 전까지 절대 줄 바꿈 되지 않으며, 'pre-wrap'일 경우 줄 바꿈이 필요한 경우 자동으로 줄 바꿈 되고, 줄 바꿈 기호가 있는 경우에도 줄 바꿈된다. 'pre-line'일 경우 줄 바꿈이 필요한 경우 자동으로 줄 바꿈되고, 줄 바꿈 기호가 있는 경우에도 줄 바꿈된다.

| white-space 속성 | |
|---|---|
| 값 | normal \| pre \| nowrap \| pre-wrap \| pre-line \| inherit(부모로부터 상속) |
| 기본 값 | normal (속성을 지정 안한 형태) |
| 적용 대상 | 모든 태그 |

white-space 속성을 사용한 예는 다음과 같다.

.normal { white-space: normal; }

▲ normal 속성 값을 지정한 예

Khalani is the language "spoken" (via telepathy) by the protoss. The language's written form is glyph-based.

.pre { white-space: pre; }

▲ pre 속성 값을 지정한 예

Khalani is the language "spoken" (via telepathy) by the protoss. The language's written form is glyph-based.

**실습**  **CSS의 텍스트(Text) 관련 속성 사용**

스타일시트의 텍스트(Text) 관련 속성을 사용하는 예제를 작성한다.

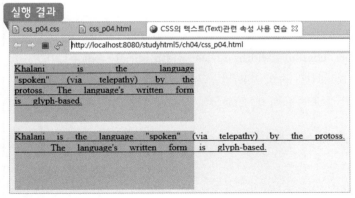

실행 결과

css_p04.css   css_p04.html   CSS의 텍스트(Text)관련 속성 사용 연습

http://localhost:8080/studyhtml5/ch04/css_p04.html

Khalani      is      the      language
"spoken"   (via   telepathy)   by   the
protoss.   The   language's   written   form
is   glyph-based.

Khalani   is   the   language   "spoken"   (via   telepathy)   by   the   protoss.
The   language's   written   form   is   glyph-based.

▲ css_p04.html 페이지 실행 결과

**❶** [ch04] 폴더에 "css_p04.css" 페이지를 작성한다.

```
01 @charset "UTF-8";
02
03 bodybackground-color:yellow;
04
05 p{
06      width : 300px;
07      height: 100px;
08      background-color:lightgray;
09      border : 2px dashed; /*테두리선*/
10      text-indent: 2em; /*'2em' 정도 문단 첫줄 들여쓰기*/
11      text-align: justify; /*양쪽 맞춤*/
12      text-decoration: underline; /*문단에 밑줄 지정*/
13      word-spacing: 1em; /*단어간의 간격 1em*/
14 }
15 .normal { white-space: normal; }
16 .pre { white-space: pre; }
```

**❷** [ch04] 폴더에 "css_p04.html" 페이지를 작성한다.

```
01 <!DOCTYPE html>
02 <html>
03 <head>
04 <meta charset="UTF-8">
05 <meta name="viewport" content="width=device-width,initial-scale=1.0"/>
06 <title>CSS의 텍스트(Text)관련 속성 사용 연습</title>
07 <link rel="stylesheet" href="css_p04.css"/>
08 </head>
09 <body>
10   <div>
11     <p class="normal">Khalani is the language "spoken" (via telepathy) by
   the protoss.
```

```
12      The language's written form is glyph-based.</p>
13      <p class="pre">Khalani is the language "spoken" (via telepathy) by the
    protoss.
14      The language's written form is glyph-based.</p>
15    </div>
16  </body>
17  </html>
```

**③** css_p04.html 페이지를 실행한다.

## 4 ▶ 테이블(Table) 지정

### (1) 테이블(Table)의 개요

테이블 관련 작업은 CSS에서 테이블을 위한 레이아웃(layout)을 정의하는 것이다. CSS 테이블에서는 특별한 테이블 레이아웃을 실행시킬 수 있는데, 경우에 따라서 html 문서에서 테이블 관련 태그(td,tr) 등을 사용하지 않고도 CSS에서 테이블과 관련된 구조의 태그들을 원하는 형태로 배치할 수 있다.

```
/*CSS*/
hcell{
    display: table-row; /*테이블의 tr 태그 역할*/
}

vcell{
    display: table-cell; /*테이블의 td 태그 역할*/
}

<!--HTML-->
<hcell>
    <vcell>서울시</vcell>
    <vcell>관악구</vcell>
    <vcell>신림동</vcell>
</hcell>
```

서울시 관악구 신림동

▲ CSS를 사용한 테이블 구조

또한 비주얼한 포맷팅도 정의할 수 있다. 행과 열에 속해 있는 셀들은 행 그룹(row group)과 열 그룹(column group)으로 구성되어 있다. 행, 열, 행 그룹, 열 그룹 그리고 셀들은 테두리로 둘러싸여 있으며, 데이터를 맞춤할 수 있다.

```
/*CSS*/
table { border-collapse: collapse; } /*테두리의 형태가 합쳐진 형태 모델*/
/*tr 엘리먼트에서 id 속성 값이 r1인 엘리먼트에*/
/*테두리 속성으로 두께가 1px, 테두리 스타일이 싱글라인, 테두리색 파랑 지정*/
tr#r1 { border: 1px solid blue; }
/*tr 엘리먼트에서 id 속성 값이 r2인 엘리먼트에 */
/*테두리 속성으로 두께가 2px, 테두리 스타일이 싱글라인, 테두리색 검정 지정*/
tr#r2 { border: 2px solid black; }
/*tr 엘리먼트에서 id 속성 값이 r3인 엘리먼트에 */
/*테두리 속성으로 두께가 3px, 테두리 스타일이 싱글라인, 테두리색 검정 지정*/
tr#r3 { border: 3px solid black; }
<!--HTML-->
<table>
    <caption>연습테이블</caption>
    <tr id="r1">
     <th>극장판10기</th><td>디아루가&펄기아</td>
    </tr>
    <tr id="r2">
     <th>극장판11기</th><td>기라티나</td>
    </tr>
    <tr id="r3">
     <th>극장판12기</th><td>아루세우스</td>
    </tr>
</table>
```

▲ CSS를 사용한 테이블 구조

## (2) CSS 테이블 모델(table model)

CSS 테이블 모델은 HTML4 테이블 모델을 기반으로 한다. 테이블 모델은 테이블 (Table), 캡션(caption), 행(row), 행 그룹(row group), 열(column), 열 그룹(column group) 그리고 셀( cell)로 이루어져 있다.

CSS 모델은 이런 각각의 컴포넌트들 엘리먼트로 포함시키기 위한 문서 언어(XML 애플리케이션 등)를 필요로 하지 않는다. 단지 이들을 'display' 속성을 사용해서 처리하면 된다.

다음은 테이블 관련 엘리먼트들과 그에 대응되는 'display' 속성 값을 표시한 것이다. 단, 'display' 속성을 사용해서 'table-column' 과 'table-column-group'를 표시할 수 없다.

| display 속성 값 | 태그명 | 설명 |
|---|---|---|
| table | ⟨table⟩ | 블록 레벨 테이블(block-level table) 기술 |
| inline-table | ⟨table⟩ | 인라인 레벨 테이블(inline-level table) 기술 |
| table-row | ⟨tr⟩ | 행 기술 |
| table-row-group | ⟨tbody⟩ | 하나 이상의 행들의 그룹 기술 |
| table-header-group | ⟨thead⟩ | 'table-row-group'과 비슷. 캡션 다음에 기술 |
| table-footer-group | ⟨tfoot⟩ | 'table-row-group'과 비슷. 모든 행을 표시 후에 기술 |
| table-column | ⟨col⟩ | 열 기술 |
| table-column-group | ⟨colgroup⟩ | 하나 이상의 열들의 그룹 기술 |
| table-cell | ⟨td⟩, ⟨th⟩ | 테이블의 셀을 기술 |
| table-caption | ⟨caption⟩ | 테이블의 캡션을 기술 |

HTML를 위한 기본 스타일시트의 이들 값의 기술은 다음과 같다.

```
table      { display: table }
tr         { display: table-row }
thead      { display: table-header-group }
tbody      { display: table-row-group }
tfoot      { display: table-footer-group }
col        { display: table-column }
colgroup { display: table-column-group }
td, th     { display: table-cell }
caption  { display: table-caption }
```

## (3) 테이블의 내용 배치

테이블의 태그들을 내용과 테두리를 가진 사각의 박스로 생성되며, 각 셀들은 패딩 (padding)을 가지며 마진(margin)들은 갖지 않는다.

### 1 table-layout 속성

이 속성은 테이블의 셀을 배치하는데 사용하는 것으로 'fixed', 'auto' 중 하나의 값을 사용한다.

| table-layout 속성 | |
| --- | --- |
| 값 | auto \| fixed \| inherit(부모로부터 상속) |
| 기본 값 | auto (자동) |
| 적용 대상 | table과 inline-table 태그들 |

## (4) 테이블의 높이(height)와 너비(width)

테이블의 세로 높이는 'table' 또는 'inline-table'의 'height' 속성에 의해서 지정되고, 너비는 'width' 속성 값에 의해서 결정된다.

• 'vertical-align' 속성 – 테이블 각각의 셀의 수직 맞춤을 결정. 각 셀의 내용을 'baseline', 'top', 'middle', 'bottom' 값을 사용해서 배치할 수 있다.

```
/*CSS*/
table { border-collapse: collapse;
        table-layout: auto;
        margin-left: 2em;
        margin-right: 2em
}

tr{
    border: 3px solid black;
    height : 50px;
}

td { border: 3px solid black;
    vertical-align: baseline;
    height : 50;
}

<!--HTML-->
<table>
    <tr>
        <td>디아루가&펄기아</td><td>기라티나</td><td>아루세우스</td>
    </tr>
</table>
```

• vertical-align 속성 값이 baseline일 경우

```
td { border: 3px solid black;
    vertical-align: baseline; /*수직 맞춤이 baseline*/
}
```

| 디아루가&펄기아 | 기라티나 | 아루세우스 |
| --- | --- | --- |

▲ vertical-align 속성 값이 baseline일 경우

• vertical-align 속성 값이 top일 경우

```
td { border: 3px solid black;
    vertical-align: top; /*수직 맞춤이 top*/
}
```

| 디아루가&펄기아 | 기라티나 | 아루세우스 |

▲ vertical-align 속성 값이 top일 경우

• vertical-align 속성 값이 middle일 경우

```
td { border: 3px solid black;
    vertical-align: middle; /*수직 맞춤이 middle*/
}
```

| 디아루가&펄기아 | 기라티나 | 아루세우스 |

▲ vertical-align 속성 값이 middle일 경우

• vertical-align 속성 값이 bottom일 경우

```
td { border: 3px solid black;
    vertical-align: bottom; /*수직 맞춤이 bottom*/
}
```

| 디아루가&펄기아 | 기라티나 | 아루세우스 |

▲ vertical-align 속성 값이 bottom일 경우

• 수평 맞춤(Horizontal alignment) – 'text-align' 속성을 사용

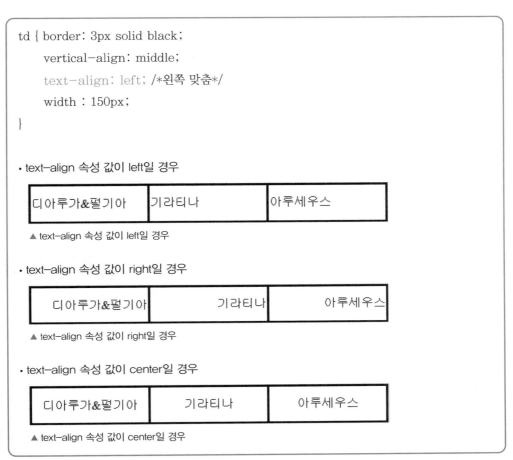

```
td { border: 3px solid black;
     vertical-align: middle;
     text-align: left; /*왼쪽 맞춤*/
     width : 150px;
}
```

• text-align 속성 값이 left일 경우

| 디아루가&펄기아 | 기라티나 | 아루세우스 |
| --- | --- | --- |

▲ text-align 속성 값이 left일 경우

• text-align 속성 값이 right일 경우

| 디아루가&펄기아 | 기라티나 | 아루세우스 |
| --- | --- | --- |

▲ text-align 속성 값이 right일 경우

• text-align 속성 값이 center일 경우

| 디아루가&펄기아 | 기라티나 | 아루세우스 |
| --- | --- | --- |

▲ text-align 속성 값이 center일 경우

## 5 〉테두리(Border) 지정

CSS에서는 테두리를 설정하는 데 2가지가 모델을 제공한다. 하나는 각각의 셀로 구성된 "separated" 보더 모델이고 다른 하나는 셀들이 연속되어 한 덩어리로 합쳐진 듯한 모양을 갖는 "collapsing" 보더 모델이다.

"separated" 보더 모델의 테두리 타입은 다음과 같은 형태를 갖는다.

| 디아루가&펄기아 | 기라티나 | 아루세우스 |
| --- | --- | --- |

▲ "separated" 보더 모델의 테두리 타입

"collapsing" 보더 모델의 테두리 타입은 다음과 같은 형태를 갖는다.

| 디아루가&펄기아 | 기라티나 | 아루세우스 |
|---|---|---|

▲ "collapsing" 보더 모델의 테두리 타입

"separated" 보더 모델과 "collapsing" 보더 모델은 'border-collapse' 속성의 값에 따라 결정된다.

■ border-collapse 속성

이 속성은 테이블의 테두리 모델을 선택하는 것으로, 이 속성의 값이 'separate'이면 "separated" 보더 모델을, 'collapse'이면 "collapsing" 보더 모델이 선택된다.

| border-collapse 속성 | |
|---|---|
| 값 | collapse \| separate\| inherit(부모로부터 상속) |
| 기본 값 | separate (분리) |
| 적용 대상 | table과 inline-table 태그들 |

## (1) "separated" 보더 모델

### 1 border-spacing 속성

| border-spacing 속성 | |
|---|---|
| 값 | 〈length〉 〈length〉? \| inherit(부모로부터 상속) |
| 기본 값 | 0 |
| 적용 대상 | table과 inline-table 태그들 |

〈length〉는 분리되어 있는 서로 인접한 셀과 테두리(border)들 간의 거리를 기술한다. 예를 들면 다음과 같다.

```
table { border: outset 3pt; /*테이블의 테두리 두께 3pt*/
        border-collapse: separate; /*separate borders model*/
        border-spacing: 5pt; /*border-spacing값 5pt*/
```

```
}

tr{
        height : 50px;
}

td {
    border: inset 5pt ; /*셀의 테두리 두께 5pt*/
    vertical-align: middle;
    text-align: center;
    width : 100px;
}
```

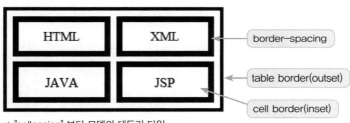

▲ "collapsing" 보더 모델의 테두리 타입

## 2 empty-cells 속성

이 속성은 빈 셀을 화면에 표시할지 여부를 결정하는 속성으로, "show", "hide" 중 하나의 값을 갖는다. "show"이면 빈 셀이 화면에 표시되고, "hide"이면 표시되지 않는다.

| empty-cells 속성 | |
| --- | --- |
| 값 | show \| hide\| inherit(부모로부터 상속) |
| 기본 값 | show(보임) |
| 적용 대상 | table-cell 태그들 |

"empty-cells" 속성을 사용한 예는 다음과 같다.

```
/*CSS*/
table { border: outset 3pt; /*테이블의 테두리 두께 3pt*/
        border-collapse: separate; /*separate borders model*/
        border-spacing: 5pt; /*border-spacing값 5pt*/
        empty-cells: show; /*show로 지정*/
}

tr{
        height : 50px;
}

td {
        border: inset 5pt ; /*셀의 테두리 두께 5pt*/
        vertical-align: middle;
        text-align: center;
        width : 100px;
}

<!--HTML-->
<table>
    <tr>
        <td>HTML</td><td>XML</td>
    </tr>
    <tr>
        <td>JAVA</td><td></td>
    </tr>
</table>
```

• "empty-cells" 속성을 'show'로 설정할 경우

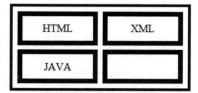

▲ "empty-cells" 속성을 'show'로 설정

• "empty-cells" 속성을 'hide'로 설정할 경우

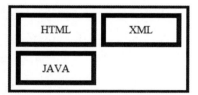

▲ "empty-cells" 속성을 'hide'로 설정

## (2) "collapsing" 보더 모델

이 모델에서는 셀, 행, 행 그룹, 열, 열 그룹에 테두리를 지정하는 것이 가능하며, 모든 셀의 모든 경계면들은 테두리 속성들에 의해 기술된다. 또한 이 테두리들에 다양한 너비(width), 스타일(style), 색상(color) 등을 설정할 수 있다.

"collapsing" 보더 모델에서 테이블, 행, 셀에 테두리를 설정하는 예제는 다음과 같다.

```
/*CSS*/
table { /*table엘리먼트의 테두리 설정*/
    border-collapse: collapse; /*"collapsing" 보더 모델 설정*/
    border: 5px dotted yellow; /*테두리 두께 5px, 스타일 dotted, 테두리 색 노랑*/
}

tr#r1{/*tr엘리먼트 중 id 속성 값이 'r1'인 엘리먼트의 테두리 설정*/
    border: 5px dashed blue; /*테두리 두께 5px, 스타일 dashed, 테두리 색 파랑*/
}

td { /*td 엘리먼트의 테두리 설정*/
    border: 2px solid black; /*테두리 두께 2px, 스타일 실선, 테두리 색 검정*/
```

```
        padding: 1em; /*테두리와 글 내용간의 간격 1em*/
}

td#c1 { /*td 엘리먼트 중 id 속성 값이 'c1'인 엘리먼트의 테두리 설정*/
        border: 5px dotted red; /*테두리 두께 5px, 스타일 dotted, 테두리 색 빨강*/
        padding: 1em; /*테두리와 글 내용간의 간격 1em*/
}

<!--HTML-->
<table>
    <tr id="r1">
        <td>1</td><td>2</td><td>3</td>
    </tr>
    <tr id="r2">
        <td>4</td><td id="c1">5</td><td>6</td>
    </tr>
</table>
```

▲ "collapsing" 보더 모델에서 테이블, 행, 셀에 테두리를 설정

테두리 스타일인 'border-style' 속성에는 여러 속성 값이 있으며, 이 속성 값에 대한 설명은 다음과 같다.

| 속성 값 | 설명 |
|---|---|
| none | 테두리 없음 |
| hidden | 테두리를 숨기는 것으로 none과 같이 효과를 준다. |

| 속성 값 | 설명 |
|---|---|
| dotted | 점들이 이어져 있는 모양의 선<br><br>1   2   3 |
| dashed | 짧은 라인들이 이어져 있는 모양의 선<br><br>1   2   3 |
| solid | 실선<br><br>1   2   3 |
| double | 이중실선, 단 이중실선을 지정하려면 테두리의 두께가 3px 이상이 되어야 제대로 적용된다.<br><br>1   2   3 |

**실습**    CSS의 border 관련 속성 사용

스타일시트의 border 관련 속성을 사용하는 예제를 작성한다.

**실행 결과**

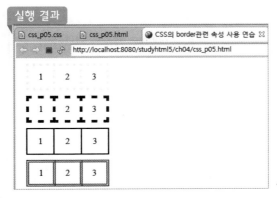

◀ css_p05.html 페이지 실행 결과

**①** [ch04] 폴더에 "css_p05.css" 페이지를 작성한다.

```
01  @charset "UTF-8";
02
03  table{ /*테이블의 기본설정*/
04         width : 150px;
05         height : 50px;
06         margin : 10px;
07         text-align: center;
08  }
09  .b1 { /*table엘리먼트의 테두리 설정*/
10      border-collapse: collapse; /*"collapsing" 보더 모델설정*/
11      border: 5px dotted yellow; /*테두리 두께 5px, 스타일 dotted, 테두리 색 노랑*/
12  }
13
14  .b2 { /*table엘리먼트의 테두리 설정*/
15      border-collapse: collapse; /*"collapsing" 보더 모델설정*/
16      border: 5px dashed blue; /*테두리 두께 5px, 스타일 dashed, 테두리 색 파랑*/
17  }
18
19  .b3 { /*table엘리먼트의 테두리 설정*/
20      border-collapse: collapse; /*"collapsing" 보더 모델설정*/
21      border: 2px solid black; /*테두리 두께 2px, 스타일 solid, 테두리 색 검정*/
22  }
23
24  .b4 { /*table엘리먼트의 테두리 설정*/
25      border-collapse: collapse; /*"collapsing" 보더 모델설정*/
26      border: 5px double red; /*테두리 두께 5px, 스타일 double, 테두리 색 빨강*/
27  }
```

**❷** [ch04] 폴더에 "css_p05.html" 페이지를 작성한다.

```html
01 <!DOCTYPE html>
02 <html>
03 <head>
04 <meta charset="UTF-8">
05 <meta name="viewport" content="width=device-width,initial-scale=1.0"/>
06 <title>CSS의 border관련 속성 사용 연습</title>
07 <link rel="stylesheet" href="css_p05.css"/>
08 </head>
09 <body>
10 <div>
11    <table class="b1">
12      <tr class="b1">
13          <td class="b1">1</td>
14          <td class="b1">2</td>
15          <td class="b1">3</td>
16      </tr>
17    </table>
18    <table class="b2">
19      <tr class="b2">
20          <td class="b2">1</td>
21          <td class="b2">2</td>
22          <td class="b2">3</td>
23      </tr>
24    </table>
25    <table class="b3">
26      <tr class="b3">
27          <td class="b3">1</td>
28          <td class="b3">2</td>
29          <td class="b3">3</td>
30      </tr>
31    </table>
32    <table class="b4">
```

```
33        <tr class="b4">
34            <td class="b4">1</td>
35            <td class="b4">2</td>
36            <td class="b4">3</td>
37        </tr>
38    </table>
39  </div>
40 </body>
41 </html>
```

**03** css_p05.html 페이지를 실행한다.

## 6 > 박스 모델(Box model) 지정

각각의 박스(box)들은 "content(내용)" 영역과 선택적인 영역인 "padding(패딩)", "border(테두리)", "margin(마진)" 영역으로 둘러싸여 있다.

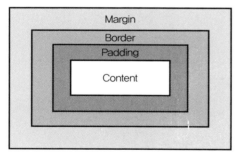

◀ 박스 모델의 구성

이들 4영역의 각각의 경계면을 "edge(엣지)"라고 부르며, 박스가 가지고 있는 각 4개의 "edge"에 대한 설명은 다음과 같다.

• 콘텐트 경계면(content edge 또는 inner edge)
  콘텐트 경계면은 박스의 width(가로 너비)와 height(세로 높이)에 의해 만들어지게 되는 사각형 으로 둘러싸이는 부분이다.
• 패딩 경계면(padding edge)
  패딩의 내용과 테두리 사이의 간격으로 테두리의 안쪽 여백이라 할 수 있다. 만일 패딩의 width (가로 너비) 값이 0이면 콘텐트 경계면과 같다.

- 보더 경계면(border edge)

  패딩과 마진의 경계로 박스의 테두리로 둘러싸인 부분이다. 만일 보더의 width(가로 너비) 값이 0
  이면 패딩 엣지와 같다.

- 마진 경계면(margin edge or outer edge)

  인접한 박스와의 간격으로 테두리의 바깥쪽 여백이라 할 수 있다. 만일 마진의 width(가로 너비)
  값이 0이면 보더 엣지와 같다.

**실습**  CSS의 박스 모델의 margin, padding edge를 지정

스타일시트의 박스 모델의 margin, padding edge를 지정하는 예제를 작성한다.

**실행 결과**

▲ css_p06.html 페이지 실행 결과

❶ [ch04] 폴더에 "css_p06.css" 페이지를 작성한다.

```
01  @charset "UTF-8";
02
03  p{
04      background: #D7ECFF;
05      margin: 12px 12px 12px 12px; /*top,right, bottom, left 순의 여백값*/
06      padding: 3px 3px 3px 3px;
07      border: 3px dashed black;
08  }
```

**02** [ch04] 폴더에 "css_p06.html" 페이지를 작성한다.

```
01 <!DOCTYPE html>
02 <html>
03 <head>
04 <meta charset="UTF-8">
05 <meta name="viewport" content="width=device-width,initial-scale=1.0"/>
06 <title>CSS의 border관련 속성 사용 연습</title>
07 <link rel="stylesheet" href="css_p06.css"/>
08 </head>
09 <body>
10    <div>
11       <p>데스크탑 애플리케이션은 CD 또는 웹 사이트에서 다운로드해서 컴퓨터에
          설치되는 방식의 프로그램들로, 이들은 인터넷을 이용해 업데이트하기도 하지
          만 애플리케이션 실행 코드(프로그램)는 개개인의 컴퓨터상에 상주해 있다.
12       </p>
13       <p>웹 애플리케이션은 웹 서버 상에서 실행되며 웹 브라우저 상에서 접속된다.
          애플리케이션 실행 코드가 웹 서버상에 존재한다.
14    </p>
15    </div>
16 </body>
17 </html>
```

**03** css_p06.html 페이지를 실행한다.

## (1) 마진(margin) 관련 속성

### 1 margin-top, margin-right, margin-bottom, margin-left 속성

이 속성들은 박스모델에서 margin 영역의 위쪽, 오른쪽, 아래쪽, 왼쪽의 마진을 의미한
다. 이들은 각각 margin-top, margin-right, margin-bottom, margin-left 속성에
값을 지정해서 사용한다.

| margin-top, margin-right, margin-bottom, margin-left 속성 | |
|---|---|
| 값 | <margin-width>\| inherit(부모로부터 상속) |

| margin-top, margin-right, margin-bottom, margin-left 속성 | |
| --- | --- |
| 기본 값 | 0 |
| 적용 대상 | table-caption, table , inline-table 등의 테이블 관련 태그들을 제외한 모든 태그 |

이 속성들을 사용한 예는 다음과 같다.

```
p{
    margin-top: 10px; /*위쪽 여백 지정 px대신 em 단위를 사용해도 됨*/
    margin-right: 5px; /*오른쪽 여백 지정*/
    margin-bottom: 10px; /*아래쪽 여백 지정*/
    margin-left: 5px; /*왼쪽 여백 지정*/
}
```

## 2 margin 속성

이 속성은 margin-top, margin-right, margin-bottom, margin-left 속성 값을 한 번에 주는 것으로 4개의 속성 값을 지정해야 한다.

| margin 속성 | |
| --- | --- |
| 값 | 〈margin-width〉 {1,4} | inherit(부모로부터 상속) |
| 기본 값 | 개별적인 속성들 |
| 적용 대상 | table-caption, table , inline-table 등의 테이블 관련 태그들을 제외한 모든 태그 |

마진 값의 순서는 margin-top, margin-right, margin-bottom, margin-left 순으로 지정한다. 예를 들어 p{margin : 1px 2px 3px 4px;}일 경우 margin-top이 1px, margin-right가 2px, margin-bottom이 3px, margin-left가 4px가 된다. 그런데 속성 값에 {1,4}의 의미는 속성 값의 수가 1~4개 사이로 나와야 한다는 의미로, 속성 값 4개를 모두 쓰지 않고 일부를 생략할 수 있다는 의미이다.

만일 속성 값이 1개만 있으면 4개의 마진값(margin-top, margin-right, margin-bottom, margin-left)은 모두 같은 값을 갖는다. 단위로 px 또는 em을 사용한다.

```
p{
    margin: 1em; /*top, right, bottom, left가 모두 1em의 마진을 가짐*/
}
```

속성 값이 2개만 있으면 4개의 마진 값 중 top과 bottom이 같은 값을, right와 left가 같은 값을 갖는다.

```
p{
    margin: 2em 4em; /*top과 bottom의 마진 값 2em, right와 left의 마진 값 4em*/
}
```

속성 값이 3개만 있으면 4개의 마진 값 중 top, right, bottom값을 기술하는 것이다. 이 때 left 값은 right와 같은 값을 갖는다.

```
p{
    margin: 3em 2em 4em; /*top은 3em, bottom은 4em, right와 left는 2em*/
}
```

## (2) Padding 관련 속성

### 1 padding-top, padding-right, padding-bottom, padding-left 속성

이 속성들은 박스모델에서 padding(패딩) 영역의 위쪽, 오른쪽, 아래쪽, 왼쪽의 패딩을 의미한다. 이들은 각각 padding-top, padding-right, padding-bottom, padding-left 속성에 값을 지정해서 사용한다.

| padding-top, padding-right, padding-bottom, padding-left 속성 | |
| --- | --- |
| 값 | 〈padding-width〉| inherit(부모로부터 상속) |
| 기본 값 | 0 |
| 적용 대상 | table-row-group, table-header-group, table-footer-group, table-row, table-column-group, table-column 태그들을 제외한 모든 태그 |

이 속성들을 사용한 예는 다음과 같다.

```
p{
    padding-top: 3px; /*위쪽 패딩 지정 px대신 em 단위를 사용해도 됨*/
    padding-right: 3px; /*오른쪽 패딩 지정*/
    padding-bottom: 3px; /*아래쪽 패딩 지정*/
    padding-left: 3px; /*왼쪽 패딩 지정*/
}
```

## ② padding 속성

이 속성은 padding-top, padding-right, padding-bottom, padding-left 속성 값을 한 번에 주는 것으로 4개의 속성 값을 지정해야 한다.

| padding 속성 | |
| --- | --- |
| 값 | 〈padding-width〉 {1,4} \| inherit(부모로부터 상속) |
| 기본 값 | 개별적인 속성들 |
| 적용 대상 | table-row-group, table-header-group, table-footer-group, table-row, table-column-group, table-column 태그들을 제외한 모든 태그 |

패딩 값의 순서도 margin 속성과 마찬가지로 padding-top, padding-right, padding-bottom, padding-left 순으로 기술되며, 예를 들어 p{padding : 1px 2px 3px 4px;}일 경우 padding-top이 1px, padding-right가 2px, padding-bottom이 3px, padding-left가 4px가 된다. 속성 값이 {1,4}이므로 속성 값의 수는 1~4개 사이로 나와야 하며, 속성 값 4개를 모두 쓰지 않고 일부를 생략할 수 있다.

속성 값이 1개만 있으면 4개의 패딩 값(padding-top, padding-right, padding-bottom, padding-left은 모두 같은 값을 갖는다. 단위로 px 또는 em을 사용한다.

```
p{
    padding: 10px; /*top, right, bottom, left가 모두 10px의 패딩값을 가짐*/
}
```

속성 값이 2개만 있으면 4개의 패딩 값 중 top과 bottom이 같은 값을, right와 left가 같은 값을 갖는다.

```
p{
    margin: 10px 5px; /*top과 bottom의 패딩값 10px, right와 left의 패딩값 5px*/
}
```

속성 값이 3개만 있으면 4개의 패딩 값 중 top, right, bottom값을 기술하는 것으로, 이때 left값은 right와 같은 값을 갖는다.

```
p{
    margin: 10px 5px 10px; /*top은 10px, bottom은 10px, right와 left는 5px*/
}
```

## (3) Border 속성

■ Border width 관련 속성 : 테두리 두께

① border-top-width, border-right-width, border-bottom-width, border-left-width 속성

이 속성들의 테두리 두께를 지정하는 것으로 위쪽, 오른쪽, 아래쪽, 왼쪽 테두리의 두께를 지정할 수 있다. 이들은 각각 border-top-width, border-right-width, border-bottom-width, border-left-width 속성에 속성 값을 지정해야 한다.

| border-top-width, border-right-width, border-bottom-width, border-left-width 속성 | |
| --- | --- |
| 값 | ⟨border-width⟩| inherit(부모로부터 상속) |
| 기본 값 | medium |
| 적용 대상 | 모든 태그 |

속성 값인 ⟨border-width⟩에는 'thin', 'medium', 'thick'가 올 수 있다. 'thin'이 가는 선, 'thick'는 굵은 선, 'medium'은 중간 굵기의 선이며 em, px단위의 값을 사용할 수 있다.

이 속성들을 사용한 예는 다음과 같다.

```
/*CSS*/
p{
    border-style: solid; /*테두리 스타일 실선(solid)*/
    border-top-width: 3px; /*위쪽선 두께를 3px로 지정*/
    border-right-width: thin; /*오른쪽선 두께를 thin으로 지정*/
    border-bottom-width: thick; /*아래쪽선 두께를 thick으로 지정*/
    border-left-width: thin; /*왼쪽선 두께를 thin으로 지정*/
}
<!--HTML-->
<p>연습입니다.</p>
<p>하하하하..</p>
```

연습입니다.

하하하하..

▲ 테두리의 두께를 지정한 예

② border-width 속성

이 속성은 border-top-width, border-right-width, border-bottom-width, border-left-width속성 값을 한 번에 순서대로 4개의 속성 값을 기술하며 일부 값을 생략할 수 있다.

| border-width 속성 | |
| --- | --- |
| 값 | <border-width> {1,4} \| inherit(부모로부터 상속) |
| 기본 값 | 개별적인 속성들 |
| 적용 대상 | 모든 태그 |

이 속성을 사용한 예는 다음과 같다.

```
/*top, right, bottom, left 테두리의 두께가 모두 thin이다*/
p{
    border-width: thin;
}


/*top과 bottom의 테두리 두께는 thin, right와 left의 테두리의 두께는 thick*/
p{
    border-width: thin thick;
}
/*top의 테두리 두께는 thin, right와 left의 테두리의 두께는 10px, bottom의 테두리 두께는
thick*/
p{
    border-width: thin 10px thick;
}


/*top의 테두리 두께는 thin, right의 테두리의 두께는 thick, bottom의 테두리 두께는
thick, left의 테두리의 두께는 thin*/
p{
    border-width: thin thick thick thin;
}
```

■ Border color 관련 속성 : 테두리의 색상
① border-top-color, border-right-color, border-bottom-color, border-left-color 속성
 이 속성들의 테두리 색상을 지정하는 것으로 위쪽, 오른쪽, 아래쪽, 왼쪽 테두리의 색상을 지정할 수 있다. 이들은 각각 border-top-color, border-right-color, border-bottom-color, border-left-color 속성에 값을 지정한다.

| border-top-color, border-right-color, border-bottom-color, border-left-color 속성 | |
|---|---|
| 값 | 〈color〉 \| transparent \| inherit(부모로부터 상속) |
| 기본 값 | medium |
| 적용 대상 | 모든 태그 |

속성 값인 〈color〉에는 'red', 'blue' 등과 같은 색상명, 'rgb(0,0,255)', '#0000FF' 형식의 색상 값이 올 수 있다.

이 속성들을 사용한 예는 다음과 같다.

```
/*CSS*/
p{
    border: 5px solid ; /*테두리 두께 5px, 테두리 스타일 실선(solid)*/
    border-top-color: red; /*위쪽 테두리 색상을 red로 지정*/
    border-right-color: #00FF00; /*오른쪽 테두리 색상을 #00FF00로 지정*/
    border-bottom-color: rgb(0,0,255); /*아래쪽 테두리 색상을 rgb(0,0,255)로 지정*/
    border-left-color: #FF00FF; /*왼쪽 테두리 색상을 #FF00FF로 지정*/
}


<!--HTML-->
<p>연습입니다.</p>
<p>하하하하..</p>
```

┌─────────────────────┐
│ 연습입니다.          │
└─────────────────────┘
┌─────────────────────┐
│ 하하하하..           │
└─────────────────────┘

▲ 테두리의 두께를 지정한 예

② border-color 속성

이 border-color는 border-top-color, border-right-color, border-bottom-color, border-left-color 속성 값을 순서대로 기술하며 일부 값을 생략할 수 있다.

| border-color 속성 | |
|---|---|
| 값 | [ 〈color〉 | transparent ]1,4 | inherit(부모로부터 상속) |
| 기본 값 | 개별적인 속성들 |
| 적용 대상 | 모든 태그 |

이 속성을 사용한 예는 다음과 같다.

```
/*top, right, bottom, left 테두리의 색상이 모두 red이다*/
p{
    border-color: red;
}


/*top과 bottom의 테두리 색상 red, right와 left의 테두리의 색상 yellow*/
p{
    border-color: red yellow;
}


/*top의 테두리 색상 red, right와 left의 테두리의 색상 yellow, bottom의 테두리의 색상
green*/
p{
    border-color: red yellow green ;
}


/*top의 테두리 색상 red, right의 테두리 색상 yellow, bottom의 테두리 색상 green, left의
테두리의 색상 blue*/
p{
    border-color: red yellow green blue;
}
```

■ Border style 관련 속성 : 테두리 스타일

① border-top-style, border-right-style, border-bottom-style, border-left-style 속성

이 속성들의 테두리 스타일을 지정하는 것으로, 위쪽, 오른쪽, 아래쪽, 왼쪽 테두리의 스타일을 지정할 수 있다. 이들은 각각 border-top-style, border-right-style, border-bottom-style, border-left-style 속성에 값을 지정한다.

| border-top-style, border-right-style, border-bottom-style, border-left-style 속성 | |
| --- | --- |
| 값 | 〈border-style〉| transparent | inherit(부모로부터 상속) |
| 기본 값 | none |
| 적용 대상 | 모든 태그 |

  속성 값인 〈border-style〉에는 'none', 'hidden', 'dotted', 'dashed', 'solid', 'double', 'groove', 'ridge', 'inset', 'outset'이 올 수 있다.

  이 속성들을 사용한 예는 다음과 같다.

```
/*CSS*/
p{
    border: 5px blue ; /*테두리 두께 5px, 테두리 색상 blue*/
    border-top-style: solid ; /*위쪽 테두리 스타일을 solid로 지정*/
    border-right-style: dotted; /*오른쪽 테두리 스타일을 dotted로 지정*/
    border-bottom-style: dashed; /*아래쪽 테두리 스타일을 dashed로 지정*/
    border-left-style: double; /*왼쪽 테두리 스타일을 double로 지정*/
}

〈!--HTML--〉
〈p〉연습입니다.〈br/〉하하하하..〈/p〉
```

▲ 테두리의 스타일을 지정한 예

### ② border-style 속성

  이 border-style는 border-top-style, border-right-style, border-bottom-style, border-left-style 속성 값을 한 번에 순서대로 기술하며 일부 값을 생략할 수 있다.

| border-style 속성 | |
|---|---|
| 값 | 〈border-style〉 {1,4} \| inherit(부모로부터 상속) |
| 기본 값 | 개별적인 속성들 |
| 적용 대상 | 모든 태그 |

이 속성을 사용한 예는 다음과 같다.

```
/*top, right, bottom, left 테두리의 스타일이 모두 solid이다*/
p{
    border-style: solid;
}


/*top과 bottom의 테두리의 스타일 solid, right와 left의 테두리의 스타일상 dotted*/
p{
    border-style: solid dotted;
}


/*top의 테두리 스타일 solid, right와 left의 테두리의 스타일 dotted, bottom의 테두리 스타
일 dashed*/
p{
    border-style: solid dotted dashed ;
}


/*top의 테두리 스타일 solid, right와 left의 테두리의 스타일 dotted, bottom의 테두리 스타
일 dashed, left의 테두리 스타일 blue*/
p{
    border-style: solid dotted dashed double;
}
```

■Border shorthand 관련 속성 : 테두리 속성을 간략하게 기술

① border-top, border-right, border-bottom, border-left 속성

이 속성들의 테두리의 두께, 스타일, 색상을 한번에 위쪽, 오른쪽, 아래쪽, 왼쪽 테두리에 각각 지정할 수 있다. 이들은 각각 border-top, border-right, border-bottom, border-left 속성에 속성 값을 지정한다.

| border-top, border-right, border-bottom, border-left 속성 | |
|---|---|
| 값 | [ 〈border-width〉 ǁ 〈border-style〉 ǁ 〈'border-top-color'〉 ] ǁ inherit(부모로부터 상속) |
| 기본 값 | 개별적인 속성들 |
| 적용 대상 | 모든 태그 |

이 속성들을 사용한 예는 다음과 같다.

```
/*CSS*/
p{
    /*위쪽 테두리를 두께 3px, 스타일 solid 색상 red로 지정*/
    border-top: 3px solid red;
    /*오른쪽 테두리를 두께 2px, 스타일 dotted 색상 blue으로 지정*/
    border-right: 2px dotted blue;
    /*아래쪽 테두리를 두께 4px, 스타일 double 색상 black으로 지정*/
    border-bottom: 4px double black;
    /*왼쪽 테두리를 두께 2px, 스타일 dashed 색상 green으로 지정*/
    border-left: 2px dashed green;
}


<!--HTML-->
<p>연습입니다.<br/>하하하하..</p>
```

연습입니다.
하하하하..

▲ 테두리의 두께, 스타일, 색상을 한번에 지정한 예

② border 속성

이 속성은 한 번에 같은 테두리 두께, 스타일, 색상으로 지정한다.

| border 속성 | |
|---|---|
| 값 | [ 〈border-width〉 || 〈border-style〉 || 〈'border-color'〉 ] | inherit(부모로부터 상속) |
| 기본 값 | 개별적인 속성들 |
| 적용 대상 | 모든 태그 |

border속성은 border-top, border-right, border-bottom, border-left 속성 값을 모두 같은 값으로 지정한다.

```
/*모두 같은 두께, 스타일, 색상으로 지정*/
p{
  border: 3px solid red ;
}
/*위의 예와 동일한 결과*/
p{
    border-top: 3px solid red;
    border-right: 3px solid red;
    border-bottom: 3px solid red;
    border-left: 3px solid red;
}
```

만일 일부의 테두리의 스타일을 변경하고자 한다면, border 속성을 먼저 기술하고 다른 스타일을 적용할 테두리를 기술한다.

```
p{
    border: 3px solid red ;
    border-right: 5px solid black;
    border-bottom: 5px solid black;
}
```

## 7 가시성(Visibility)과 위치(Positioning) 지정

CSS에서는 태그를 화면에 표시할지의 여부와 표시한다면 어떻게 표시할지, 어떻게 배치할지 등에 대해서도 고려해야 한다. 이런 것들과 관련된 속성들에 대해서 알아본다.

### 1 display 속성

이 속성은 CSS에서 태그를 화면에 표시할지 여부와 표시한다면 어떻게 표시할지를 지정하는 속성이다.

| display 속성 | |
|---|---|
| 값 | inline \| block \| list-item \| run-in \| inline-block \| table \| inline-table \| table-row-group \| table-header-group \| table-footer-group \| table-row \| table-column-group \| table-column \| table-cell \| table-caption \| none \| inherit |
| 기본 값 | inline |
| 적용 대상 | 모든 태그 |

이미 테이블 관련 속성에서 설명한 속성 값을 제외한 속성이 가지는 값에 대한 설명은 다음과 같다.

| 속성 값 | 설명 |
|---|---|
| block | 다른 태그들과 가로로 나란히 배치되는 태그를 단독으로 배치되는 블록 박스(block box) 태그로 표현한다. 이렇게 표현되면 가로 너비를 전부 차지해서 1행에 단독으로 배치된다.<br><br>`/*CSS*/`<br>`p{`<br>`    display: block;`<br>`    background-color: yellow;`<br>`}`<br>`<!--HTML-->`<br>`<p>연습입니다.<br/>하하하하..</p>` |

| 속성 값 | 설명 |
|---|---|
| | 연습입니다.<br>하하하하..<br><br>◀ display 속성의 값을 'block'으로 지정 |
| inline-block | 다른 태그들과 가로로 나란히 배치될 수 있는 블록 박스로 표현한다. 이렇게 표현되면 가로 너비를 자신의 콘텐츠 내용만큼만 차지해서 다른 태그를 나란히 배치할 수 있다.<br><br>```/*CSS*/```<br>```p{```<br>```    display: inline-block;```<br>```    background-color: yellow;```<br>```}```<br><br>```<!--HTML-->```<br>```<p>연습입니다.<br/>하하하하..</p>```<br><br>연습입니다.<br>하하하하..<br><br>◀ display 속성의 값을 'inline-block'으로 지정 |
| inline | 다른 태그들과 가로로 나란히 배치될 수 있는 인라인 태그로 표현한다. 이렇게 표현되면 가로 너비 자신의 콘텐츠 내용만큼만 차지해서 다른 태그를 나란히 배치할 수 있다.<br><br>```/*CSS*/```<br>```div{```<br>```    display: inline;```<br>```    background-color: #D7ECFF;```<br>```}```<br>```{```<br>```    display: block;```<br>```    background-color: yellow;```<br>```}``` |

| 속성 값 | 설명 |
| --- | --- |
| | 〈!--HTML--〉<br>〈div〉HAHAHA..〈p〉연습입니다.〈p〉〈/div〉<br>〈div〉하하하하..〈/div〉<br><br>HAHAHA..<br>연습입니다.<br>하하하하..<br>◀ display 속성의 값을 'inline'으로 지정 |
| list-item | 태그를 리스트 항목으로 생성한다.<br><br>/*CSS*/<br>div{<br>  display: block;<br>  background-color: yellow;<br>}<br>li{<br>  display: list-item;<br>  background-color: #D7ECFF;<br>}<br><br>〈!--HTML--〉<br>〈div〉<br>    취미<br>    〈li〉만화책보기〈/li〉<br>    〈li〉아니메보기〈/li〉<br>〈/div〉<br><br>취미<br>만화책보기<br>아니메보기<br>◀ display 속성의 값을 'list-item'으로 지정 |

| 속성 값 | 설명 |
|---|---|
| none | 해당 태그를 표시하지 않으며, 이 태그의 하위 태그도 화면에 표시되지 않는다.<br><br>`/*CSS*/`<br>`div{`<br>   `display: none;`<br>   `background-color: yellow;`<br>`}`<br><br>`p{`<br>   `display: inline;`<br>   `background-color: #D7ECFF;`<br>`}`<br><br>`<!--HTML-->`<br>`<div><p>화면에 표시 안됨</p></div>`<br>`<p>화면에 표시됨</p>`<br><br>화면에 표시됨<br><br>◀ display 속성의 값을 'none'으로 지정 |
| run-in | 태그의 내용에 따라 block 또는 inline-block로 표현한다.<br><br>`/*CSS*/`<br>`div{`<br>   `display: run-in;`<br>   `background-color: yellow;`<br>`}`<br><br>`/p{`<br>   `display: inline;`<br>   `background-color: #D7ECFF;` |

| 속성 값 | 설명 |
|---|---|

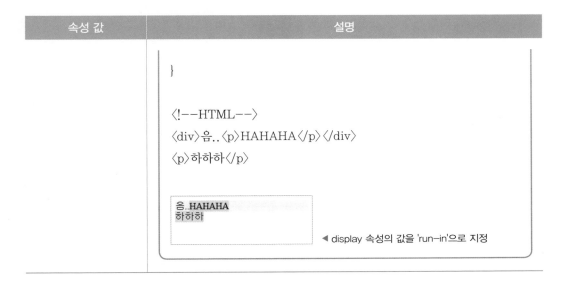

```
    }

    <!--HTML-->
    <div>음..<p>HAHAHA</p></div>
    <p>하하하</p>
```

음..**HAHAHA**
하하하

◀ display 속성의 값을 'run-in'으로 지정

CSS의 display 속성 사용

스타일시트의 display 속성을 사용하는 예제를 작성한다.

실행 결과

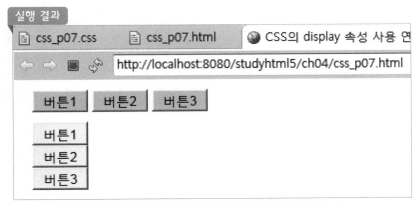

▲ css_p07.html 페이지 실행 결과

① [ch04] 폴더에 "css_p07.css" 페이지를 작성한다.

```
01  @charset "UTF-8";
02
03  div{
04      margin : 10px;
```

```
05  }
06  button{
07      background-color: lightgray;
08  }
09  .block{/*class="block" 속성을 사용한 태그를 block으로 배치*/
10      display: block;
11      background-color: yellow;
12  }
```

**02** [ch04] 폴더에 "css_p07.html" 페이지를 작성한다.

```
01  <!DOCTYPE html>
02  <html>
03  <head>
04  <meta charset="UTF-8">
05  <meta name="viewport" content="width=device-width,initial-scale=1.0"/>
06  <title>CSS의 display 속성 사용 연습</title>
07  <link rel="stylesheet" href="css_p07.css"/>
08  </head>
09  <body>
10      <div>
11          <button>버튼1</button>
12          <button>버튼2</button>
13          <button>버튼3</button>
14      </div>
15      <div>
16          <button class="block">버튼1</button>
17          <button class="block">버튼2</button>
18          <button class="block">버튼3</button>
19      </div>
20  </body>
21  </html>
```

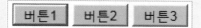 **소스코드 설명**

11~13라인　〈button〉태그는 기본적으로 인라인 배치를 따른다. 즉, 단독으로 행을 차지하는 것이 아니라 다른 태그들과 어울려서 표시된다.

| 버튼1 | 버튼2 | 버튼3 |

▲ 인라인 배치를 따르는 〈button〉 태그들

16~18라인　〈button〉태그는 class="block 속성을 사용해서 인라인 배치인 〈button〉태그를 블록 배치를 따르도록 지정했다. 즉, 각각의 태그가 단독으로 행을 차지한다.

| 버튼1 |
| 버튼2 |
| 버튼3 |　◀ 블록 배치를 따르는 〈button〉 태그들

**③** css_p07.html 페이지를 실행한다.

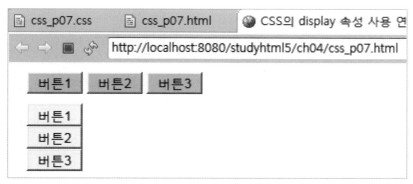

▲ css_p07.html 페이지 실행 결과

## 2 visibility 속성

이 속성은 태그를 화면에 표시할지의 여부를 결정한다.

| visibility 속성 | |
|---|---|
| 값 | visible \| hidden \| collapse \| inherit |
| 기본 값 | visible |
| 적용 대상 | 모든 태그 |

이 속성의 값에 대한 설명은 다음과 같다.

| 속성 값 | 설명 |
|---|---|
| visible | 기본 값으로 해당 태그가 화면에 보이도록 지정한다.<br><br>```css
/*CSS*/
div{
    visibility: visible;
}
```<br>```html
<!--HTML-->
<div>연습입니다.<p>HAHAHA</p></div>
<p>하하하</p>
```<br><br>음..<br>**HAHAHA**<br>하하하<br>◀ visibility 속성의 값을 'visible'로 지정 |
| hidden | 해당 태그를 투명하게 해서 숨겨지게 지정한다. 화면에는 보이지 않으나, 자신의 영역은 그대로 가지므로 태그의 배치에 영향을 미친다. 이 태그의 하위 태그의 visibility 속성 값을 'visible'로 지정하면 하위 태그는 화면에 표시된다.<br><br>```css
/*CSS*/
div{
    visibility: hidden;
}
```<br>```html
<!--HTML-->
<div>연습입니다.<p>HAHAHA</p></div>
<p>하하하</p>
```<br><br>하하하<br>◀ visibility 속성의 값을 'hidden'로 지정 |

| 속성 값 | 설명 |
|---|---|
| | 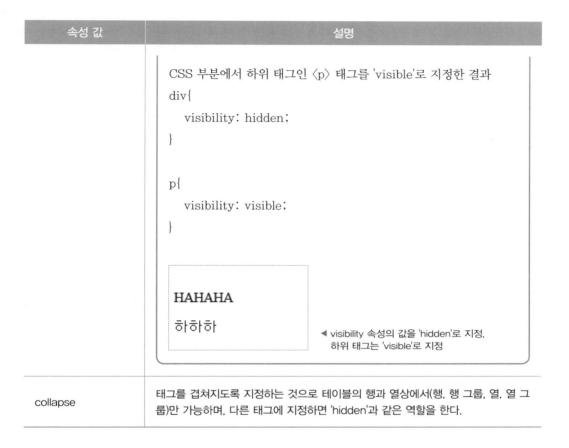 |
| collapse | 태그를 겹쳐지도록 지정하는 것으로 테이블의 행과 열상에서(행, 행 그룹, 열, 열 그룹)만 가능하며, 다른 태그에 지정하면 'hidden'과 같은 역할을 한다. |

실습 CSS의 visible 속성 사용

스타일시트의 visible 속성을 사용하는 예제를 작성한다.

실행 결과

◀ css_p08.html 페이지 실행 결과

① 자료 파일의 [images] 폴더에서 제공하는 picture1.png 파일을 복사해서 이클립스의 [Project Explorer] 뷰의 [webapp]-[images]에 붙여넣기한다.

② [ch04] 폴더에 "css_p08.css" 페이지를 작성한다.

```
01  @charset "UTF-8";
02
03  div{
04      width : 300px;
05      height : 150px;
06      background-color: lightgray;
07  }
08
09  p{
10      background-color: cyan;
11  }
12
13  img{
14      width : 90px;
15      height : 60px;
16  }
17
18  .hidden{ /*태그의 visible속성을 hidden으로 지정*/
19      visibility: hidden;
20  }
21
22  .visible{/*태그의 visible속성을 visible로 지정*/
23      visibility: visible;
24  }
```

**③** [ch04] 폴더에 "css_p08.html" 페이지를 작성한다.

```html
01 <!DOCTYPE html>
02 <html>
03 <head>
04 <meta charset="UTF-8">
05 <meta name="viewport" content="width=device-width,initial-scale=1.0"/>
06 <title>CSS의 visible 속성 사용 연습</title>
07 <link rel="stylesheet" href="css_p08.css"/>
08 </head>
09 <body>
10    <div class="visible">
11       <img id="im1" src="../images/picture1.png"/>
12       <p>웹 애플리케이션은 웹 서버 상에서 실행되며 웹 브라우저 상에서 접속된
   다. 애플리케이션 실행 코드가 웹 서버상에 존재한다.</p>
13    </div>
14    <div class="hidden">
15       <img id="im1" src="../images/picture2.png"/>
16       <p class="visible">웹 애플리케이션은 웹 서버 상에서 실행되며 웹 브라우저
   상에서 접속된다. 애플리케이션 실행 코드가 웹 서버상에 존재한다.</p>
17    </div>
18 </body>
19 </html>
```

**소스코드 설명**

10~13라인   <div> 태그는 class="visible" 속성을 사용해서 화면에 표시되며, 하위 태그인 11라인 <img> 태그, 12라인 <p> 태그도 화면에 표시된다.

14~17라인   <div> 태그는 class="hidden" 속성을 사용해서 화면에 표시되지 않으며, 하위 태그인 15라인 <img> 태그도 표시되지 않는다. 12라인 <p> 태그는 별도로 class="visible" 속성을 추가했기 때문에 상위 태그인 <div> 태그가 hidden이어도 화면에 표시된다.

**④** css_p08.html 페이지를 실행한다.

## 3 position 속성

이 속성은 태그의 배치를 지정한다.

| position 속성 | |
|---|---|
| 값 | static │ relative │ absolute │ fixed │ inherit |
| 기본 값 | static |
| 적용 대상 | 모든 태그 |

이 속성의 값에 대한 설명은 다음과 같다.

| 속성 값 | 설명 |
|---|---|
| static | 기본 값으로 태그를 일반적인 흐름에 따라 배치하며 'top', 'right', 'bottom', 'left' 속성들은 사용할 수 없다.<br><br>```css
/*CSS*/
img#im1{
    width : 120px;
    height : 80px;
    position: static;
}
```<br><br>```html
<!--HTML-->
<img id="im1" src="../images/space.png"/>
<p>웹 애플리케이션은 웹 서버 상에서 실행되며 웹 브라우저 상에서 접속된다. 애플리케이션 실행 코드가 웹 서버상에 존재한다.</p>
```<br><br>웹 어플리케이션은 웹 서버 상에서 실행되며 웹 브라우저 상에서 접속된다. 어플리케이션 실행 코드가 웹 서버 상에 존재한다.<br><br>▲ position 속성 값을 'static'로 지정 |

| 속성 값 | 설명 |
|---|---|
| relative | 태그들을 일반적인 흐름에 따라 배치한 후, 그 위치를 기준으로 상대적으로 떨어진 위치에 배치한다.<br><br>```css\n/*CSS*/\nimg#im1{\n    width : 120px;\n    height : 80px;\n    position: relative;\n    left: 200px;\n}\n```<br><br><br><br>웹 어플리케이션은 웹 서버 상에서 실행되며 웹 브라우저 상에서 접속된다. 어플리케이션 실행 코드가 웹 서버 상에 존재한다.<br><br>▲ position 속성의 값을 'relative'로 지정 |
| absolute | 태그의 배치에서 절대적인 위치를 지정한다. 이 속성 값을 사용해서 절대적으로 배치되면 다른 태그들과는 관계없이 독립적으로 배치된다.<br><br>```css\n/*CSS*/\nimg#im1{\n    width : 120px;\n    height : 80px;\n    position: absolute;\n    left: 150px;\n    top: 20px;\n}\n```<br><br><br><br>웹 어플리케이션은 행되며 웹 브라우저 상에서 접속된다. 행 코드가 웹 서버 상에 존재한다.<br><br>▲ position 속성의 값을 'absolute'로 지정 |

| 속성 값 | 설명 |
|---|---|
| fixed | 태그의 위치를 웹 브라우저상의 고정적인 위치에 배치한다. 스크롤해도 이동하지 않으며, 항상 고정된 위치에 표시된다.<br>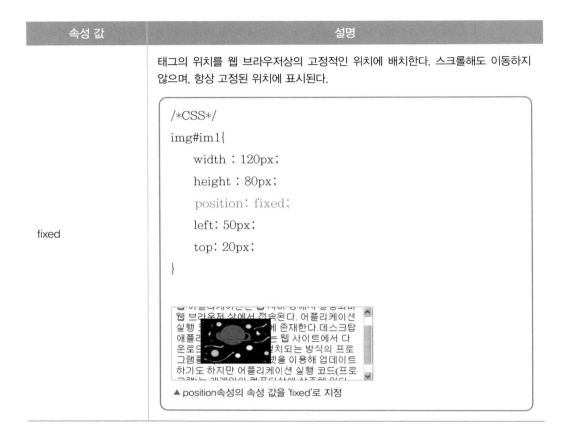 |

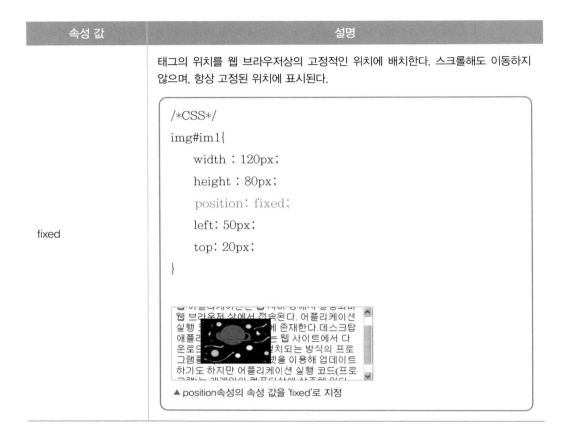

```
/*CSS*/
img#im1{
    width : 120px;
    height : 80px;
    position : fixed;
    left : 50px;
    top : 20px;
}
```

▲ position속성의 속성 값을 'fixed'로 지정

CSS의 position 속성 사용

스타일시트의 position 속성을 사용하는 예제를 작성한다.

실행 결과

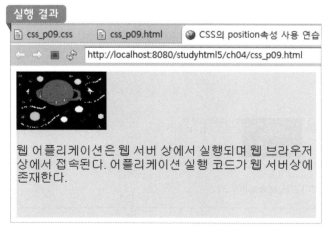

◀ css_p09.html 페이지 실행 결과

**①** 자료 파일의 [images] 폴더에서 제공하는 space.png 파일을 복사해서 이클립스의 [Project Explorer] 뷰의 [webapp]-[images]에 붙여넣기한다.

**②** [ch04] 폴더에 "css_p09.css" 페이지를 작성한다.

```
01   @charset "UTF-8";
02
03   div{
04       width : 400px;
05       height : 200px;
06       background-color: #ebebeb;
07   }
08
09   img#im1{
10       width : 120px;
11       height : 80px;
12       position: static;/*태그를 일반적흐름(순서대로) 배치*/
13   }
```

**③** [ch04] 폴더에 "css_p09.html" 페이지를 작성한다.

```
01   <!DOCTYPE html>
02   <html>
03   <head>
04   <meta charset="UTF-8">
05   <meta name="viewport" content="width=device-width,initial-scale=1.0"/>
06   <title>CSS의 position속성 사용 연습</title>
07   <link rel="stylesheet" href="css_p09.css"/>
08   </head>
09   <body>
10      <div>
11          <img id="im1" src="../images/space.png"/>
12          <p> 웹 애플리케이션은 웹 서버 상에서 실행되며 웹 브라우저 상에서 접속된
             다. 애플리케이션 실행 코드가 웹 서버상에 존재한다.</p>
```

```
13      </div>
14 </body>
15 </html>
```

**04** css_p 09.html 페이지를 실행한다.

## 4 z-index 속성

이 속성은 태그들이 겹쳐졌을 때, 어떤 태그가 앞에 표시되고 뒤에 표시되는지의 태그간의 순서를 결정한다.

| z-index 속성 | |
| --- | --- |
| 값 | auto \| 〈integer〉 \| inherit |
| 기본 값 | auto |
| 적용 대상 | 위치를 지정한 태그들 |

이 속성은 기본적으로 자동으로 순서가 결정되지만 정수 값을 추가해서 순서를 바꿀 수 있다. 즉, 속성 값을 정수로 기술하면 큰 값을 가진 태그가 앞에 표시되며 이 정수 값은 0부터 지정할 수 있다.

다음 예에서는 z-index값이 더 큰 〈p〉 태그가 〈div〉 태그보다 앞에 위치한다.

```
/*CSS*/
div{
    width : 200px;
    height : 150px;
    position: absolute;
    left: 20px;
    top: 20px;
    z-index: 1; /*z-index를 1로 지정*/
    border: 1px solid black;
    background-color: #ebebeb;
}
```

```
p{
    width : 200px;
    height : 100px;
    position: absolute;
    left: 10px;
    top: 20px;
    z-index: 2; /*z-index를 2로 지정*/
    border: 1px solid black;
    background-color: #0080ff;
}

img#im1{
        width : 90px;
        height : 60px;
}
<!-- HTML -->
<div>
    <img id="im1" src="space.png"/>
</div>
<p>웹 애플리케이션은 웹 서버 상에서 실행되며 웹 브라우저 상에서 접속된다. 애플리케이션 실
행 코드가 웹 서버상에 존재한다.</p>
```

◀ z-index를 2로 지정된 <p> 태그가 앞에 배치된다.

스타일시트의 z-index 속성을 사용하는 예제를 작성한다.

**실행 결과**

▲ css_p10.html 페이지 실행 결과

**01** 자료 파일의 [images] 폴더에서 제공하는 picture3.png, picture4.png 파일을 복사해서 이클립스의 [Project Explorer] 뷰의 [webapp]-[images]에 붙여넣기한다.

**02** [ch04] 폴더에 "css_p10.css" 페이지를 작성한다.

```
01  @charset "UTF-8";
02
03  div{
04      width : 300px;
05      height : 200px;
06      background-color: #ebebeb;
07  }
08
09  img{
10      width: 120px;
11      height: 120px;
12      position: absolute;
13      border: 1px solid black;
14  }
15
```

```
16  img#img1{/*<img> 태그중 id 속성 값이 img1인 태그*/
17      left: 20px;
18      top: 20px;
19      z-index: 1; /*z-index 1로 지정*/
20  }
21
22  img#img2{/*<img> 태그중 id 속성 값이 img2인 태그*/
23      left: 40px;
24      top: 40px;
25      z-index: 2; /*z-index 2로 지정*/
26  }
27
28  img#img3{/*<img> 태그중 id 속성 값이 img3인 태그*/
29      left: 60px;
30      top: 60px;
31      z-index: 3; /*z-index 3로 지정*/
32  }
33
34  img#img4{/*<img> 태그중 id 속성 값이 img4인 태그*/
35      left: 80px;
36      top: 80px;
37      z-index: 4; /*z-index 4로 지정*/
38  }
```

❸ [ch04] 폴더에 "css_p10.html" 페이지를 작성한다.

```
01 <!DOCTYPE html>
02 <html>
03 <head>
04 <meta charset="UTF-8">
05 <meta name="viewport" content="width=device-width,initial-scale=1.0"/>
06 <title>CSS의 z-index속성 사용 연습</title>
```

```
07  <link rel="stylesheet" href="css_p10.css"/>
08  </head>
09  <body>
10      <div>
11          <img id="img1" src="../images/picture1.png"/>
12          <img id="img2" src="../images/picture2.png"/>
13          <img id="img3" src="../images/picture3.png"/>
14          <img id="img4" src="../images/picture4.png"/>
15      </div>
16  </body>
17  </html>
```

**04** css_p10.html 페이지를 실행한다.

## 5 float 속성과 clear 속성

float 속성은 태그를 유동적(float)으로 배치하고 clear 속성은 float 속성을 해제한다. 유동적으로 배치한다는 것은 화면의 가로 너비에 따라 배치되는 태그의 수가 달라져서, 결국은 화면의 크기에 따라 태그들이 유동적으로 배치되어 보인다.

■ float 속성

| float 속성 | |
|---|---|
| 값 | none \| left \| right \| initial \| inherit |
| 기본 값 | none |
| 적용 대상 | 모든 태그 |

float 속성은 태그들을 왼쪽에서 오른쪽으로 배치하거나(left), 오른쪽에서 왼쪽으로 배치(right)할 때 사용한다. 이때 left, right는 float 방향 값이다.

```
/*태그들을 왼쪽에서 오른쪽으로 배치*/
float : left;
/*태그들을 오른쪽에서 왼쪽으로 배치*/
float : right;
```

배치되는 태그는 한 행의 너비가 모두 차게 되면 자연스럽게 줄 바꿈 되어 다음 행에 배치된다. 예를 들어 1, 2, 3, 4번 순으로 태그가 배치된다고 가정했을 때, float : left; 와 float : right;를 사용할 때 태그가 배치되는 순서는 다음과 같다.

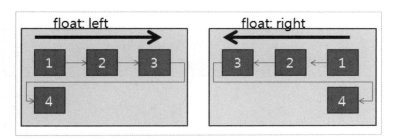

실습   CSS의 float 속성 사용

스타일시트의 float 속성을 사용하는 예제를 작성한다.

실행 결과

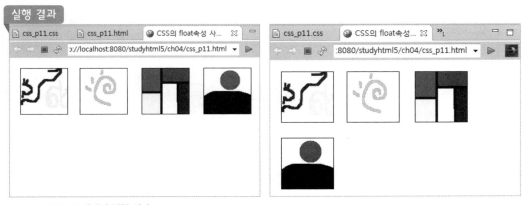

▲ css_p11.html 페이지 실행 결과

**①** [ch04] 폴더에 "css_p11.css" 페이지를 작성한다.

```
01  @charset "UTF-8";
02
03  img{
04      width: 80px;
05      height: 80px;
06      border: 1px solid black;
07      margin : 10px;
08      float : left;
09  }
10
```

**소스코드 설명**

8라인  〈img〉 태그에 float : left;을 지정했다. 이 태그부터 이후에 나오는 태그들은 모두 float : left;의 영향을 받는다.

**②** [ch04] 폴더에 "css_p11.html" 페이지를 작성한다.

```
01  <!DOCTYPE html>
02  <html>
03  <head>
04  <meta charset="UTF-8">
05  <meta name="viewport" content="width=device-width,initial-scale=1.0"/>
06  <title>CSS의 float속성 사용 연습</title>
07  <link rel="stylesheet" href="css_p11.css"/>
08  </head>
09  <body>
10      <div>
11          <img id="img1" src="../images/picture1.png"/>
12          <img id="img2" src="../images/picture2.png"/>
13          <img id="img3" src="../images/picture3.png"/>
14          <img id="img4" src="../images/picture4.png"/>
```

```
15    </div>
16 </body>
17 </html>
```

**03** css_p11.html 페이지를 실행한다.

화면에 결과가 표시되면 화면의 크기를 줄여서 배치되는 모양을 확인한다.

 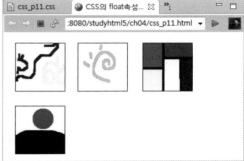

▲ css_p11.html 페이지 실행 결과— float : left

만일 float : right;인 경우에는 화면의 크기에 따라 다음과 같이 배치된다.

 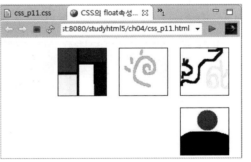

▲ css_p11.html 페이지 실행 결과 – float : right

■clear 속성

| clear 속성 | |
| --- | --- |
| 값 | none \| left \| right \| both \| initial \| inherit |
| 기본 값 | none |
| 적용 대상 | 모든 태그 |

clear 속성은 float 속성을 해제할 때 사용한다. float 속성을 지정한 태그 다음에 나오는 모든 태그들은 float 속성을 지정하지 않아도 이 태그의 영향을 받게 된다. 따라서 float 속성의 영향을 받지 않는 태그는 clear : float 해제방향; 을 기술해서 표현해야 한다. float 속성이 float : left;와 같이 설정된 경우 해제할 때는 같은 방향인 clear : left로 해야 한다. 만일 clear : right;로 기술하면 해제되지 않는다. 방향을 기술하는 것이 어려운 경우, 모든 방향을 해제하는 clear : both;를 사용하면 된다. clear : both; 는 모든 float를 해제해 준다.

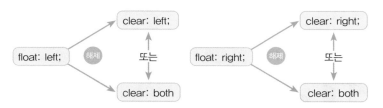

**실습** CSS의 float, clear 속성 사용

스타일시트의 float, clear 속성을 사용하는 예제를 작성한다.

**실행 결과**

▲ css_p12.html 페이지 실행 결과

**01** [ch04] 폴더에 "css_p12.css" 페이지를 작성한다.

```
01  @charset "UTF-8";
02
03
04  #wrapper{
05      width : 96%
```

```css
06      margin-right : auto;
07      margin-left : auto;
08      background-color: #ebebeb;
09  }
10
11  header{
12      width : 98%;
13      background-color: cyan;
14      clear : both;
15  }
16
17  section{
18      width : 72%;
19      margin-right : 4%;
20      background-color: blue;
21      float : left;
22
23  }
24
25  aside{
26      min-width : 100px;
27      margin-right : 1%;
28      margin-left : 1%;
29      background-color: yellow;
30      float : left;
31  }
32
33  footer{
34      width : 98%;
35      background-color: cyan;
36      clear : both;
37  }
38
```

```
39  img{
40      width: 80px;
41      height: 80px;
42      border: 1px solid black;
43      margin : 10px;
44      float : left;
45  }
```

소스코드 설명

21,30라인  〈section〉, 〈aside〉 태그에 float : left;을 지정했다. 이 태그들은 화면의 크기에 따라 배치가 영향을 받는다.

26라인  min-width : 100px;은 〈aside〉 태그의 최소 사이즈를 표시한 것으로 이 크기보다 작게 줄여지는 경우 자동으로 〈section〉 태그 아래에 배치된다.

36라인  〈footer〉 태그를 float영향권에서 해제하기 위해서 clear : both;로 지정했다.

❷ [ch04] 폴더에 "css_p112.html" 페이지를 작성한다.

```
01  〈!DOCTYPE html〉
02  〈html〉
03  〈head〉
04  〈meta charset="UTF-8"〉
05  〈meta name="viewport" content="width=device-width,initial-scale=1.0"/〉
06  〈title〉CSS의 float/clear속성 사용 연습〈/title〉
07  〈link rel="stylesheet" href="css_p12.css"/〉
08  〈/head〉
09  〈body〉
10    〈div id="wrapper"〉
11      〈header〉헤더 입니다.〈/header〉
12      〈section〉
13        〈img id="img1" src="../images/picture1.png"/〉
14        〈img id="img2" src="../images/picture2.png"/〉
```

```
15        <img id="img3" src="../images/picture3.png"/>
16        <img id="img4" src="../images/picture4.png"/>
17    </section>
18    <aside> 사이드 바입니다.</aside>
19    <footer>푸터 입니다.</footer>
20  </div>
21 </body>
22 </html>
```

❸ css_p12.html 페이지를 실행한다.

화면에 결과가 표시되면 화면의 크기를 줄이거나 늘려서 배치되는 모양을 확인한다. 화면이 크기에 따라서 〈aside〉 영역이 〈content〉 옆에 붙거나 다음 행으로 떨어지는 것을 볼 수 있다. 이때 화면이 아무리 커져도 〈footer〉 영역은 〈aside〉 영역 옆에 붙지 않는다.

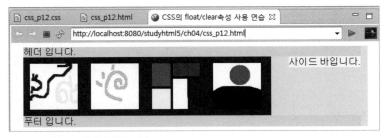

▲ css_p12.html 페이지 실행 결과

3장에서 〈div〉〈ul〉〈li〉〈a〉 태그를 사용해서 만들었던 메뉴는 CSS를 사용해서 표현한다.

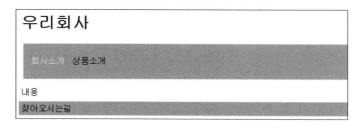

```
css_menu.html
〈!DOCTYPE html〉
〈html〉
〈head〉
〈meta charset="UTF-8"〉
〈meta name="viewport" content="width=device-width,initial-scale=1.0"/〉
〈title〉CSS test〈/title〉
〈link rel="stylesheet" href="css_menu.css"/〉
〈/head〉
〈body〉
   〈div id="header"〉
      〈h1〉우리회사〈/h1〉
      〈div id="nav"〉
         〈ul〉
           〈li〉〈a href="#"〉회사소개〈/a〉
           〈li〉〈a href="#"〉상품소개〈/a〉
         〈/ul〉
      〈/div〉
   〈/div〉
   〈div id="content"〉내용〈/div〉
   〈div id="footer"〉찾아오시는길〈/div〉
〈/body〉
〈/html〉
```

```
css_menu.css
@charset "UTF-8";

body{
  background-color: white ;
}
div{
  margin: 0.5%;
  padding: 0.5%;
}
div#header{
    width : 100%;
    height : 20%;
}
div#nav{/*네비게이션바 - 너비, 높이, 배경색*/
  width : 100%;
  height : 100%;
  background-color : #c0c0c0;
}
div#content{
  width : 100%;
  height : 60%;
}
div#footer{
  width : 100%;
  height : 20%;
  background-color : #c0c0c0;
}

ul{/*<ul>태그에 적용*/
    /*블릿기호 제거*/
    list-style-type : none;
    padding : 5px;
```

```
}

ul li{/*〈ul〉〈li〉태그에 적용*/
    /*목록을 왼쪽에서 오른쪽으로 배치: 수평배치*/
    display : inline;
    margin : 5px;
}

ul li a{/*〈ul〉〈li〉〈a〉태그에 적용*/
    /*글자색-검정, 밑줄제거*/
    color : black; /*글자색-검정*/
    text-decoration : none; /*밑줄제거*/
}

    ul li a:hover{/*〈ul〉〈li〉〈a〉태그에 마우스포인터가 위치하면*/
    color : white; /*글자색-흰색*/
}
```

# 03 | 미디어 쿼리 (Media Query)

여기서는 미디어 쿼리의 개요 및 사용 방법에 대해서 학습한다.

## 1 미디어 쿼리의 개요

미디어 쿼리는 미디어 및 화면의 크기에 따라 다른 스타일시트가 적용되도록 지원한다. 지금까지 작성한 스타일시트들을 모두 미디어의 타입이나 화면의 크기를 고려하지 않고 작성한 것이다.

미디어의 타입이나 화면의 크기를 고려한 스타일시트가 왜 필요한 것일까? 과거 웹 사이트를 개발할 때 1024×768 등으로 화면의 크기를 PC에서 1가지 크기로 맞춰서 개발했다. 이런 경우 큰 모니터를 가진 경우 좌우에 여백이 남고 작은 모니터의 경우 스크롤을 이동해서 보면 되었다. 현재는 PC, 태블릿, 스마트 폰 등으로 정보화 기기들이 다양해짐에 따라 브라우저를 사용해서 웹 사이트를 보는 화면의 크기도 다양해졌다. 3.5인치 스마트폰 화면으로 1024×768 화면으로 개발되는 것을 보는 것이 적당할까? 스마트 폰의 화면은 4인치, 4.5인치, 5인치, 6인치 등으로 다양해졌고 태블릿도 7인치, 8인치, 9.7인치, 10.1인치 등으로 다양하다. 이런 다양한 화면에서는 1024×768 웹 사이트를 보라는 것은 과연 올바른 것일까? 아니다. 화면의 크기가 다르면 보이는 내용도 화면의 크기에 맞게 보여야 한다. PC화면에서 많은 내용을 갖는 웹 사이트를 봐도 괜찮으나 스마트 폰에서는 부담스럽다.

▲ PC용 웹 사이트

▲ PC용 웹 사이트를 스마트 폰에서 본 경우

그래서 많은 기관과 기업 등에서는 PC용 웹 사이트와 스마트 폰 전용 웹 사이트를 따로 제공하고 있다. 이렇게 스마트 폰용 웹 사이트를 따로 만드는 것이 가장 좋은 방법이나 비용이 많이 든다.

▲ PC용 웹 사이트

▲ 스마트 폰 전용 웹 사이트

웹 사이트를 일반 PC용 웹 사이트를 만들 듯이 1개만 만들면서 화면 크기에 따라 알맞게 자동으로 배치되거나 글자크기나 콘텐츠의 크기도 자동으로 변환시킬 수 있는 방법이 미디어 쿼리를 사용하는 것이다. 이렇게 미디어 쿼리를 사용해서 유동형 레이아웃을 구현한 것을 반응형 웹 사이트라고 한다. 화면의 크기에 반응해서 자동으로 최적의 화면을 표시한다는 의미이다. 이렇게 다양한 화면에 크기에 대응시켜 설계하는 것을 N스크린 대응이라고 한다.

▲ PC화면 크기에서의 반응형 웹 사이트     ▲ 태블릿 화면 크기에서의 반응형     ▲ 스마트 폰 화면
웹 사이트                              크기에서의 반응형
웹 사이트

## 2 ▶ 미디어 쿼리 사용 방법

미디어 쿼리를 사용하려면 미디어 쿼리를 어디에 작성하는 것이 좋은지를 결정하는 미디어 쿼리 작성 위치와 미디어 쿼리 구문을 작성하는 방법을 알고 있어야 한다.

미디어 쿼리를 학습하기 전에 반드시 알고 있어야 하는 것은 첫 번째로 미디어 쿼리는 CSS로 구현되고, 두 번째 CSS 구문들 간의 순서를 알고 있어야 효율적으로 기술할 수 있다는 점이다.

CSS 구문들 간의 순서는 첫 번째로 가장 기본적인 스타일로, 태그들에 공통적으로 적용할 내용을 기술한다. 두 번째로 특정 태그에만 적용되는 스타일을 기술한다. 마지막으로 미디어 쿼리를 기술한다.

```
/*1. 기본적인 스타일 – 공통 스타일*/
html, body, div, p{margin : 0; }

/*2. 특정 태그에만 적용되는 스타일*/
div ul li{ display: inline;} /*<div>의 하위 태그 <ul>의 하위 태그인 <li> 태그에만 적용.*/

/*3. 미디어 쿼리 – 화면의 크기별로 각각 지정*/
```

## (1) 미디어 쿼리의 작성 위치

미디어 쿼리는 작성위치에 따라 html 페이지에 〈link〉 태그를 사용해서 기술하는 방법과 CSS 파일에 미디어 쿼리 구문을 추가하는 방법이 있다. 둘 중 하나의 방법을 사용하면 되는데, 권장은 CSS 파일에 미디어 쿼리 구문을 추가하는 방법이다.

• html 페이지에 〈link〉 태그를 사용해서 기술하는 방법

이 방법은 화면의 크기에 따라서 각각 다른 CSS 파일을 적용할 때 사용하는 것으로 html 페이지에서 〈link〉 태그에 media 속성을 추가해서 작성한다.

다음은 m.css는 화면의 크기가 최대 768px(768px이하)에서만 적용되도록 한 예이다.

> 〈link rel="stylesheet" href="m.css" media="screen and (max-wdith : 768px)"〉

• CSS 파일에 미디어 쿼리 구문을 추가하는 방법 : 권장 방법

이 방법은 여러 화면 크기에 대응하는 미디어 쿼리가 각각 필요해서 여러 개의 미디어 쿼리를 만들 때 사용한다. CSS 파일에 미디어 쿼리 구문을 추가해서 작성하는 방법으로 @media 키워드를 사용해서 작성한다.

> /*1. 기본적인 스타일 - 공통 스타일*/
>
> /*2. 특정태그에만 적용되는 스타일*/
>
> /*3. 미디어 쿼리 - 화면의 크기별로 각각 지정*/
> @media screen and (max-wdith : 550px) { } /*화면의 크기가 550px 이하에서만 적용*/
> @media screen and (max-wdith : 768px) { } /*화면의 크기가 768px 이하에서만 적용*/
> @media screen and (max-wdith : 960px) { } /*화면의 크기가 960px 이하에서만 적용*/

## (2) 미디어 쿼리 구문 작성 방법

미디어 쿼리에는 미디어 타입에 따라 all, print, screen, speech 등이 있으나 반응형 웹을 구현할 때는 screen을 사용한다. 따라서 화면에 적용되는 미디어 쿼리는 @media screen로 시작한다.

> @media screen 으로 시작

여기에 조건을 추가해서 사용한다. 조건을 추가할 때는 and를 사용한다. 화면의 크기와 같이 화면과 크기라는 두 가지 조건을 만족해야 하기 때문에 and를 사용해서 조건을 중첩한다. and 다음의 추가되는 조건은 ( )로 감싸서 표시한다. 조건은 여러 개 추가할 수 있다.

> @media screen and (조건 추가) …

추가할 조건에는 화면의 너비, 높이, 색, 격자 등의 다양한 형태에 적용하는 것이 있으나 화면의 크기를 적용할 때는 max-width, min-width를 쓴다. 스마트 기기에서 화면을 구분할 때 중요한 것은 가로 너비이다. 이때 width : 768px;와 같이 쓰면 딱 768px에서만 적용된다. 700px, 767px 등에는 적용되지 않는다. 따라서 범위 형태인 max-width : 768px; 0~768px까지 적용, min-width : 768px; 768px부터 적용을 사용한다. 또한 여러 화면 크기에 대한 미디어 쿼리를 작성할 때는 작은 화면에서 큰 화면 순으로 한다.

```
/*화면의 크기가 320px~550px*/
@media screen and (min-width : 320px) and (max-width : 550px) {}

/*화면의 크기가 768px 이하*/
@media screen and (max-width : 768px) {}

/*화면의 크기가 1000px 이상*/
@media screen and (min-width : 1000px) {}
```

스타일시트에서 미디어 쿼리를 사용하는 예제를 작성한다.

**실행 결과**

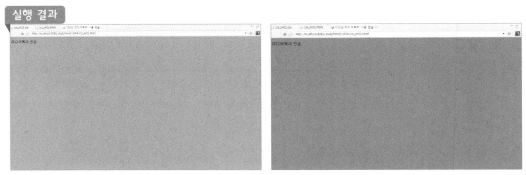

▲ css_m01.html 페이지 실행 결과

**01** [ch04] 폴더에 "css_m01.css" 페이지를 작성한다.

```
01  @charset "UTF-8";
02
03  body{ /*기본 배경색*/
04      background-color: #ebebeb;/*320px 미만이 적용됨*/
05  }
06
07  @media screen and (min-width: 320px){/*320px 이상*/
08      body{
09          background-color: red;
10      }
11  }
12
13  @media screen and (min-width: 480px){ /*480px 이상*/
14      body{
15          background-color: yellow;
16      }
17  }
```

```
18
19  @media screen and (min-width: 768px) {/*768px 이상*/
20      body{
21          background-color: blue;
22      }
23  }
24
25  @media screen and (min-width: 960px) {/*960px 이상*/
26      body{
27          background-color: green;
28      }
29  }
30
31  @media screen and (min-width: 1140px) {/*1140px 이상*/
32      body{
33          background-color: gray;
34      }
35  }
```

8~11라인   화면의 크기가 320px 이상인 경우에 적용되는 미디어 쿼리로 배경색이 빨강이고 13~17라인은 480px 이상인 경우에 적용되는 미디어 쿼리로 배경색이 노랑이다. 이것은 처음 320px 이상에서 빨강이 적용되고 다시 480px 이상에서 노랑이 적용되었기 때문에 320~480px 미만까지만 빨강색이 유지되고 나머지는 노랑색이 유지된다는 의미이다.

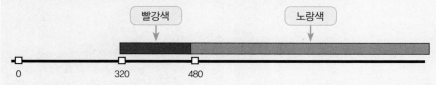

추가로 768px 이상에서는 파랑이, 960px 이상에서는 초록이, 1140px 이상에서는 회색이 적용된다.

**02** [ch04] 폴더에 "css_m01.html" 페이지를 작성한다. 기본적인 코딩이 작성되면 다음과 같이 수정한 후 저장한다.

```
01  <!DOCTYPE html>
02  <html>
03  <head>
04  <meta charset="UTF-8">
05  <meta name="viewport" content="width=device-width,initial-scale=1.0"/>
06  <title>CSS의 미디어 쿼리 사용 연습</title>
07  <link rel="stylesheet" href="css_m01.css"/>
08  </head>
09  <body>
10    <div>
11     <p>미디어 쿼리 연습</p>
12    </div>
13  </body>
14  </html>
```

**03** css_m01.html 페이지를 실행한다.

화면이 1140px 이상이면 배경색이 회색, 960px 이상이면 초록색, 768px 이상이면 파랑색, 480px 이상이면 노랑색, 320px 이상이면 빨강색이 된다. 320px 미만일 경우 기본 색인 흐린 회색으로 표시된다.

▲ css_m01.html 페이지 실행 결과

### 스크립팅 기본 값 처리

1. 스크립팅 기본 값은 스크립트가 동작되지 않게 하고, 자바스크립트가 페이지에서 실행되면 값이 대체됨.

> 기본 값　　　　자바스크립트 실행　　　대체 값
>
> 〈html class="no-js"〉 --------〉 〈html class="js"〉
>
> 자바스크립트가 실행되는 코드로 자동 대체

2. html 주석문은 화면에는 표시되지 않지만 실행되어서 〈!--[if IE 8]--〉 주석문은 만일 웹 브라우저가 IE 8이면으로 해석되어 실행됨.

　　📌 〈!--[if IE 8]--〉〈html class="no-js lt-IE9"〉〈!--[endif]--〉

| 미디어쿼리에서 스크립팅 | 자바스크립트 실행 후 |
|---|---|
| @media (scripting : none){} /*기본 값 : no-js*/ | @media (scripting : enabled){} /*대체 값 : js*/ |

### 미디어 쿼리 레벨 4

스크립팅, 포인터, 호버, 광도를 표현

1. 포인터

　① 입력 형태에 따른 디자인

　② pointer : none, coarse, fine

　　▶ coarse : 손가락으로 터치하는 것과 같이 세밀하지 않은 제어

　　▶ fine : 마우스, 스타일러스 펜으로 터치하는 것과 같은 세밀한 제어

　📌 @media (pointer : coarse){}

　　@media (pointer : fine){}

2. 호버 : 호버 사용 유무에 따른 디자인

　• hover : none, on-demand, hover

　📌 @media (hover:none){}

　　@media (hover:on-demand){}

　　@media (hover){}

3. 환경미디어 기능 - 주변광에 따른 디자인

　• light-level : normal, dim, washed

　📌 @media (light-level:normal){}

# 04 | Advanced CSS(css3)의 추가 기능

여기서는 텍스트 효과, 테두리, 배경 등 디자인 프로그램을 대체하는 Advanced CSS (CSS3)에 대해 살펴보고 이들이 제공하는 추가기능을 학습한다.

## 1 Advanced CSS 개요

Advanced CSS는 스타일시트의 최신 표준으로, 초기의 버전들과도 완벽하게 호환된다. 즉, 현재의 CSS는 "기존의 CSS + Advanced CSS(추가된 신기능)"인 것이다. Advanced CSS의 업데이트를 쉽게 할 수 있도록 실렉터, 박스모델, 배경과 테두리, 이미지 관련, 텍스트 효과, 2D/3D트랜스폼, 애니메이션, 폰트, 다단 등의 모듈로 분리되어 추가 그래픽기능들이 개발되었다.

공식적으로 Advanced CSS(CSS3) 모듈의 표준 규격은 존재하지 않기 때문에, 브라우저 벤더(제공회사)들이 독자적으로 자신들의 브라우저에 맞게 기능을 구현했다. 이것은 웹 브라우저에서 Advanced CSS 기능을 사용할 수 있다는 좋은 점은 있으나, 1개의 Advanced CSS 기능을 사용하려면, 벤더 프리픽스(vendor prefix)가 포함된 브라우저별 코드를 모두 나열해야 한다. 사용자가 어떤 브라우저로 사용할지 모르기 때문에 1개의 Advanced CSS 구문을 위해서 주요 브라우저에서 실행될 수 있는 벤더 프리픽스를 모두 나열해야 한다.

예를 들어 라운드 사각형을 그리는 표준 Advanced CSS 구문은 border-radius : 5px; 이지만, 아직 표준 규격이 승인되지 않아서 각 브라우저별로 라운드 사각형을 사용할 수 있는 코드를 나열해야 한다.

```
#area{
  -ms-border-radius : 5px; /*인터넷 익스플로러(엣지)*/
  -o-border-radius : 5px; /*오페라(Opera)*/
  -moz-border-radius : 5px; /*파이어폭스(Firefox)*/
  -webkit-border-radius : 5px; /*크롬(Chrome), 사파리(Safari)*/
  border-radius : 5px; /*W3C - 표준규약*/
}
```

이렇게 나열된 코드들은 사용한 브라우저에 해당하는 1개의 구문만 실행된다. 크롬이나 사파리 브라우저의 경우 -webkit-border-radius : 5px; 만 실행된다. 현재 border-radius의 경우 크롬(Chrome), 사파리(Safari), 엣지(Edge) 등은 표준규약인 border-radius : 5px;로만 코딩해도 된다.

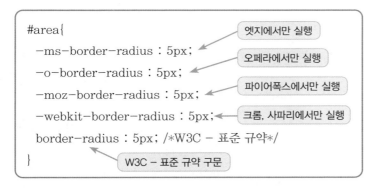

위의 예시에서 살펴봐야 하는 것은 2가지이다. 첫 번째가 브라우저별 벤더 프리픽스를 알고 있어야 한다는 것이다. 구문에서 나열된 코드들 중 현재 접속해서 사용하고 있는 브라우저의 벤더 프리픽스가 붙은 코드만 실행된다. 대표적인 브라우저별 벤더 프리픽스는 다음과 같다.

| 벤더 프리픽스 | 해당 웹 브라우저 |
|---|---|
| -ms- | 인터넷 익스플로러 |
| -o- | 오페라 |
| -moz- | 파이어폭스 |
| -webkit- | 크롬, 사파리 |

두 번째는 표준 규약은 브라우저별로 나열한 코드의 마지막에 작성해 주어야 한다는 것이다. 이것은 나중에 표준 규약이 생기면, 소스코드를 고칠 필요 없이 마지막에 기술한 표준 규약으로 자동 대체되기 때문이다.

```
div {
  -ms-box-shadow: 10px 10px 5px #888888;
  -moz-box-shadow: 10px 10px 5px #888888;
  -webkit-box-shadow: 10px 10px 5px #888888;
  box-shadow: 10px 10px 5px #888888; /*W3C – 표준 규약*/
}
```
마지막에 쓴 표준 규약으로 자동 대체됨.

모든 벤더 프리픽스를 나열해서 프로그래밍 하는 것은 현실적으로 쉽지 않기 때문에 가장 많이 사용하는 브라우저 위주로 쓰는 것이 좋다.

## 2  테두리와 배경 : border-radius, box-shadow, background-image, background-size

### (1) 테두리 : border-radius, box-shadow, border-image

테두리 기능에는 영역을 갖는 특정 태그(〈div〉와 같은 태그)에 둥근 모서리를 지정하거나 그림자 효과 등을 주어 입체감을 줄 수 있다. 또한 이미지 파일을 테두리로 사용할 수 도 있다. 태그가 영역을 갖도록 하려면 스타일시트에서 width, height에 값을 지정한다.

### 1 border-radius 속성

〈div〉와 같은 영역을 갖는 태그에 둥근 모서리(라운드 사각형)를 지정한다. border-radius 속성은 대부분의 주요 브라우저에서 지원하므로 벤더 프리픽스별 지정은 생략해도 된다.

```
border-radius : 속성 값;
```

- 속성 값 : px 또는 %를 사용해서 지정할 수 있으며, 기본 값은 0이다. 값이 커질수록 점점 둥글어 져서 반원에 가까워진다. 10px보다 20px가 더 반원에 가깝다.

```
div{
    width  : 150px;
    height : 30px;
    padding : 10px 20px;
    border : 5px double #6699FF;
    border-radius : 10px;
}
```

둥근 모서리를 지정

border-radius : 10px;

▲ border-radius 사용 예

**border-radius 속성 사용 예제**

border-radius를 사용해서 라운드 사각형을 만드는 예제를 작성한다.

실행 결과

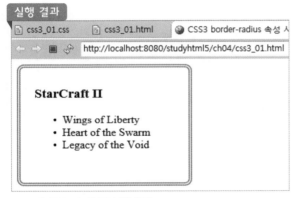

▲ css3_01.html 페이지 실행 결과

**01** [ch04] 폴더에 "css3_01.css" 페이지를 작성한다.

```
01  @charset "UTF-8";
02
03  div{
04      width  : 200px;
05      height : 150px;
06      padding: 10px 20px;
07  }
```

```
08
09  div#displayArea{
10        border : 5px double #6699FF;
11        border-radius: 10px;
12  }
```

3~7라인  〈div〉 태그에 공통적으로 지정한 스타일 구문이다. 영역을 주기위해 4,5라인에서 width
와 height값을 지정했다. 11라인 padding 은 〈div〉 태그 영역의 안쪽 여백을 주는 것으로 첫 번째
10px은 위와 아래의 여액, 두 번째 20px은 왼쪽과 오른쪽 여백이다.

9~12라인  〈div〉 태그 중 id 값이 "displayArea"인 태그에만 스타일을 지정하는 구문이다. 10라인
은 영역에 테두리 선을 지정한 것으로 선의 두께가 5px, 선의 종류가 이중선(double), 선의 색깔을
#6699FF로 지정했다. 11라인은 라운드 사각형을 만드는 것으로, 숫자(10px)가 커질수록 반원에
가까워진다.

**02** [ch04] 폴더에 "css3_01.html" 페이지를 작성한다.

```
01  〈!DOCTYPE html〉
02  〈html〉
03  〈head〉
04  〈meta charset="UTF-8"〉
05  〈meta name="viewport" content="width=device-width,initial-scale=1.0"/〉
06  〈title〉CSS3 border-radius 속성 사용 연습〈/title〉
07  〈link rel="stylesheet" href="css3_01.css"/〉
08  〈/head〉
09  〈body〉
10      〈div id="displayArea"〉
11          〈h3〉StarCraft II〈/h3〉
12          〈ul〉
13              〈li〉Wings of Liberty
14                  〈li〉Heart of the Swarm
15                  〈li〉Legacy of the Void
16          〈/ul〉
```

```
17      </div>
18   </body>
19   </html>
```

**10~17라인**  id 속성 값이 "displayArea"인 〈div〉 태그에 라운드 사각형을 만드는 스타일이 적용된다.

**③** css3_01.html 페이지를 실행한다.

## 2 box-shadow 속성

〈div〉와 같은 영역을 갖는 태그에 그림자 효과를 지정한다. 지정하는 방법은 다음과 같다. 벤더 프리픽스별 지정은 생략해도 된다.

```
box-shadow: h-shadow v-shadow blur spread color ;
```

- h-shadow : 가로 그림자 길이로, 양수 또는 음수 값을 줄 수 있다. 양수로 지정하면 오른쪽으로 그림자가 생기고 음수이면 왼쪽으로 생긴다.
- v-shadow : 세로 그림자 길이로, 양수 또는 음수 값을 줄 수 있다. 양수로 지정하면 아래쪽으로 그림자가 생기고 음수이면 위쪽으로 생긴다.
- blur : 그림자의 퍼짐 정도로, 숫자가 클수록 그림자가 더 퍼져 보인다.
- spread : 그림자의 크기로, 숫자가 커질수록 그림자가 커진다.
- color : 그림자의 색

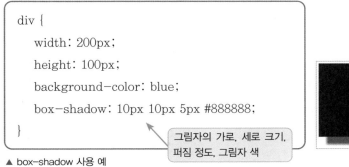

```
div {
    width: 200px;
    height: 100px;
    background-color: blue;
    box-shadow: 10px 10px 5px #888888;
}
```

그림자의 가로, 세로 크기, 퍼짐 정도, 그림자 색

▲ box-shadow 사용 예

box-shadow 속성을 사용하는 예제를 작성한다.

**실행 결과**

▲ css3_02.html 페이지 실행 결과

**01** [ch04] 폴더에 "css3_02.css" 페이지를 작성한다.

```
01  @charset "UTF-8";
02
03  div{
04      width : 200px;
05      height : 100px;
06      padding: 10px 20px;
07  }
08
09  .boxshadow{
10       color : #FFFFFF;
11      background-color: blue;
12      box-shadow: 10px 10px 5px #888888;
13  }
```

**소스코드 설명**

12라인   box-shadow : 10px 10px 5px #888888;은 오른쪽으로 10px, 아래로 10px의 크기를 갖고 5px 정도 퍼진 회색 계열의 그림자를 작성한다.

❷ [ch04] 폴더에 "css3_02.html" 페이지를 작성한다.

```
01  <!DOCTYPE html>
02  <html>
03  <head>
04  <meta charset="UTF-8">
05  <meta name="viewport" content="width=device-width,initial-scale=1.0"/>
06  <title>CSS3 box-shadow 속성 사용 연습</title>
07  <link rel="stylesheet" href="css3_02.css"/>
08  </head>
09  <body>
10   <div class="boxshadow">그림자 효과</div>
11  </body>
12  </html>
```

소스코드 설명

10라인   class 속성 값이 "boxshadow"인 <div> 태그에 그림자 스타일이 적용된다.

❸ css3_02.html 페이지를 실행한다.

## 3 Advanced CSS의 색상

Advanced CSS에서는 기존의 색상 및 투명도가 추가된 RGBA와 HSLA 색상을 사용할 수 있다. RGB는 Red(빨강), Green(초록), Blue(파랑)의 3가지 색을 각각 00~FF(0~255) 까지 256가지씩 제공해서 색상을 표현한다. RGB 방식으로 색을 지정할 때는 #을 붙여서 쓰며, 흰색의 경우 #FFFFFF로 표현하거나 rgb(255,255,255) 함수를 사용한다. HSL는 Hue(색상), Saturation(채도), Lightness(밝기)를 hsl(색상, 채도, 밝기) 함수에 사용해서 색을 표시한다. HSL 색상은 360°로 구성되며, 노랑은 60°, 초록은 120°, 파랑은 240°, 빨강 은 360°이다. HSL의 채도와 밝기는 %로 표시되며 색상을 화려하고 강렬하게 표현하려면 채도 값을 높이고 밝기는 검정(0%)과 흰색(100%) 사이의 값을 지정한다. hsl(360, 100%, 50%)은 빨강색을 표현한다.

◀ hsl(360, 100%, 50%) 색

RGBA와 HSLA는 기존의 RGB와 HSL에 투명도를 추가한 것이다. Alpha(투명도)는 0(완전 투명)과 1(완전 불투명) 사이의 값을 지정한다. rgba(255,0,0,0.5)과 hsla(360, 100%, 50%, 0.5)는 투명도 50%를 갖는 빨강색을 표현한다.

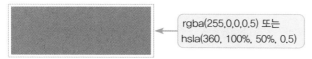
rgba(255,0,0,0.5) 또는
hsla(360, 100%, 50%, 0.5)

▲ 투명도 50%를 갖는 빨강색

opacity 속성을 사용하면 기존의 색에 투명도만을 추가해서 지정할 수 있다. opacity 속성도 0(완전 투명)과 1(완전 불투명) 사이의 값을 지정한다.

```
background-color: rgb(255, 0, 0);
opacity : 0.5;
```
투명도 50%를 갖는 빨강색

rgba( ), hsla( ) 함수와 opacity 속성을 사용하여 투명도를 추가한 색상 예제를 작성한다.

**실행 결과**

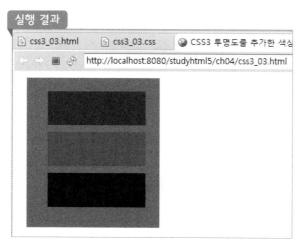

▲ css3_03.html 페이지 실행 결과

**❶** [ch04] 폴더에 "css3_03.css" 페이지를 작성한다.

```
01  @charset "UTF-8";
02
03  div{
04      width  : 150px;
05      height : 200px;
06      padding: 10px 20px;
07      margin : 10px;
08      background-color: red;
09  }
10
11  p{
12      width  : 100px;
13      height : 30px;
14      padding: 10px 20px;
15      margin : 10px;
16  }
17
18  .rgba{
19      color : #000000;
20      background-color: rgba(0, 0, 255, 0.3);/*투명도 30%*/
21  }
22
23  .hsla{
24      color : #000000;
25      background-color: hsla(240, 70%, 70%, 0.5);/*투명도 50%*/
26  }
27
28  .opacity{
29      color : #000000;
30      background-color: #0000FF
```

```
31      opacity : 1.0;/*불투명*/
32  }
```

**02** [ch04] 폴더에 "css3_03.html" 페이지를 작성한다.

```
01  <!DOCTYPE html>
02  <html>
03  <head>
04  <meta charset="UTF-8">
05  <meta name="viewport" content="width=device-width,initial-scale=1.0"/>
06  <title>CSS3 투명도를 추가한 색상 사용 연습</title>
07  <link rel="stylesheet" href="css3_03.css"/>
08  </head>
09  <body>
10   <div>
11      <p class="rgba"></p>
12      <p class="hsla"></p>
13      <p class="opacity"></p>
14   </div>
15  </body>
16  </html>
```

**03** css3_03.html 페이지를 실행한다.

### 4 border-image 속성

Advanced CSS에서는 테두리에 이미지를 사용할 수 있는 border-image 속성을 제공한다. 지정하는 방법은 다음과 같다. 벤더 프리픽스는 아직 생략하지 않는다.

```
box-image: source slice width outset repeat | initial | inherit ;
```

• source : 테두리로 사용할 이미지를 경로를 포함해서 예를 들어 url(../images/b1.png)와 같이 기술한다.

- slice : 테두리 이미지는 4개의 코너와 4개의 엣지(면), 중앙의 총 9개의 부분으로 자를 수 있다. 자르는 값은 숫자 또는 % 와 fill을 줄 수 있으며, 값으로 30을 주면 이미지가 잘리지 않은 형태가 된다. "중앙"은 완전 투명으로 처리된다.

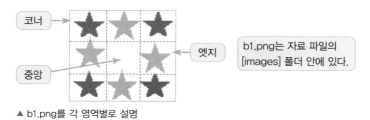

▲ b1.png를 각 영역별로 설명

- width : 테두리 이미지의 두께를 px 또는 %단위로 지정한다.
- outset : 박스 영역을 넘어서는 이미지 테두리를 지정할 때 사용하며 px 또는 %단위로 지정한다.
- repeat : 박스의 영역만큼 이미지를 늘리거나 반복하는 것을 지정하는 것으로 repeat(반복), round(균형 있게 반복), stretch(늘리기) 중 1개를 지정한다.

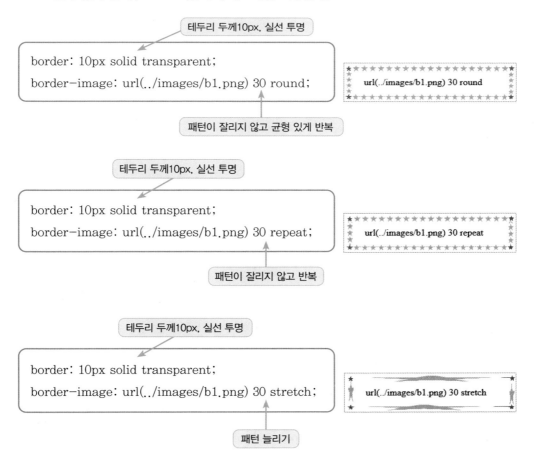

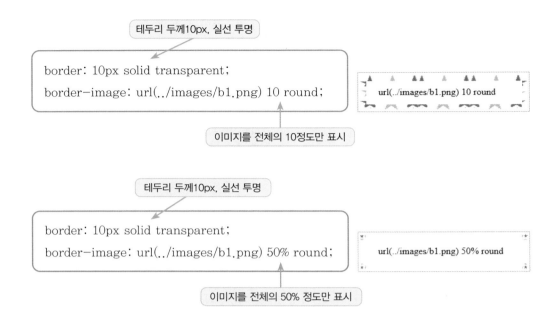

테두리 두께10px, 실선 투명

border: 10px solid transparent;
border-image: url(../images/b1.png) 10 round;

url(../images/b1.png) 10 round

이미지를 전체의 10정도만 표시

테두리 두께10px, 실선 투명

border: 10px solid transparent;
border-image: url(../images/b1.png) 50% round;

url(../images/b1.png) 50% round

이미지를 전체의 50% 정도만 표시

실습  border-image 속성 사용

border-image 속성을 사용하는 예제를 작성한다.

실행 결과

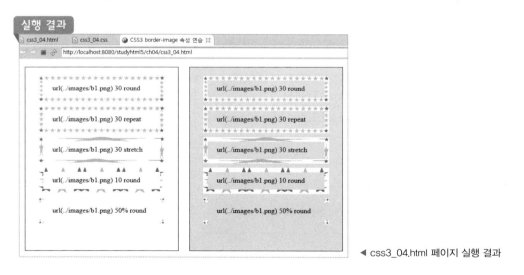

◀ css3_04.html 페이지 실행 결과

❶ 자료 파일의 [images] 폴더에서 제공하는 b1.png 파일을 복사해서 이클립스의 [Project Explorer] 뷰의 [webapp]-[images]에 붙여넣기한다.

**❷** [ch04] 폴더에 "css3_04.css" 페이지를 작성한다.

```css
01  @charset "UTF-8";
02
03  div{
04      width: 300px;
05      height: 400px;
06      padding: 10px 20px;
07      margin : 10px;
08      border: 1px solid black;
09      display : inline-block;
10  }
11  .bg{
12      background-color : #dee9f1;
13  }
14  p{
15      width: 220px;
16      height: 20px;
17      padding: 10px 20px;
18      margin : 10px;
19  }
20
21  .borderimage1 {
22      border: 10px solid transparent;
23      -webkit-border-image: url(../images/b1.png) 30 round;
24      -o-border-image: url(../images/b1.png) 30 round;
25      border-image: url(../images/b1.png) 30 round;
26  }
27
28  .borderimage2 {
29      border: 10px solid transparent;
30      -webkit-border-image: url(../images/b1.png) 30 repeat;
31      -o-border-image: url(../images/b1.png) 30 repeat;
32      border-image: url(../images/b1.png) 30 repeat;
```

```
33    }
34
35    .borderimage3 {
36        border: 10px solid transparent;
37        -webkit-border-image: url(../images/b1.png) 30 stretch;
38        -o-border-image: url(../images/b1.png) 30 stretch;
39        border-image: url(../images/b1.png) 30 stretch;
40    }
41
42    .borderimage4 {
43        border: 10px solid transparent;
44        -webkit-border-image: url(../images/b1.png) 10 round;
45        -o-border-image: url(../images/b1.png) 10 round;
46        border-image: url(../images/b1.png) 10 round;
47    }
48
49    .borderimage5 {
50        border: 10px solid transparent;
51        -webkit-border-image: url(../images/b1.png) 50% round;
52        -o-border-image: url(../images/b1.png) 50% round;
53        border-image: url(../images/b1.png) 50% round;
54    }
```

❸ [ch04] 폴더에 "css3_04.html" 페이지를 작성한다.

```
01    <!DOCTYPE html>
02    <html>
03    <head>
04    <meta charset="UTF-8">
05    <meta name="viewport" content="width=device-width,initial-scale=1.0"/>
06    <title>CSS3 border-image 속성 연습</title>
07    <link rel="stylesheet" href="css3_04.css"/>
08    </head>
```

```
09  <body>
10      <div>
11          <p class="borderimage1">url(../images/b1.png) 30 round</p>
12          <p class="borderimage2">url(../images/b1.png) 30 repeat</p>
13          <p class="borderimage3">url(../images/b1.png) 30 stretch</p>
14          <p class="borderimage4">url(../images/b1.png) 10 round</p>
15          <p class="borderimage5">url(../images/b1.png) 50% round</p>
16      </div>
17      <div class="bg">
18          <p class="borderimage1">url(../images/b1.png) 30 round</p>
19          <p class="borderimage2">url(../images/b1.png) 30 repeat</p>
20          <p class="borderimage3">url(../images/b1.png) 30 stretch</p>
21          <p class="borderimage4">url(../images/b1.png) 10 round</p>
22          <p class="borderimage5">url(../images/b1.png) 50% round</p>
23      </div>
24  </body>
25  </html>
```

**04** css3_04.html 페이지를 실행한다.


## (2) 배경 : 배경 이미지 중첩, background-size

### 1 배경 이미지 중첩

Advanced CSS에서는 여러 배경 이미지를 중첩해서 표현할 수 있다. 여러 배경 이미지를 중첩할 때는 각 속성에 여러 이미지의 값을 나열한다. 이미지를 2개를 중첩할 때는 background-image : url(../images/p1_s.png), url(../images/bluepaper.png);와 같이 나열한다. 이미지의 위치나 반복 여부도 추가한 이미지 순서대로 속성 값을 주어서 나열한다.

```
div{
  background-image:    url(../images/p1_s.png),   url(../images/bluepaper.png);
  background-position:  right bottom,               left top;
  background-repeat:    no-repeat,                  repeat;
}
```
배경 이미지 1    배경 이미지 2

또는 다음과 같이 background 속성을 사용해서 한 번에 값을 나열해도 된다.

```
div{
  background:   url(../images/p1_s.png) right bottom no-repeat,
url(../images/bluepaper.png) left top repeat;
}
```

bluepaper.png

p1_s.png

▲ 배경 이미지 중첩

배경 이미지 중첩을 사용하는 예제를 작성한다.

**실행 결과**

▲ css3_05.html 페이지 실행 결과

**01** 자료 파일의 [images] 폴더에서 제공하는 bluepaper.png, p1_s.png 파일을 복사해서 이클립스의 [Project Explorer] 뷰의 [webapp]-[images]에 붙여넣기한다.

**02** [ch04] 폴더에 "css3_05.css" 페이지를 작성한다.

```
01  @charset "UTF-8";
02
03  div{
04      width: 400px;
05      height: 300px;
06      padding: 10px 20px;
07      margin : 10px;
08      background-image: url(../images/p1_s.png), url(../images/bluepaper.
    png);
09      background-position: right bottom, left top;
```

```
10        background-repeat: no-repeat, repeat;
11   }
```

③ [ch04] 폴더에 "css3_05.html" 페이지를 작성한다.

```
01   <!DOCTYPE html>
02   <html>
03   <head>
04   <meta charset="UTF-8">
05   <meta name="viewport" content="width=device-width,initial-scale=1.0"/>
06   <title>CSS3 배경 이미지 중첩 연습</title>
07   <link rel="stylesheet" href="css3_05.css"/>
08   </head>
09   <body>
10      <div>
11         <p>안시성 전투는 645년(보장왕 4년)에 고구려를 침략한 당나라 군대를 안
          시성에서 물리치고 고구려가 승리한 싸움이다.</p>
12      </div>
13
14   </body>
15   </html>
```

④ css3_05.html 페이지를 실행한다.


## 2 background-size 속성

Advanced CSS에서는 background-size 속성을 사용해서 배경 이미지의 크기를 조절
할 수 있다.

```
background-size : 이미지 사이즈 ;
```

• 이미지 사이즈 : 이미지 사이즈에는 가로/세로의 px 단위 값, contain, cover를 지정할 수 있다. contain은 이미지의 가로/세로를 내용 영역에 딱 맞는 크기로 지정하고, cover는 배경 이미지에 의해 내용 영역이 완전히 덮인다. cover는 배경 이미지가 내용 영역을 완전히 덮지만 contain은 덮지 않을 수 있다.

background-size 속성은 다음과 같이 쓸 수 있다.

```
background-size : 150px 100px; /*가로 세로*/

background-size : contain; /*contain*/

background-size : cover; /*cover*/
```

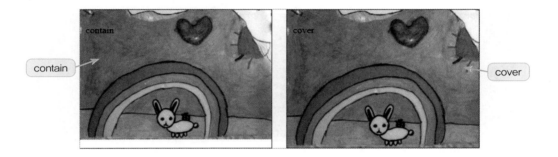

background-size 속성 사용하는 예제를 작성한다.

**실행 결과**

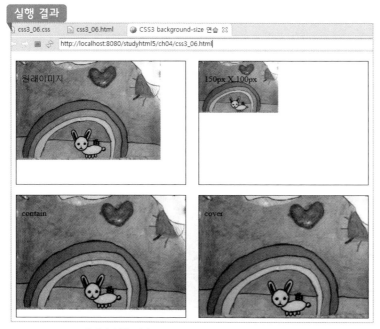

▲ css3_06.html 페이지 실행 결과

**01** [ch04] 폴더에 "css3_06.css" 페이지를 작성한다.

```
01  @charset "UTF-8";
02
03  div{
04      width: 300px;
05      height: 220px;
06      padding: 10px;
07      margin : 10px;
08      display : inline-block;
09      border: 1px solid black;
10  }
11
```

```
12  .bgimg1{
13      background: url(../images/cover_s.png) no-repeat;
14  }
15
16  .bgimg2{
17      background-image: url(../images/cover_s.png);
18      background-repeat: no-repeat;
19      background-size : 150px 100px;
20  }
21
22  .bgimg3{
23      background-image: url(../images/cover_s.png);
24      background-repeat: no-repeat;
25      background-size : contain;
26  }
27
28  .bgimg4{
29      background-image: url(../images/cover_s.png);
30      background-repeat: no-repeat;
31      background-size : cover;
32  }
```

**02** [ch04] 폴더에 "css3_06.html" 페이지를 작성한다.

```
01  <!DOCTYPE html>
02  <html>
03  <head>
04  <meta charset="UTF-8">
05  <meta name="viewport" content="width=device-width,initial-scale=1.0"/>
06  <title>CSS3 background-size 연습</title>
07  <link rel="stylesheet" href="css3_06.css"/>
08  </head>
09  <body>
```

```
10    <div class="bgimg1">
11       <p>원래이미지</p>
12    </div>
13    <div class="bgimg2">
14       <p>150px X 100px</p>
15    </div>
16    <div class="bgimg3">
17       <p>contain</p>
18    </div>
19    <div class="bgimg4">
20       <p>cover</p>
21    </div>
22  </body>
23  </html>
```

**03** css3_06.html 페이지를 실행한다.

## 3 ▷ 텍스트 효과 : text-shadow

text-shadow 속성은 글자에 그림자 등의 효과를 주어 이미지를 사용하던 기능을 대체한다. 이 속성을 사용하면 이미지를 로딩하는 것보다 빠른 속도로 웹 페이지를 서비스할 수 있다. text-shadow는 box-shadow와 비슷한 효과로, 글자에 그림자 효과를 준다. 벤더 프리픽스별 지정은 생략해도 된다.

```
text-shadow: h-shadow v-shadow blur color ;
```

• h-shadow : 가로 그림자 길이로 양수 또는 음수 값을 줄 수 있다. 양수로 지정하면 오른쪽으로 그림자가 생기고 음수이면 왼쪽으로 생긴다.
• v-shadow : 세로 그림자 길이로 양수 또는 음수 값을 줄 수 있다. 양수로 지정하면 아래쪽으로 그림자가 생기고 음수이면 위쪽으로 생긴다.
• blur : 그림자의 퍼짐 정도로, 숫자가 클수록 그림자가 더 퍼져 보인다.

• color : 그림자의 색

```
p { /*오른쪽 아래에 회색 그림자*/
    text-shadow : 5px 5px 5px #888888;
}
```

그림자 효과(text-shadow)

▲ text-shadow 사용 예

**text-shadow 속성 사용 예제**

text-shadow 속성을 사용해서 텍스트에 그림자 효과를 주는 예제를 작성한다. ⟨style⟩
태그를 사용하는 방법도 익히기 위해 따로 CSS 파일을 기술하지 않고 html 문서에 같이 기
술했다.

**실행 결과**

▲ css3_07.html 페이지 실행 결과

**01** [ch03] 폴더에서 "css3_07.html" 페이지를 작성한다.

```
01  <!DOCTYPE html>
02  <html>
03  <head>
04  <meta charset="UTF-8">
05  <meta name="viewport" content="width=device-width,initial-scale=1.0"/>
06  <title>text-shadow</title>
07  <style>
08    p{
09    text-shadow : 5px 5px 5px #888888;
10    }
11  </style>
```

```
12  </head>
13  <body>
14     <div>
15       <p>그림자 효과(text-shadow)</p>
16     </div>
17  </body>
18  </html>
```

소스코드 설명

8~10라인  `<p>` 태그의 텍스트에 그림자를 주는 스타일을 지정한다. 그림자는 오른쪽 아래에 회색으로 설정했다.

15라인  `<p>` 태그에 텍스트 그림자 효과가 적용된다.

**02** css3_07.html 페이지를 실행한다.

## 4 그래디언트 : linear-gradient, radial-gradient

Advanced CSS에서는 그러데이션 효과(둘 이상 색상간의 변환)를 지원한다. 이 속성을 사용하면 이미지 사용을 줄일 수 있어서 웹 페이지를 빠르게 서비스할 수 있다. CSS3의 그러데이션은 선형과 원형, 두 개의 타입으로 제공된다. 벤더 프리픽스는 아직 생략하지 않는다.

```
/*선형 그러데이션*/
linear-gradient(direction, color1, color2);
•direction : 그러데이션 방향으로 생략 시 위에서 아래로 변환. 왼쪽에서 오른쪽, 대각선 방향
 으로도 변환할 수 있다.
•color1 : 시작색
•color2 : 끝색
```

아래의 예는 id 속성 값이 g1인 태그의 배경색으로 그러데이션을 지정하는 것으로, 위에서 아래로 초록색에서 노란 색으로 변경된다. 엣지, 크롬은 표준이 적용된다.

```
#g1 {/*위에서 아래로 선형 그래디언트*/
    width : 250px;
    height : 150px;
    background: -webkit-linear-gradient(green, yellow); /*Safari*/
    background: -o-linear-gradient(green, yellow); /*Opera*/
    background: -moz-linear-gradient(green, yellow); /*Firefox*/
    background: linear-gradient(green, yellow); /*표준*/
}
```

▲ linear-gradient 사용 예 : 위 → 아래

아래의 예는 id 속성 값이 g2인 태그의 배경색으로 그러데이션을 지정하는 것으로, 왼쪽
에서 오른쪽으로 초록색에서 노란 색으로 변경된다. 엣지, 크롬은 표준이 적용된다.

```
#g2 {/*왼쪽에서 오른쪽으로 선형 그래디언트*/
    width : 250px;
    height : 150px;
    background: -webkit-linear-gradient(left, green, yellow); /*Safari*/
    background: -o-linear-gradient(right, green, yellow); /*Opera*/
    background: -moz-linear-gradient(right, green, yellow); /*Firefox*/
    background: linear-gradient(to right, green, yellow); /*표준*/
}
```

▲ linear-gradient 사용 예 : 왼쪽 → 오른쪽

```
/*원형 그러데이션*/
radial-gradient(center, color1, color2);
• center : 중심 색을 지정할 수 있고, 타원 모양 또는 원형 모양을 선택하고 중심 색을 지정할 수
  도 있다. 기본적으로 타원 모양으로 그러데이션이 설정된다.
• color1 : 시작색
• color2 : 끝색
```

아래의 예는 id 속성 값이 g3인 태그의 배경색으로 그러데이션을 지정하는 것으로, 중심
에서 밖으로 타원 모양으로 중심 색 파랑에서 초록색으로 거쳐 노란 색으로 변경된다. 엣지,
크롬은 표준이 적용된다.

```
#g3 {/*타원형 그래디언트*/
    width : 250px;
    height : 150px;
    background: -webkit-radial-gradient(red, green, yellow); /*Safari*/
    background: -o-radial-gradient(red, green, yellow); /*Opera*/
    background: -moz-radial-gradient(red, green, yellow); /*Firefox*/
    background: radial-gradient(red, green, yellow); /*표준*/
}
```

▲ radial-gradient 사용 예 : 타원형

아래의 예는 id 속성 값이 g4인 태그의 배경색으로 그러데이션을 지정하는 것으로, 중심
에서 밖으로 원형 모양으로 중심 색 파랑에서 초록색으로 거쳐 노란 색으로 변경된다. 엣지,
크롬은 표준이 적용된다.

```
#g4 {/*원형 그래디언트*/
    width : 250px;
    height : 150px;
    background: -webkit-radial-gradient(circle, red, green, yellow); /*Safari*/
    background: -o-radial-gradient(circle, red, green, yellow); /*Opera*/
    background: -moz-radial-gradient(circle, red, green, yellow); /*Firefox*/
    background: radial-gradient(circle, red, green, yellow); /*표준*/
}
```

▲ radial-gradient 사용 예 : 원형

<br>

**실습** linear-gradient, radial-gradient 속성 사용 예제

CSS의 linear-gradient, radial-gradient속성을 사용해서 그래디언트 효과를 주는
예제를 작성한다.

**실행 결과**

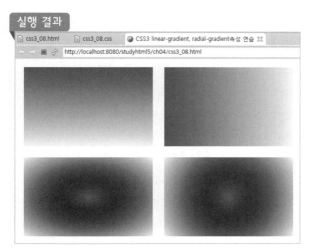

▲ css3_08.html 페이지 실행 결과

**01** [ch04] 폴더에 "css3_08.css" 페이지를 작성한다.

```css
01 @charset "UTF-8";
02
03 div{
04     width : 250px;
05     height : 150px;
06     padding: 10px;
07     margin : 10px;
08     display : inline-block;
09 }
10
11 #g1 {/*위에서 아래로 선형 그래디언트*/
12     background: -webkit-linear-gradient(green, yellow); /*Safari*/
13     background: -o-linear-gradient(green, yellow); /*Opera*/
14     background: -moz-linear-gradient(green, yellow); /*Firefox*/
15     background: linear-gradient(green, yellow); /*표준*/
16 }
17 #g2 {/*왼쪽에서 오른쪽으로 선형 그래디언트*/
18     background: -webkit-linear-gradient(left, green, yellow); /*Safari*/
19     background: -o-linear-gradient(right, green, yellow); /*Opera*/
20     background: -moz-linear-gradient(right, green, yellow); /*Firefox*/
21     background: linear-gradient(to right, green, yellow); /*표준*/
22 }
23 #g3 {/*타원형 그래디언트*/
24     background: -webkit-radial-gradient(red, green, yellow); /*Safari*/
25     background: -o-radial-gradient(red, green, yellow); /*Opera*/
26     background: -moz-radial-gradient(red, green, yellow); /*Firefox*/
27     background: radial-gradient(red, green, yellow); /*표준*/
28 }
29 #g4 {/*원 형 그래디언트*/
30     background: -webkit-radial-gradient(circle, red, green, yellow); /*Safari*/
31     background: -o-radial-gradient(circle, red, green, yellow); /*Opera*/
```

```
32      background: -moz-radial-gradient(circle, red, green, yellow); /*Firefox*/
33      background: radial-gradient(circle, red, green, yellow); /*표준*/
34  }
```

❷ [ch04] 폴더에 "css3_08.html" 페이지를 작성한다.

```
01  <!DOCTYPE html>
02  <html>
03  <head>
04  <meta charset="UTF-8">
05  <meta name="viewport" content="width=device-width,initial-scale=1.0"/>
06  <title>CSS3 linear-gradient, radial-gradient속성 연습</title>
07  <link rel="stylesheet" href="css3_08.css"/>
08  </head>
09  <body>
10      <div id="g1"></div>
11      <div id="g2"></div>
12      <div id="g3"></div>
13      <div id="g4"></div>
14  </body>
15  </html>
```

❸ css3_08.html 페이지를 실행한다.

transform 속성은 개체나 이미지 등의 이동, 회전, 확대/축소, 왜곡 등의 효과를 제공한다. 이들 효과는 translate( ), rotate( ), scale( ), skew( ) 메소드를 사용해서 한다. 벤더 프리픽스는 아직 생략하지 않는다.

## (1) translate( ) : 이동

개체(태그)를 지정한 픽셀만큼 가로만, 세로만, 또는 가로세로 모두 이동시킨다.

translateX(x) : 가로만 이동시킬 때 사용. x는 가로로 이동할 픽셀 수
translateY(y) : 세로만 이동시킬 때 사용. y는 세로로 이동할 픽셀 수
translate(x,y) : 가로세로 모두 이동시킬 때 사용. x,y는 이동할 픽셀 수

아래의 예는 id 속성 값이 t1인 〈div〉 태그를 translate(x,y) 메소드를 사용해서 지정한 픽셀 수 만큼 이동시킨다. 엣지, 크롬은 표준이 적용된다.

```
div {
    width: 100px;
    height: 60px;
    background-color: gray;
    border: 1px solid black;
}

div#t1{
    -webkit-transform: translate(10px,10px); /*Safari, Opera*/
    transform: translate(10px,10px); /*표준*/
}
```

원래 사각형

(10,10)이동

▲ translate(x,y) 사용 예

## (2) rotate( ) : 회전

개체(태그)를 지정한 각도만큼 회전시킨다.

> rotate(deg) : 주어진 deg만큼 태그를 회전 시킨다. deg는 각도.

아래의 예는 id 속성 값이 t2인 〈div〉 태그를 rotate(deg) 메소드를 사용해서 지정한 각
도로 회전시킨다. 엣지, 크롬은 표준이 적용된다.

```
div#t2{/*45도 회전*/
    -webkit-transform: rotate(45deg); /*Safari, Opera*/
    transform: rotate(45deg); /*표준*/
}
```

▲ rotate(deg) 사용 예

## (3) scale( ) : 확대/축소

주어진 값에 따라 개체(태그)를 지정한 크기만큼 확대하고 축소한다.

> scale(x,y) : 주어진 x,y만큼 개체를 확대/축소한다. x,y값이 1이상이면 확대, 0~1사이이면 축
> 소된다.

아래의 예는 id 속성 값이 t3인 〈div〉 태그를 scale(x,y) 메소드를 사용해서 지정한 크기
만큼 확대 축소한다. 엣지, 크롬은 표준이 적용된다.

```
div#t3{/*가로1배, 세로 0.5배 축소*/
    -webkit-transform: scale(1,0.5); /*Safari, Opera*/
    transform: scale(1,0.5); /*표준*/
}
```

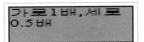

▲ scale(x,y) 사용 예

## (4) skew( ) : 왜곡

지정한 각도 값을 가지고 개체를 왜곡한다.

> skew(xDeg,yDeg) : 주어진 xDeg, yDeg만큼 개체를 왜곡한다. xDeg, yDeg값은 각도.

아래의 예는 id 속성 값이 t4인 〈div〉 태그를 skew(xDeg,yDeg) 메소드를 사용해서 왜곡한다. 엣지, 크롬은 표준이 적용된다.

```
div#t4{/*x축 20도,y축 10도 왜곡*/
    -webkit-transform: skew(20deg,10deg); /*Safari,Opera*/
    transform: skew(20deg,10deg); /*표준*/
}
```

▲ skew(xDeg,yDeg)사용 예

---

**실습** **transform 속성 사용 예제**

transform 속성을 사용해서 〈div〉 태그를 이동, 회전, 확대/축소, 왜곡하는 예제를 작성한다.

**실행 결과**

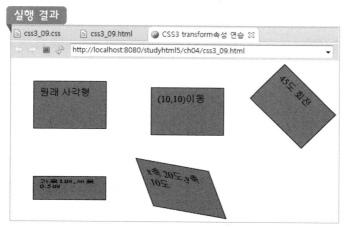

▲ css3_09.html 페이지 실행 결과

**01** [ch04] 폴더에 "css3_09.css" 페이지를 작성한다.

```css
01  @charset "UTF-8";
02
03  div{
04      width : 100px;
05      height : 60px;
06      padding: 10px;
07      margin : 30px;
08      background-color: gray;
09      border: 1px solid black;
10      display : inline-block;
11  }
12
13  div#t1{/*(10,10)이동*/
14      -webkit-transform: translate(10px,10px); /* Safari, Opera */
15      transform: translate(10px,10px); /* 표준 */
16  }
17  div#t2{/*45도 회전*/
18      -webkit-transform: rotate(45deg); /* Safari, Opera */
19      transform: rotate(45deg); /* 표준 */
20  }
21  div#t3{/*가로1배,세로 0.5배 축소*/
22      -webkit-transform: scale(1,0.5); /* Safari, Opera */
23      transform: scale(1,0.5); /* 표준 */
24  }
25  div#t4{/*x축 20도,y축 10도 왜곡*/
26      -webkit-transform: skew(20deg,10deg); /* Safari, Opera */
27      transform: skew(20deg,10deg); /* 표준 */
28  }
```

**02** [ch04] 폴더에 "css3_09.html" 페이지를 작성한다.

```
01  〈!DOCTYPE html〉
02  〈html〉
03  〈head〉
04  〈meta charset="UTF-8"〉
05  〈meta name="viewport" content="width=device-width,initial-scale=1.0"/〉
06  〈title〉CSS3 transform속성 연습〈/title〉
07  〈link rel="stylesheet" href="css3_09.css"/〉
08  〈/head〉
09  〈body〉
10   〈div〉원래 사각형〈/div〉
11   〈div id="t1"〉(10,10)이동〈/div〉
12   〈div id="t2"〉45도 회전〈/div〉
13   〈div id="t3"〉가로1배,세로 0.5배〈/div〉
14   〈div id="t4"〉x축 20도,y축 10도〈/div〉
15  〈/body〉
16  〈/html〉
```

**03** css3_01.html 페이지를 실행한다.


**6** ▷ **트랜지션 : transition**

어떤 형태에서 다른 형태로의 변환을 주는 기능으로, 예를 들어 사각형에 마우스 포인터를 가져다 대면 줄어들거나 커지는 등의 변환을 줄 수 있다. 벤더 프리픽스는 아직 생략하지 않는다.

Advanced CSS 트랜지션 기능을 사용하려면 원하는 형태 변환을 기술하고, 그 형태로 변환될 때의 지속 시간을 기술해야 한다. 예를 들어 다음과 같은 경우, 형태 변환이 가로 너비(width)이고 이 변환의 지속 시간이 2초(2s)이다.

```
div {/* 형태변환 - width, 지속시간 - 2s */
    transition: width 2s;
}
```
형태변환    지속시간

```
div:hover{ /*마우스 포인터가 위치하면 적용되는 형태변환 기술*/
    width: 300px; /*〈div〉 태그에 마우스 포인터가 위치하면 너비가 300px로 변환*/
}
```

아래의 예는 〈div〉 태그에 마우스 포인터가 위치하면 크기가 변하면서 1번 회전하고 배경색을 바꾼다. 엣지, 크롬은 표준이 적용된다.

```
div {/*div 엘리먼트의 원래 형태*/
    width: 100px;
    height: 100px;
    background: yellow;
    /*변환 - width, height, background, transform / 지속시간 - 1s*/
    -webkit-transition: width 1s, height 1s, background 1s, -webkit-transform 1s;
    /* Safari */
    transition: width 1s, height 1s, background 1s, transform 1s; /*표준*/
}
```
형태 변환- 가로, 세로, 배경, 트랜스폼(회전)이 1초 안에 이루어짐

```
div:hover {/*div 엘리먼트에 마우스 포인터를 위치하면 변환될 형태*/
    width: 150px;
    height: 150px;
    background: green;
    -webkit-transform: rotate(360deg); /*Safari, Opera*/
    transform: rotate(360deg);
}
```
마우스 포인터가 위치하면 360도 회전

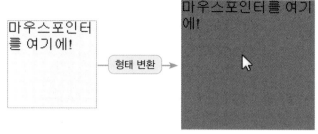

▲ transition 사용 예

실습 **transition 속성 사용 예제**

transition 속성을 사용해서 〈div〉 태그에 마우스 포인터를 위치시키면 1번 회전하면서 영역의 크기와 배경이 변경되는 예제를 작성한다.

**실행 결과**

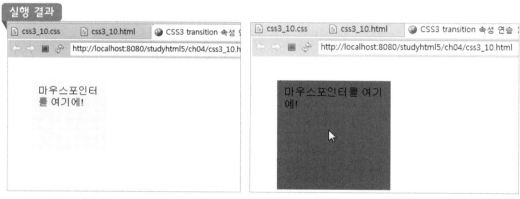

▲ css3_10.html 페이지 실행 결과      ▲ css3_10.html 페이지에서 사각형 부분에 마우스 포인터 위치 시

**01** [ch04] 폴더에 "css3_10.css" 페이지를 작성한다.

```
01   @charset "UTF-8";
02
03   div{/*div엘리먼트의 원래형태*/
04       width: 100px;
05       height: 100px;
06       padding: 10px;
07       margin : 30px;
```

```
08      background: yellow;
09      display : inline-block;
10      /*변환 - width, height, background, transform 및 지속시간 - 1s*/
11              -webkit-transition: width 1s, height 1s, background 1s,
   -webkit-transform 1s; /* Safari */
12      transition: width 1s, height 1s, background 1s, transform 1s; /*표준*/
13  }
14
15  div:hover {/*div엘리먼트에 마우스포인터를 위치하면 변환될 형태*/
16      width: 150px;
17      height: 150px;
18      background: green;
19      -webkit-transform: rotate(360deg); /* Safari, Opera */
20      transform: rotate(360deg);
21  }
```

② [ch04] 폴더에 "css3_10.html" 페이지를 작성한다.

```
01  <!DOCTYPE html>
02  <html>
03  <head>
04  <meta charset="UTF-8">
05  <meta name="viewport" content="width=device-width,initial-scale=1.0"/>
06  <title>CSS3 transition 속성 연습</title>
07  <link rel="stylesheet" href="css3_10.css"/>
08  </head>
09  <body>
10  <div>마우스포인터를 여기에!</div>
11  </body>
12  </html>
```

③ css3_01.html 페이지를 실행한다.

**7** 애니메이션 : @keyframes, animation

Advanced CSS의 애니메이션 기능은 개체나 이미지 등에 움직임 효과를 주는 것으로 기존의 자바스크립트나 플래시 등에서 하던 작업을 대체한다. 벤더 프리픽스는 아직 생략하지 않는다.

Advanced CSS에서 애니메이션은 사용하려면 애니메이션 규칙 등을 @keyframes 규칙에 정의하고 이 정의한 규칙을 필요한 곳에서 animation을 사용해서 쓴다.

**01** @keyframes 규칙을 사용해서 애니메이션을 정의하는 방법은 다음과 같다.

```
@keyframes moveRec { /*moveRec은 애니메이션 규칙이름. 임의로 지정*/
    start /*start는 애니메이션이 시작할 때 형태 등을 지정*/
    ... /*특정 지점에서의 형태 등을 지정*/
    end /*start는 애니메이션이 끝날 때 형태 등을 지정*/
}
```

**02** 이렇게 정의한 규칙은 필요한 곳에서 [animation : 사용할규칙 지속시간]과 같이 사용할 규칙 이름을 기술해서 사용할 수 있다.

```
div {/* moveRec : 사용할 규칙 이름, 1s : 애니메이션 지속시간*/
    animation: moveRec 1s ;
}
```

아래의 예는 웹 페이지가 표시되면 자동으로 〈div〉 태그 영역이 이동하면서 배경색을 바꾼다. 엣지, 크롬은 표준이 적용된다.

```
div {
    width: 100px;
    height: 100px;
    background: red;
    position: relative;

    /*애니메이션 규칙 사용*/
```

352 | 쉽게 배우는 HTML5 & CSS3 그리고 JavaScript

```
    /* moveRec : 사용할 규칙 이름, 1s : 애니메이션 지속 시간*/
    animation: moveRec 1s;
}


/*애니메이션 규칙 정의*/
@-webkit-keyframes moveRec { /*Safari, Opera */
    0%   {background:red; left:0px; top:0px;} /*시작 지점에서의 형태*/
    100% {background:blue; left:200px; top:0px;}  /*마지막 지점에서의 형태*/
}
@keyframes moveRec { /*표준*/
 0%   {background:red; left:0px; top:0px;} /*시작 지점에서의 형태*/
 100% {background:blue; left:200px; top:0px;}  /*마지막 지점에서의 형태*/
}
```

▲ animation 사용 예

---

**애니메이션 사용 예제**

애니메이션을 사용해서 사각형의 이동 예제를 작성한다.

실행 결과

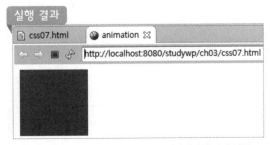

▲ css3_11.html 페이지 실행 결과 – 애니메이션 시작 부분

▲ css3_11.html 실행 결과 – 애니메이션 끝 부분

**01** [ch04] 폴더에 "css3_11.css" 페이지를 작성한다.

```css
01  @charset "UTF-8";
02
03  div {
04      width: 100px;
05      height: 100px;
06      background: red;
07      position: relative;
08
09      /*애니메이션 규칙 사용*/
10      /*moveRec : 사용할 규칙 이름, 1s : 애니메이션 지속시간*/
11      -webkit-animation: moveRec 1s; /*Safari, Opera */
12      animation: moveRec 1s;
13  }
14
15  /*애니메이션 규칙 정의*/
16  @-webkit-keyframes moveRec {/*Safari, Opera*/
17      0%   {background:red; left:0px; top:0px;} /*시작 지점에서의 형태*/
18      100% {background:blue; left:200px; top:0px;} /*마지막 지점에서의 형
    태*/
19  }
20  @keyframes moveRec {/*표준*/
21      0%   {background:red; left:0px; top:0px;} /*시작 지점에서의 형태*/
22      100% {background:blue; left:200px; top:0px;} /*마지막 지점에서의 형
    태*/
23  }
```

**02** [ch04] 폴더에 "css3_11.html" 페이지를 작성한다.

```html
01  <!DOCTYPE html>
02  <html>
```

```
03  〈head〉a
04  〈meta charset="UTF-8"〉
05  〈meta name="viewport" content="width=device-width,initial-scale=1.0"/〉
06  〈title〉CSS3 애니메이션 연습〈/title〉
07  〈link rel="stylesheet" href="css3_11.css"/〉
08  〈/head〉
09  〈body〉
10    〈div〉애니메이션〈/div〉
11  〈/body〉
12  〈/html〉
```

**03** css3_11.html 페이지를 실행한다.

<br>

**8** 필터 : filter

filter 속성은 이미지 등에 사진에서 사용하는 블러, 밝기 조절, 세피아와 같은 필터 기능을 줄 때 사용한다. 엣지에서는 아직 이 기능을 제공하지 않는다.

```
filter : 필터 값 ;
```

• 필터 값 : 필터 값에는 none, blur( ), brightness( ), contrast( ), drop-shadow( ), gray-scale( ), hue-rotate( ), invert( ), opacity( ), saturate( ), sepia( ) 등이 올 수 있다.

### ❶ blur(px)

블러(퍼져보임) 값을 px로 지정한다. px값이 클수록 더 퍼진다.

```
filter: blur(3px);
```

▲ 원래 이미지    ▲ blur(3px) 이미지

## 2 brightness(%)

밝기(명도)를 %로 지정한다. 100% 미만이면 원래 이미지보다 어두워지며, 0%이면 이미지가 완전 검정색이 된다. 100%이면 원래의 이미지로 표시되고, 100% 이상이면 원래 이미지보다 밝아진다.

```
filter: brightness(150%);
```

▲ 원래 이미지    ▲ brightness(150%) 이미지

## 3 contrast(%)

대비(콘트라스트)를 %로 지정한다. 100% 미만이면 원래 이미지보다 대비가 커지며, 0%이면 이미지가 완전 검정색이 된다. 100%이면 원래의 이미지로 표시되고, 100% 이상이면 원래 이미지보다 대비가 적어진다.

```
filter: contrast(200%);
```

▲ 원래이미지                    ▲ contrast(200%) 이미지

## 4 drop-shadow(h-shadow v-shadow blur color)

그림자를 지정한다. 그림자를 주는 방식은 box-shadow( )와 유사하다. drop-shadow(가로px 세로px 블러px 색상)로 지정한다.

```
filter: drop-shadow(5px 5px 5px gray);
```

▲ 원래 이미지                   ▲ drop-shadow(5px 5px 5px gray) 이미지

## 5 grayscale(%)

그레이스케일(회색조)을 %로 지정한다. 0%이면 원래 이미지이고, 100%이면 완전 회색 이미지로 표시된다.

```
filter: grayscale(100%);
```

▲ 원래 이미지　　　　　　　▲ grayscale(100%) 이미지

## 6 hue-rotate(deg)

색도를 deg로 지정한다. 0/360deg는 원래 이미지, 90deg면 청록색, 180deg면 보라색, 270deg면 핑크색 계열로 지정된다.

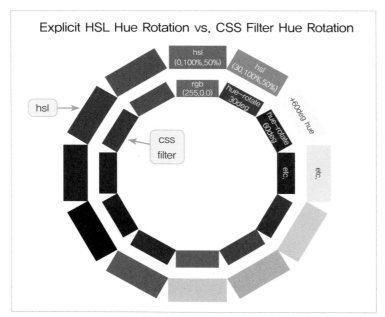

▲ hue-rotate(발췌 – https://docs.webplatform.org/wiki/File:saturated_hue_rotation.JPG)

```
filter: hue-rotate(180deg);
```

▲ 원래 이미지

▲ hue-rotate(180deg) 이미지

## 7 invert(%)

전도를 %로 지정한다. 0%이면 원래 이미지이고, 100%이면 완전 전도된다.

```
filter: invert(100%);
```

▲ 원래 이미지

▲ invert(100%) 이미지

## 8 opacity(%)

투명도를 %로 지정한다. 0%이면 완전 투명 이미지이고, 100%이면 완전 불투명 이미지이다.

```
filter: opacity(50%);
```

▲ 원래 이미지　　　　　　▲ opacity(50%) 이미지

### 9 saturate(%)

채도를 %로 지정한다. 100% 미만이면 원래 이미지보다 채도가 적어지고, 0%이면 이미지에 채도가 완전히 없어진다. 100%이면 원래의 이미지로 표시되고, 100% 이상이면 원래 이미지 보다 채도가 커진다.

```
filter: saturate(300%);
```

▲ 원래 이미지　　　　　　▲ saturate(300%) 이미지

### 10 sepia(%)

세피아(적갈색)를 %로 지정한다. 0%이면 원래 이미지이고, 100%이면 완전 세피아로 표시된다.

```
filter: sepia(100%);
```

▲ 원래 이미지                ▲ sepia(100%) 이미지

filter 속성 사용

filter 속성 사용하는 예제를 작성한다. 이 예제는 크롬 또는 엣지 브라우저에서 실행한다.

실행 결과

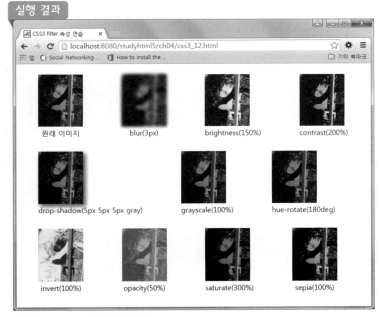

▲ css3_12.html 페이지 실행 결과

**01** [ch04] 폴더에 "css3_12.css" 페이지를 작성한다.

```css
01  @charset "UTF-8";
02
03  figure {
04      display : inline-block;
05  }
06
07  img{
08      width : 100px;
09      height : 120px;
10  }
11
12  figcaption{
13      text-align : center;
14  }
15
16  .blur{
17      -webkit-filter: blur(3px); /*Chrome, Safari, Opera*/
18      filter: blur(3px); /*표준*/
19  }
20
21  .brightness{
22      -webkit-filter: brightness(150%); /*Chrome, Safari, Opera*/
23      filter: brightness(150%); /*표준*/
24  }
25
26  .drop-shadow{
27      -webkit-filter: drop-shadow(5px 5px 5px gray) ; /*Chrome, Safari, Opera*/
28      filter: drop-shadow(5px 5px 5px gray); /*표준*/
29  }
30
31  .grayscale{
```

```
32      -webkit-filter: grayscale(100%); /*Chrome, Safari, Opera*/
33      filter: grayscale(100%); /*표준*/
34  }

35

36  .contrast{
37      -webkit-filter: contrast(200%); /*Chrome, Safari, Opera*/
38      filter: contrast(200%); /*표준*/
39  }

40

41  .hue-rotate{
42      -webkit-filter: hue-rotate(180deg); /*Chrome, Safari, Opera*/
43      filter: hue-rotate(180deg); /*표준*/
44  }

45

46  .invert
47      -webkit-filter: invert(100%); /*Chrome, Safari, Opera*/
48      filter: invert(100%); /*표준*/
49  }

50

51  .opacity{
52      -webkit-filter: opacity(50%); /*Chrome, Safari, Opera*/
53      filter: opacity(50%); /*표준*/
54  }

55

56  .saturate{
57      -webkit-filter: saturate(300%); /*Chrome, Safari, Opera*/
58      filter: saturate(300%); /*표준*/
59  }

60

61  .sepia{
62      -webkit-filter: sepia(100%); /*Chrome, Safari, Opera*/
63      filter: sepia(100%); /*표준*/
64  }
```

**02** [ch04] 폴더에 "css3_12.html" 페이지를 작성한다.

```html
01  <!DOCTYPE html>
02  <html>
03  <head>
04  <meta charset="UTF-8">
05  <meta name="viewport" content="width=device-width,initial-scale=1.0"/>
06  <title>CSS3 filter 속성 연습</title>
07  <link rel="stylesheet" href="css3_12.css"/>
08  </head>
09  <body>
10     <figure>
11        <img src="../images/tree.png">
12     <figcaption>원래 이미지</figcaption>
13        </figure>
14     <figure>
15        <img src="../images/tree.png" class="blur">
16        <figcaption>blur(3px)</figcaption>
17     </figure>
18     <figure>
19        <img src="../images/tree.png" class="brightness">
20        <figcaption>brightness(150%)</figcaption>
21     </figure>
22     <figure>
23        <img src="../images/tree.png" class="contrast">
24        <figcaption>contrast(200%)</figcaption>
25     </figure>
26     <figure>
27        <img src="../images/tree.png" class="drop-shadow">
28        <figcaption>drop-shadow(5px 5px 5px gray)</figcaption>
29     </figure>
```

```
30    〈figure〉
31      〈img src="../images/tree.png" class="grayscale"〉
32      〈figcaption〉grayscale(100%)〈/figcaption〉
33    〈/figure〉
34    〈figure〉
35      〈img src="../images/tree.png" class="hue-rotate"〉
36      〈figcaption〉hue-rotate(180deg)〈/figcaption〉
37    〈/figure〉
38    〈figure〉
39      〈img src="../images/tree.png" class="invert"〉
40      〈figcaption〉invert(100%)〈/figcaption〉
41    〈/figure〉
42    〈figure〉
43      〈img src="../images/tree.png" class="opacity"〉
44      〈figcaption〉opacity(50%)〈/figcaption〉
45    〈/figure〉
46    〈figure〉
47      〈img src="../images/tree.png" class="saturate"〉
48      〈figcaption〉saturate(300%)〈/figcaption〉
49    〈/figure〉
50    〈figure〉
51      〈img src="../images/tree.png" class="sepia"〉
52      〈figcaption〉sepia(100%)〈/figcaption〉
53    〈/figure〉
54  〈/body〉
55  〈/html〉
```

**03** css3_12.html 파일을 크롬 또는 엣지 브라우저를 사용해서 실행한다.

CSS의 각종 기능들을 사용하면 이미지 편집 프로그램을 사용하지 않고도 이미지를 꾸밀 수 있다.

## (1) 라운드 이미지(round image)

border-radius 속성의 값은 px 단위 뿐 만 아니라 %로도 지정할 수 있다. px값이 커지면 점점 원형에 가까워지는데, 좀더 정확하게 원형을 지정하려면 50%로 설정한다.

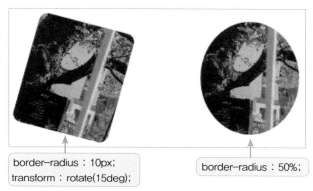

border-radius : 10px;
transform : rotate(15deg);

border-radius : 50%;

▲ border-radius 속성을 사용한 라운드 이미지

---

**실습** 라운드 이미지 사용

border-radius, transform, filter 속성을 사용해서 이미지를 꾸미는 예제를 작성한다. filter 속성을 사용했기 때문에 실행은 크롬 또는 엣지 브라우저를 사용한다.

◀ css3_13.html 페이지 실행 결과

**①** [ch04] 폴더에 "css3_13.css" 페이지를 작성한다.

```css
01  @charset "UTF-8";
02
03  div {
04      margin : 10px;
05      display : inline-block;
06  }
07
08  img{
09      width : 110px;
10      height : 130px;
11      /*세피아 지정*/
12      -webkit-filter: sepia(100%); /*Chrome, Safari, Opera*/
13      filter: sepia(100%); /*표준*/
14  }
15
16  .roundrec{
17      border-radius: 10px; /*라운드 사각 틀*/
18      /*15도 회전*/
19      -webkit-transform: rotate(15deg); /*Safari, Opera*/
20      transform: rotate(15deg); /*표준*/
21  }
22
23  .circle{
24      border-radius: 50%; /*원형 틀*/
25  }
```

**②** [ch04] 폴더에 "css3_13.html" 페이지를 작성한다.

```html
01  <!DOCTYPE html>
02  <html>
03  <head>
04  <meta charset="UTF-8">
```

```
05  <meta name="viewport" content="width=device-width,initial-scale=1.0"/>
06  <title>CSS3 라운드 이미지 연습</title>
07  <link rel="stylesheet" href="css3_13.css"/>
08  </head>
09  <body>
10      <div>
11          <p>라운드 사각형 틀 이미지</p>
12          <img src="../images/tree.png" class="roundrec">
13      </div>
14      <div>
15          <p>원형 틀 이미지</p>
16          <img src="../images/tree.png" class="circle">
17      </div>
18  </body>
19  </html>
```

**03** css3_13.html 파일을 크롬 또는 엣지 브라우저를 선택해서 실행한다.

## (2) 썸네일 이미지(thumbnail image)

모바일 웹 사이트에서는 화면의 크기가 작아서 원본 이미지가 제대로 표현되지 못하는 점을 보완하기 위해서, 이미지를 클릭하면 원본 이미지가 별도의 창(또는 탭)에 표시되는 것을 종종 볼 수 있다. 이것을 썸네일 이미지라고 한다. 원래 이미지에 비해 작게 표시되는 이미지를 엄지손톱(thumbnail)만하다고 해서 썸네일 이미지라고 부른다. 썸네일 이미지는 쇼핑몰 등의 각종 사이트에서 많이 제공된다.

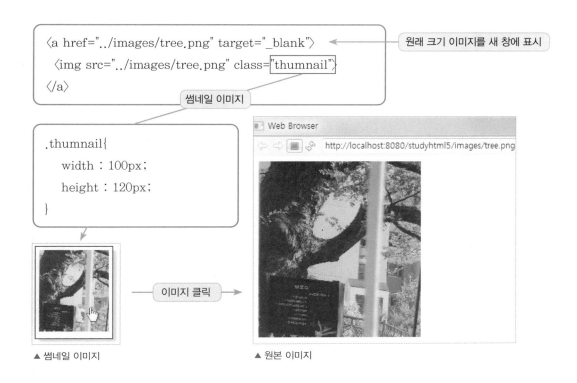

```
<a href="../images/tree.png" target="_blank">
  <img src="../images/tree.png" class="thumnail">
</a>
```

원래 크기 이미지를 새 창에 표시

썸네일 이미지

```
.thumnail{
    width : 100px;
    height : 120px;
}
```

Web Browser
http://localhost:8080/studyhtml5/images/tree.png

이미지 클릭

▲ 썸네일 이미지                          ▲ 원본 이미지

**실습**  썸네일 이미지 사용

〈a〉 태그와 a, a : hover 실렉터 및 transition, box-shadow 속성을 사용해서 마우스
포인터가 이미지에 위치하면 이미지의 선택을 시각화하고, 클릭하면 원래 이미지를 새 창
(또는 새 탭)에 표시하는 예제를 작성한다. 새 창이 새 탭으로 표시되는 요즘 스타일의 웹 브라
우저 형식으로 실행되게 하려면 크롬 또는 엣지 브라우저와 같은 외부 브라우저에서 실행한다.

**실행 결과**

▲ css3_14.html 페이지 실행 결과

**01** [ch04] 폴더에 "css3_14.css" 페이지를 작성한다.

```css
01   @charset "UTF-8";
02
03   div {
04        margin : 10px;
05   }
06
07   a{ /*〈a〉 태그에 스타일 지정*/
08        display : inline-block;
09        padding : 5px;
10        border : 1px solid black;
11        transition : 0.5s;
12   }
13
14   .thumnail{
15        width : 100px;
16        height : 120px;
17   }
18
19   a:hover{ /*〈a〉 태그에 마우스포인터가 위치하면 적용됨*/
20        box-shadow : 5px 5px 5px gray;
21   }
```

**소스코드 설명**

7~12라인   a 실렉터와 19~21라인의 a:hover 실렉터를 사용해서 선택된 이미지를 시각적으로
표현한다. 11라인에서 〈a〉 태그에 주는 스타일을 0.5초 동안 적용하고 20라인에서 마우스 포인터
가 위치라면 오른쪽 아래에 그림자가 표시되기 때문에, 마우스 포인터가 위치하면 대상 이미지가
앞으로 떠오르게 보인다.

▲ 일반 상태의 이미지    ▲ 마우스 포인터가 위치했을 때의 이미지

**02** [ch04] 폴더에 "css3_14.html" 페이지를 작성한다.

```
01  <!DOCTYPE html>
02  <html>
03  <head>
04  <meta charset="UTF-8">
05  <meta name="viewport" content="width=device-width,initial-scale=1.0"/>
06  <title>CSS3 썸네일 이미지 연습</title>
07  <link rel="stylesheet" href="css3_14.css"/>
08  </head>
09  <body>
10    <div>
11      <p>썸네일 이미지</p>
12      <a href="../images/tree.png" target="_blank">
13        <img src="../images/tree.png" class="thumnail">
14      </a>
15    </div>
16  </body>
17  </html>
```

**03** css3_14.html 파일을 엣지 또는 크롬 브라우저를 선택해서 실행한다.

썸네일 이미지를 클릭하면 새 창(또는 새 탭)에 원래 크기의 이미지가 표시된다.

## (3) 반응형 이미지(Responsive Images)

화면의 크기가 작아지면 웹 브라우저에 표시되는 이미지가 잘라져서 표시되는 것은 화면 크기가 다양한 요즘에는 적합하지 않다.

▲ 큰 화면에서 제대로 표시되는 이미지          ▲ 작은 화면에서 잘려서 표시되는 이미지

요즘의 웹 사이트들은 화면의 크기에 따라 자동으로 이미지의 크기와 배치를 바꿀 수 있는 반응형 이미지를 제공한다. 이런 반응형 이미지는 화면의 크기에 따라 최적의 이미지 크기를 제공하기 때문에 이미지가 잘리지 않는다. 반응형 이미지를 구현하려면 이미지의 가로 너비를 100%로 지정한다.

```
max-width : 100%;
```

▲ 화면이 작아지면 이미지가 작아짐

이때 가로 너비 속성을 max-width를 사용하면, 화면이 작은 경우 이미지가 잘리지 않고 화면이 아주 커져도 원래 이미지 파일의 크기보다 커지는 것을 방지한다. 이미지가 원래의 크기보다 커지는 경우 이미지의 품질이 떨어질 수 있고, 화면의 배치 등에 좋지 않기 때문이다.

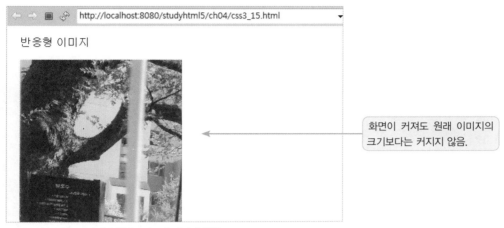

화면이 커져도 원래 이미지의 크기보다는 커지지 않음.

▲ 화면이 커져도 이미지가 원래크기보다 커지지 않음

### 실습  반응형 이미지 사용

max-width속성 사용해서 반응형 이미지 예제를 작성한다.

실행 결과

▲ css3_15.html 페이지 실행 결과

**❶** [ch04] 폴더에 "css3_15.css" 페이지를 작성한다.

```css
01  @charset "UTF-8";
02
03  div {
04      margin : 10px;
05  }
06
07  .restxt{
08      font-size : 100%; /*100% == 16px == 1em*/
09  }
10
11  .resimg{
12      max-width : 100%; /*반응형 이미지 구현*/
13  }
```

**❷** [ch04] 폴더에 "css3_15.html" 페이지를 작성한다.

```html
01  <!DOCTYPE html>
02  <html>
03  <head>
04  <meta charset="UTF-8">
05  <meta name="viewport" content="width=device-width,initial-scale=1.0"/>
06  <title>CSS3 반응형 이미지 연습</title>
07  <link rel="stylesheet" href="css3_15.css"/>
08  </head>
09  <body>
10      <div>
11          <p class="restxt">반응형 이미지</p>
12          <img src="../images/tree.png" class="resimg">
13      </div>
14  </body>
15  </html>
```

**03** css3_15.html 파일을 실행한다.

화면의 크기가 커져도 원래 이미지의 크기보다 커지지 않는다.

**반응형 이미지 갤러리 만들기**

Advanced CSS의 속성을 사용해서 반응형 이미지 갤러리 예제를 작성한다.

**실행 결과**

▲ css3_156.html 페이지 실행 결과

**❶** 자료 파일의 [images] 폴더에서 제공하는 ansi1.png, ansi2.png, ansi3.png, ansi4.png, ansi5.png, ansi6.png 파일을 복사해서 이클립스의 [Project Explorer] 뷰의 [webapp]−[images]에 붙여넣기한다.

**❷** [ch04] 폴더에 "css3_16.css" 페이지를 작성한다.

```css
01  @charset "UTF-8";
02
03  div {
04      margin : 10px;
05  }
06
07  a{ /*<a> 태그에 스타일 지정*/
08      display : inline-block;
09      margin : 10px;
10      padding : 5px;
11      border : 1px solid black;
12      transition : 0.5s;
13  }
14
15  a:hover{ /*<a> 태그에 마우스포인터가 위치하면 적용됨*/
16      box-shadow : 5px 5px 5px gray;
17  }
18
19  img{
20      width : 100%; /*이미지의 기본크기 − 영역 전체를 차지*/
21  }
22  .center{
23      text-align : center;
24  }
25  .responsive{ /*반응형 이미지 구현*/
26      max-width : 25%; /*영역이 차지할 수 있는 너비가 화면의 최대 25%*/
```

```
27  }
28
29  /*미디어 쿼리*/
30  @media screen and (max-width: 768px){/*화면 너비가 768px이하*/
31    .responsive {
32      max-width: 50%; /*영역이 차지할 수 있는 너비가 화면의 최대 50%*/
33    }
34  }
35
36  @media screen and (max-width: 550px){/*화면 너비가 550px이하*/
37    .responsive {
38      max-width: 100%; /*영역이 차지할 수 있는 너비가 화면의 최대 100%*/
39    }
40  }
```

**소스코드 설명**

화면의 크기가 768px 초과이면 25~27라인 .responsive{ max-width : 25%; }이 적용되어 〈a〉 태그 영역이 차지할 수 있는 크기가 최대 화면의 25%이고, 이 25%의 영역에서 이미지가 19~21 라인 img{ width : 100%;}에 의해 패딩영역 등을 제외하고 이 영역을 모두 차지해서 표시된다.

전체 화면의 25%

width : 100%; 이기 때문에 이미지는 해당영역을 모두 차지

▲ 화면의 크기가 768px 초과

〈화면의 크기가 768px 이하면 31~33라인 .responsive{ max-width : 50%; } 이 적용되어 〈a〉
태그 영역이 차지할 수 있는 크기가 최대 화면의 50%이고, 이 50%의 영역에서 이미지가 표시된다.

전체 화면의 50%

▲ 화면의 크기가 768px 이하

화면의 크기가 550px 이하면 37~38라인 .responsive{ max-width : 100%; }이 적용되어 〈a〉 태
그 영역이 차지할 수 있는 크기가 최대 화면의 100%이고, 이 100%의 영역에서 이미지가 표시된다.

전체화면의 100%

◀ 화면의 크기가 550px 이하

❸ [ch04] 폴더에 "css3_16.html" 페이지를 작성한다.

```
01  〈!DOCTYPE html〉
02  〈html〉
03  〈head〉
04  〈meta charset="UTF-8"〉
```

```
05  <meta name="viewport" content="width=device-width,initial-scale=1.0"/>
06  <title>CSS3 반응형 이미지 갤러리 연습</title>
07  <link rel="stylesheet" href="css3_16.css"/>
08  </head>
09  <body>
10    <div>
11      <h1 class="center">안시성 전투</h1>
12      <h3 class="center">초등학교 1학년의 작품</h3>
13    </div>
14    <div>
15      <a href="../images/ansi1.png" target="_blank" class="responsive">
16        <img src="../images/ansi1.png">
17      </a>
18      <a href="../images/ansi2.png" target="_blank" class="responsive">
19        <img src="../images/ansi2.png">
20      </a>
21      <a href="../images/ansi3.png" target="_blank" class="responsive">
22        <img src="../images/ansi3.png">
23      </a>
24      <a href="../images/ansi4.png" target="_blank" class="responsive">
25        <img src="../images/ansi4.png">
26      </a>
27      <a href="../images/ansi5.png" target="_blank" class="responsive">
28        <img src="../images/ansi5.png">
29      </a>
30      <a href="../images/ansi6.png" target="_blank" class="responsive">
31        <img src="../images/ansi6.png">
32      </a>
33    </div>
34  </body>
35  </html>
```

**04** css3_16.html 파일을 실행한다.

화면의 크기를 줄여도 이미지가 잘리지 않으며, 화면의 크기에 따라 최적의 크기로 이미지가 표현된다.

## (4) 이미지에 텍스트 추가

이미지 내에 텍스트를 추가 시켜야 할 때가 있는데, 이때 position 속성과 top, bottom, left, right 속성을 결합해서 위치를 지정하고 추가한다.

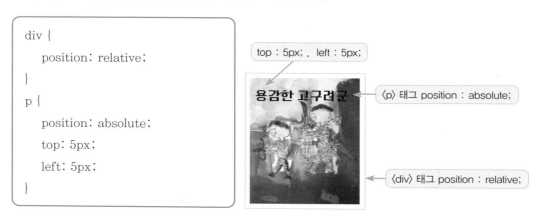

```
div {
    position: relative;
}
p {
    position: absolute;
    top: 5px;
    left: 5px;
}
```

top : 5px; , left : 5px;

〈p〉 태그 position : absolute;

〈div〉 태그 position : relative;

**실습** | **이미지에 텍스트 추가 사용**

이미지에 텍스트 추가하는 예제를 작성한다.

**실행 결과**

▲ css3_17.html 페이지 실행 결과

**❶** [ch04] 폴더에 "css3_17.css" 페이지를 작성한다.

```css
01  @charset "UTF-8";
02
03  div {
04      margin : 10px;
05      padding : 0px;
06      display : inline-block;
07  }
08
09  img{
10      width : 110px;
11      height : 130px;
12  }
13
14  .relative{ /*이미지가 들어갈 영역에 사용- 예<div>*/
15      position: relative;
16  }
17
18  .topleft{/*텍스트가 있는 태그에 사용- 예<p>*/
19      position : absolute;
20      font-size : 12px;
21      font-weight :  bold;
22      top : 1px;
23      left : 5px;
24  }
```

**❷** [ch04] 폴더에 "css3_17.html" 페이지를 작성한다.

```html
01  <!DOCTYPE html>
02  <html>
03  <head>
04  <meta charset="UTF-8">
```

```
05  <meta name="viewport" content="width=device-width,initial-scale=1.0"/>
06  <title>CSS3 이미지에 텍스트 추가 연습</title>
07  <link rel="stylesheet" href="css3_17.css"/>
08  </head>
09  <body>
10    <div class="relative">
11      <img src="../images/ansi1.png">
12      <p class="topleft">용감한 고구려군</p>
13    </div>
14    <div class="relative">
15      <img src="../images/ansi6.png">
16      <p class="topleft">당나라 잡병</p>
17    </div>
18  </body>
19  </html>
```

**❸** css3_17.html 페이지를 실행한다.

## (5) 폴라로이드 이미지

box-shadow 속성을 사용해서 폴라로이드 사진과 같은 느낌을 주는 이미지를 만들 수 있다.

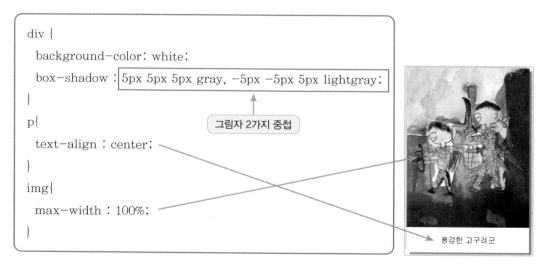

```
div {
  background-color: white;
  box-shadow : 5px 5px 5px gray, -5px -5px 5px lightgray;
}
p{
  text-align : center;
}
img{
  max-width : 100%;
}
```

그림자 2가지 중첩

용감한 고구려군

이미지에 box-shadow 속성을 사용해서 폴라로이드 이미지를 작성하는 예제를 작성한다.

**실행 결과**

◀ css3_18.html 페이지 실행 결과

**01** [ch04] 폴더에 "css3_18.css" 페이지를 작성한다.

```
01  @charset "UTF-8";
02
03  div {
04      margin : 10px;
05      display : inline-block;
06      background-color: white;
07      box-shadow : 5px 5px 5px gray, -5px -5px 5px lightgray; /*폴라
    로이드 효과*/
08  }
09
10  .restxt{
11      font-size : 100%;
```

```
12        text-align : center;
13    }
14
15    .resimg{
16        max-width : 100%;
17    }
```

**02** [ch04] 폴더에 "css3_18.html" 페이지를 작성한다.

```
01    <!DOCTYPE html>
02    <html>
03    <head>
04    <meta charset="UTF-8">
05    <meta name="viewport" content="width=device-width,initial-scale=1.0"/>
06    <title>CSS3 폴라로이드 이미지 연습</title>
07    <link rel="stylesheet" href="css3_18.css"/>
08    </head>
09    <body>
10        <div>
11            <img src="../images/ansi1.png" class="resimg">
12            <p class="restxt">용감한 고구려군</p>
13        </div>
14        <div>
15            <img src="../images/ansi6.png" class="resimg">
16            <p class="restxt">당나라 잡병</p>
17        </div>
18    </body>
19    </html>
```

**03** css3_18.html 페이지를 실행한다.

**10 웹 폰트 : @font-face**

웹 폰트는 Advanced CSS에서 추가된 것으로, 사용자의 컴퓨터상에 폰트를 다운로드 하지 않아도 해당 폰트를 사용할 수 있다. 웹 폰트를 사용할 때는 @font-face로 사용할 폰트명과 폰트파일명을 정의한다. 브라우저마다 지원되는 폰트 파일의 파일 형식이 다르다.

| 폰트 파일 형식 | 엣지 | 크롬 | 파이어폭스 | 사파리 | 오페라 |
|---|---|---|---|---|---|
| TTF/OTF | ○<br>엣지9 이상에서만 되<br>며 TTF는 잘 안 됨.<br>OTF는 잘 인식됨. | ○ | ○ | ○ | ○ |
| WOFF | ○ | ○ | ○ | ○ | ○ |
| WOFF2 | × | ○ | ○ | × | ○ |
| SVG | × | ○ | × | ○ | ○ |
| EOT | ○ | × | × | × | × |

폰트 및 웹 폰트를 사용할 때는 저작권 문제가 발생할 수 있기 때문에 무료로 사용을 원할 경우 반드시 무료로 공개된 것인지를 확인한다. 무료로 폰트를 제공하는 사이트에는 구글폰트(http://www.google.com/get/noto/#/family/noto-sans-kore)가 있다.

웹 폰트를 사용하려면 먼저 @font-face를 사용해서 사용할 폰트명(font-family)과 폰트파일명(src)을 정의한다. 그런 후 정의된 웹 폰트명을 적용할 태그에 font-family 속성을 사용해서 쓴다.

```
@font-face { /*1. 웹 폰트 정의*/
  font-family: notoFont; /*폰트명 정의*/
  src: url(../font/NotoSansCJKkr-Black.otf); /*사용할 폰트 파일명*/
}
p{ /*2. 정의된 웹 폰트 사용*/
  font-family: notoFont; /*사용할 폰트명*/
}
```

웹 폰트가 적용된
⟨p⟩ 태그

**Marvel 히어로즈**

@font-face로 웹 폰트를 정의해서 사용하는 예제를 작성한다.

**실행 결과**

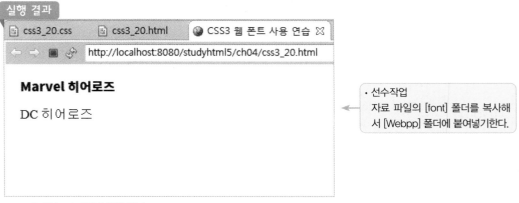

・선수작업
자료 파일의 [font] 폴더를 복사해서 [Webpp] 폴더에 붙여넣기한다.

▲ css3_20.html 페이지 실행 결과

**01** [ch04] 폴더에 "css3_20.css" 페이지를 작성한다.

```
01  @charset "UTF-8";
02
03  div{
04      margin : 10px;
05      font-size : 16px;
06  }
07
08  @font-face { /*1. 웹 폰트 정의 : 구글폰트 사용*/
09    font-family: notoFont; /*폰트명 정의*/
10      src: url(../font/NotoSansCJKkr-Black.otf); /*사용할 폰트 파일명*/
11  }
12
13  .webfont{ /*2. 정의된 웹 폰트 사용*/
14      font-family: notoFont; /*사용할 폰트명*/
15  }
```

**02** [ch04] 폴더에 "css3_20.html" 페이지를 작성한다.

```
01  <!DOCTYPE html>
02  <html>
03  <head>
04  <meta charset="UTF-8">
05  <meta name="viewport" content="width=device-width,initial-scale=1.0"/>
06  <title>CSS3 웹 폰트 사용 연습</title>
07  <link rel="stylesheet" href="css3_20.css"/>
08  </head>
09  <body>
10      <div>
11          <p class="webfont">Marvel 히어로즈</p>
12          <p>DC 히어로즈</p>
13      </div>
14  </body>
15  </html>
```

**03** css3_20.html 페이지를 실행한다.

---

**11** > **다단** : column-count, column-width

　Advanced CSS의 다단(multiple columns)은 신문과 같은 텍스트의 다단을 쉽게 사용할 수 있다. 다단을 나누는 방법에는 column-count 속성과 column-width 속성을 사용하는 방법이 있다. column-count 속성은 다단의 수를 고정하기 때문에 화면의 크기에 따라 너비가 다르고, column-width 속성은 너비를 고정하기 때문에 화면의 크기에 따라 다단의 수가 다르다. 이들 속성을 사용할 때 벤더 프리픽스는 생략하지 않는다.

column-count 속성을 사용해서 다단을 정의하는 예시는 다음과 같다.

```
div {
    /*다단*/
    -webkit-column-width: 100px; /*크롬, 사파리, 오페라*/
    -moz-column-width: 100px; /*파이어폭스*/
    column-width: 100px; /*표준, 엣지*/


    /*단과 단사이의 공간*/
    -webkit-column-gap: 40px; /*크롬, 사파리, 오페라*/
    -moz-column-gap: 40px; /*파이어폭스*/
    column-gap: 40px; /*표준, 엣지*/
    /*단과 단사이의 공간*/
    -webkit-column-gap: 40px; /*크롬, 사파리, 오페라*/
    -moz-column-gap: 40px; /*파이어폭스*/
    column-gap: 40px; /*표준, 엣지*/


    /*단과 단사이에 구분선 표시*/
    -webkit-column-rule-style: dotted; /*크롬, 사파리, 오페라*/
    -moz-column-rule-style: dotted; /*파이어폭스*/
    column-rule-style: dotted; /*표준, 엣지*/
}
```

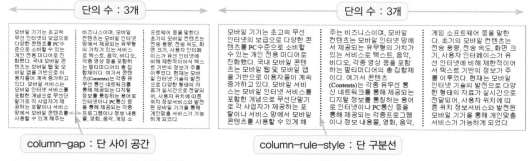

▲ column-count 속성 사용 시 : 작은 화면          ▲ column-count 속성 사용 시 : 큰 화면

column-width 속성을 사용해서 다단을 정의하는 예시는 다음과 같다.

```
div {
    /*다단*/
    -webkit-column-count: 3; /*크롬, 사파리, 오페라*/
    -moz-column-count: 3; /*파이어폭스*/
    column-count: 3; /*표준, 엣지*/
    /*단과 단사이의 공간*/
    -webkit-column-gap: 40px; /*크롬, 사파리, 오페라*/
    -moz-column-gap: 40px; /*파이어폭스*/
    column-gap: 40px; /*표준, 엣지*/


    /*단과 단 사이에 구분선 표시*/
    -webkit-column-rule-style: dotted; /*크롬, 사파리, 오페라*/
    -moz-column-rule-style: dotted; /*파이어폭스*/
    column-rule-style: dotted; /*표준, 엣지*/
}
```

단의 너비 100px로 고정

모바일 기기는 초고속 무선 인터넷의 보급으로 다양한 콘텐츠를 PC수준으로 소비할 수 있는 개인 전용 미디어로 진화했다. 국내 모바일 콘텐츠는 모바일 웹 및 는 비즈니스이며, 모바일 컨텐츠는 모바일 인터넷 망에서 제공되는 유무형의 가치가 있는 서비스로 텍스트, 음악, 비디오, 각종 영상 등을 포함하는 멀티미디어 임 소프트웨어 등을 말한다. 초기의 모바일 컨텐츠는 전송 용량, 전송 속도, 화면 크기, 사용자 인터페이스가 유선 인터넷에 비해 제한적이어서 텍스트 기반의 정

▲ column-width 속성 사용 시 : 작은 화면

모바일 기기는 초고속 무선 인터넷의 보급으로 다양한 콘텐츠를 PC수준으로 소비할 수 있는 개인 전용 미디어로 진화했다. 국내 모바일 콘텐츠는 모바일 웹 및 모바일 로 각 사업자가 제공하는 포탈이나 서비스 망에서 모바일 콘텐츠를 사용할 수 있게 해주는 비즈니스이며, 모바일 컨텐츠는 모바일 인터넷 망에서 제공되는 유무형의 가 (Contents)는 각종 유무선 통신 네트워크를 통해 제공되는 디지털 정보를 통칭하는 용어로 인터넷이나 PC통신 등을 통해 제공되는 각종 프로그램이나 정보 내용물, 영화, 유선 인터넷에 비해 제한적이어서 텍스트 기반의 정보가 주를 이루었다. 현재는 모바일 인터넷 기술의 발전으로 다양한 형태의 자료가 실시간으로 전달되어, 사용자 위치

▲ column-width 속성 사용 시 : 큰 화면

다단 사용하는 예제를 작성한다.

**실행 결과**

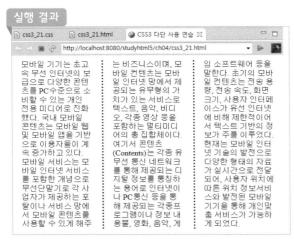

▲ css3_21.html 페이지 실행 결과

**①** [ch04] 폴더에 "css3_21.css" 페이지를 작성한다.

```
01  @charset "UTF-8";
02
03  div{
04      margin : 10px;
05      font-size : 16px;
06  }
07
08  .multicolumn {
09      /*다단*/
10      webkit-column-count: 3; /*크롬, 사파리, 오페라*/
11      -moz-column-count: 3; /*파이어폭스*/
12      column-count: 3; /*표준, 엣지*/
13
14
```

```
15      /*단과 단사이의 공간*/
16      -webkit-column-gap: 40px; /*크롬, 사파리, 오페라*/
17      -moz-column-gap: 40px; /*파이어폭스*/
18      column-gap: 40px; /*표준, 엣지*/
19
20      /*단과 단사이에 구분선 표시*/
21      -webkit-column-rule-style: dotted; /*크롬, 사파리, 오페라*/
22      -moz-column-rule-style: dotted; /*파이어폭스*/
23      column-rule-style: dotted; /*표준, 엣지*/
24  }
```

**02** [ch04] 폴더에 "css3_21.html" 페이지를 작성한다.

```
01  <!DOCTYPE html>
02  <html>
03  <head>
04  <meta charset="UTF-8">
05  <meta name="viewport" content="width=device-width,initial-scale=1.0"/>
06  <title>CSS3 다단 사용 연습</title>
07  <link rel="stylesheet" href="css3_21.css"/>
08  </head>
09  <body>
10  <div class="multicolumn"> 모바일 기기는 초고속 무선 인터넷의 보급으로 다양
    한 콘텐츠를 PC 수준으로 소비할 수 있는 개인 전용 미디어로 진화했다. 국내 모바
    일 콘텐츠는 모바일 웹 및 모바일 앱을 기반으로 이용자들이 계속 증가하고 있다.
11  모바일 서비스는 모바일 인터넷 서비스를 포함한 개념으로 무선단말기로 각 사업
    자가 제공하는 포털이나 서비스 망에서 모바일 콘텐츠를 사용할 수 있게 해주는 비즈
    니스이며, 모바일 컨텐츠는 모바일 인터넷 망에서 제공되는 유무형의 가치가 있는 서
    비스로 텍스트, 음악, 비디오, 각종 영상 등을 포함하는 멀티미디어의 총 집합체이
    다. 여기서 콘텐츠(Contents)는 각종 유무선 통신 네트워크를 통해 제공되는 디지털
```

정보를 통칭하는 용어로 인터넷이나 PC 통신 등을 통해 제공되는 각종프로그램이나 정보 내용물, 영화, 음악, 게임 소프트웨어 등을 말한다.

12    초기의 모바일 컨텐츠는 전송 용량, 전송 속도, 화면 크기, 사용자 인터페이스가 유선 인터넷에 비해 제한적이어서 텍스트 기반의 정보가 주를 이루었다. 현재는 모바일 인터넷 기술의 발전으로 다양한 형태의 자료가 실시간으로 전달되어, 사용자 위치에 따른 위치 정보 서비스와 발전된 모바일 기기를 통해 개인 맞춤 서비스가 가능하게 되었다.

13    〈/div〉
14    〈/body〉
15    〈/html〉

**03** css3_21.html 페이지를 실행한다.

 **다양한 HTML, CSS를 학습하려면?**
https://developer.mozilla.org/ko/docs/Web/Tutorials 사이트에는 HTML, CSS, JavaScript를 다양한 예제와 함께 배울 수 있는 학습서를 제공한다. 실무에서 사용되는 심도 있는 주제들도 다루고 있으니 한 번 봐두는 것도 좋다.

# 05 | 부트스트랩(Bootstrap)

부트스트랩(Bootstrap)은 HTML, CSS, JavaScript 반응형 웹 사이트, 모바일 우선 웹 사이트를 쉽게 작성할 수 있도록 해주는 무료 프레임워크이다. 현재 최신 버전은 부트스트랩5로 여기서는 이것을 사용해서 그리드 기반의 디자인, 캐러셀, 모달 등을 쉽게 구현하는 방법을 학습한다.

## 1 사용법과 기본 기능

부트스트랩의 사용 방법과 기본적인 컨테이너 설정, 색상, 이미지, 버튼 등을 설정하는 방법을 살펴본다. 여기서는 기본적인 사용법만 살펴본다. 상세한 사용방법은 https://www.w3schools.com/bootstrap5/index.php을 참고한다.

### (1) 사용법

부트스트랩을 사용하려면 getbootstrap.com에서 부트스트랩을 다운로드 받아서 웹 애플리케이션 프로젝트에 추가하는 방법과 부트스트랩 CDN(Content Delivery Network)을 HTML 페이지에 추가하는 방법이 있다. 여기서는 jsDelivr가 제공하는 Bootstrap의 CSS와 JavaScript CDN을 사용한다. 아래의 CDN은 현재 시점을 기준으로 한 최신 버전으로 사용하는 시점에 따라 버전이 다를 수 있다.

---

**Bootstrap CSS JavaScript 최신버전 CDN**

```
<link href="https://cdn.jsdelivr.net/npm/bootstrap@5.2.3/dist/css/bootstrap.min.css" rel="stylesheet">
<script src="https://cdn.jsdelivr.net/npm/bootstrap@5.2.3/dist/js/bootstrap.bundle.min.js"></script>
```

---

부트스트랩 5가 포함된 웹 페이지는 엣지나 크롬브라우저를 사용해서 실행한다.

부트스트랩을 웹 페이지에 사용하는 방법은 다음과 같다.

**01** HTML5 기반의 문서 타입(〈!DOCTYPE html〉)을 사용 모바일 우선 디자인(〈meta name="viewport" content="width=device-width,initial-scale=1.0"/〉)을 사용한다.

```
<!DOCTYPE html>
<html>
<head>
<meta charset="UTF-8">
<meta name="viewport" content="width=device-width,initial-scale=1.0"/>
```

**02** Bootstrap의 CDN을 추가한다.

```
<!DOCTYPE html>
<html>
<head>
<meta charset="UTF-8">
<meta name="viewport" content="width=device-width,initial-scale=1.0"/>
<link href="https://cdn.jsdelivr.net/npm/bootstrap@5.2.3/dist/css/bootstrap.min.css" rel="stylesheet">
<script src="https://cdn.jsdelivr.net/npm/bootstrap@5.2.3/dist/js/bootstrap.bundle.min.js"></script>
<title>bootstrap test</title>
</head>
```

**03** 부트스트랩은 컨테이너의 사용해서 내용을 작성한다. 따라서 사이트의 내용을 담는 컨테이너를 작성하고, 그 안에 웹 페이지의 내용으로 기술될 태그들을 작성한다. 컨테이너의 작성방법은 일반적으로 〈div class="container"〉와 같이 〈div〉태그에 class속성 값으로 "container", 또는 "container-fluid"를 사용한다.

▲ div class="container"

▲ div class="container-fluid"

"container"와 "container-fluid"의 차이점은 "container-fluid"는 항상 width(너비)를 100%로 사용하나 "container"은 화면의 너비에 따라 컨테이너의 max-width (최대 너비)가 다르다.

| | 576px 미만 | 576px 이상 | 768px 이상 | 992px 이상 | 1200px 이상 | 1400px 이상 |
|---|---|---|---|---|---|---|
| max-width | 100% | 540px | 720px | 960px | 1140px | 1320px |

컨테이너를 "container"로 사용하면 화면의 너비에 따라 다른 경험을 사용자에게 줄 수 있다.

웹 페이지에서 부트스트랩을 사용하는 예제를 작성한다.

실행 결과

▲ btsp01.html 페이지 실행 결과

**01** [ch04] 폴더에서 btsp01.html 페이지를 작성한 후 다음과 같이 수정하고 저장한다.

```
01  <!DOCTYPE html>
02  <html lang="ko">
03  <head>
04  <meta charset="UTF-8">
05  <meta name="viewport" content="width=device-width,initial-scale=1.0"/>
06  <link href="https://cdn.jsdelivr.net/npm/bootstrap@5.2.3/dist/css/
      bootstrap.min.css" rel="stylesheet">
07  <script src="https://cdn.jsdelivr.net/npm/bootstrap@5.2.3/dist/js/
      bootstrap.bundle.min.js"></script>
08  <title>bootstrap test</title>
09  </head>
10  <body>
11    <div class="container p-5 my-5 bg-primary text-white">
12      <h1>부트스트랩 연습</h1>
13      <p>처음 사용하는 부트스트랩</p>
14    </div>
15  </body>
16  </html>
```

**소스코드 설명**

6~7라인  부트스트랩을 사용하기 위해서 CDN을 추가했다. CDN의 순서는 반드시 CSS를 먼저 기술하고 JS는 그 다음에 기술한다.

11라인  <div class="container p-5 my-5 bg-primary text-white">은 <div> 태그를 컨테이너 기술한다. 이때 p-5는 padding(p)을 5, my-5는 margin(m)을 y축인 위/아래에 5를 지정, bg-primary는 배경색(bg)을 primary(파랑색), text-white는 글자색(text)은 white로 지정한다.

**02** 이클립스에서 Tomcat 서버를 시작시킨 후 btsp01.html 파일을 크롬 또는 엣지 브라우 저에서 실행한다.

## (2) 그리드 시스템

부트스트랩의 그리드 시스템은 12개의 칼럼을 필요에 따라 합쳐서 모양을 구현한다. 1칸의 크기는 col-sm-1이며, 2칸을 합친 크기는 col-sm-2이다.

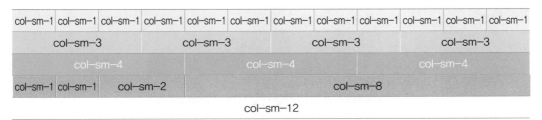

▲ 부트스트랩 그리드 시스템

예를 들어 한 화면에서 메뉴바에 메뉴를 3개 만들고자 한다면 col-sm-4를 3개 사용하면 된다. 메뉴바의 컨테이너는 화면의 너비를 꽉 채우는 "container-fluid"를 사용하는 것이 좋다.

```
<div class="container-fluid">
  <div class="row">
    <div class="col-sm-4 p-3 bg-primary text-white">메뉴1</div>
    <div class="col-sm-4 p-3 bg-dark text-white">메뉴2</div>
    <div class="col-sm-4 p-3 bg-primary text-white">메뉴3</div>
  </div>
</div>
```

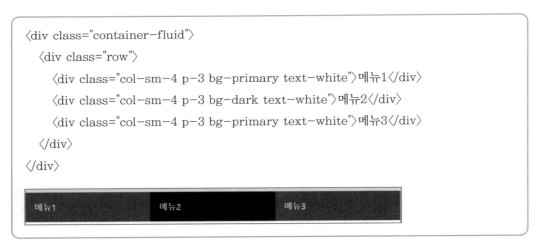

부트스트랩 그리드를 사용하는 예제를 작성한다.

**실행 결과**

▲ btsp02.html 페이지 실행 결과

**①** [ch04] 폴더에서 btsp02.html 페이지를 작성한 후 다음과 같이 수정하고 저장한다.

```
01  <!DOCTYPE html>
02  <html lang="ko">
03  <head>
04  <meta charset="UTF-8">
05  <meta name="viewport" content="width=device-width,initial-scale=1.0"/>
06  <link href="https://cdn.jsdelivr.net/npm/bootstrap@5.2.3/dist/css/bootstrap.
    min.css" rel="stylesheet">
07  <script src="https://cdn.jsdelivr.net/npm/bootstrap@5.2.3/dist/js/bootstrap.
    bundle.min.js"></script>
08  <title>bootstrap test</title>
09  </head>
10  <body>
11  <div class="container-fluid">
12    <div class="row mt-5">
13      <div class="col-sm-3 p-3 bg-primary text-white">메뉴1</div>
14      <div class="col-sm-3 p-3 bg-dark text-white">메뉴2</div>
15      <div class="col-sm-3 p-3 bg-primary text-white">메뉴3</div>
16      <div class="col-sm-3 p-3 bg-dark text-white">메뉴4</div>
```

```
17    </div>
18    <div class="row mt-5">
19      <div class="col-sm-4 p-3 bg-primary text-white">그리드1</div>
20      <div class="col-sm-4 p-3 bg-dark text-white">그리드2</div>
21      <div class="col-sm-4 p-3 bg-primary text-white">그리드3</div>
22    </div>
23    <div class="row mt-5">
24      <div class="col-sm-4 p-3 bg-primary text-white">구역1</div>
25      <div class="col-sm-8 p-3 bg-dark text-white">구역2</div>
26    </div>
27  </div>
28  </body>
29  </html>
```

**소스코드 설명**

11~27라인   〈div〉 태그를 컨테이너 기술한다. 이때 화면의 너비를 다 사용하기 위해서 "container-fluid"를 사용했다.

12라인   〈div class="row mt-5"〉는 이 태그 안에 배치되는 태그는 왼쪽에서 오른쪽으로 1개의 행에 나열하라는 의미이다. mt-5는 margin top을 5로 지정한다. 12~17라인은 4개의 그리드 구역을 18~22라인은 3개의 그리드 구역을 나눠주며 23~26라인은 크기가 다른 2개의 그리드 구역을 나눠준다.

02 이클립스에서 Tomcat 서버를 시작시킨 후 btsp02.html 파일을 크롬 또는 엣지 브라우저에서 실행한다.

## (3) 색상, 이미지, 버튼

### 1 색상

부트스트랩에서 색상은 색을 통해 의미를 아는 방식으로 제공된다. muted는 어떤 기능이 꺼져 있는 것을 의미하는 것으로 보통 회색으로 표시되며 danger는 위험을 의미해서 빨간색으로 표시된다. 따라서 text-mute는 글자색이 회색, text-danger 글자색이 빨강이 된다. 부트스트랩 글자색은 class의 속성 값으로 "text-색상의미"이며 text-muted, text-primary, text-success, text-info, text-warning, text-danger, text-secondary, text-white, text-dark, text-body(보통 검정색), text-light 이 제공된다.

| | | |
|---|---|---|
| text-muted | text-warning | **text-dark** |
| text-primary | text-danger | **text-body** |
| text-success | text-secondary | |
| text-info | | |

▲ 부트스트랩 글자색

글자색의 지정이 필요한 태그에서 class 속성의 값으로 지정해서 사용한다.

```
〈div class="container"〉
  〈p class="text-dark"〉글자색 검정〈/p〉
〈/div〉
```

**부트스트랩 글자색 사용**

부트스트랩 글자색을 사용하는 예제를 작성한다.

**실행 결과**

| ← → C | ⓘ localhost:8080/studyhtml5/ch04/btsp03.html |
|---|---|

| | | |
|---|---|---|
| text-muted | text-warning | **text-dark** |
| text-primary | text-danger | **text-body** |
| text-success | text-secondary | |
| text-info | | |

▲ btsp03.html 페이지 실행 결과

**01** [ch04] 폴더에서 btsp03.html 페이지를 작성한 후 다음과 같이 수정하고 저장한다.

```
01  〈!DOCTYPE html〉
02  〈html lang="ko"〉
03  〈head〉
04  〈meta charset="UTF-8"〉
```

```html
05  <meta name="viewport" content="width=device-width,initial-scale=1.0"/>
06  <link href="https://cdn.jsdelivr.net/npm/bootstrap@5.2.3/dist/css/
    bootstrap.min.css" rel="stylesheet">
07  <script src="https://cdn.jsdelivr.net/npm/bootstrap@5.2.3/dist/js/bootstrap.
    bundle.min.js"></script>
08  <title>bootstrap test</title>
09  </head>
10  <body>
11  <div class="container">
12    <div class="row">
13      <div class="col-sm-4">
14        <p class="text-muted">text-muted</p>
15        <p class="text-primary">text-primary</p>
16        <p class="text-success">text-success</p>
17        <p class="text-info">text-info</p>
18      </div>
19      <div class="col-sm-4">
20        <p class="text-warning">text-warning</p>
21        <p class="text-danger">text-danger</p>
22        <p class="text-secondary">text-secondary</p>
23        <p class="text-white">text-white</p>
24      </div>
25      <div class="col-sm-4">
26        <p class="text-dark">text-dark</p>
27        <p class="text-body">text-body</p>
28        <p class="text-light">text-light</p>
29      </div>
30    </div>
31  </div>
32  </body>
33  </html>
```

14라인 〈p class="text-muted"〉text-muted〈/p〉 은 〈p〉 태그의 글자색을 text-muted(회색)으로 지정했다.

➋ 이클립스에서 Tomcat 서버를 시작시킨 후 btsp03.html 파일을 크롬 또는 엣지 브라우저에서 실행한다.

부트스트랩이 제공하는 배경색에는 bg-primary, bg-success, bg-info, bg-warning, bg-danger, bg-secondary, bg-dark, bg-light가 있다.

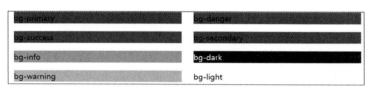

▲ 부트스트랩 배경색

부트스트랩 배경색을 사용하는 예제를 작성한다.

실행 결과

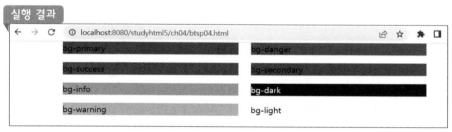

▲ btsp04.html 페이지 실행 결과

➊ [ch04] 폴더에서 btsp04.html 페이지를 작성한 후 다음과 같이 수정하고 저장한다.

```
01 〈!DOCTYPE html〉
02 〈html lang="ko"〉
03 〈head〉
04 〈meta charset="UTF-8"〉
```

```
05  <meta name="viewport" content="width=device-width,initial-scale=1.0"/>
06  <link href="https://cdn.jsdelivr.net/npm/bootstrap@5.2.3/dist/css/
    bootstrap.min.css" rel="stylesheet">
07  <script src="https://cdn.jsdelivr.net/npm/bootstrap@5.2.3/dist/js/bootstrap.
    bundle.min.js"></script>
08  <title>bootstrap test</title>
09  </head>
10  <body>
11  <div class="container">
12    <div class="row">
13      <div class="col-sm-6">
14        <p class="bg-primary text-dark">bg-primary</p>
15        <p class="bg-success text-dark">bg-success</p>
16        <p class="bg-info text-dark">bg-info</p>
17        <p class="bg-warning text-dark">bg-warning</p>
18      </div>
19      <div class="col-sm-6">
20        <p class="bg-danger text-dark">bg-danger</p>
21        <p class="bg-secondary text-dark">bg-secondary</p>
22        <p class="bg-dark text-white">bg-dark</p>
23        <p class="bg-light text-dark">bg-light</p>
24      </div>
25    </div>
26  </div>
27  </body>
28  </html>
```

**소스코드 설명**

**14라인**  `<p class="bg-primary text-dark">bg-primary</p>`은 `<p>`태그의 배경색을 bg-primary(파랑)로 지정했다.

❷ 이클립스에서 Tomcat 서버를 시작시킨 후 btsp04.html 파일을 크롬 또는 엣지 브라우저에서 실행한다.

## 2 이미지

부트스트랩에서는 라운드 이미지, 썸네일 이미지, 이미지 배치 방향, 반응형 이미지를 쉽게 작성할 수 있는 class 속성 값을 제공한다.

| class 속성 값 | 의미 |
|---|---|
| rounded | 라운드 이미지 |
| rounded-circle | 원형 이미지 |
| img-thumbnail | 썸네일 이미지 |
| float-start, float-end | 이미지 배치 방향 |
| mx-auto(margin:auto) + d-block(display:block) | 이미지 가운데 정렬 |
| img-fluid | 반응형 이미지 |

---

**실습** ／ **부트스트랩 이미지 표현 속성 사용**

부트스트랩 이미지 표현 속성을 사용하는 예제를 작성한다.

**실행 결과**

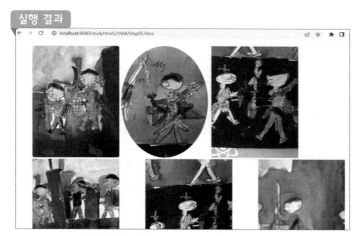

▲ btsp05.html 페이지 실행 결과

**01** [ch04] 폴더에서 btsp05.html 페이지를 작성한 후 다음과 같이 수정하고 저장한다.

```
01  <!DOCTYPE html>
02  <html lang="ko">
03  <head>
04  <meta charset="UTF-8">
05  <meta name="viewport" content="width=device-width,initial-scale=1.0"/>
06  <link href="https://cdn.jsdelivr.net/npm/bootstrap@5.2.3/dist/css/
    bootstrap.min.css" rel="stylesheet">
07  <script src="https://cdn.jsdelivr.net/npm/bootstrap@5.2.3/dist/js/bootstrap.
    bundle.min.js"></script>
08  <title>bootstrap test</title>
09  </head>
10  <body>
11  <div class="container mt-3">
12    <img src="../images/ansi1.png" class="rounded">
13    <img src="../images/ansi2.png" class="rounded-circle">
14    <img src="../images/ansi3.png" class="img-thumbnail">
15    <img src="../images/ansi4.png" class="float-start">
16    <img src="../images/ansi5.png" class="float-end">
17    <img src="../images/ansi6.png" class="mx-auto d-block">
18    <img src="../images/sj.png" class="img-fluid">
19  </div>
27  </body>
28  </html>
```

**소스코드 설명**

**14라인** `<p class="bg-primary text-dark">bg-primary</p>` 은 <p>태그의 배경색을 bg-primary(파랑)로 지정했다.

**02** 이클립스에서 Tomcat 서버를 시작시킨 후 btsp05.html 파일을 크롬 또는 엣지 브라우저에서 실행한다.

## 3 버튼

부트스트랩 버튼을 표현하는 속성에는 btn이 있으며, btn과 btn-색상 의미를 같이 사용해서 버튼을 표현한다.

```
<div class="container mt-3">
  <button class="btn">btn</button>
  <button class="btn btn-primary">btn btn-primary</button>
  <button class="btn btn-secondary">btn btn-secondary</button>
  <button class="btn btn-success">btn btn-success</button>
  <button class="btn btn-info">btn btn-info</button>
  <button class="btn btn-danger">btn btn-danger</button>
  <button class="btn btn-dark">btn btn-dark</button>
  <button class="btn btn-light">btn btn-light</button>
  <button class="btn btn-link">btn btn-link</button>
</div>
```

## (4) 기본 템플릿

아무리 편리한 디자인 기능을 제공하더라도 반응형 웹 페이지를 작성하는 일은 쉽지 않다. 여기서는 https://www.w3schools.com/bootstrap5/tryit.asp?filename=trybs_template1에서 제공하는 템플릿을 사용해서 기본적인 반응형 웹 페이지를 작성한다. 다른 반응형 웹 페이지의 템플릿을 제공하는 것에는 보일러플레이트가 있으며, 이 책의 7장에서 학습한다.

부트스트랩 이미지 표현 속성을 사용하는 예제를 작성한다.

**실행 결과**

▲ btsp07.html페이지 실행 결과

**01** [ch04] 폴더에서 btsp07.html 페이지를 작성한 후 다음과 같이 수정하고 저장한다.

```
01  <!DOCTYPE html>
02  <html lang="ko">
03  <head>
04  <meta charset="UTF-8">
05  <meta name="viewport" content="width=device-width,initial-scale=1.0"/>
06  <link href="https://cdn.jsdelivr.net/npm/bootstrap@5.2.3/dist/css/bootstrap.
    min.css" rel="stylesheet">
07  <script src="https://cdn.jsdelivr.net/npm/bootstrap@5.2.3/dist/js/bootstrap.
    bundle.min.js"></script>
08  <title>bootstrap test</title>
09  </head>
10  <body>
11  <div class="p-5 bg-primary text-white text-center">
12      <h1>안시성 전투</h1>
13      <p>고구려와 당나라의 전투 : 고구려 승</p>
```

```
14  </div>
15
16  <nav class="navbar navbar-expand-sm bg-dark navbar-dark">
17      <div class="container-fluid">
18          <ul class="navbar-nav">
19              <li class="nav-item">
20                  <a class="nav-link active" href="#">전투개요</a>
21              </li>
22              <li class="nav-item">
23                  <a class="nav-link" href="#">전투상황</a>
24              </li>
25              <li class="nav-item">
26                  <a class="nav-link" href="#">고찰</a>
27              </li>
28          </ul>
29      </div>
30  </nav>
31
32  <div class="container mt-5">
33      <div class="row">
34          <div class="col-sm-4">
35              <h2>안시성 고구려군 사진</h2>
36              <h5>엣지있는 고구려군</h5>
37              <div><img src="../images/ansi1.png"></div>
38              <p>전투시에도 멋진 모습을 잃지않는 용맹한 고구려의 병사들</p>
39              <h3 class="mt-4">안시성 이모저모</h3>
40              <p>복지정책</p>
41              <ul class="nav nav-pills flex-column">
42                  <li class="nav-item">
43                      <a class="nav-link active" href="#">양만춘 장군님의 하루</a>
44                  </li>
45                  <li class="nav-item">
46                      <a class="nav-link" href="#">오늘의 고구려군 식당메뉴</a>
```

```
47          </li>
48          <li class="nav-item">
49            <a class="nav-link" href="#">신참병의 병영 일기</a>
50          </li>
51          <li class="nav-item">
52            <a class="nav-link disabled" href="#">당나라군 실상</a>
53          </li>
54        </ul>
55        <hr class="d-sm-none">
56      </div>
57      <div class="col-sm-8">
58        <h2>오늘의 전투1</h2>
59        <h5>양만춘 장군님</h5>
60        <div><img src="../images/ansi2.png"></div>
61        <p>오늘도 성곽에서</p>
62
63        <h2 class="mt-5">오늘의 전투1</h2>
64        <h5>고구려병사와 당나라병사의 일기토</h5>
65        <div><img src="../images/ansi3.png"></div>
66        <p>고구려 병사의 멋진 모습</p>
67      </div>
68    </div>
69  </div>
70
71  <div class="mt-5 p-4 bg-dark text-white text-center">
72    <p>안시성 찾아오시는 길</p>
73  </div>
74  </body>
75  </html>
```

**02** 이클립스에서 Tomcat 서버를 시작시킨 후 btsp07.html 파일을 크롬 또는 엣지 브라우저에서 실행한다.

## 2 주요기능

기존에 자바스크립트를 사용해서 직접 구현해야 했던 캐러셀, 모달, 팝오버를 쉽게 사용하는 방법을 살펴본다.

## (1) 캐러셀

캐러셀은 특정 태그(엘리먼트)가 자동으로 슬라이딩되면서 다음 이미지를 보여주는 것을 회전하면서 반복하는 기능이다. 주로 메인 화면에서 사이트의 주요내용(뉴스)을 슬라이딩하며 보여줄 때 사용된다. class="carousel slide" 속성을 사용해서 캐러셀을 만들고 class="carousel-inner"을 사용해서 캐러셀의 내용을 채우고 class="carousel-indicators"를 사용해서 캐러셀 내의 각각의 슬라이드에 고유한 인디케이터를 지정한다.

### 실습   부트스트랩 캐러셀 사용

부트스트랩이 제공하는 캐러셀을 사용하는 예제를 작성한다.

**실행 결과**

▲ btsp08.html 페이지 실행 결과

**01** [ch04] 폴더에서 btsp08.html 페이지를 작성한 후 다음과 같이 수정하고 저장한다.

```
01  <!DOCTYPE html>
02  <html lang="ko">
03  <head>
04  <meta charset="UTF-8">
05  <meta name="viewport" content="width=device-width,initial-scale=1.0"/>
06  <link href="https://cdn.jsdelivr.net/npm/bootstrap@5.2.3/dist/css/
    bootstrap.min.css" rel="stylesheet">
07  <script src="https://cdn.jsdelivr.net/npm/bootstrap@5.2.3/dist/js/bootstrap.
    bundle.min.js"></script>
08  <title>bootstrap test</title>
09  </head>
10  <body>
11  <div class="container-fluid text-bg-dark mt-0">
12    <h3>캐러셀(carousel) 예제</h3>
13    <p>캐러셀 만들고 제어하기.</p>
14  </div>
15  <!-- 캐러셀 -->
16  <div id="c1" class="carousel slide" data-bs-ride="carousel">
17
18    <!-- 캐러셀의 각각의 슬라이드의 인디케이터를 지정 -->
19    <div class="carousel-indicators">
20      <button data-bs-target="#c1" data-bs-slide-to="0" class="active"></button>
21      <button data-bs-target="#c1" data-bs-slide-to="1"></button>
22      <button data-bs-target="#c1" data-bs-slide-to="2"></button>
23    </div>
24
25    <!-- 캐러셀 슬라이드 쇼 -->
26    <div class="carousel-inner">
27      <div class="carousel-item active">
28        <img src="../images/pic1_w.png" class="d-block" style="width:100%;">
29      </div>
30      <div class="carousel-item">
```

```
31          <img src="../images/pic2_w.png" class="d-block" style="width:100%;">
32        </div>
33        <div class="carousel-item">
34          <img src="../images/pic3_w.png" class="d-block" style="width:100%;">
35        </div>
36      </div>
37
38      <!-- 왼쪽/오른쪽 이동 버튼 -->
39      <button class="carousel-control-prev" data-bs-target="#c1" data-bs-slide="prev">
40        <span class="carousel-control-prev-icon"></span>
41      </button>
42      <button class="carousel-control-next" data-bs-target="#c1" data-bs-slide="next">
43        <span class="carousel-control-next-icon"></span>
44      </button>
45    </div>
46  </body>
47  </html>
```

**02** 이클립스에서 Tomcat 서버를 시작시킨 후 btsp08.html 파일을 크롬 또는 엣지 브라우저에서 실행한다.

## (2) 이미지 모달(modal)

이미지 모달은 이미지를 표시하는 일종의 대화상자이다. 모달(modal)은 모달 대화상자(modal dialog box)를 의미하는데, 화면에 모달 대화상자가 표시된 상태에서는 다른 작업을 할 수 없다. 즉, 이미지 모달은 이미지가 화면 전면에 표시된 상태에서는 다른 작업을 할 수 없다. 주로 스마트 기기와 같은 작은 화면에서 선택한 이미지에 대한 정보와 이미지를 좀 더 원본에 가까운 표시를 할 때 사용한다.

네이버(naver.com)나 구글(google.com) 사이트에서 이미지를 검색하고, 검색한 이미지를 상세히 보기 위해서 탭(클릭)하면 이미지가 화면 전체에 표시되고, 이미지 모달을 빠져나갈 수 있는 [◁] 버튼이나 [X] 버튼을 제공한다.

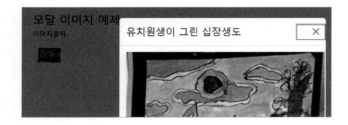

## 실습 | 부트스트랩 이미지 모달 사용

부트스트랩이 제공하는 이미지 모달을 사용하는 예제를 작성한다.

**실행 결과**

▲ btsp09.html 페이지 실행 결과

**01** [ch04] 폴더에서 btsp09.html 페이지를 작성한 후 다음과 같이 수정하고 저장한다.

```
01  <!DOCTYPE html>
02  <html lang="ko">
03  <head>
04  <meta charset="UTF-8">
05  <meta name="viewport" content="width=device-width,initial-scale=1.0"/>
06  <link href="https://cdn.jsdelivr.net/npm/bootstrap@5.2.3/dist/css/
    bootstrap.min.css" rel="stylesheet">
```

```
07  <script src="https://cdn.jsdelivr.net/npm/bootstrap@5.2.3/dist/js/bootstrap.
    bundle.min.js"></script>
08  <title>bootstrap test</title>
09  </head>
10  <body>
11  <div class="container mt-3">
12    <h3>모달 이미지 예제</h3>
13    <p>이미지클릭.</p>
14    <img src="../images/sj.png" class="btn" data-bs-toggle="modal"
    data-bs-target="#md1" width="80px" height="50px">
15  </div>
16
17  <!-- 이미지 모달 -->
18  <div class="modal" id="md1">
19    <div class="modal-dialog modal-dialog-centered">
20      <div class="modal-content">
21
22        <!-- 모달 헤더 -->
23        <div class="modal-header">
24          <h4 class="modal-title">유치원생이 그린 십장생도</h4>
25        <button class="btn-close" data-bs-dismiss="modal"></button>
26        </div>
27
28        <!-- 모달 바디 -->
29        <div class="modal-body">
30          <img src="../images/sj.png" alt="sj">
31        </div>
32
33        <!-- 모달 푸터 -->
34        <div class="modal-footer">
35          <button class="btn btn-danger" data-bs-dismiss="modal">닫기</button>
36        </div>
37
```

```
38        〉/div〉
39       〉/div〉
40     〉/div〉
41   〉/body〉
42   〉/html〉
```

02 이클립스에서 Tomcat 서버를 시작시킨 후 btsp09.html 파일을 크롬 또는 엣지 브라우저에서 실행한다. 페이지가 표시되면 버튼으로 표시된 이미지를 클릭한다.

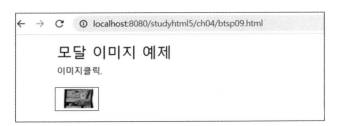

모달 이미지가 표시되고 이미지를 닫으려면 상단의 [x] 버튼 또는 하단의 [닫기] 버튼을 클릭한다.

## (3) 팝오버

팝오버 컴포넌트는 작은 툴팁을 마우스 버튼을 클릭하거나 마우스를 호버해서 팝업으로 제공한다. 부트스트랩에서 팝오버는 data-bs-toggle="popover" 속성으로 구현하며, 팝업으로 표시되는 메시지의 타이틀은 title 속성, 내용은 data-bs-content 속성을 사용한다.

```
data-bs-toggle="popover" title="타이틀" data-bs-content="내용"
```

마우스 버튼을 클릭해서 팝업을 나타나게 하려면 class="btn btn-primary"과 같이 버튼으로 지정한다. 이렇게 버튼으로 지정하고 해당 버튼을 누르면 팝업이 나타나고 다시 버튼을 누르면 팝업이 사라진다. 토글 기능을 갖는 버튼이 기본 생성된다.

```
<button class="btn btn-primary" data-bs-toggle="popover" title="타이틀"
data-bs-content="내용">팝오버버튼1</button>
```

마우스 호버 기능을 사용해서 팝업을 나타나게 하려면 data-bs-trigger="hover" 속성을 지정한다.

```
<button class="btn btn-dark" data-bs-toggle="popover" title="타이틀"
data-bs-trigger="hover" data-bs-content="내용">팝오버버튼2</button>
```

팝오버 기능이 제대로 동작되려면 자바스크립에 팝오버 트리거를 리스트에 등록하는 코드를 추가한다.

```
<script>
var ptList = [].slice.call(document.querySelectorAll('[data-bs-toggle="popover"]'))
var poList = ptList.map(function (ptEl) {
    return new bootstrap.Popover(ptEl)
})
</script>
```

**부트스트랩 팝오버 사용**

부트스트랩이 제공하는 팝오버 기능을 사용하는 예제를 작성한다.

**실행 결과**

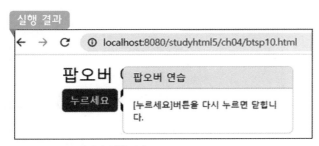

▲ btsp10.html 페이지 실행 결과

**01** [ch04] 폴더에서 btsp10.html 페이지를 작성한 후 다음과 같이 수정하고 저장한다.

```
01  <!DOCTYPE html>
02  <html lang="ko">
03  <head>
04  <meta charset="UTF-8">
05  <meta name="viewport" content="width=device-width,initial-scale=1.0"/>
06  <link href="https://cdn.jsdelivr.net/npm/bootstrap@5.2.3/dist/css/
    bootstrap.min.css" rel="stylesheet">
07  <script src="https://cdn.jsdelivr.net/npm/bootstrap@5.2.3/dist/js/bootstrap.
    bundle.min.js"></script>
08  <title>bootstrap test</title>
09  </head>
10  <body>
11  <div class="container mt-3">
12      <h3>팝오버 예제</h3>
13      <button class="btn btn-primary" data-bs-toggle="popover" title="팝오버 연습"
14          data-bs-content="[누르세요] 버튼을 다시 누르면 닫힙니다.">누르세요</button>
15      <button class="btn btn-dark" data-bs-toggle="popover" title="팝오버 연습"
16          data-bs-trigger="hover" data-bs-content="호버기능">마우스포인터를
    여기에</button>
17  </div>
```

```
18
19  <script>
20  var ptList = [].slice.call(document.querySelectorAll('[data-bs-toggle="popover"]'))
21  var poList = ptList.map(function (ptEl) {
22      return new bootstrap.Popover(ptEl)
23  })
24  </script>
25  </body>
26  </html>
```

**02** 이클립스에서 Tomcat 서버를 시작시킨 후 btsp10.html 파일을 크롬 또는 엣지 브라우
저에서 실행한다.

페이지가 표시되고 [누르세요] 버튼을 클릭하면 팝업이 표시된다. [누르세요] 버튼을 누
르면 팝업이 사라진다.

[마우스포인터를 여기에] 버튼에 마우스포인터를 위치시키면 팝업이 표시된다. 마우스
포인터 해당 버튼 밖으로 이동하면 팝업이 사라진다.

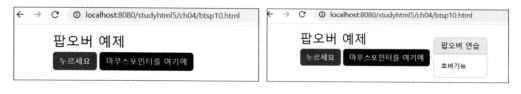

# 학습 정리

## ① CSS 개요 및 CSS 기본 사용법

- CSS는 디자인, 레이아웃, 다양한 기기 및 화면 크기에 따른 디스플레이의 다양성 문제를 포함한 웹 페이지의 스타일을 정의할 때 사용한다.

- CSS는 작성 위치에 따라 스타일시트를 태그의 style 속성에 기술하는 인라인(inline) 스타일시트, 스타일시트를 html 문서 내에 포함해서 작성하는 내부(internal) 스타일시트, 스타일시트를 별도의 파일로 작성하는 외부(external) 스타일시트가 있다.

- 스타일시트를 구성하는 규칙 집합(rule set or rule)은 실렉터(selector)와 선언 블록({ })으로 구성된다. 실렉터에는 태그명, id 속성 값, class 속성 값이 올 수 있다.

## ② CSS의 주요 속성과 값

- 색상과 배경에 지정하는 스타일에는 color 속성, background-color 속성, background-image 속성, background-repeat 속성, background-attachment 속성, background-position 속성, background 속성 등이 있다.

- 폰트에 지정하는 스타일에는 font-family 속성, font-style 속성, font-variant 속성, font-weight 속성, font-size 속성, font 속성 등이 있다

- 텍스트에 지정하는 스타일에는 text-indent 속성, text-align 속성, text-decoration 속성, letter-spacing 속성, word-spacing 속성, text-transform 속성, white-space 속성 등이 있다.

- 테이블에 지정하는 스타일에는 테이블 모델 표시와 관련된 display 속성과 테이블의 내용 배치를 하는 vertical-align속성, text-align 속성 등이 있다

- 테두리에 지정하는 스타일에는 "separated" 보더 모델과 "collapsing" 보더 모델이 있으며, border-collapse 속성으로 지정한다.

- 박스 모델 지정에서 박스(box)들은 "content(내용)" 영역과 선택적인 영역인 "padding(패딩)", "border(테두리)", "margin(마진)" 영역이 있다. 가시성과 위치에 지정하는 스타일에는 display 속성, visibility 속성, position 속성, z-index 속성, float 속성과 clear 속성 등이 있다

## ③ 미디어 쿼리(Media Query)

- CSS 구문들 간의 순서는 첫 번째로 가장 기본적인 스타일로, 태그들에 공통적으로 적용할 내용을 기술한다. 두 번째로 특정 태그에만 적용되는 스타일을 기술한다. 마지막으로 미디어 쿼리를 기술한다.

- 미디어 쿼리는 작성 위치에 따라 html 페이지에 〈link〉 태그를 사용해서 기술하는 방법과 CSS 파일에 미디어 쿼리 구문을 추가하는 방법이 있다.

- 반응형 웹을 구현할 때는 screen을 사용하며 미디어 쿼리는 @media screen로 시작한다. 조건을 추가할 때는 and를 사용한다.

### 4  Advanced CSS(CSS3)의 추가 기능

- 현재의 Advanced CSS는 "기존의 CSS + CSS3(추가된 신기능)"으로 Advanced CSS는 실렉터, 박스 모델, 배경과 테두리, 이미지 관련, 텍스트 효과, 2D/3D 트랜스폼, 애니메이션, 폰트, 다단 기능 등을 제공한다.

- Advanced CSS를 사용할 때는 속성에 벤더 프리픽스를 추가하고 스타일 구문의 마지막에 표준 규약을 기술한다.

- 테두리와 배경에는 border-radius, box-shadow, border-image, background-size 속성, 배경 이미지 중첩 기능 등이 추가되었으며, 텍스트 효과에는 텍스트에 그림자를 주는 text-shadow 속성이 추가되었다.

- 그래디언트를 사용할 수 있도록 선형 그래디언트 linear-gradient와 원형 그래디언트 radial-gradient를 제공한다.

- 트랜스폼은 transform 속성의 값으로 이동할 때는 translate( ), 회전할 때는 rotate( ), 확대/축소할 때는 scale( ), 왜곡을 할 때는 skew( )를 사용한다.

- 트랜지션은 어떤 형태에서 다른 형태로의 변환을 주는 기능으로, transition 속성에 형태변환 내용과 지속 시간을 기술해서 사용한다.

- Advanced CSS에서 애니메이션은, 애니메이션 규칙 등을 @keyframes 규칙에 정의하고 이 정의한 규칙을 필요한 곳에서 animation을 사용해서 쓴다.

- 필터는 이미지 등에 사진에서 사용하는 블러, 밝기 조절, 세피아와 같은 필터 기능을 filter 속성에 blur( ), brightness( ), contrast( ), drop-shadow( ), grayscale( ), hue-rotate( ), invert( ), opacity( ), saturate( ), sepia( ) 등을 지정해서 사용한다.

- 이미지 스타일에서는 CSS3의 속성 등을 사용해서 라운드 이미지, 썸네일 이미지, 반응형 이미지, 이미지에 텍스트 추가, 폴라로이드 이미지, 이미지 모달 등을 작성할 수 있다.

- 웹 폰트는 @font-face를 사용해서 사용할 폰트명(font-family)과 폰트 파일명(src)을 정의한 후 정의된 웹 폰트명을 적용할 태그에 font-family 속성을 사용해서 쓴다.

- 다단은 신문과 같은 텍스트의 다단으로, CSS3에서 다단을 나누는 방법에는 column-count 속성과 column-width 속성을 사용하는 방법이 있다.

### 5  부트스트랩(Bootstrap)

- 부트스트랩은 HTML, CSS, JavaScript 반응형 웹 사이트, 모바일 우선 웹 사이트를 쉽게 작성할 수 있도록 해주는 무료 프레임워크로 그리드 기반의 디자인, 캐러셀, 모달 등을 쉽게 구현하는 방법을 제공한다.

# 5 동작을 처리하는 자바스크립트(JavaScript)와 제이쿼리(jQuery) 라이브러리

자바스크립트는 웹 페이지에 특정 작업을 처리하는 기능을 주는 것으로 일반적으로 이벤트 처리 및 서버에 페이지를 요청할 때 사용된다. 자바스크립트에서는 태그를 객체로 인식해서 처리하는데, 자바스크립트 기본 문법으로 복잡하고 어렵다. 이런 점을 해소하기 위해 라이브러리를 제공하며, 가장 많이 사용되는 것 중 하나가 제이쿼리(jQuery)이다. 제이쿼리를 사용하면 태그 제어, 스타일 제어, Ajax 기능 등을 쉽고 간편하게 할 수 있다. 여기서는 자바스크립트의 개요, 함수형 자바스크립트를 이해하는 데 필요한 기능 및 제이쿼리를 사용한 자바스크립트의 태그 제어에 대해서 살펴본다.

● 학습 목표 ●

1. 자바스크립트의 기본 문법 및 함수형 자바스크립트 이해에 필요한 기능을 알 수 있다.
2. 제이쿼리를 사용한 HTML 엘리먼트 제어를 할 수 있다.

# 01 | 자바스크립트의 개요

여기서는 자바스크립트의 개요, 사용 방법, 문장 구조, 데이터 타입 등 자바스크립트를 사용하는 데 가장 기본적이고 중요한 내용을 학습한다.

## 1 자바스크립트란?

자바스크립트는 넷스케이프사에서 웹 페이지의 처리 능력을 향상시킬 목적으로 개발한 LiveScript 기반으로, 넷스케이프사와 선마이크로시스템즈사가 공동으로 개발한 스크립트 언어이다. 연산자와 제어문은 C/C++와 유사하며 객체지향의 상속 방식은 프로토타입 (prototype) 기반이다.

**프로토타입 기반 (prototype-based)**
프로토타입 기반은 객체지향의 한 형태로, 클래스가 없이 객체의 프로토타입(원형)을 복제해서 재사용하는 방식으로 상속한다. 프로토타입 기반은 클래스리스(class-less), 프로토타입 지향 (prototype-oriented) 또는 인스턴스 기반(instance-based) 이라고도 부른다.

자바스크립트는 웹 브라우저가 Navigator 2.0 이상, Internet Explorer 3.0 이상에서 동작되며, 웹 브라우저를 제어하고 웹 페이지의 동적인 변화를 처리한다. 웹 브라우저에 내장되어 제공되는 자바스크립트는 HTML 페이지에 포함된 스크립트 부분을 처리하는데, 이 것은 서버가 아닌 웹 브라우저에서 처리된다.

자바스크립트는 웹상에서 HTML의 프로그래밍 언어이다. 프로그래밍 언어라는 의미는 컴퓨터에게 어떤 동작을 수행시킬 수 있다는 뜻이다. 즉, HTML 태그에 어떤 동작을 부여해서 작업을 처리한다.

자바스크립트는 모든 웹 개발자들이 기본적으로 반드시 배워야 하는 3개의 언어인 HTML, CSS, JavaScript 중 하나이다. 앞에서도 여러 번 언급했듯이 HTML은 웹 페이지의 내용을 정의하며, CSS는 웹 페이지의 표현 방법을 기술한다. 또한 JavaScript는 웹 페이지의 동작을 프로그래밍한다.

## 2 자바스크립트 사용 방법

HTML 페이지에 자바스크립트를 기술 및 사용할 때는 〈script〉 태그를 사용해서 한다. 〈script〉 태그는 사용 방법에 따라 자바스크립트 코드를 HTML 페이지 내부에 포함해서 작성할 수 있고, 별도의 파일로 작성 후 필요한 페이지에서 가져다 쓸 수도 있다.

### (1) HTML 페이지 내부에 포함해서 작성하는 방법

이 방법은 〈script〉〈/script〉 태그 사이에 자바스크립트 코드들을 기술하며, 최신 버전에서는 속성은 쓰지 않는다.

```
〈script〉
    //자바스크립트 코드 기술
〈/script〉
```

이렇게 작성한 자바스크립트 코드는 해당 HTML 페이지에서만 사용할 수 있으며, 다른 페이지에서 재사용할 수 없다.

〈script〉〈/script〉 태그는 주로 〈head〉 태그 안에 기술한다.

```
〈!DOCTYPE html〉
〈html〉
〈head〉
〈meta charset ="UTF-8"〉
〈meta name="viewport" content ="width=device-width,initial-scale=1.0"/〉
〈link rel ="stylesheet" href ="main.css"/〉
〈script〉
  function test( ){
```

```
    alert("test");
  }
</script>
</head>
생략~
```

## (2) 별도의 파일로 작성 후 필요한 페이지에서 가져다 쓰는 방법

HTML 페이지에서 외부의 파일로 작성된 자바스크립트 파일을 현재의 페이지에 포함시켜 실행할 경우에는 src 속성에 사용할 자바스크립트 파일명을 써서 한다. 현재 최신 버전에서는 src 속성만 사용한다.

```
<script src="경로를 포함한 자바스크립트파일명"></script>
```

간단한 자바스크립트를 제외한 대부분의 자바스크립트는 재사용성을 위해 외부 파일로 저장한 후 필요할 경우 사용하는 것이 좋다. 일종의 라이브러리와 같은 역할을 하기 때문에 필요한 경우 언제든지 사용할 수 있다. 이때 외부 자바스크립트 파일의 확장자는 js를 사용한다.

```
<!DOCTYPE html>
<html>
<head>
<meta charset ="UTF-8">
<meta name ="viewport" content ="width=device-width,initial-scale=1.0"/>
<link rel ="stylesheet" href ="main.css"/>
<script src ="test.js"></script>
</head>
생략~
```

## 3    자바스크립트의 문장 구조

프로그래밍 언어는 컴파일러가 알아볼 수 있는 유효한 문장을 작성하는 규칙을 가지고 있다. 이것은 한 문장의 끝은 어떻게 표시하고, 변수의 선언과 같은 선언문들은 어떻게 기술해야 하는가 등의 규칙을 말한다. 기본적인 규칙은 다음과 같다.

■ **자바스크립트는 유니코드(Unicode) 기반의 프로그래밍 언어이다.**

유니코드는 한 문자가 2바이트를 표시하는 세계 문자를 표시하기 위한 문자 코드 체계이다. 현재 대부분의 문자는 모두 유니코드 기반이다.

■ **자바스크립트는 대소문자를 구분한다.**

자바스크립트는 대소문자를 구분하는 언어이기 때문에 변수명, 키워드 등을 사용할 때 주의해야 한다. 변수명의 경우 varName과 varname, VarName은 모두 다른 변수가 되니 주의해서 사용한다. 키워드(예약어 : reserved word)의 경우는 모든 키워드는 소문자로 기술한다. 예를 들어 if문은 if(조건){문장;}과 같이 소문자로 기술해야 한다. If(조건){문장;}, IF(조건){문장;}는 인식되지 않는다.

■ **자바스크립트에서 문장의 끝은 세미콜론(;)으로 구분한다.**

문장이 한 줄씩 구분된 경우에는 세미콜론(;)을 생략해도 된다. 그러나 return false; 등과 같은 return문에는 반드시 세미콜론(;)을 사용하는 것이 좋다. 가급적이면 문장의 끝을 표현하는 ;을 생략하지 않는다.

```
var1 = 1;
var2 = "test";
```

■ **자바스크립트는 자바, C계열의 주석인 //, /**/을 사용한다.**

//은 한 줄을 주석 처리할 때 사용하고, /**/은 여러 줄을 주석 처리할 때 사용한다. 주석은 코드 설명문으로 프로그램 수행과 무관하게 코드에 대한 설명을 적어 놓은 것이다.

```
//한줄 주석
/*여러 줄에
  걸친
  주석문*/
```

■ 자바의 리터럴(데이터의 값)

리터럴은 값을 의미하며 숫자 타입은 그냥 기술하고, 문자열 타입은 큰따옴표(" ")로 둘러싸서 표현한다. 부울(boolean) 타입, 문자(character) 타입 및 함수, 객체, 배열 값도 리터럴로 취급한다.

| 리터럴(값) | 설명 |
| --- | --- |
| 5 | 정수 리터럴 |
| 5.0 | 실수 리터럴 |
| "test", 'test' | 문자열 리터럴. 자바스크립트는 문자열 리터럴 표현에 " ", ' '를 둘 다 사용할 수 있음. |
| false | 부울 리터럴 |
| null | null 리터럴. 레퍼런스 타입(객체 타입) 변수의 초기화 등에 사용.<br>객체 변수가 이 값을 갖게 되면, 할당된 객체가 없다는 의미 |
| [1, 2, 3] | 배열 리터럴 |
| function(){} | 함수 리터럴 |
| {id : "aaaa"} | 객체 리터럴 |

■ 자바스크립트의 식별자 규칙

첫 글자는 영문자, _, $를 사용할 수 있으며, 나머지 글자는 숫자도 사용할 수 있다. 그러나 가급적이면 영문자로 시작하는 것이 좋다. 식별자는 클래스명, 함수명, 변수명과 같은 이름을 의미한다. 식별자 규칙은 이름을 명명시의 규칙이라 할 수 있다.

```
var1
var_name
_var1
$var1
```

객체 지향 프로그래밍에서는 변수명과 함수명, 메소드명의 첫 글자는 소문자로 시작하며, 단어가 구분될 때는 구분되는 단어의 첫 글자는 대문자로 시작한다. 클래스명의 경우에는 첫 글자가 대문자로 시작하며, 단어가 구분될 때는 구분되는 단어의 첫 글자는 대문자로 시작한다. 이것은 강제가 아니라 프로그래머들 간의 암묵적인 규약이지만 가급적이면 이 규칙을 따라서 작성한다.

```
var stateValue;   ←─ stateValue 변수 선언


function idCheck( ){   ←─ idCheck( ) 함수 선언
...
}


function Ape( ){   ←─ Ape 클래스 선언
Ape.prototype.eat( ) = function{   ←─ Ape 클래스의 eat( ) 메소드 선언
    return "Ape eat";
}
```

■ **자바스크립트의 변수 선언**

var 키워드를 사용해서 var 변수명 = 리터럴; 과 같은 형식으로 사용한다.

```
var 변수명 = 리터럴;   ←─ var1 변수 선언
```

변수를 선언할 때 특별히 데이터 타입을 지정하지 않으며, **데이터 타입은 값을 할당할 때 결정**된다. 즉, 숫자 값을 넣으면 숫자 변수가 되고, 문자열을 넣으면 문자열 변수가 되고, 객체를 넣으면 객체 변수가 된다. var var1 = 5; 은 var1 변수 선언과 동시에 값 5를 할당한다. 5가 숫자이기 때문에 var1 변수는 숫자 변수가 된다.

```
숫자 변수 ──→ var var1 = 5;
문자 변수 ──→ var str1 = "aaa";
객체 변수 ──→ var class1 = {classNo:"101", className:"HTML, CSS & JavaScript"};
```

■ **자바스크립트의 키워드**

자바에서와 같이 소문자로만 이루어진다. 키워드는 해당 프로그래밍 언어에서 특별한 목적으로 사용되는 단어이기 때문에 그 목적 외에 다른 것으로는 사용할 수 없다. 예를 들어 if는 조건문을 기술하는 키워드로 if=5; 등과 같이 변수명으로 사용해서는 안 된다.

자바스크립트의 키워드(예약어 : reserved word)는 다음과 같다. (참조 : https://developer.mozilla.org/en-US/docs/JavaScript/Reference/Reserved_Words)

| | | | |
|---|---|---|---|
| abstract | else | instanceof | switch |
| boolean | enum | int | synchronized |
| break | export | interface | this |
| byte | extends | long | throw |
| case | false | native | throws |
| catch | final | new | transient |
| char | finally | null | true |
| class | float | package | try |
| const | for | private | typeof |
| continue | function | protected | var |
| debugger | goto | public | void |
| default | if | return | volatile |
| delete | implements | short | while |
| do | import | static | with |
| double | in | super | |

## 4 데이터 타입

프로그래밍은 데이터를 처리해서 원하는 결과를 얻어내는 과정으로 데이터의 종류에 따라 처리하는 방법이 다르다. 자바스크립트의 데이터 타입에는 숫자, 문자, 부울, 객체, undefined, null, empty 등이 있으며 기본데이터 타입과 객체(참조, 레퍼런스) 타입으로 나뉜다.

기본데이터 타입은 변수에 값 저장하며 숫자, 문자, 부울, undefined이 해당된다.

예) var v1 = 5; //v1은 숫자 5를 저장하는 숫자변수

객체(레퍼런스) 타입은 변수에 객체의 주소를 저장하며 객체, 배열, 함수가 해당된다.

예) var v2 = {id:"aaaa", pass:"passwd"}; //v2는 객체의 주소를 저장하는 객체변수

**undefined, null, empty 값의 차이**
- undefined : 변수 등 타입이 정의되지 않음(값이 할당되지 않음)
- null : 객체 레퍼런스 변수가 가리키는 객체가 없음. 객체 초기화 등에 사용
- empty : 문자열 변수 등의 값이 비어 있음(공백 값)

## (1) 기본 데이터 타입

### 1 숫자 타입

숫자 타입은 산술연산에 사용되며 0~9, 부호(−), 소수점으로만 이루어진다.
⑩ 1000

### 2 문자열 타입

숫자, 문자로 이루진 문자열 데이터로 " "나 ' '로 둘러싸서 표현한다.

> 예) "1000", "ㅁㅁㅁ", '1000', 'aaa', "she's gone"

### 3 부울 타입

부울 값 true 또는 false 값을 갖는 타입 표현에 사용된다.

---

**실습** [ch05] 폴더 작성

[studyhtml5 ] 프로젝트의 [src]−[main]−[webapp] 폴더에서 마우스 오른쪽 버튼을 눌러, [New]−[Folder] 메뉴를 선택해서 [ch05] 폴더를 작성한다.

실행 결과
```
∨ 📂 webapp
   > 📂 ch03
   > 📂 ch04
   > 📂 ch05
```

**자바스크립트 데이터 타입 예제 – 숫자타입, 문자타입, 부울타입**

숫자타입, 문자타입, 부울타입을 선언하고 출력하는 예제를 작성한다.

**실행 결과**

⇦ ⇨ ■ ✂ ▼ | http://localhost:8080/studyhtml5/ch05/js_05_01.html

데이터타입 예제 - 숫자타입, 문자열타입, 부울타입
1, test, true

▲ js_05_01.html 페이지 실행 결과

① [ch05] 폴더에서 js_05_01.html 페이지를 작성한 후 다음과 같이 수정하고 저장한다.

```
01  <!DOCTYPE html>
02  <html>
03  <head>
04  <meta charset="UTF-8">
05  <meta name="viewport" content="width=device-width,initial-scale=1.0"/>
06  <title>JavaScript test</title>
07  </head>
08  <body>
09    <script>
10      var var1 = 1;
11      var str1 = "test";
12      var status = true;
13      document.write("데이터타입 예제 – 숫자타입, 문자열타입, 부울타입 <br>");
14      document.write(var1 + ", " + str1 + ", " + status);
15    </script>
16  </body>
17  </html>
```

10~12라인　숫자타입, 문자열타입, 부울타입의 변수 var1, str1, status를 선언하고 초기값을 할 당했다.

13~14라인　document.write( ) 메소드는 자바스크립트에서 웹 브라우저의 화면에 출력할 때 사용한다. 웹 브라우저의 화면은 태그로 인식하기 때문에 줄 바꿈이 필요할 때는 document. write("〈br〉")과 같이 〈br〉 태그를 넣어서 사용한다. 이 예제는 결과가 2줄로 표시된다.

**02** [Servers] 뷰의 Tomcat 서버가 시작되지 않았으면 Tomcat 서버를 시작시킨 후, js_05_01.html 파일을 [Run As]-[Run on Server] 메뉴를 사용해서 실행한다.

## (2) 참조 데이터 타입 : 객체 타입

자바스크립트에서는 객체 및 배열, 함수, 정규 표현식도 객체 타입으로 취급한다.

### 1 자바스크립트 객체 : { }

자바스크립트에서 객체는 {}기호를 사용해서 정의하며 {} 안에 프로퍼티, 메소드 등을 기술한다. 각각의 프로퍼티와 메소드들은 ,(쉼표)를 사용해서 나열한다.

---

**문법**

var 객체변수명 = {프로퍼티, 메소드};

---

프로퍼티는 객체가 갖는 값인 속성을 의미하며 자바스크립트 객체에는 [키 : 값]의 쌍으로 표현한다. 키가 프로퍼티명이고, 값이 프로퍼티가 갖는 값이다. 키와 값은 콜론(:)으로 구분한다. 메소드는 객체 수행하는 동작(작업처리)을 기술하는 곳으로 method1 : function( ) { }과 같이 [메소드명 : 메소드바디]를 키와 값의 쌍으로 표현한다.

---

예) var obj1 = {id: "aaaa", pass: "pass", method1: function( ){return 1;}};

---

객체의 프로퍼티나 메소드에 접근(사용)하려면 [객체명.프로퍼티], [객체명.메소드( )]와 같이 기술한다.

예)

obj1.id; // obj1객체의 id프로퍼티에 접근

obj1.method1( ); // obj1객체의 method1( )메소드에 접근

---

**자바스크립트 데이터타입 예제 – 객체**

객체를 선언하고 사용하는 예제를 작성한다.

**실행 결과**

| | |
|---|---|
| ⇦ ⇨ ■ ♺ ▾ | http://localhost:8080/studyhtml5/ch05/js_05_02.html |

데이터타입 예제 - 객체
5, [object Object]
aaaa, passwd
1

▲ js_05_02.html 페이지 실행 결과

**01** [ch05] 폴더에서 js_05_02.html 페이지를 작성한 후 다음과 같이 수정하고 저장한다.

```
01  <!DOCTYPE html>
02  <html>
03  <head>
04  <meta charset="UTF-8">
05  <meta name="viewport" content="width=device-width,initial-scale=1.0"/>
06  <title>JavaScript test</title>
07  </head>
08  <body>
09    <script>
10      var v1 = 5;
11      var v2 = {id: "aaaa", pass: "passwd", method1: function( ){return 1;}};
12      document.write("데이터타입 예제 – 객체<br>");
13      document.write(v1 + ", " + v2 + "<br>");
14      document.write(v2.id + ", " + v2.pass + "<br>");
15      document.write(v2.method1( ) + "<br>");
```

```
16    </script>
17  </body>
18  </html>
```

10라인  기본 데이터 타입인 숫자변수 v1을 선언하고 초기값 5를 할당했다.

11라인  객체 타입인 객체변수 v2을 선언하고 프로퍼티 2개와 메소드 1개를 갖는 객체를 할당했다.

13라인  객체 v2는 출력시 [object]가 출력되며, 객체의 내용을 출력하려면 14라인 v2.id, v2.pass와 같이 프로퍼티를 출력한다. 메소드를 실행하려면 v2.method1( )과 같이 사용한다.

**02** [Servers] 뷰의 Tomcat 서버가 시작되지 않았으면 Tomcat 서버를 시작시킨 후, js_05_02.html 파일을 [Run As]-[Run on Server] 메뉴를 사용해서 실행한다.

## 2 배열 : [ ]

자바스크립트에서 배열을 [ ]기호를 사용해서 선언하며, [ ] 안에 배열의 원소를 ,(쉼표)를 사용해서 나열한다.

---

문법

var 배열변수명 = [원소1, 원소2, ...];

---

예) var arr1=[1, 2, 3];

---

배열명은 배열의 원소 전체를 의미하기 때문에 배열명을 출력하면 배열 천체가 출력된다. 배열의 원소에 접근(사용)하려면 **배열명[원소번호]**와 같이 사용한다. 원소번호(인덱스)는 0 부터 시작하며 마지막 원소 번호는 **배열명.length−1**로 지칭해서 사용할 수 있다.

---

예)
arr1;  // arr1배열 원소 전체
arr1[0];  // 첫 번째 원소에 접근
arr1[arr1.length−1];  // 마지막 원소에 접근

---

**자바스크립트 데이터타입 예제 – 배열**

배열을 선언하고 사용하는 예제를 작성한다.

---

**실행 결과**

⇦ ⇨ ▣ ⬡ ▾ | http://localhost:8080/studyhtml5/ch05/js_05_03.html

데이터타입 예제 - 배열
1,2,3
1, 3

▲ js_05_03.html 페이지 실행 결과

---

**01** [ch05] 폴더에서 js_05_03.html 페이지를 작성한 후 다음과 같이 수정하고 저장한다.

```
01  <!DOCTYPE html>
02  <html>
03  <head>
04  <meta charset="UTF-8">
05  <meta name="viewport" content="width=device-width,initial-scale=1.0"/>
06  <title>JavaScript test</title>
07  </head>
08  <body>
09    <script>
10      var arr1 = [1, 2, 3];
11      document.write("데이터타입 예제 – 배열<br>");
12      document.write(arr1 + "<br>");
13      document.write(arr1[0] + ", ", arr1[arr1.length-1]);
14    </script>
15  </body>
16  </html>
```

---

**소스코드 설명**

10라인  객체 타입인 배열변수 arr1을 선언하고 3개의 원소 값을 할당했다.

12라인  출력문에 arr1배열명을 넣으면 [1, 2, 3]과 같이 배열 원소 전체가 출력된다. 13라인 배열의 원소 값을 출력하려면 arr1[0]과 같이 배열의 원소 번호를 [ ] 안에 기입하며 마지막 원소 값을 출력하려면 arr1[arr1.length-1])과 같이 사용한다.

**02** js_05_03.html 페이지를 실행한다.

## 3 함수 : function( ){ }

자바스크립트에서 함수는 원래 function 함수명( ){ }과 같은 형태로 선언한다. 그러나 function( ){ }과 같은 익명 함수를 변수에 넣어서 사용하는 함수 리터럴을 권장한다. 함수의 실행 결과를 함수를 호출한 곳으로 리턴(반환)하려면 return 값; 과 같은 형태로 기술한다.

---

**문법**

var 함수변수명 = function(인수리스트){//처리코드};

---

예)
var f1 = function( ){return 1;};
var f2 = function(a, b){return a + b;};

---

함수가 저장된 변수가 함수명이 된다. 따라서 기본적인 함수 선언과 함수 리터럴 선언의 사용은 함수명( )과 같이 함수 사용방법이 같다. 다만 체계적인 개발과 익명함수의 유동성 때문에 함수 리터럴의 사용을 권장한다.

---

예)
f1( );  // f1( )함수 호출
f2(5, 7);  // f2(5, 7)는 f2( )함수를 인수 5, 7을 사용해서 호출

---

**자바스크립트 데이터타입 예제 – 배열**

배열을 선언하고 사용하는 예제를 작성한다.

**실행 결과**

⇦ ⇨ ■ ↻ ▾ | http://localhost:8080/studyhtml5/ch05/js_05_04.html

데이터타입 예제 - 함수
15

▲ js_05_04.html 페이지 실행 결과

**01** [ch05] 폴더에서 js_05_04.html 페이지를 작성한 후 다음과 같이 수정하고 저장한다.

```
01  <!DOCTYPE html>
02  <html>
03  <head>
04  <meta charset="UTF-8">
05  <meta name="viewport" content="width=device-width,initial-scale=1.0"/>
06  <title>JavaScript test</title>
07  </head>
08  <body>
09    <script>
10      var func1 = function(x){
11          var y = x + 5;
12          return x + y;};
13      document.write("데이터타입 예제 – 함수<br>");
14      document.write(func1(5));
15    </script>
16  </body>
17  </html>
```

**소스코드 설명**

**10~12라인** 객체 타입인 함수변수 func1을 선언하고 함수를 할당했다. 이 함수는 매개변수 x 값을 입력받아서 11라인 x + 5를 한 y변수를 선언하고 12라인 return x + y;를 사용해서 두 변수를 더한 x + y를 함수를 호출한 곳으로 리턴(반환)한다.

**14라인** func1(5)는 func1( )함수를 인수 5를 넣어서 호출하고 호출한 실행 결과 15가 출력된다.

**02** js_05_04.html 페이지를 실행한다.

## (3) 변수 선언 방법

변수는 값 저장소로 프로그램에서 필요한 값을 일시로 메모리에 저장한다. 따라서 프로그램에서 사용이 끝나거나 컴퓨터를 종료하면 저장된 값이 사라진다. 만일 값을 영구저장하려면 파일이나 DB를 사용해서 디스크에 저장한다.

앞에서 변수 선언 var 키워드를 사용하며 [var 변수명 = 리터럴 값;]과 같은 형태로 저장한다고 배웠다. 여기서는 다시 다루는 이유는 자바스크립트의 변수 선언방법을 정리하고 권장하는 선언형태를 알기 위해서이다.

---

문법 : var 변수명 = 리터럴 값;

• 리터럴 값 : 문자/숫자데이터, 객체(객체, 함수, 배열) 등이 옴
• 숫자변수 선언 예 : var v1 = 3
• 문자변수 선언 예 : var v2 = "aa"
• 객체변수(객체 정의) 선언 예 : var v3 = {id: "aaaa"};
• 배열변수(배열정의, 권장) 선언 예 : var v4 = ["a", "b"];
• 빈 배열변수 선언(권장×) 예 : var v4 = new Array(2);
• 원소 값을 갖는 배열변수 선언(권장×) 예 : var v4 = new Array("a", "b");
• 함수변수(함수정의) 선언 예 : var v5 = function( ){return 1;};
 var v5 = function( ){return 1;}; 은 function  v5( ){ return 1; }과 같음

---

배열선언은 var v4 = new Array(2);과 같이 new Array( )생성자를 사용해도 되나 Array( ) 생성자를 사용해서 배열을 선언하면 프로그램 처리속도가 느려서 성능이 떨어진다. 가급적이면 new Array(2) 나 new Array("a", "b")과 같이 Array( ) 생성자는 사용하지 않는다.

**자바스크립트 데이터타입 예제 – 배열**

배열을 선언하고 사용하는 예제를 작성한다.

**실행 결과**

```
http://localhost:8080/studyhtml5/ch05/js_05_05.html
```

데이터타입 예제 - 변수선언
3
test
[object Object]
a,b
1

▲ js_05_05.html 페이지 실행 결과

**01** [ch05] 폴더에서 js_05_05.html 페이지를 작성한 후 다음과 같이 수정하고 저장한다.

```
01  <!DOCTYPE html>
02  <html>
03  <head>
04  <meta charset="UTF-8">
05  <meta name="viewport" content="width=device-width,initial-scale=1.0"/>
06  <title>JavaScript test</title>
07  </head>
08  <body>
09    <script>
10      var v1 = 3
11      var v2 ="test"
12      var v3 = {id: "aaaa"};
13      var v4 = ["a", "b"];
14      var v5 = function( ){return 1;};
15
16      document.write("데이터타입 예제 – 변수선언<br>");
17      document.write(v1 + "<br>");
18      document.write(v2 + "<br>");
19      document.write(v3+ "<br>");
20      document.write(v4+ "<br>");
```

```
21    document.write(v5( ) + "<br>");
22    </script>
23  </body>
24  </html>
```

02 js_05_05.html 페이지를 실행한다.

## 5 자바스크립트 프로그래밍 권고사항

자바스크립트는 C나 자바에 비해서는 쉽게 배울 수 있는 프로그램 언어이다. 쉽게 배울 수 있다는 것은 문법이 느슨하다는 의미로, 이렇게 문법이 느슨한 언어들은 작성자가 프로그래밍할 때 주의를 더 기울여야 한다. 여기서는 프로그래밍 작성에서 공통적인 권고사항 및 자바스크립트에서 주의할 것을 다루며 https://www.w3schools.com/js/js_best_practices.asp을 참고해서 작성했다.

■ 전역변수는 가급적 사용을 자제한다.

전역변수는 함수 밖에 선언된 변수로 함수들이 쉽게 접근해 쓸 수 있어서 보안이 약하다. 또한 해당 페이지가 종료되어야 메모리의 리소스 해제가 되어서 리소스 관리에 좋지 않다. 따라서 가급적 사용을 자제한다.

```
var x = 1;  // 전역변수
var t1 = function( ){
        var y = 2;  //지역변수
        return x * y;
};
```

■ 지역변수를 사용시 선언하고 사용한다.

함수안에서 선언되는 지역변수도 var a = 0; 과 같이 사용 시 선언하고 쓴다.

■ 참조대상(변수 등)은 먼저 선언하고 사용한다.

자바, 자바스크립트는 사용한 후 선언하는 후방참조를 허용한다. 그러나 프로그램을 체계적으로 작성하려면 먼저 선언하고 사용하는 전방참조 사용을 권장한다.

```
// 후방참조 : 먼저 사용 후 선언. 권장 안함
x + y;
var x = 1;
var y = 1;
```

```
// 전방참조 : 먼저 선언 후 사용. 권장
var x = 1;
var y = 1;
x + y;
```

■ 변수는 사용 전에 초기화한다.

자바스크립트, R, 파이썬에서 변수의 타입은 할당되는 값에 따라 결정된다. 변수의 저장소 크기는 변수의 타입으로 결정된다. 따라서 변수 선언과 동시에 초기값을 부여해서 해당 변수의 타입을 지정하는 것이 좋다.

```
var x = 5;  // 숫자변수
var str1 = "abc";  // 문자열 변수
```

■ 숫자, 문자, 부울 값은 객체 형태로 쓰지 않는다.

숫자, 문자, 부울 값을 Number, String, Boolean을 사용해서 객체로 생성하면 사용시 성능이 떨어진다.

```
var str1 = "test"; // 문자열 이렇게 생성 할 것
var str2 = new String("test");  // 문자열을 이렇게 생성하지 말 것
```

■ 문자열, 객체, 배열, 함수 생성시 new키워드를 사용해서 생성하지 않는다.

new키워드를 사용해서 객체를 생성하는 것은 성능이 떨어진다.

- 새로운 객체 생성시 new Object( ); 문장은 쓰지 않는다. 대신 {}을 사용한다.
    예 var x1 = { };
- 문자열 생성시 new String( )대신 " "을 사용한다.
    예 var x2 = " ";
- new Number( )대신 숫자 0을 직접 사용한다.
    예 var x3 = 0;

- new Boolean( )대신 false와 같이 부울 값을 직전 사용한다.

  **예** var x4 = false;
- 배열은 new Array( )대신 [ ]을 사용한다.

  **예** var x5 = [ ];
- 정규표현식은 new RegExp( )대신 /( )/을 사용한다.

  **예** var x6 = /( )/;
- 함수는 new Function( )대신 function( ){ }을 사용한다.

  **예** var x7 = function( ){ };

■ 자동 형변환에 주의한다.

자바스크립트, R, 파이썬은 데이터 타입에 느슨한 프로그래밍 언어이다. 따라서 var x = 5; 와 같이 정수를 저장한 숫자 변수에 x = "Hello";과 같이 문자열을 넣을 수 있다. 이런 경우 x변수는 문자열 변수로 변환된다. 이런 프로그래밍 방식은 체계적인 프로그램 작성에 문제가 되고 협업시에도 많은 문제를 발생시킨다. 정수 타입의 숫자 변수에는 정수만, 문자열 변수에는 문자열만 넣어서 문제 발생을 방지한다.

```
var x = 5;  // integer 타입. 숫자 변수
x = "Hello";  // string 타입. 원래 숫자 타입을 잃고 문자열 변수가 됨
```

# 02 | 제어문

프로그램의 실행 순서를 제어하는 제어문에는 조건문, 반복문, 기타 제어문이 있다.

- 조건문 : 조건을 사용해서 프로그램 실행 순서 제어
  - if문, switch문
- 반복문 : 프로그램 실행을 반복문을 사용해서 제어
  - for문, while문, do-while문
- 기타 제어문 : 그 밖의 프로그램 실행 순서 제어
  - 반복문을 탈출 또는 일시 탈출 : break문, continue문
  - 객체 생략 : with문
  - 예외처리 : try-catch-finally문

## 1 조건문

조건문에는 if문, switch문, 조건 연산자가 있다.

### (1) if문

주어진 값에 따라 결과가 2개로 분기 시 사용되며, 조건과 결과로 구성된다.

- 조건 : ~이면
- 결과가 2개 : 참, 거짓

복잡한 조건식을 구현할 때는 and, or 연산자를 사용한다. 자바스크립트의 and, or 연산자는 &&, || 연산자를 사용한다.

---
- and 연산자 사용법 : 조건1 && 조건2 && ...
- or 연산자 사용법 : 조건1 || 조건2 || ....
---

## (2) 기본 if문

주어진 값에 따라 결과가 2개로 분기될 때 사용한다. 기본 if문은 조건을 만족할(참) 때와 조건을 만족하지 않을(거짓) 때 처리를 갖는다.

```
// 기본 if문
if(조건){  // 조건을 만족할(참) 때
    // 참
}else{  // 조건을 만족하지 않을(거짓) 때
    // 거짓
}
```

**실습**  **자바스크립트 제어문 예제 – 기본 if문**

기본 if문을 사용하는 예제를 작성하고 실행한다.

**실행 결과**

http://localhost:8080/studyhtml5/ch05/js_05_06.html

제어문 예제 - 기본 if문
s변수의 값 : 15

▲ js_05_06.html 페이지 실행 결과

**01** [ch05] 폴더에서 js_05_06.html 페이지를 작성한 후 다음과 같이 수정하고 저장한다.

```
01  <!DOCTYPE html>
02  <html>
03  <head>
04  <meta charset="UTF-8">
05  <meta name="viewport" content="width=device-width,initial-scale=1.0"/>
06  <title>JavaScript test</title>
07  </head>
08  <body>
09    <script>
10      var i = 5;
11      var s = 10;
12
13      if(i < 10){
14        s += i;
15      }else{
16        s -= i
17      }
18
19      document.write("제어문 예제 - 기본 if문<br>");
20      document.write("s변수의 값 : " + s +"<br/>");
21    </script>
23  </body>
24  </html>
```

**02** js_05_06.html 페이지를 실행한다.

조건을 만족할 때만 처리가 있는 if문은 else문을 사용하지 않는다.

```
if(조건){
    // 참
}
```

**자바스크립트 제어문 예제 – 조건을 만족할 때만 처리가 있는 if문**

조건을 만족할 때만 처리가 있는 if문을 사용하는 예제를 작성하고 실행한다.

실행 결과

⇦ ⇨ ■ ⌖ ▼ | http://localhost:8080/studyhtml5/ch05/js_05_07.html

제어문 예제 - 조건 만족할때만 처리가 있는 if문
s변수의 값 : 15

▲ js_05_07.html 페이지 실행 결과

❶ [ch05] 폴더에서 js_05_07.html 페이지를 작성한다.

```html
01  <!DOCTYPE html>
02  <html>
03  <head>
04  <meta charset="UTF-8">
05  <meta name="viewport" content="width=device-width,initial-scale=1.0"/>
06  <title>JavaScript test</title>
07  </head>
08  <body>
09    <script>
10      var i = 5;
11      var s = 10;
12
13      if(i < 10){
14        s += i;
15      }
16
17      document.write("제어문 예제 – 조건 만족할때만 처리가 있는 if문<br>");
18      document.write("s변수의 값 : " + s +"<br/>");
19    </script>
20  </body>
21  </html>
```

❷ js_05_07.html 페이지를 실행한다.

## (3) 다중 if문

주어진 값에 따라 결과가 3개 이상으로 분기일 때 사용한다.

```
if(조건1){
    // 참1
}else if(조건2){
    // 참2
}else{
    // 거짓
}
```

다중 if문을 사용하는 예제를 작성하고 실행한다.

**실행 결과**

http://localhost:8080/studyhtml5/ch05/js_05_08.html

제어문 예제 - 다중 if문
양수

▲ js_05_08.html 페이지 실행 결과

① js_05_08.html 페이지를 작성한다.

```
01  <!DOCTYPE html>
02  <html>
03  <head>
04  <meta charset="UTF-8">
05  <meta name="viewport" content="width=device-width,initial-scale=1.0"/>
06  <title>JavaScript test</title>
07  </head>
08  <body>
09     <script>
```

```
10      var x = 10;
11      var str1 = "";
12
13      if(x > 0){
14         str1 = "양수";
15      }else if(x === 0){
16         str1 = "0";
17      }else{
18         str1 = "음수";
19      }
20
21      document.write("제어문 예제 - 다중 if문<br>");
22      document.write(str1);
23    </script>
24  </body>
25  </html>
```

**02** js_05_08.html 페이지를 실행한다.

## (4) switch문

표현식의 값에 따라 분기되는 제어문으로 다중 if문을 대체할 때 주로 사용한다. 그러나 C
언어 계열(C/C++, 자바, 자바스크립트)의 문법을 사용하는 프로그래밍 언어에서는 switch
문은 권장하지 않는다. 이유는 표현식의 결과가 정수만 가능하기 때문이다.

```
switch(표현식){
    case 값1:
        //처리
      break;
    case 값2:
        //처리
      break;
    default:
```

```
        //처리
    break;
}
```

## (5) 조건연산자

- 간단한 조건문 구현에 사용
- ? : 연산자를 사용하며 문법은 (조건)? 참 : 거짓; 과 같이 구성됨
  - ⓔ a값이 5보다 크면 v1값에 5를 넣고, 그렇지 않으면 v1에 a값 저장
  
    var v1 = (a > 5)? 5 : a;

실습 **자바스크립트 제어문 예제 – 조건연산자**

조건연산자를 사용하는 예제를 작성하고 실행한다.

**실행 결과**

⇦ ⇨ ■ ♻ ▾  http://localhost:8080/studyhtml5/ch05/js_05_09.html

## 제어문 예제 - 조건연산자
5

▲ js_05_09.html 페이지 실행 결과

🔘 js_05_09.html 페이지를 작성한다.

```
01  <!DOCTYPE html>
02  <html>
03  <head>
04  <meta charset="UTF-8">
05  <meta name="viewport" content="width=device-width,initial-scale=1.0"/>
06  <title>JavaScript test</title>
07  </head>
08  <body>
09    <script>
```

```
10      var a = 10;
11
12      var v1 = (a > 5)? 5 : a;
13
14      document.write("제어문 예제 - 조건연산자<br>");
15      document.write(v1);
16   </script>
17 </body>
18 </html>
```

**02** js_05_09.html 페이지를 실행한다.


## 2 > 반복문

반복문은 반복 작업 처리에 사용하며 여러 건의 작업처리에 사용된다. for 또는 while문
을 사용한 횟수제어 반복문은 카운터 변수 선언과 초기화, 반복횟수제어 조건, 처리할 문장,
카운터 변수 누적이 필요하다. 카운터 변수는 반복문의 반복 횟수를 제어하기 위해서 사용
한다.

### (1) for문 : 횟수 반복

지정된 횟수만큼 반복수행할 때 사용한다.

```
for(var 카운터변수 선언과 초기화; 반복횟수제어 조건; 카운터변수 누적){
   // 반복할 문장
}
```

```
예)
for(var x=0; x<10; x++){
  document.write(x);
}
```

for문을 사용하는 예제를 작성하고 실행한다.

**실행 결과**

| ⇦ ⇨ ■ ⌒ ▼ | http://localhost:8080/studyhtml5/ch05/js_05_10.html |

제어문 예제 - **for**문
0
1
2
3
4

▲ js_05_10.html 페이지 실행 결과

**01** js_05_10.html 페이지를 작성한다.

```
01  <!DOCTYPE html>
02  <html>
03  <head>
04  <meta charset="UTF-8">
05  <meta name="viewport" content="width=device-width,initial-scale=1.0"/>
06  <title>JavaScript test</title>
07  </head>
08  <body>
09    <script>
10      document.write("제어문 예제 − for문<br>");
11      for(var x = 0; x < 5; x++){
12          document.write(x + "<br>");
13      }
14    </script>
15  </body>
16  </html>
```

**02** js_05_10.html 페이지를 실행한다.

## (2) for-in문 : 객체 내의 프로퍼티 반복

객체 내의 프로퍼티 수만큼 반복 수행할 때 사용한다.

```
for(var 변수 in 객체명){
   //처리할 문장
}
```

```
예) objName객체의 프로퍼티 출력
var objName = {name: "김왕쌍", subName : "kingdora"};
for (var v1 in objName ) {
    document.write(v1 + " : " + objName[v1] + "<br>");
}
```

---

**실습**  **자바스크립트 제어문 예제 – for-in문**

for-in문을 사용하는 예제를 작성하고 실행한다.

**실행 결과**

```
http://localhost:8080/studyhtml5/ch05/js_05_11.html
```

제어문 예제 : **for-in문**
**name : 김왕쌍**
**subName : kingdora**

▲ js_05_11.html 페이지 실행 결과

**01** js_05_11.html 페이지를 작성한다.

```
01  <!DOCTYPE html>
02  <html>
03  <head>
04  <meta charset="UTF-8">
05  <meta name="viewport" content="width=device-width,initial-scale=1.0"/>
06  <title>JavaScript test</title>
```

```
07  </head>
08  <body>
09    <script>
10      var objName = {name: "김왕쌍", subName : "kingdora"};
11
12      document.write("제어문 예제 : for-in문<br>");
13      for (var v1 in objName ) {
14        document.write(v1 + " : " + objName[v1] + "<br>");
15      }
16    </script>
17  </body>
18  </html>
```

02 js_05_11.html 페이지를 실행한다.

## (3) for-of문 : 객체 반복

객체 내의 객체를 반복할 때 사용한다. 즉, 객체의 모임(컬렉션)을 반복하는데, 객체가 객체의 값으로 여러 개의 객체를 갖는 것을 컬렉션이라 한다.

```
for(let 변수 of 컬렉션){
   //처리할 문장
}
```
· for of문 : 컬렉션내의 객체의 반복
· let문 : 객체저장 변수에 값 할당

for-of문이 포함된 웹 페이지는 엣지 또는 크롬 브라우저를 사용해서 실행한다.

```
예) objName컬렉션의 객체 반복처리 : 실행 시 크롬 브라우저 사용

var objName = [{name : "김태형", subName : "taetae"},
               {name : "김연탄", subName : "tan"}];
for(let obj1 of objName ) {
```

```
    for(var v1 in obj1){
        document.write(v1 + " : " + obj1[v1] + "<br>");
    }
}
```

**자바스크립트 제어문 예제 – for-of문**

for-of문을 사용하는 예제를 작성하고 실행한다.

**실행 결과**

← → C ① localhost:8080/studyhtml5/ch05/js_05_12.html

제어문 예제 : for-of문
name : 김태형
subName : taetae
name : 김연탄
subName : tan

▲ js_05_12.html 페이지 실행 결과

**①** js_05_12.html 페이지를 작성한다.

```
01  <!DOCTYPE html>
02  <html>
03  <head>
04  <meta charset="UTF-8">
05  <meta name="viewport" content="width=device-width,initial-scale=1.0"/>
06  <title>JavaScript test</title>
07  </head>
08  <body>
09    <script>
10      var objName = [{name: "김태형", subName : "taetae"},
11                     {name: "김연탄", subName : "tan"}];
12
```

```
13        document.write("제어문 예제 : for-of문<br>");
14        for(let obj1 of objName) {
15          for(var v1 in obj1){
16              document.write(v1 + " : " + obj1[v1] + "<br>");
17          }
18        }
19      </script>
20    </body>
21  </html>
```

**❷** 이클립스에서 Tomcat 서버를 시작시킨 후 js_05_12.html 파일을 크롬 또는 엣지 브라우저에서 실행한다.

## (4) while문

while(조건)문은 조건을 만족하는 동안 반복수행하는 제어문으로 for보다 수행속도가 느리다는 단점이 있다. 반복횟수를 알 수 없는 경우 선호했으나 요즘에는 객체반복을 주로 하기 때문에 무한루프를 사용할 때를 제외하고는 그다지 사용되지 않는다.

```
카운터변수 선언과 초기화;
while(반복횟수제어 조건){
    //처리할 문장
    카운터 변수 누적;
}
```

## (5) do-while문

일단 1번 실행 후 조건비교 반복을 할 때 사용하는 제어문으로 반드시 1번 수행 후 조건을 비교하는 매우 특수한 상황에서만 사용된다.

```
카운터변수 선언과 초기화;
do{
    //처리할 문장
```

```
    카운터 변수 누적;
}while(반복횟수제어 조건)
```

## 3 ▷ 기타 제어문

### (1) break문 : 반복문 완전탈출

특정 조건을 만족시 while문 안에서 무한루프 또는 for문을 사용한 반복문 중단시 주로 사용된다.

```
예)
while(true){//무한루프
   if(조건) break;
}
```

### 실습 ▷ 자바스크립트 제어문 예제 – break문

break문을 사용하는 예제를 작성하고 실행한다.

**실행 결과**

◁ ▷ ■ ✧ ▾  http://localhost:8080/studyhtml5/ch05/js_05_13.html

제어문 예제 : **break**문
결과 : **0 1 2 3 4**

▲ js_05_13.html 페이지 실행 결과

**01** js_05_13.html 페이지를 작성한다.

```
01  <!DOCTYPE html>
02  <html>
03  <head>
```

```
04  <meta charset="UTF-8">
05  <meta name="viewport" content="width=device-width,initial-scale=1.0"/>
06  <title>JavaScript test</title>
07  </head>
08  <body>
09    <script>
10      var str = "";
11      for(var i = 0; i < 10; i++){
12        if(i == 5) break;
13        str += i + " ";
14      }
15
16      document.write("제어문 예제 : break문<br>");
17      document.write("결과 : " + str);
18    </script>
19  </body>
20  </html>
```

**02** js_05_13.html 페이지를 실행한다.

## (2) continue문

특정 조건을 만족시 반복문을 일시적으로 탈출했다가 다시 반복문 수행한다.

```
예)
for(i=0; i<10; i++){
  if(i==5) continue;
}
```

**자바스크립트 제어문 예제 – continue문**

continue문을 사용하는 예제를 작성하고 실행한다.

실행 결과

http://localhost:8080/studyhtml5/ch05/js_05_14.html

제어문 예제 : **continue**문
결과 : **0 1 2 3 4 6 7 8 9**

◀ js_05_14.html 페이지 실행 결과

**❶ js_05_14.html 페이지를 작성한다.**

```
01  <!DOCTYPE html>
02  <html>
03  <head>
04  <meta charset="UTF-8">
05  <meta name="viewport" content="width=device-width,initial-scale=1.0"/>
06  <title>JavaScript test</title>
07  </head>
08  <body>
09    <script>
10      var str = "";
11
12      for(var i = 0; i < 10; i++){
13        if(i == 5) continue;
14        str += i + " ";
15      }
16
17      document.write("제어문 예제 : continue문<br>");
18      document.write("결과 : " + str);
19    </script>
20  </body>
21  </html>
```

**❷ js_05_14.html 페이지를 실행한다.**

# 03 | 함수와 객체

함수는 특정 로직 처리에 사용하며 재사용을 목적으로 만들어진다. 프로그램 코드는 함수에 넣어서 사용하며 함수에는 시스템이 제공하는 내장 함수와 사용자가 만드는 사용자 정의 함수가 있다. 사용자 정의함수를 사용해서 익명함수, 콜백함수, 즉시실행함수, 클로저를 작성한다. 여기서는 함수와 객체에 대해서 살펴본다.

## 1 ▶ 함수개요와 내장함수

### (1) 함수개요

함수는 특정 작업을 기술하는 곳으로 함수명(인수리스트){ }로 구성되며 실행결과는 return문을 사용해서 리턴한다. 함수를 사용할 때 반드시 알아야 할 3가지 사항은 다음과 같다.

---

- 함수가 하는 일 : 함수명
- 함수 인수의 개수와 타입 : 인수리스트
- 함수의 실행결과 타입(리턴타입) : return문

---

예)
function add(x, y) { return x + y;}
- 함수가 하는 일 : 함수명 – add , 더하기/합 계산
- 함수 인수의 개수와 타입 : 인수 개수– 2개, 인수타입 – 둘 다 숫자
- 함수의 실행결과 타입(리턴타입) : return x + y; 숫자합의 결과타입 – 숫자

---

## (2) 내장함수

시스템이 제공하는 함수로 메시지 상자를 호출하거나 화면에 출력하는 등등의 작업을 제공한다.

예) 메시지 상자 호출
alert(메시지내용);

---

## 2 사용자 정의함수

사용자 정의함수는 특정 작업을 처리하기 위한 절차를 나열한 함수로 필요에 따라서 작성한다. 사용자 정의함수는 var 함수명 = function( ){ }과 같은 형태로 작성하며, 작성한 함수를 사용할 때는 함수명( )과 같이 함수를 호출한다.

### (1) 일반함수

기본적인 형태의 사용자 정의함수로 function문을 사용해서 함수를 정의한다. 일반함수는 함수 선언문으로 정의하는 방식과 함수 표현식으로 정의하는 방식이 있으며, 함수 표현식으로 정의하는 것을 권장한다.

함수선언문으로 함수를 정의할 때는 function 함수명(매개변수리스트){ } 와 같은 방식으로 선언한다.

예) function add(x, y) { return x + y;}

---

### 실습    자바스크립트 함수 예제 – 함수 선언문으로 함수 정의(작성)

함수선언문으로 함수 정의 예제를 작성하고 실행한다.

실행 결과

```
⇦ ⇨ ■ ♺ ▾ | http://localhost:8080/studyhtml5/ch05/js_05_15.html
함수 예제 : 함수선언문으로 함수 정의
8
```

▲ js_05_15.html 페이지 실행 결과

**01** js_05_15.html 페이지를 작성한다.

```
01  <!DOCTYPE html>
02  <html>
03  <head>
04  <meta charset="UTF-8">
05  <meta name="viewport" content="width=device-width,initial-scale=1.0"/>
06  <title>JavaScript test</title>
07  </head>
08  <body>
09    <script>
10      function add(x, y) { return x + y;}
11
12      document.write("함수 예제 : 함수선언문으로 함수 정의<br>");
13      document.write(add(5, 3));
14    </script>
15  </body>
16  </html>
```

**02** js_05_15.html 페이지를 실행한다.

var 함수명 = function(매개변수리스트){}; 과 같이 변수 선언문과 같은 방식으로 함수를 선언하며 체계적인 프로그램 작성을 위해 권장하는 형식이다.

```
예)
var add = function(x, y) { return x + y;};
```

함수표현식으로 함수 정의 예제를 작성하고 실행한다.

**실행 결과**

⇦ ⇨ ■ ♻ ▾ | http://localhost:8080/studyhtml5/ch05/js_05_16.html

**함수 예제 : 함수표현식으로 함수 정의**
**8**

▲ js_05_16.html 페이지 실행 결과

**01** js_05_16.html 페이지를 작성한다.

```
01  <!DOCTYPE html>
02  <html>
03  <head>
04  <meta charset="UTF-8">
05  <meta name="viewport" content="width=device-width,initial-scale=1.0"/>
06  <title>JavaScript test</title>
07  </head>
08  <body>
09    <script>
10      var add = function(x, y){ return x + y;
11
12      document.write("함수 예제 : 함수표현식으로 함수 정의<br>");
13      document.write(add(5, 3));
14    </script>
15  </body>
16  </html>
```

**02** js_05_16.html 페이지를 실행한다.

Function( ) 생성자 함수를 사용해서 함수를 정의할 수 있으나 new Function( )은 프로그램의 성능을 저하시키기 때문에 사용하지 않는 것이 좋다.

## (2) 익명함수 : 이름 없는 함수

익명함수는 이름이 없는 함수로 필요한 곳에서 이름을 정의하거나 이름을 굳이 줄 필요가 없는 경우에 사용한다. 이름이 없다는 것은 특정 경우에만 사용하고 사용 후 자동으로 제거되기에 메모리 관리에도 좋다. 주로 이벤트처리(콜백함수), 즉시실행 함수, 클로저, 함수 표현식에 사용된다.

---

작성방법 : function ( ){ }

• 이름이 없기 때문에 변수에 넣어서 사용하거나 함수의 인수로 사용

---

예) 익명함수를 만들고 v1변수에 저장

    var v1 = function ( ){ };

예) v1변수에 저장된 익명함수 실행

    v1( );

---

**실습**    **자바스크립트 함수 예제 – 익명함수 정의**

익명함수 정의 예제를 작성하고 실행한다.

**실행 결과**

```
http://localhost:8080/studyhtml5/ch05/js_05_17.html
```

함수 예제 : 익명함수 정의
19

▲ js_05_17.html 페이지 실행 결과

**01** js_05_17.html 페이지를 작성한다.

```
01  <!DOCTYPE html>
02  <html>
03  <head>
04  <meta charset="UTF-8">
05  <meta name="viewport" content="width=device-width,initial-scale=1.0"/>
```

```
06  <title>JavaScript test</title>
07  </head>
08  <body>
09    <script>
10      var v1 = function(x){return x + 10;};
11
12      document.write("함수 예제 : 익명함수 정의<br>");
13      document.write(v1(9));
14    </script>
15  </body>
16  </html>
```

② js_05_17.html 페이지를 실행한다.

## (3) 콜백함수

이벤트에 반응하는 함수로 이벤트가 발생하면 자동으로 실행된다.

```
예) 이미지가 로딩되면 자동실행
image.onload = function( ){  //
    ctx.drawImage(image, 0 ,0);  // 캔버스의 (0,0) 좌표에 이미지를 그린다.
}

예) 현재 페이지의 로드가 끝나면 자동실행
$(document).ready(function( ){ // 처리할작업});
```

## (4) 즉시 실행함수(Self-Invoking Functions)

함수 정의와 동시에 실행하는 함수로, 함수 호출 없이 자동으로 실행된다. (function( ) { })( );과 같은 형태로 함수 선언부와 바디를 ( )로 싸서 선언한다.

```
예)
(function( ) { var x = "Hello!!"; })( );
```

함수가 선언되자마자 실행되는 즉시 실행함수는 같은 함수를 다시 실행할 수 없으며 최초에 1번만 실행해야 하는 초기화 등에 사용된다.

실습 **자바스크립트 함수 예제 – 즉시실행함수 정의**

익명함수 정의 예제를 작성하고 실행한다.

**실행 결과**

⇦ ⇨ ⬛ 🔗 ▼ | http://localhost:8080/studyhtml5/ch05/js_05_18.html

함수 예제 : 즉시실행함수 정의
**Hello!!**

▲ js_05_18.html 페이지 실행 결과

**01** js_05_18.html 페이지를 작성한다.

```
01  <!DOCTYPE html>
02  <html>
03  <head>
04  <meta charset="UTF-8">
05  <meta name="viewport" content="width=device-width,initial-scale=1.0"/>
06  <title>JavaScript test</title>
07  </head>
08  <body>
09    <script>
10      document.write("함수 예제 : 즉시실행함수 정의<br>");
11      (function( ) {
12         var x = "Hello!!";
13         document.write(x);
14      })( );
15    </script>
15  </body>
16  </html>
```

**02** js_05_18.html 페이지를 실행한다.

## 3 클로저

즉시실행 내부함수로 함수의 캡슐화, 런타임 실행시 인자 값을 넘겨서 자동 동작되는 작업에 사용한다. 함수 안에 리턴값으로 정의되는 익명 함수로 카운터 딜레마에 사용된다.

```
예)
var func1 = function( ){
    return function( ){
        return 1;}
;}( );
```

## (1) 카운팅 딜레마

전역변수와 지역변수 스코프 문제로 전역변수는 웹 페이지 내에서 긴 스코프를 가져서 해당 페이지가 서비스되는 동안 사용 가능한 반면, 접근이 쉬워서 보안상 취약하다는 문제점을 갖는다. 반면에 지역변수는 함수내의 스코프만 갖기 때문에 다른 함수에서 접근할 수 없어서 보안상 더 좋다. 또한 지역변수는 해당 함수의 사용이 끝나면 사라져서 메모리 관리도 좋다.

```
예) 전역변수 선언과 사용
var a = 4;  // 전역변수 선언
function myFunction( ) {
    return a * a;  // 전역변수 사용
}

예) 지역변수 선언과 사용
function myFunction( ) {
    var a = 4;  // 지역변수 선언
    return a * a;  // 지역변수 사용
}
```

카운터 딜레마는 특정 함수가 실행될 때마다 1씩 누적되는 변수를 전역변수 또는 지역변수로 지정했을 때의 단점 때문에 발생한다. 카운터 변수가 전역변수이면 변수 값이 1씩 증가하는 카운팅은 발생하나 보안상 취약하다는 문제점이 발생하고 지역변수로 지정하면 보안상 좋으나 카운팅이 되지 않는 문제점이 발생한다. 이것을 해결할 때 클로저를 사용한다.

## (2) 카운터변수를 전역변수로 선언

카운트변수 처리가 쉬우나 누구나 전역변수에 접근 가능해서 보안문제가 발생한다.

```
예)
var counter = 0;  // 카운터변수 : 전역변수
function add1( ) { return counter += 1;}
add1( ); // counter = 1
add1( ); // counter = 2
add1( ); // counter = 3
document.write(counter);  // counter = 3
```

document.write(counter);와 같이 함수 밖에서 counter변수가 접근된다. 문제를 해결하기 위해서는 카운터 변수를 지역변수로 작성해야 한다. 위의 예시에서 add1( ) 함수 안에 counter 변수를 선언해서 지역변수로 사용해야 한다.

**실습** | **자바스크립트 함수 예제 – 카운터변수를 전역변수로 선언**

카운터변수를 전역변수로 선언하는 예제를 작성하고 실행한다.

**실행 결과**

```
http://localhost:8080/studyhtml5/ch05/js_05_19.html

함수 예제 : 카운터변수를 전역변수로 선언
1
2
3
3
```

▲ js_05_19.html 페이지 실행 결과

**01** js_05_19.html 페이지를 작성한다.

```
01  <!DOCTYPE html>
02  <html>
03  <head>
04  <meta charset="UTF-8">
05  <meta name="viewport" content="width=device-width,initial-scale=1.0"/>
06  <title>JavaScript test</title>
07  </head>
08  <body>
09    <script>
10      var counter = 0;
11
12      function add1( ){ return counter += 1;}
13
14      document.write("함수 예제 : 카운터변수를 전역변수로 선언<br>");
15      document.write(add1( ), "<br>");
16      document.write(add1( ), "<br>");
17      document.write(add1( ), "<br>");
18      document.write(counter)
19    </script>
20  </body>
21  </html>
```

**02** js_05_19.html 페이지를 실행한다.

## (3) 카운터변수를 지역변수로 선언

카운터변수를 지역변수로 선언하면 함수 밖에서 카운터변수의 접근을 막아서 보안상 좋아지나 카운터가 동작되지 않는다. 함수를 호출할 때마다 카운터가 0으로 초기화되어 카운팅이 안 된다.

```
function add1( ) {
    var counter = 0;  // 카운터변수 : 지역변수
    return counter += 1;
}


add1( ); // counter = 1
add1( ); // counter = 1
add1( ); // counter = 1
```

add1( ) 함수를 호출할 때마다 var counter = 0; 이 실행되어 counter값이 0에서 1로 누적되는 동작만 발생하고 2나 3으로의 누적이 발생하지 않는다. 이 문제를 해결하려면 즉시실행함수와 내부함수를 결합한 클로저를 사용해야 한다.

**실습**    **자바스크립트 함수 예제 – 카운터변수를 지역변수로 선언**

카운터변수를 지역변수로 선언하는 예제를 작성하고 실행한다.

**실행 결과**

⇦ ⇨ ■ ↻ ▾   http://localhost:8080/studyhtml5/ch05/js_05_20.html

### 함수 예제 : 카운터변수를 지역변수로 선언
1
1
1

▲ js_05_20.html 페이지 실행 결과

**01** js_05_20.html 페이지를 작성한다.

```
01  〈!DOCTYPE html〉
02  〈html〉
03  〈head〉
04  〈meta charset="UTF-8"〉
05  〈meta name="viewport" content="width=device-width,initial-scale=1.0"/〉
06  〈title〉JavaScript test〈/title〉
07  〈/head〉
```

```
08  <body>
09    <script>
10      function add1( ){
11        var counter = 0;
12        return counter += 1;
13      }
14
15      document.write("함수 예제 : 카운터변수를 지역변수로 선언<br>");
16      document.write(add1( ), "<br>");
17      document.write(add1( ), "<br>");
18      document.write(add1( ), "<br>");
19    </script>
20  </body>
21  </html>
```

**❷** js_05_20.html 페이지를 실행한다.

## (4) 클로저를 사용한 카운팅 딜레마 처리

즉시실행함수와 내부함수를 결합한 클로저를 사용해서 변수의 보안 기능과 누적 기능을 모두 충족시킬 수 있다. 클로저의 원리는 딱 1번만 실행되는 즉시실행함수를 사용해서 자식인 익명 내부함수가 부모함수의 스코프에 접근한다.

```
var add1 = (function ( ) {  // 부모함수
    var counter = 0;
    return function ( ) {counter += 1; return counter}  // 익명 내부함수
})( );

add1( );// counter = 1
add1( );// counter = 2
add1( );// counter = 3
document.write(counter);  // counter 변수 접근 안 됨.
```

add( )1 함수는 단 1번만 실행되어서 var counter = 0;도 1번만 실행된다. add( )1 함
수가 실행되고 있는 상태에서 호출시 익명내부함수가 리턴되어 익명내부함수가 부모함수인
add( )1 함수 안에 있는 counter 변수에 접근해서 카운터 변수를 누적한다. counter 변수
는 add1( ) 함수를 사용해서만 값을 변경할 수 있기 때문에 함수 외부로부터 보호되는 상태
에서 카운팅 기능이 동작된다.

---

**실습**　**자바스크립트 함수 예제 – 클로저를 사용한 카운터변수 딜레마 처리**

클로저를 사용한 카운터변수 딜레마 처리 예제를 작성하고 실행한다.

**실행 결과**

| http://localhost:8080/studyhtml5/ch05/js_05_21.html |

함수 예제 : 클로저를 사용한 카운터변수를 딜레마 처리
1
2
3

▲ js_05_21.html 페이지 실행 결과

**01** js_05_21.html 페이지를 작성한다.

```
01  <!DOCTYPE html>
02  <html>
03  <head>
04  <meta charset="UTF-8">
05  <meta name="viewport" content="width=device-width,initial-scale=1.0"/>
06  <title>JavaScript test</title>
07  </head>
08  <body>
09    <script>
10      var add1 = (function( ){
11        var counter = 0;
12        return function( ){counter += 1; return counter;}
13      })( );
14
```

```
15      document.write("함수 예제 : 클로저를 사용한 카운터변수를 딜레마 처리<br>");
16      document.write(add1( ), "<br>");
17      document.write(add1( ), "<br>");
18      document.write(add1( ), "<br>");
19      document.write(counter);
20    </script>
21  </body>
22  </html>
```

**02** js_05_21.html 페이지를 실행한다.

## 4 객체

실무데이터를 처리하려면 1건의 데이터를 객체로 생성해서 처리해야 DB까지 손실 없이 데이터를 전송할 수 있다. 즉, 데이터를 객체로 저장하면 후 데이터를 원하는 위치까지 전달 가능하다. 객체는 실무처리와 관련된 것으로 요즘 대부분의 프로그래밍은 객체기반에서 동작되기 때문에 알아두면 좋다. 여기서는 객체의 개념 정리와 생성, 접근, 생성자함수, 내장 객체에 대해서 살펴본다.

### (1) 자바스크립트에서 . 방법

비즈니스로직(실무처리) 웹 프로그래밍에서 객체는 데이터 1건을 표현하며 객체가 가진 값은 프로퍼티(속성, 멤버필드), 객체가 하는 일은 메소드(동작)로 기술한다. 자바스크립트에서 객체는 var 객체변수명 = {프로퍼티 : 값}; 과 같이 객체 리터럴을 사용해서 생성한다. "id" : "aaa@aaa.com"과 같이 프로퍼티가 문자열인 경우 "id"처럼 " "를 둘러싸서 표현할 수 있으며, 프로퍼티 값이 문자열인 경우 " "를 둘러싸서 기술한다. 즉, "id" : "aaa@aaa.com" 또는 id : "aaa@aaa.com"로 써도 된다.

```
var 객체변수명 = {프로퍼티 : 값, 프로퍼티 : 값, ...};
예) var obj1 = {"id": "aaa@aaa.com", "passwd" : "ab3456"};
```

위의 obj1 객체는 2개의 프로퍼티 "id", "passwd"를 갖는다.

또한 객체의 프로퍼티 값에는 배열, 함수도 올 수 있으며 객체 안에 기술된 함수는 객체
종속(그 객체 안에서만 사용됨)으로 메소드라 부른다.

```
예)
var object1 = {
        number1: 1230,  // 프로퍼티(속성)
        string1: "yeontan",  // 프로퍼티
        boolean1: true,  // 프로퍼티
        array1: [52, 273, 103, 32],  // 프로퍼티, 값이 배열
        method1: function( ){ }  // 프로퍼티, 값이 함수. 메소드라 부름
};
```

## (2) 객체 사용(접근) : 프로퍼티나 메소드를 사용해서 접근

프로퍼티를 사용한 객체 값에 접근할 때는 객체명.프로퍼티명 또는 객체명["프로퍼티명"]
과 같이 사용한다.

```
사용법 : 객체명.프로퍼티명 또는 객체명["프로퍼티명"]
예)
object1.number1;
object1["number1"];
```

프로퍼티에 접근해서 프로퍼티 값을 얻어내거나(겟팅) 변경하거나(세팅) 프로퍼티를 생성
(추가)할 수 있다.

```
사용법 :
• 프로퍼티 값 세팅 : 객체명.프로퍼티명 = 새값;
• 프로퍼티 값 겟팅 : 객체명.프로퍼티명
• 새 프로퍼티 생성 : 객체명.새프로퍼티명 = 값;
예)
object1.number1;  // 프로퍼티 값 겟팅
object1.number1 = 19951230;  // 프로퍼티 값 세팅
object1.name = "taetae";  // 새 프로퍼티 생성
```

메소드를 사용한 객체의 동작에 접근할 때는 객체명.메소드명( )과 같이 쓴다.

사용법 : 객체명.메소드명( )
예)
objStudent.method1( );

**자바스크립트 객체 예제 – 객체생성과 프로퍼티 접근**

객체생성과 프로퍼티 접근하는 예제를 작성하고 실행한다.

실행 결과

http://localhost:8080/studyhtml5/ch05/js_05_22.html

객체 예제 : 객체생성, 프로퍼티 접근
kingdora
computer science studing
electronics engineering
22

▲ js_05_22.html 페이지 실행 결과

**01** js_05_22.html 페이지를 작성한다.

```
01  <!DOCTYPE html>
02  <html>
03  <head>
04  <meta charset="UTF-8">
05  <meta name="viewport" content="width=device-width,initial-scale=1.0"/>
06  <title>JavaScript test</title>
07  </head>
08  <body>
09    <script>
10      var objStudent = {name: "kingdora",
11                          major: "computer science",
12                          to_do: function(m){return m + " studing";}};
13
```

```
14        document.write("객체 예제 : 객체생성, 프로퍼티 접근<br>");
15        document.write(objStudent.name + "<br>");
16        document.write(objStudent.to_do(objStudent.major) + "<br>");
17
18        objStudent.major = "electronics engineering";  // 프로퍼티 값 변경
19        objStudent.age = 22;  // 새 프로퍼티 생성
20        document.write(objStudent.major + "<br>");
21        document.write(objStudent.age + "<br>");
22    </script>
23 </body>
24 </html>
```

**소스코드 설명**

10~13라인   objStudent 객체를 생성하는 곳으로 이 객체는 2개의 프로퍼티 name, major와 1개의 메소드 to_do( )를 갖는다.

15라인   objStudent.name은 objStudent 객체의 name 프로퍼티의 값 "kingdora"를 얻어낸다.

16라인   objStudent.to_do(objStudent.major)은 objStudent 객체의 to_do( ) 메소드를 major 프로퍼티의 값을 넣어서 호출한다.

18라인   objStudent.major = "electronics engineering"; 은 major 프로퍼티의 값을 "electronics engineering"로 변경한다.

19라인   objStudent.age = 22;은 새 프로퍼티 age를 생성한다.

**02** js_05_22.html 페이지를 실행한다.

## (3) 객체의 프로퍼티 반복 : for in

객체의 프로퍼티 반복해서 접근하려면 for-in문을 사용한다. for-in문은 객체에서 속성 1개를 뽑아서 속성저장변수에 넣어서 속성의 개수만큼 반복 처리한다. for-in문은 for(var 속성저장변수 in 객체명){ }과 같이 사용하며, var 속성저장변수와 같이 for문 안에서 속성 저장변수를 선언하면 변수의 영역을 좁게 줘서 다 쓴 후에 메모리 해제가 빨리된다.

```
사용법 : for (var 속성저장변수 in 객체명){ }
예)
for (var v1 in objStudent) {
    document.write(v1, " : ", objStudent[v1]);
    document.write("<br>");
}
```

**자바스크립트 객체 예제 – 객체 프로퍼티 반복 접근**

객체 프로퍼티를 반복 접근하는 예제를 작성하고 실행한다.

실행 결과

> http://localhost:8080/studyhtml5/ch05/js_05_23.html

객체 예제 : 객체 프로퍼티 반복 접근
**number1 : 1230**
**string1 : yeontan**
**boolean1 : true**
**array1 : 52,273,103,32**
**method1 : function(){return 1;}**
**object1.method1()메소드 실행 : 1**

▲ js_05_23.html 페이지 실행 결과

**01** js_05_23.html 페이지를 작성한다.

```
01  <!DOCTYPE html>
02  <html>
03  <head>
04  <meta charset="UTF-8">
05  <meta name="viewport" content="width=device-width,initial-scale=1.0"/>
06  <title>JavaScript test</title>
07  </head>
08  <body>
09    <script>
10      var object1 = {
```

```
11              number1: 1230,
12              string1: "yeontan",
13              boolean1: true,
14              array1: [52, 273, 103, 32],
15          method1: function( ){return 1;}
16      };

17

18      document.write("객체 예제 : 객체 프로퍼티 반복 접근<br>");
19      for(var x1 in object1){
20          document.write(x1, " : ", object1[x1], "<br>");
21      }
22      document.write("object1.method1( )메소드 실행 : " + object1.method1( ));
23  </script>
24 </body>
25 </html>
```

**02** js_05_23.html 페이지를 실행한다.

## (4) 객체 프로퍼티 삭제 : delete 연산자

객체 프로퍼티 삭제할 때는 [delete 객체.프로퍼티명]과 같이 delete 연산자를 사용한다.

사용법 : delete 객체.프로퍼티명
예)
var objName = {name : "김왕쌍", subName : "kingdora"};
delete objName.subName;  // objName객체의 subName프로퍼티 삭제

**자바스크립트 객체 예제 − 객체 프로퍼티 제거**

객체 프로퍼티를 제거하는 예제를 작성하고 실행한다.

**실행 결과**

⇦ ⇨ ■ ⤸ ▾ | http://localhost:8080/studyhtml5/ch05/js_05_24.html

객체 예제 : 객체 프로퍼티 제거
objName객체 프로퍼티 출력
name : 김왕쌍
subName : kingdora

subName프로퍼티 제거 후 objName객체 프로퍼티 출력
name : 김왕쌍

▲ js_05_24.html 페이지 실행 결과

**①** js_05_24.html 페이지를 작성한다.

```
01  <!DOCTYPE html>
02  <html>
03  <head>
04  <meta charset="UTF-8">
05  <meta name="viewport" content="width=device-width,initial-scale=1.0"/>
06  <title>JavaScript test</title>
07  </head>
08  <body>
09    <script>
10      var objName = {name: "김왕쌍",
11                     subName: "kingdora"};
12
13      document.write("객체 예제 : 객체 프로퍼티 제거<br>");
14      document.write("objName객체 프로퍼티 출력<br>");
15      for(var v1 in objName) {
16          document.write(v1 + " : " + objName[v1] + "<br>");
17      }
18
19      delete objName.subName;  // objName객체의 subName프로퍼티 제거
```

```
20
21      document.write("<br>subName프로퍼티 제거 후 objName객체 프로퍼티
    출력<br>");
22      for(var v1 in objName) {
23          document.write(v1 + " : " + objName[v1] + "<br>");
24      }
25    </script>
26  </body>
27  </html>
```

**02** js_05_24.html 페이지를 실행한다.

## (5) 객체 비교

두 객체는 객체를 가리키는 레퍼런스(객체주소를 저장)변수가 같으면 같은 객체이다. 예를 들어 var obj1 = {name : "yeontan"}; 과 같이 obj1 객체를 생성 후 var obj3 = obj1; 를 사용해서 obj3 변수에 obj1 객체의 주소를 넘겨주었기 때문에 obj3, obj1 두 변수는 같은 레퍼런스 값을 가지며 같은 객체를 가리킨다.

```
예)
var obj1 = {name : "yeontan"};
var obj3 = obj1;
if(obj1 == obj3)
   document.write("같은 객체");  // 두 객체는 같기 때문에 이 문장이 실행됨
else
   document.write("다른 객체");
```

객체가 가진 값이 같더라도 객체를 각각 생성한 경우 두 객체는 서로 다른 객체이다. 아래의 예제에서 obj1객체와 obj2객체의 내용은 같으나 각각 생성했기 때문에 다른 객체이다.

예)
```
var obj1 = {name: "yeontan"};
var obj2 = {name: "yeontan"};
if(obj1 == obj2)
    document.write("같은 객체");
else
    document.write("다른 객체");  // 두 객체는 다른 객체여서 이 문장이 실행됨
```

**실습** **자바스크립트 객체 예제 – 객체 레퍼런스 비교**

객체 레퍼런스를 비교하는 예제를 작성하고 실행한다.

**실행 결과**

http://localhost:8080/studyhtml5/ch05/js_05_25.html

객체 예제 : 객체 레퍼런스 비교
obj1과 obj3은 같은 객체
obj1과 obj2는 다른 객체

▲ js_05_25.html 페이지 실행 결과

**01** js_05_25.html 페이지를 작성한다.

```
01  <!DOCTYPE html>
02  <html>
03  <head>
04  <meta charset="UTF-8">
05  <meta name="viewport" content="width=device-width,initial-scale=1.0"/>
06  <title>JavaScript test</title>
07  </head>
08  <body>
09    <script>
10      var obj1 = {name: "yeontan"};
11      var obj2 = {name: "yeontan"};
```

```
12      var obj3 = obj1;

13

14      document.write("객체 예제 : 객체 레퍼런스 비교<br>");
15      if(obj1 == obj3)  // 같은 객체
16          document.write("obj1과 obj3은 같은 객체<br>");
17      else
18          document.write("obj1과 obj3은 다른 객체<br>");

19

20      if(obj1 == obj2)  // 다른 객체
21          document.write("obj1과 obj2는 같은 객체<br>");
22      else
23          document.write("obj1과 obj2는 다른 객체<br>");
24    </script>
25  </body>
26  </html>
```

**02** js_05_25.html 페이지를 실행한다.

객체의 내용이 같은가를 비교할 때는 보통 두 객체가 문자열(string) 타입일 때 === 연산자를 사용해서 비교한다. 자바스크립트에서 ==은 값이 같은가를 비교 ===은 값과 타입이 같은가를 비교할 때 사용한다. 문자열 객체의 비교에서는 ===을 사용하는 것을 권장한다. 값을 비교할 때는 타입이 일치하는지 엄밀하게 비교하는 것이 프로그램의 안정성을 주기 때문에 일반적인 값을 비교할 때도 실무에서는 ===을 사용하는 것이 좋다.

```
예)
var str1 = "yeontan";
var str2 = "yeontan";
if(str1 === str2)  // 내용이 같은 문자열
    document.write("두 문자열의 내용이 같다");  // 이 문장이 출력됨
else
    document.write("두 문자열의 내용이 다르다");
```

문자열이 아닌 객체의 내용을 비교할 때는 JSON.stringify(객체) 메소드를 사용한다. JSON.stringify(객체) 메소드는 객체 안에 들어있는 프로퍼티(메소드, 배열 포함)를 모두 1개의 문자열로 묶어 주기 때문에 두 객체의 내용이 같은가를 비교할 때 사용할 수 있다. 예를 들어 객체1과 객체2가 같은가를 비교할 때 JSON.stringify(객체1) === JSON.stringify(객체2)과 같이 쓸 수 있다.

```
예)
var obj1 = {name: "yeontan"};
var obj2 = {name: "yeontan"};
if(JSON.stringify(obj1) === JSON.stringify(obj2))  // 내용이 같은 객체
    document.write("obj1과 obj2는 객체의 내용이 같음<br>");  // 이 문장이 출력됨
else
    document.write("obj1과 obj2는 객체의 내용이 다름<br>");
```

**실습**  **자바스크립트 객체 예제 – 객체 내용 비교**

객체 내용을 비교하는 예제를 작성하고 실행한다.

**실행 결과**

http://localhost:8080/studyhtml5/ch05/js_05_26.html

객체 예제 : 객체 내용 비교
str1, str2 문자열의 내용이 같다
obj1, obj2객체는 객체의 내용이 같다

▲ js_05_26.html 페이지 실행 결과

**01** js_05_26.html 페이지를 작성한다.

```
01  <!DOCTYPE html>
02  <html>
03  <head>
04  <meta charset="UTF-8">
05  <meta name="viewport" content="width=device-width,initial-scale=1.0"/>
```

```
06    <title>JavaScript test</title>
07    </head>
08    <body>
09      <script>
10        var str1 = "yeontan";
11        var str2 = "yeontan";
12        var obj1 = {name: "yeontan"};
13        var obj2 = {name: "yeontan"};
14
15        document.write("객체 예제 : 객체 내용 비교<br>");
16        if(str1 === str2)  // 내용이 같은 문자열
17            document.write("str1, str2 문자열의 내용이 같다<br>");
18        else
19            document.write("str1, str2 문자열의 내용이 다르다<br>");
20
21        if(JSON.stringify(obj1) === JSON.stringify(obj2))  // 내용이 같은 객체
22            document.write("obj1, obj2객체는 객체의 내용이 같다<br>");
23        else
24            document.write("obj1, obj2객체는 객체의 내용이 다르다<br>");
25      </script>
26    </body>
27    </html>
```

**02** js_05_26.html 페이지를 실행한다.

## (6) 생성자 함수

생성자 함수는 객체를 생성할 때 사용하는 틀로 해당 객체의 형태를 결정한다. 생성자 함수명은 클래스명을 작성하는 규칙과 같이 첫 글자를 대문자로 시작하고 단어가 바뀔 경우 다음 단어의 첫 글자를 대문자로 쓴다.

```
예)
var PlayerCharacter = function( ){ };
```

파라미터(매개변수, 인수)가 있는 생성자 함수를 선언할 때는 function(name)과 같이 파라미터를 나열한다.

예)
var PlayerCharacter = function(name){ };

생성자는 주로 프로퍼티값 겟팅/세팅에 사용된다. 생성자 함수 내에서 프로퍼티는 this. 프로퍼티명 = 파라미터; 와 같이 this 키워드를 사용한다.

사용법) 프로퍼티 정의 : this.프로퍼티명 = 파라미터변수;
예)
this.name = name;
• this.name: 프로퍼티
• name: 파라미터변수, 넘어오는 값

**실습  자바스크립트 객체 예제 – 생성자 함수 작성**

생성자 함수를 작성하는 예제를 작성하고 실행한다.

**실행 결과**

⟨⟩ ⟨⟩ ▤ ⟨⟩ ▾  http://localhost:8080/studyhtml5/ch05/js_05_27.html

**객체 예제 : 생성자 함수선언**
**warrior**

▲ js_05_27.html 페이지 실행 결과

**01** js_05_27.html 페이지를 작성한다.

```
01  ⟨!DOCTYPE html⟩
02  ⟨html⟩
03  ⟨head⟩
04  ⟨meta charset="UTF-8"⟩
```

```
05  <meta name="viewport" content="width=device-width,initial-scale=1.0"/>
06  <title>JavaScript test</title>
07  </head>
08  <body>
09    <script>
10      var PlayerCharacter = function(name){ // 생성자 함수 선언
11          this.name = name; // 프로퍼티 선언
12      };
13
14      var pc = new PlayerCharacter("warrior"); // 객체 생성
15
16      document.write("객체 예제 : 생성자 함수선언<br>");
17      document.write(pc.name);
18    </script>
19  </body>
20  </html>
```

**소스코드 설명**

10~12라인   생성자 함수를 선언하는 부분으로 11라인 this.name = name; 은 프로퍼티를 선언한다.

14라인   var pc = new PlayerCharacter("warrior");은 PlayerCharacter("warrior") 생성자 함수에 인수를 넣어서 객체를 생성하며 이때 객체에 접근하는 레퍼런스가 pc(이하 pc객체)이다. 앞으로 pc 객체에 접근하려면 pc.과 같이 사용한다. pc객체의 name 프로퍼티에 접근하려면 17라인과 같이 pc.name으로 사용한다.

02 js_05_27.html 페이지를 실행한다.

생성자 함수 내에서 메소드를 정의할 때는 this.메소드명 = function( ){ };와 같이 this 키워드를 함께 사용한다.

```
사용법) 메소드 정의 : this.메소드명 = function( ){ }
예)
this.getName = function( ){return name;}
```

**자바스크립트 객체 예제 – 생성자 함수에 메소드 작성**

생성자 함수에 메소드 작성하는 예제를 작성하고 실행한다.

실행 결과

```
⇐ ⇒ ■ ⟳ ▼  http://localhost:8080/studyhtml5/ch05/js_05_28.html
```

객체 예제 : 생성자 함수에 메소드 작성
basic

▲ js_05_28.html 페이지 실행 결과

**01** js_05_28.html 페이지를 작성한다.

```html
01  <!DOCTYPE html>
02  <html>
03  <head>
04  <meta charset="UTF-8">
05  <meta name="viewport" content="width=device-width,initial-scale=1.0"/>
06  <title>JavaScript test</title>
07  </head>
08  <body>
09    <script>
10      var PlayerCharacter = function(name){  // 생성자함수 선언
11          this.name = name;  // 프로퍼티 선언
12          this.getName = function( ){return name;}  // 메소드 선언
13      };
14
15      var pc = new PlayerCharacter("basic");
16
17      document.write("객체 예제 : 생성자 함수에 메소드 작성<br>");
18      document.write(pc.getName( ),"<br>");
19    </script>
20  </body>
21  </html>
```

**12라인** this.getName = function( ){return name;} 은 생성자 함수 내에 getName( )메소드를 선언한다.

**02** js_05_28.html 페이지를 실행한다.

생성자 함수는 객체지향 프로그래밍에서 클래스이자 생성자 역할을 한다. 자바스크립트에서는 생성자 함수를 프로토타입으로도 지칭한다. 프로토타입은 상속 또는 생성자 함수 밖에서 메소드를 추가할 때 기준 생성자 함수를 일컫는 용도로 사용한다.

프로토타입 밖에서 메소드를 정의할 때는 프로토타입명.prototype.함수명= function( ){ };과 같이 사용한다.

```
사용법) 프로토타입명.prototype.함수명= function( ){ };
예)
Student.prototype.getSum = function( ){
    return this.korean + this.math;
};
```

**실습**　**자바스크립트 객체 예제 – 생성자 함수 밖에서 메소드 추가**

생성자 함수 밖에서 메소드 추가하는 예제를 작성하고 실행한다.

**실행 결과**

⇦ ⇨ ■ ⚙ ▾ | http://localhost:8080/studyhtml5/ch05/js_05_29.html

**객체 예제 : 프로토타입에 메소드 작성**
**김연탄 : 200**

▲ js_05_29.html 페이지 실행 결과

**①** js_05_29.html 페이지를 작성한다.

```html
01 <!DOCTYPE html>
02 <html>
03 <head>
04 <meta charset="UTF-8">
05 <meta name="viewport" content="width=device-width,initial-scale=1.0"/>
06 <title>JavaScript test</title>
07 </head>
08 <body>
09   <script>
10     function Student(name, korean, math) { // 생성자 함수 선언
11         this.name = name;
12         this.korean = korean;
13         this.math = math;
14     }
15
16     Student.prototype.getSum = function( ){ // 생성자 함수밖에서 메소드 추가
17         return this.korean + this.math;
18     };
19
20     var s1 = new Student("김연탄", 100, 100)  // s1객체생성
21
22     document.write("객체 예제 : 프로토타입에 메소드 작성<br>");
23     document.write(s1.name, " : ", s1.getSum( ));
24   </script>
25 </body>
26 </html>
```

10~14라인    Student(name, korean, math) 생성자 함수를 선언한다.

16~18라인    Student( ) 생성자 함수 밖에서 합을 계산해서 리턴하는 getSum( ) 메소드 선언한다. getSum( ) 메소드 생성자 함수 내에 선언된 다른 프로퍼티나 메소드들과 동등하게 객체.으로 접근해서 사용한다. 20라인에서 Student( ) 생성자 함수의 객체 s1을 생성했으며, 이후 Student( ) 생성자 함수의 모든 프로퍼티는 s1.으로 접근한다. Student( ) 생성자 함수 밖에서 선언된 getSum( ) 메소드도 23라인에서와 같이 s1.getSum( )로 접근한다.

02  js_05_29.html 페이지를 실행한다.

 **Object 객체 설명 및 메소드 설명 참조 사이트**
https://developer.mozilla.org/ko/docs/Web/JavaScript/Reference/Global_Objects/Object

## (7) 내장객체

자바스크립트는 숫자(Number), 문자열(String), 배열(Array), 날짜(Date) 객체를 제공한다. 문서의 객체에 접근할 수 있도록 문서 객체 모델(DOM) 객체인 Attributes, Console, Document, Elements, Events, Event Objects, History, Location, Navigator, Screen, Style, Window 등도 제공한다.

- Window : 열린 브라우저 창에 대한 정보를 가진 객체
- Document : 브라우저에 로드된 문서에 대한 정보를 가진 객체
- Screen : 사용자의 스크린정보를 가진 객체
- History : 방문한 URL에 대한 정보를 가진 객체
- Location : 현재 URL에 대한 정보를 가진 객체
- Navigator : 브라우저에 대한 정보를 가진 객체

문서 객체에 대한 정보는 document 객체의 메소드를 사용해서 얻어내며 이를 사용해서 태그나 태그의 내용에 접근한다. document 객체의 태그(엘리먼트)에 접근하는 메소드들은 리턴 값으로 DOMElement 객체나 DOMElement 객체타입의 배열을 리턴한다. 주로 사용하는 메소드에는 태그의 id속성 값으로 접근하는 document.getElementById("id속성

값")메소드, 태그명으로 접근하는 document.getElementsByTagName("태그명") 메소드가 있다.

---

- document.getElementById("id속성 값") 메소드
  - 주어진 "id속성 값"을 가진 태그에 접근.
  - 주로 이벤트처리에서 이벤트를 발생시킨 태그에 접근할 때 사용

- document.getElementsByTagName("태그명") 메소드
  - 주어진 "태그명"을 가진 모든 태그 객체에 접근. 복수 개 태그를 배열로 리턴
  - 주로 결과 문서에 같은 이름의 태그들을 얻어낼 때 사용

---

태그의 내용에 접근할 때는 태그객체.innerHTML 속성을 사용한다.

---

사용법) document.getElementById("id속성 값").innerHTML

- 태그의 내용 얻어내기
  - var v1 = document.getElementById("id속성 값").innerHTML;
  - 예) var v1 = document.getElementById("result2").innerHTML

- 태그에 내용 넣기
  - document.getElementById("id속성 값").innerHTML = "내용";
  - 예) document.getElementById("result").innerHTML = "〈p〉연습〈/p〉"

---

**실습** | **자바스크립트 객체 예제 – DOM구조의 태그내용에 접근**

생성자 함수 밖에서 메소드 추가하는 예제를 작성하고 실행한다.

---

실행 결과

◁ ▷ ■ ♻ ▼ | http://localhost:8080/studyhtml5/ch05/js_05_30.html

**객체 예제 : DOM구조의 태그내용에 접근**

연습

**1111**

◀ js_05_30.html 페이지 실행 결과

**01** js_05_30.html 페이지를 작성한다.

```
01  <!DOCTYPE html>
02  <html>
03  <head>
04  <meta charset="UTF-8">
05  <meta name="viewport" content="width=device-width,initial-scale=1.0"/>
06  <title>JavaScript test</title>
07  </head>
08  <body>
09    <p>객체 예제 : DOM구조의 태그내용에 접근</p>
10    <div id="result"></div>
11    <div id="result2">1111</div>
12
13    <script>
14      // 태그 내용에 접근해서 태그 내용을 변경
15      document.getElementById("result").innerHTML = "<p>연습</p>"
16    </script>
17  </body>
18  </html>
```

**02** js_05_30.html 페이지를 실행한다.

# 04 | 제이쿼리를 사용한 태그 제어와 Ajax

여기서는 제이쿼리의 개요, 태그 제어 그리고 Ajax 사용방법에 대해서 살펴본다.

## 1 개요

제이쿼리(jQuery)는 빠르고 가볍고 다양한 기능을 가진 자바스크립트 라이브러리로, 2005년 처음 소개 되었으며 2006년 존 레식이 공식적으로 소개했다. MIT 라이선스와 GNU GPL(General Public Licence)의 이중 라이선스를 가진 오픈 소프트웨어이다.

>  **참고**
>
> • **MIT 라이선스(Licence)**
> MIT에서 개발한 라이선스로, 카피레프트는 아니다. 오픈소스를 사용한 제품을 반드시 오픈소스로 배포해야 한다는 규정이 없는 제한이 매우 느슨한 라이선스이다.
>
> • **GNU GPL(General Public Licence)**
> FST(Free Software Foundation, 자유 소프트웨어 재단)에서 만든 소프트웨어 라이선스로 대표적으로 리눅스 커널이 사용된다. 가장 널리 알려진 카피레프트 사용허가서로 이 허가를 가진 프로그램을 사용해서 만든 프로그램도 카피레프트(copyleft)를 갖는다.

제이쿼리는 현재 가장 많이 사용되는 자바스크립트 라이브러리로, 이것을 사용하면 웹 애플리케이션의 작성이 쉬워지며 자바스크립트나 Ajax 및 DOM 관련 작업을 간단히 처리해준다. 제이쿼리 라이브러리가 제공하는 기능은 다음과 같다.

- HTML/DOM 작업
- CSS 작업
- HTML 이벤트 처리
- 각종 효과 및 애니메이션
- Ajax
- 각종 유틸리티 등

## 2 ▷ 제이쿼리 기본 사용법

제이쿼리 라이브러리를 사용하려면 http://jquery.com/ 사이트에서 다운로드 받아서 소스에 포함하거나 CDN(Content delivery network, 콘텐츠 전송 네트워크)을 사용해 HTML 파일에 포함한다.

```
<!--다운로드 받은 파일 포함-->
<script src="jquery-3.6.3.min.js"></script>
```

```
<!--Google CDN 사용-->
<head>
<script src="https://ajax.googleapis.com/ajax/libs/jquery/3.6.3/jquery.min.js"></script>
</head>
```

이 책에서는 Google CDN을 사용해서 제이쿼리를 사용한다. 먼저 제이쿼리를 사용한 예제를 살펴본 후 제이쿼리 문법을 학습한다.

이 예제는 배치한 제이쿼리를 테스트하기 위한 예제를 작성한다.

실행 결과

▲ jq01.html 페이지 실행 결과　　　　　　　　▲ [표시] 버튼을 누른 결과

㉮ 자료 파일의 [images] 폴더에서 제공하는 p2_s.png 파일을 복사해서 이클립스의
[Project Explorer] 뷰의 [webapp]-[images]에 붙여넣기한다.

㉯ [ch05] 폴더에 "jq01.html" 페이지를 작성한다.

```
01  <!DOCTYPE html>
02  <html>
03  <head>
04  <meta charset ="UTF-8">
05  <meta name ="viewport" content ="width=device-width,initial-scale=1.0"/>
06  <title>제이쿼리 테스트 페이지</title>
07  <style>
08    div#displayArea{
09     width  : 200px;
10       height : 200px;
11       border : 5px double #6699FF;
12    }
13  </style>
```

```
14  <script src="https://ajax.googleapis.com/ajax/libs/jquery/3.6.3/jquery.
    min.js"></script>
15  <script>
16   $(document).ready(function( ){
17      $("button").click(function( ){
18         $("#displayArea").html("<img src='../images/p2_s.png'
           border='0'/>");
19      });
20   });
21  </script>
22  </head>
23  <body>
24   <div id ="displayArea">이곳의 내용 변경 </div>
25   <button>표시</button>
26  </body>
27  </html>
```

**소스코드 설명**

14라인 <script src="https://ajax.googleapis.com/ajax/libs/jquery/3.6.3/jquery.min.js"></script>  제이쿼리를 현재 페이지에서 사용하기 위해 포함하는 구문으로, 이 라이브러리를 참조하는 자바스크립트 구문보다 먼저 기술해야 한다.

15~21라인  제이쿼리 라이브러리를 참조해 [표시] 버튼을 누르면 이미지를 <div id="displayArea"> 태그 내에 표시한다.

16~20라인  현재 페이지가 완전히 로딩되면 자동으로 실행되는 부분으로, 제이쿼리를 사용할 때 이벤트 처리는 이 구문 안에 기술한다.

16라인 $(document).ready(function( ){  해당 페이지가 완전히 로딩되면 자동 실행된다. 이 이벤트는 해당 페이지의 로딩이 끝나기 전에 제이쿼리가 실행되는 것을 방지하기 위해 사용한다. 즉, 프로그램을 안정적으로 기술하기 위해 사용한다.

17~19라인  button엘리먼트에서 클릭이벤트가 발생하면 자동으로 실행된다.
– 17라인  $("button").click(function( ){  <button> 태그를 클릭하면 실행되는 것으로 제이쿼리에서 엘리먼트를 참조할 때는 $("엘리먼트명")과 같이 사용한다.

- 18라인  $("#displayArea").html("<img src='../images/p2_s.png' border='0'/>");  id 속성의 값이 displayArea인 엘리먼트의 내용으로 <img src='../images/p2_s.png' border='0'/>을 지정한다. 제이쿼리에서 id 속성 값으로 엘리먼트에 접근하려면 $("#id 속성 값")과 같이 사용한다. html("내용") 메소드는 지정한 엘리먼트의 내용으로 "" 안의 내용을 넣는다. 이때 html 태그가 있는 경우 해당 태그를 해석해서 처리한다.

24라인 <div id="displayArea">이곳의 내용이 변경 </div>  내용이 변경될 대상이다.

25라인 <button>표시</button>  [표시] 버튼을 만들어준다.

**03** jq01.html 페이지를 실행한다.

실행 결과에서 [표시] 버튼을 누르면 이미지가 표시된다.

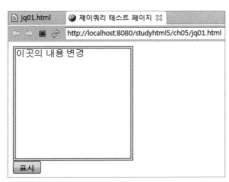

▲ jq01.html 페이지 실행 결과

▲ [표시] 버튼을 누른 결과

## (1) 기본 문법

jQuery는 HTML 엘리먼트(태그)를 사용해서 어떤 동작을 수행한다. 엘리먼트를 사용한다는 것은 제어하는 것으로, 태그를 제어하기 위해서는 어떤 태그에 어떤 동작이 발생했을 때 어떻게 제어할지를 지정해야 한다. 동작이 발생되는 태그를 실렉터라 한다. 기본적으로 동작이 발생되는 태그인 실렉터(selector)에서 특정 동작(action)이 발생되면 처리하는 문법은 다음과 같다.

$(selector).action( )

· $ : 제이쿼리에서 태그 접근에 사용
· (selector) : HTML 엘리먼트(태그명)

· action( ) : 해당 엘리먼트에서 수행할 동작

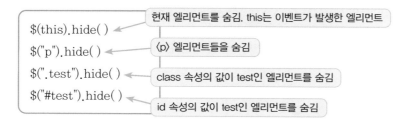

## (2) 실렉터(selector) – HTML 엘리먼트에 접근

실렉터는 어떤 작업을 처리하기 위해 특정 엘리먼트를 선택하는 데 사용된다. 실렉터에는 엘리먼트명, 엘리먼트의 id 속성 값, 엘리먼트의 class 속성 값을 사용할 수 있다. 모든 제이쿼리의 실렉터는 \$로 시작해 \$( )와 같은 형태로 사용한다. ( ) 안에는 엘리먼트명, 엘리먼트의 id 속성 값, class 속성 값 등이 올 수 있다.

> \$(엘리먼트명/#엘리먼트의 id 속성 값/.엘리먼트의 class  속성 값/객체명)

■ 코드 작성 방법

자바스크립트 코드는 \$(document).ready(function( ){//코드}); 안에 작성. 현재 페이지(html)의 로딩이 끝나면 자동 실행된다.

| 예시 | 현재 페이지의 로드가 모두 끝나면 작업 처리 |

```
$(document).ready(function( ){ //현재 페이지의 로드가 모두 끝나면
    $("button").click(function( ){ //이 작업을 처리
        $("#displayArea").html("〈img src='p2_s.png'/〉");
    });
});
```

다음 제이쿼리 실렉터와 표시 형태, 사용 예를 표시한 것이다.

| 실렉터 | 표시형태 | 사용 예 |
|--------|----------|---------|
| 엘리먼트명 | \$("엘리먼트명") | – HTML 태그<br>〈p〉연습〈/p〉<br>– JS(자바스크립트)에서 접근<br>\$("p") |

| 실렉터 | 표시형태 | 사용 예 |
|---|---|---|
| 엘리먼트의 id 속성 값 | $("#id 속성 값") | – HTML 태그<br>〈p id ="test"〉연습〈/p〉<br>– JS에서 접근<br>$("#test") |
| 엘리먼트의 class 속성 값 | $(".class 속성 값") | – HTML 태그<br>〈p class ="t1"〉연습〈/p〉<br>– JS에서 접근<br>$(".t1") |

    제이쿼리의 실렉터는 [엘리먼트명], [엘리먼트의 id 속성 값], [엘리먼트의 class 속성 값]을 사용하는 점에서 CSS 실렉터와 같다. 제이쿼리에서는 실렉터로 [엘리먼트의 id 속성 값]을 선호한다. 이벤트가 발생해서 어떤 작업을 처리하려면 작업이 발생하는 엘리먼트가 1개인 [엘리먼트의 id 속성 값]을 사용하는 것이 가장 좋다. 같은 작업이 여러 곳에 발생하면 프로그램 상 특수한 경우를 제외하고는 이벤트의 주체를 명확히 할 수 없기 때문이다.

**실습**    **제이쿼리 실렉터 사용**

이 예제는 제이쿼리에서 실렉터를 사용해서 엘리먼트에 접근하는 예제를 작성한다.

**실행 결과**

◀ jq02.html 페이지 실행 결과

**01** [ch05] 폴더에 "jq02.css" 페이지를 작성한다.

```
01  @CHARSET "UTF-8";
02
03  div{
04      margin : 10px;
05      padding: 10px;
06  }
07
08  div#picArea{
09      width : 500px;
10      height: 120px;
11      background-image: url(../images/bluepaper.png);
12  }
13
14  img{
15      margin : 10px;
16      width : 90px;
17      height : 80px;
18      border : 2px solid black;
19  }
20
21  .c1{
22      border-radius: 50%;
23  }
24
25  .c2{
26      box-shadow: 10px 10px 5px #888888;
27  }
```

**02** [ch05] 폴더에 "jq02.html" 페이지를 작성한다.

```html
01  <!DOCTYPE html>
02  <html>
03  <head>
04  <meta charset ="UTF-8">
05  <meta name ="viewport" content ="width=device-width,initial-scale=1.0"/>
06  <title>제이쿼리 실렉터 예제</title>
07  <link rel ="stylesheet" href ="jq02.css"/>
08  <script src="https://ajax.googleapis.com/ajax/libs/jquery/3.6.3/jquery.min.
    js"></script>
09  <script src ="jq02.js"></script>
10  </head>
11  <body>
12    <div id ="picArea">
13      <img id ="pic1" class ="c1" src ="../images/picture1.png">
14      <img id ="pic2" class ="c2" src ="../images/picture2.png">
15      <img id ="pic3" class ="c1" src ="../images/picture3.png">
16      <img id ="pic4" class ="c2" src ="../images/picture4.png">
17    </div>
18    <div id ="btnArea">
19      <button id ="b1">id ="pic1"인 이미지 숨기기</button>
20      <button id ="b2">class ="c1"인 이미지 숨기기</button>
21      <button id ="b3">모든 이미지 숨기기</button><br>
22      <button id ="b4">숨기기 취소</button>
23    </div>
24  </body>
25  </html>
```

**❸** [ch05] 폴더에 "jq02.js" 페이지를 작성한다.

```
01  $(document).ready(function( ){
02      $("#b1").click(function( ){//[id ="pic1"인 이미지 숨기기] 버튼 클릭
03          $("#pic1").hide( );
04      });
05
06      $("#b2").click(function( ){//[class ="c1"인 이미지 숨기기] 버튼 클릭
07          $(".c1").hide( );
08      });
09
10      $("#b3").click(function( ){//[모든 이미지 숨기기] 버튼 클릭
11          $("img").hide( );
12      });
13
14      $("#b4").click(function( ){//[숨기기 취소] 버튼 클릭
15          $("img").show( );
16      });
17  });
```

**소스코드 설명**

**2~4라인**  [id="pic1"인 이미지 숨기기] 버튼을 클릭하면 id 속성 값이 "pic1"인 태그가 숨겨진다.

**6~8라인**  [class="c1"인 이미지 숨기기] 버튼을 클릭하면 class 속성 값이 "c1"인 태그들이 숨겨진다.

**10~12라인**  [모든 이미지 숨기기] 버튼을 클릭하면 모든 〈img〉 태그가 숨겨진다.

**14~16라인**  [숨기기 취소] 버튼을 클릭하면 모든 〈img〉 태그가 표시된다.

**04** jq02.html 페이지를 실행한다.

◀ jq02.html 페이지 실행 결과

실행 결과에서 [id="pic1"인 이미지 숨기기] 버튼 클릭하면 id="pic1"인 첫 번째 이미지가 숨겨지고, [class="c1"인 이미지 숨기기] 버튼을 클릭하면 첫 번째와 세 번째 이미지가 숨겨진다. 또한 [모든 이미지 숨기기] 버튼을 클릭하면 모든 이미지가 숨겨지고, [숨기기 취소] 버튼을 클릭하면 모든 이미지가 표시된다.

## 3 HTML 엘리먼트 내용에 접근하기 – get/set

HTML 엘리먼트 객체의 내용에 접근해야 엘리먼트(태그)의 내용을 변경할 수 있다.

$("p")와 같이 실렉터를 사용한 태그 선택 형태는 HTML 엘리먼트의 객체 자체에 접근하는 것이다.

엘리먼트의 내용에 접근하려면 text( ), html( ), val( ) 메소드 중 하나를 사용해야 한다.

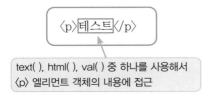

| 메소드 | 설명 |
|---|---|
| text( ) | 선택한 엘리먼트의 내용을 텍스트 형태로 지정하거나 얻어낸다. |
| html( ) | 선택한 엘리먼트의 내용을 HTML 태그를 포함하여 지정하거나 얻어낸다. |
| val( ) | 폼 필드의 값을 지정하거나 얻어낸다. |

▲ 엘리먼트의 내용을 얻어내거나 변경하는 메소드

엘리먼트의 내용을 얻어낼 때는 [엘리먼트.메소드( )]와 같은 형태로 text( ), html( ), val( ) 메소드를 사용한다. $("p").text( ) 메소드를 사용해서 〈p〉 엘리먼트의 내용을 텍스트 형태로 얻어내는 예는 다음과 같다.

엘리먼트의 내용을 변경할 때는 [엘리먼트.메소드("변경할 내용");]과 같은 형태로 text( ), html( ), val( ) 메소드를 사용한다.

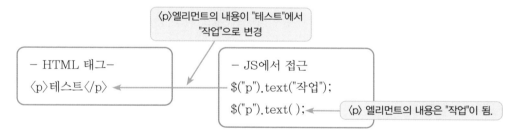

**실습** **jQuery를 사용한 자바스크립트 사용 – 엘리먼트의 내용 변경**

이 예제는 jQuery의 실렉터와 내용 접근 메소드를 사용해서 엘리먼트의 내용을 얻어내고 변경한다.

**실행 결과**

▲ jq03.html 페이지 실행 결과 　　▲ [버튼레이블 변경] 버튼을 누른 결과

▲ [이미지표시] 버튼을 누른 결과

**01** [ch05] 폴더에 "jq03.html" 페이지를 작성한다.

```
01  <!DOCTYPE html>
02  <html>
03  <head>
04  <meta charset ="UTF-8">
05  <meta name ="viewport" content ="width=device-width,initial-scale=1.0"/>
06  <title>jQuery 실렉터와 메소드를 사용한 엘리먼트의 내용 변경</title>
07  <script src="https://ajax.googleapis.com/ajax/libs/jquery/3.6.3/jquery.min.
    js"></script>
08  <script src ="jq03.js"></script>
09  </head>
10  <body>
11    <p>이미지표시</p>
12    <button id ="b1">버튼레이블 변경</button>
13    <div id ="display"></div>
```

```
14    <button id ="b2">버튼</button>
15  </body>
16  </html>
```

**02** [ch05] 폴더에 "jq03.js" 페이지를 작성한다. 기본적인 코딩이 작성되면 다음과 같이 수정한 후 저장한다.

```
01  $(document).ready(function( ){
02      $("#b1").click(function( ){//<button id ="b1"> 엘리먼트를 클릭하면 자동 실행
03          $("#b2").text($("p").text( ));//두 번째 버튼의 레이블 변경
04      });
05
06      $("#b2").click(function( ){//<button id ="b2"> 엘리먼트를 클릭하면 자동 실행
07          //이미지 표시
08          $("#display").html("<img src='../images/p1_s.png' border='0'/>");
09      });
10  });
```

1~10라인  페이지의 로딩이 끝나면 자동 실행된다.
- 2~4라인  jq03.html의 12라인 <button id="b1"> 엘리먼트를 클릭하면 자동 실행된다. [버튼레이블 변경] 버튼을 누르면 11라인에서 <p> 엘리먼트의 내용을 얻어내서 두 번째 버튼인 14라인 버튼의 레이블을 [이미지표시]로 변경한다.
- 6~9라인  jq03.html의 14라인 <button id="b2"> 엘리먼트를 클릭하면 자동 실행된다. [이미지표시] 버튼을 누르면 13라인의 <div id="display"> 엘리먼트의 내용으로 <img src='../images/p1_s.png' border='0'/>가 들어가서 화면에 이미지가 표시된다.

**03** jq03.html 페이지를 실행한다.

실행 결과에서 [버튼레이블 변경] 버튼을 누르면 두 번째 버튼이 [이미지표시]로 변경된다. 이때 [이미지표시] 버튼을 클릭하면 이미지가 화면에 표시된다.

▲ jq03.html 페이지 실행 결과

▲ [버튼레이블 변경] 버튼을 누른 결과

▲ [이미지표시] 버튼을 누른 결과

## 4 제이쿼리 이벤트 처리

웹 페이지에서의 이벤트는 주로 마우스를 이동하거나 엘리먼트를 클릭 또는 라디오 버튼 등을 클릭하는 동작에 의해 발생한다. jQuery에서도 웹 페이지에서 발생한 이벤트를 제어하는 방법을 제공하며 자주 사용하는 이벤트들은 다음과 같다.

### (1) 마우스 이벤트

마우스 이벤트는 마우스 클릭, 더블클릭, 마우스 포인터의 위치 등에 발생하며 이들 이벤트는 다음과 같다.

| Mouse Events (마우스 이벤트) | 설명 |
|---|---|
| click | 엘리먼트를 클릭 시 발생 |
| dblclick | 엘리먼트를 더블클릭 시 발생 |
| mouseenter | 엘리먼트에 마우스 포인터가 위치 |
| mouseleave | 엘리먼트에 위치된 마우스 포인터가 나가면 발생 |

```
<button id="b1">클릭하시오</button>
---
$("#b1").click(function( ){
  alert("test");
});
```

◀ ⟨button id="b1"⟩ 버튼을 클릭하면 메시지 상자가 표시됨.

```
<button id="b1">마우스 포인터를 위치하시오</button>
---
$("#b1").mouseenter(function( ){
    alert("마우스포인터가 위치됨");
});
```

▲ 〈button id="b1"〉 버튼에 마우스 포인터를 위치하면 메시지 상자가 표시됨.

**jQuery를 사용한 자바스크립트 사용 – 마우스 이벤트 처리**

이 예제는 jQuery를 사용해서 마우스 이벤트를 처리한다.

**실행 결과**

마우스 포인터를 여기에!!!

더블클릭하시구려.

▲ jq03.html 페이지 실행 결과

왔구려, 마우스포인터!!!

더블클릭하시구려.

▲ 마우스 포인터를 위치한 결과

돌아와 마우스포인터!!!

더블클릭하시구려.

▲ 더블클릭하기 전 버튼 모양

돌아와 마우스포인터!!!

더블클릭하시구려.

▲ 더블클릭한 후 버튼 모양

**01** [ch05] 폴더에 "jq04.html" 페이지를 작성한다.

```
01  <!DOCTYPE html>
02  <html>
03  <head>
04  <meta charset ="UTF-8">
05  <meta name ="viewport" content ="width=device-width,initial-scale=1.0"/>
06  <title>jQuery 이벤트처리 – 마우스 이벤트</title>
07  <script src="https://ajax.googleapis.com/ajax/libs/jquery/3.6.3/jquery.min.
    js"></script>
```

```
08  <script src ="jq04.js"></script>
09  </head>
10  <body>
11    <p>마우스 포인터를 여기에!!!</p>
12    <button>더블클릭하시구려.</button>
13  </body>
14  </html>
```

**02** [ch05] 폴더에 "jq04.js" 페이지를 작성한다.

```
01  $(document).ready(function( ){
02    $("p").mouseenter(function( ){//<p>엘리먼트에 마우스포인터를 위치시키면
      자동실행
03        $(this).text("왔구려, 마우스포인터!!!");
04    });
05
06    $("p").mouseleave(function( ){//<p>엘리먼트에서 마우스포인터가 나가면 자동
      실행
07        $(this).text("돌아와 마우스포인터!!!");
08    });
09
10    $("button").dblclick(function( ){//<button>엘리먼트를 더블클릭하면 자동실행
11        $(this).css("background-color","#cccccc");
12    });
13  });
```

**소스코드 설명**

2~4라인  jq04.html의 11라인 <p> 엘리먼트에 마우스 포인터를 위치시키면 자동 실행되어 11라인 <p> 태그의 내용이 "왔구려, 마우스포인터!!!"로 변경된다.
– 3라인  $(this).text("왔구려, 마우스포인터!!!")에서 $(this)는 이벤트가 발생한 엘리먼트 자신을 의미한다. 여기서는 이벤트가 발생한 jq04.html의 11라인 <p> 태그이다.

6~8라인  jq04.html의 11라인 <p> 엘리먼트에서 마우스 포인터가 나가면 자동 실행되어 11라인의 <p> 태그의 내용이 "돌아와 마우스포인터!!!"로 변경된다.

**03** jq04.html 페이지를 실행한다.

실행 결과에서 "마우스 포인터를 여기에!!!" 문장에 마우스 포인터를 위치시키면 내용이 "왔구려, 마우스 포인터!!!"로 변경된다.

▲ jq03.html 페이지 실행 결과 　　　　　▲ 〈p〉 태그의 내용에 마우스 포인터 위치

"왔구려, 마우스 포인터!!!"에서 마우스 포인터가 나가면 "돌아와 마우스포인터!!!"로 변경된다. 또한 [더블클릭하시구려.] 버튼을 더블클릭하면 버튼의 배경색이 변경된다.

▲ 더블클릭하기 전 버튼 모양 　　　　▲ 더블클릭한 후 버튼 모양

## (2) 키보드 이벤트

키보드 이벤트는 키보드의 키를 누르거나, 누른 상태에서 놓을 때 발생하며, 이들 이벤트는 다음과 같다.

| Keyboard Events (키보드 이벤트) | 설명 |
|---|---|
| keypress | 키보드를 눌렀다 놓으면 발생 |
| keydown | 키보드를 누르면 발생 |
| keyup | 눌린 키보드를 놓으면 발생 |

```
$(document).keypress(function( ){
  $(this).css("color","red");
})
```

> 웹 페이지에서 키보드를 눌렀다 놓으면 글자색이 변경됨.

**jQuery를 사용한 자바스크립트 사용 – 키보드 이벤트 처리**

이 예제는 jQuery를 사용해서 키보드 이벤트를 처리한다.

**실행 결과**

▲ jq05.html 페이지 실행 결과   ▲ 웹 페이지에서 아무 키나 눌렀다가 놓은 결과

**01** [ch05] 폴더에 "jq05.html" 페이지를 작성한다.

```
01  <!DOCTYPE html>
02  <html>
03  <head>
04  <meta charset ="UTF-8">
05  <meta name ="viewport" content ="width=device-width,initial-scale=1.0"/>
06  <title>jQuery 이벤트처리 – 키보드 이벤트</title>
07  <script src="https://ajax.googleapis.com/ajax/libs/jquery/3.6.3/jquery.min.
    js"></script>
08  <script src ="jq05.js"></script>
09  </head>
10  <body>
11    <p id ="p1">아무키나 눌렀다 놓으세요</p>
12  </body>
13  </html>
```

**02** [ch05] 폴더에 "jq05.js" 페이지를 작성한다.

```
01  $(document).ready(function( ){
02      $(document).keypress(function( ){//웹 페이지에서 키보드를 눌렀다 놓으면 발생
03          $("#p1").css("color","blue");
04      })
05  });
```

2~4라인  웹 페이지의 내용에서 키보드의 아무키나 눌렀다가 놓으면 자동 실행된다.
– 3라인  $("#p1").css("color","blue");은 〈p〉 태그의 글자색이 파란색으로 변경된다.

**03** jq05.html 페이지를 실행한다.

## (3) 폼 이벤트

폼 이벤트는 〈input〉, 〈select〉, 〈textarea〉 등의 폼 엘리먼트가 포커스를 받거나 잃는 경우 또는 폼을 전송하는 경우에 발생하며, 이들 이벤트는 다음과 같다.

| Form Events (폼 이벤트) | 설명 |
|---|---|
| submit | 폼을 전송 시 발생 |
| change | 폼 엘리먼트가 변경되면 발생 |
| focus | 폼 엘리먼트의 포커스가 위치되면 발생 |
| blur | 폼 엘리먼트가 포커스를 잃으면 발생 |

```
$("input").focus(function( ){          ← 〈input〉 엘리먼트가 포커스를 받으면 발생
    $(this).css("background-color","#cccccc");
})
```

포커스를 받으면 배경색이 회색이 됨.

**jQuery를 사용한 자바스크립트 사용 – 폼 이벤트 처리**

이 예제는 jQuery를 사용해서 폼 이벤트를 처리한다.

**실행 결과**

| jq06.html | jq06.js | jQuery 이벤트처리 - 폼 이벤트 ⊠ |
|---|---|---|
| ← → ■ ⟳ | http://localhost:8080/studyhtml5/ch05/jq06.html | |
| 아이디 | ☐ | |
| 이름 | ☐ | |

| jq06.html | jq06.js | jQuery 이벤트처리 - 폼 이벤트 ⊠ |
|---|---|---|
| ← → ■ ⟳ | http://localhost:8080/studyhtml5/ch05/jq06.html | |
| 아이디 | ▮ | |
| 이름 | ☐ | |

▲ jq06.html 페이지 실행 결과          ▲ input 엘리먼트에서 포커스를 받으면 배경색이 회색이 됨.

**01** [ch05] 폴더에 "jq06.html" 페이지를 작성한다.

```
01  <!DOCTYPE html>
02  <html>
03  <head>
04  <meta charset ="UTF-8">
05  <meta name ="viewport" content ="width=device-width,initial-scale=1.0"/>
06  <title>jQuery 이벤트처리 – 폼 이벤트</title>
07  <script src="https://ajax.googleapis.com/ajax/libs/jquery/3.6.3/jquery.min.
    js"></script>
08  <script src ="jq06.js"></script>
09  </head>
10  <body>
11    <form>
12      <label for ="idx">아이디</label>
13      <input type ="text" id ="idx" name ="idx"><br>
14      <label for ="name">이름</label>
15      <input type ="text" id ="name" name ="name"><br>
16    </form>
17  </body>
18  </html>
```

**02** [ch05] 폴더에 "jq06.js" 페이지를 작성한다.

```
01  $(document).ready(function( ){
02      $("input").focus(function( ){//〈input〉엘리먼트가 포커스를 받으면 발생
03          $(this).css("background-color","#cccccc");
04      })
05      $("input").blur(function( ){//〈input〉엘리먼트가 포커스를 잃으면 발생
06          $(this).css("background-color","#ffffff");
07      })
08  });
```

**소스코드 설명**

포커스를 받은 〈input〉 엘리먼트의 배경색을 회색으로, 포커스를 잃은 〈input〉 엘리먼트의 배경색을 흰색으로 변경하는 작업을 수행한다.

2~4라인  〈input〉 엘리먼트가 포커스를 받으면 자동 실행된다.
– 3라인  $(this).css("background-color","#cccccc");은 이벤트가 발생한 〈input〉 태그의 배경색을 회색으로 변경한다.

5~7라인  〈input〉 엘리먼트가 포커스를 잃으면 자동 실행된다.
– 6라인  $(this).css("background-color","#ffffff");은 이벤트가 발생한 〈input〉 태그의 배경색을 흰색으로 변경한다.

**03** jq06.html 페이지를 실행한다.

실행 결과에서 〈input〉 엘리먼트를 클릭해서 포커스를 지정하면 배경색이 회색으로 변경되는 것을 알 수 있다.

▲ jq06.html 페이지 실행 결과       ▲ input 엘리먼트에서 포커스를 받으면 배경색이 회색이 됨.

## (4) 도큐먼트/ 윈도우 이벤트

도큐먼트/ 윈도우 이벤트는 웹 페이지의 로드가 발생되거나 완료되는 경우 또는 웹 브라우저 창의 크기가 변경되거나 스크롤이 이동될 때 발생하며, 이들 이벤트는 다음과 같다.

| Document/Window Events<br>(도큐먼트/윈도우 이벤트) | 설명 |
|---|---|
| ready | 페이지의 로드가 완료되면 발생 |
| load | 페이지가 로드되면 발생 |
| resize | 웹 브라우저의 창의 크기를 변경하면 발생 |
| scroll | 웹 브라우저 창의 스크롤을 이동하면 발생 |
| unload | 페이지가 언로드되면 발생 |

```
$(document).ready(function( ){      ← 페이지 로드가 완료되면 발생
    $("#result").html("<img src='c01_s.png' />");
});
```
id 속성의 값이 result인 엘리먼트에 이미지 파일을 표시함.

```
$(window).resize(function( ){      ← 웹 브라우저 창 크기가 변경되면 발생
    $("#result").html("<img src='c02_s.png' />");
});
```

**jQuery를 사용한 자바스크립트 사용 – 도큐먼트/윈도우 이벤트 처리**

이 예제는 jQuery를 사용해서 도큐먼트/윈도우 이벤트를 처리한다.

**실행 결과**

▲ jq07.html 페이지 실행 결과

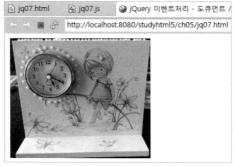

▲ 브라우저 창 크기를 변경하면 다른 그림이 표시됨.

**01** 자료 파일의 [images] 폴더에서 제공하는 c01_s.png, c02_s.png 파일을 복사해서 이 클립스의 [Project Explorer] 뷰의 [studyhtml5/WebContent/images]에 붙여넣기한다.

**02** [ch05] 폴더에 "jq07.html" 페이지를 작성한다.

```
01  <!DOCTYPE html>
02  <html>
03  <head>
04  <meta charset ="UTF-8">
05  <meta name ="viewport" content ="width=device-width,initial-scale=1.0"/>
06  <title>jQuery 이벤트처리 – 도큐먼트 / 윈도우 이벤트</title>
07  <script src="https://ajax.googleapis.com/ajax/libs/jquery/3.6.3/jquery.min.
    js"></script>
08  <script src ="jq07.js"></script>
09  </head>
10  <body>
11      <div id ="result"></div>
12  </body>
13  </html>
```

**③** [ch05] 폴더에 "jq07.js" 페이지를 작성한다.

```
01  $(document).ready(function( ){//페이지 로드가 완료되면 발생
02      $("#result").html("<img src='../images/c01_s.png' border='0'/>");
03
04      $(window).resize(function( ){//웹 브라우저의 창크기가 변경하면 발생
05          $("#result").html("<img src='../images/c02_s.png' border='0'/>");
06      });
07  });
```

**소스코드 설명**

1~7라인   현재 페이지의 로드가 완료되면 자동 실행된다.
– 2라인   $("#result").html("<img src='../images/c01_s.png' border='0'/>");은 id 속성 값이 "result"
   인 jq07.html의 11라인 <div id="result"></div>의 내용으로 <img src='../images/c01_s.png'
   border='0'/>를 넣는다. 따라서 화면에는 c01_s.png 파일이 내용으로 표시된다.

4~6라인   웹 브라우저의 창 크기가 변경하면 자동 실행된다.
– 5라인   $("#result").html("<img src='../images/c02_s.png' border='0'/>");은 jq07.html의 11라인
   <div id="result"></div>의 내용으로 <img src='../images/c02_s.png' border='0'/>를 넣는다. 따
   라서 창의 크기가 변경되면 화면에는 c02_s.png 파일이 내용으로 표시된다.

**④** jq07.html 페이지를 실행한다.

실행 결과에서 웹 브라우저의 창 크기를 변경하면 화면에 표시되는 이미지가 달라지는
것을 확인할 수 있다.

jQuery에서 Ajax는 Ajax 기능을 구현한 메소드들을 사용해서 한다. 이 메소드들은 서버로부터 TEXT, HTML, XML 또는 JSON 형태의 파일을 요청하고 응답받을 수 있는 기능을 제공한다. 이 메소드들을 사용하면 간단한 코드만을 사용해서 Ajax 기능을 구현할 수 있다. jQuery의 Ajax 관련 메소드 중 서버 요청과 관련된 메소드는 다음과 같다.

| 메소드명 | 설명 |
| --- | --- |
| $.get( ) | 서버로 HTTP get 방식의 요청을 함. |
| $.getJSON( ) | HTTP get 방식을 사용해서 JSON 데이터를 요청함. |
| $.post( ) | 서버로 HTTP post 방식의 요청을 함. |
| .load( ) | 서버로 데이터를 요청하고 HTML 엘리먼트에 응답받은 결과를 로드함(넣음). |
| $.ajax( ) | 비동기 Ajax 요청을 수행함. get, post 방식을 지정해서 사용 |

### 1 .load( ) 메소드

이 메소드는 서버에 요청하고 지정한 엘리먼트에 응답 받은 결과를 넣는다. 응답 받은 결과를 화면에 표시해야 하는 로그인 폼, 회원가입 폼, 글 목록 등을 실행할 때 주로 사용한다. .load( ) 메소드의 사용법은 다음과 같다.

```
엘리먼트.load( url [, data ] [, complete(responseText, textStatus, XMLHttpRequest) ] )
```

▪ url : 서버에 요청할 url로 문자열로 지정한다. 필수 요소로 반드시 기술한다.

```
//예시
$( "#result" ).load( "ajax/test.html" );
```

▪ data : 전송할 파라미터를 키와 값의 쌍을 문자열 또는 객체로 기술한다. 선택 요소로 필요할 경우에만 사용한다.

■ complete(responseText, textStatus, XMLHttpRequest) : 서버가 처리한 요청에 대한 응답 결과를 얻어낸다. responseText에 응답 결과가, textStatus에 응답된 상태가, XMLHttpRequest에 XMLHttpRequest 객체가 포함된다. 선택 요소로 필요한 경우에만 사용한다.

```
$("#div1").load("test.txt",function(responseText, textStatus, XMLHttpRequest){
    if(textStatus=="success")  ◀─ 정상적인 응답인 경우
        //처리할 작업
    if(textStatus=="error")  ◀─ 정상적인 응답이 아닌 경우
        //처리할 작업
});
```

**실습** | **jQuery Ajax 메소드 사용 예제 – load( ) 메소드**

이 예제는 jQuery Ajax 메소드인 load( ) 메소드를 사용해서 특정 엘리먼트에 요청한 jq02.html 페이지의 실행 결과를 표시한다.

**실행 결과**

▲ jq08.html 페이지 실행 결과

▲ [결과] 버튼을 클릭하면 jq02.html 페이지가 로드됨.

**01** [ch05] 폴더에 "jq08.html" 페이지를 작성한다.

```
01  <!DOCTYPE html>
02  <html>
03  <head>
04  <meta charset ="UTF-8">
```

```
05  <meta name ="viewport" content ="width=device-width,initial-scale=1.0"/>
06  <title>jQuery Ajax메소드 사용 예제 - load( ) 메소드</title>
07  <script src="https://ajax.googleapis.com/ajax/libs/jquery/3.6.3/jquery.min.
    js"></script>
08  <script src ="jq08.js"></script>
09  </head>
10  <body>
11    <button id ="pro">결과</button>
12    <div id ="result"></div>
13  </body>
14  </html>
```

**02** [ch05] 폴더에 "jq08.js" 페이지를 작성한다.

```
01  $(document).ready(function( ){
02    //[결과] 버튼을 클릭하면 jq02.html 페이지가 실행된다.
03    $("#pro").click(function( ){
04        $("#result").load("jq02.html");
05    });
06  });
```

소스코드 **설명**

3~5라인   jq08.html의 11라인에서 정의한 [결과] 버튼을 클릭하면 jq02.html 페이지의 실행 결과
가 jq08.html의 12라인 <div id="result"> 엘리먼트에 표시된다. 이때 jq08.html 페이지는 get 방식
으로 요청되어 처리된다.

**03** jq07.html 페이지를 실행한다.

**jQuery Ajax 메소드 사용 예제 – load( ) 메소드 응답 처리**

이 예제는 jQuery Ajax 메소드인 load( ) 메소드를 사용해서 특정 엘리먼트에 요청한 jq09.txt 페이지를 로드한다. 이때 서버의 요청이 성공 또는 실패했는가에 대한 응답을 받는다.

**실행 결과**

▲ jq09.html 페이지 실행 결과

▲ [결과] 버튼을 클릭하면 로드 성공 시 메시지가 표시되고 jq09.txt가 로드됨.

**01** 자료 파일의 [file] 폴더에서 제공하는 jq09.txt 파일을 복사해서 이클립스의 [Project Explorer] 뷰의 [studyhtml5/WebContent/ch05]에 붙여넣기한다.

**02** [ch05] 폴더에 "main.css" 페이지를 작성한다.

```
01  @CHARSET "UTF-8";
02
03  div{
04      margin : 10px;
05      padding : 10px;
06  }
07
08  div#result{
09      width  : 200px;
10      height : 200px;
11      border : 5px double #6699FF;
12  }
```

**❸** [ch05] 폴더에 "jq09.html" 페이지를 작성한다.

```html
01  <!DOCTYPE html>
02  <html>
03  <head>
04  <meta charset ="UTF-8">
05  <meta name ="viewport" content ="width=device-width,initial-scale=1.0"/>
06  <title>jQuery Ajax 메소드 사용 예제 - load( ) 메소드 응답 처리</title>
07  <link rel ="stylesheet" href ="main.css"/>
08  <script src="https://ajax.googleapis.com/ajax/libs/jquery/3.6.3/jquery.min.
    js"></script>
09  <script src ="jq09.js"></script>
10  </head>
11  <body>
12     <button id ="pro">결과</button>
13     <div id ="result"></div>
14  </body>
15  </html>
```

**❹** [ch05] 폴더에 "jq09.js" 페이지를 작성한다.

```javascript
01  $(document).ready(function( ){
02    //[결과] 버튼을 클릭하면 jq09.txt가 <div id ="result"> 엘리먼트에 로드
03    $("#pro").click(function( ){
04       $("#result").load("jq09.txt", function(response,stu,xhr){
05         if(stu=="success")//서버 요청 성공 시
06             alert("로드 성공!"); //메시지 상자 표시
07         if(stu=="error")//서버 요청 실패 시
08             alert("에러: "+xhr.status+": "+xhr.stu);
09       });
10    });
11  });
```

소스코드 설명

3~10라인　jq09.html의 12라인에서 정의한 [결과] 버튼을 클릭하면 jq09.txt를 로드해서 〈div id="result"〉 엘리먼트에 표시한다. 이때 서버 요청이 성공적으로 이루어지면 4라인의 stu 매개변수에 "success"가, 실패하면 "error"가 들어간다.
－ 5~8라인　서버 요청이 성공했을 때와 실패했을 때의 처리를 한다.

**05** jq09.html 페이지를 실행한다.

## 2 $.get( )

서버로 HTTP get 방식의 요청을 한다. 이 메소드 대신 $.ajax( ) 메소드를 사용해도 된다. 사용법은 다음과 같다.

```
$.get( url [, data ] [, success(data, textStatus, jqXHR) ] [, dataType ] )
```

■url : 서버에 요청할 url로 문자열로 지정한다. 필수 요소로 반드시 기술한다.

```
//예시
$.get( "ajax/test.html", function( ){
});
```

■data : 전송할 파라미터를 키와 값의 쌍을 문자열 또는 객체로 기술한다. 선택 요소로 필요할 경우에만 사용한다.

■success(data, textStatus, jqXHR) : 서버가 처리한 요청이 성공하면 이 콜백 함수는 실행된다. 선택 요소로 필요한 경우에만 사용한다. 매개변수 data는 요청된 페이지의 내용(또는 처리 결과), textStatus는 처리 상태, jqXHR는 XMLHttpRequest 객체이다. 매개변수는 경우에 따라 사용되지 않을 수 있다.

```
//예시
$.get( "ajax/test.html", function(data,status){
    var resultStr = "데이터: " + data + "\n처리상태: " + status;
    $("p").text(resultStr);
});
```

### 3 $.post( )

서버로 HTTP post 방식의 요청을 한다. 이 메소드 대신 $.ajax( ) 메소드를 사용해도 된다. 사용법은 다음과 같다.

```
$.post( url [, data ] [, success(data, textStatus, jqXHR) ] [, dataType ] )
```

- url : 서버에 요청할 url로 문자열로 지정한다. 필수 요소로 반드시 기술한다.
- data : 전송할 파라미터로 문자열 또는 객체로 기술한다. 선택 요소로 필요할 경우에만 사용한다.

```
//예시
$.post( "ajax/test.jsp",
  {//전송할 파라미터
    name:"kingdora",
    status:"homebody "
  },
  function(data, status){
});
```

- success(data, textStatus, jqXHR) : 서버가 처리한 요청이 성공하면 이 콜백 함수는 실행된다. 선택 요소로 필요한 경우에만 사용한다. 매개변수 data는 요청된 페이지의 내용(또는 처리 결과), textStatus는 처리 상태, jqXHR는 XMLHttpRequest 객체이다. 매개변수는 경우에 따라 사용되지 않을 수 있다.

### 4 $.ajax( )

서버로 비동기 Ajax 요청을 하며 주로 로그인 처리, 회원 가입 처리, 글쓰기 처리 등과 같이 DB와 연동 후 처리 결과만을 반환하는 경우에 사용하면 좋다. $.get( ), $.post( ) 메소드 대신 이 메소드를 사용해서 Ajax를 구현할 수 있다. 사용법은 다음과 같다.

```
$.ajax({type:value, url:value, data:value, success:function(data){ } ... })
```

- type : 서버에 요청할 HTTP 방식으로 get 또는 post를 지정한다.

- url : 서버에 요청할 url로 문자열로 지정한다. 필수 요소로 반드시 기술한다.
- data : 전송할 파라미터로 문자열 또는 객체로 기술한다. 선택 요소로 필요할 경우에만 사용한다.
- success : 서버가 처리한 요청이 성공하면 function(data){ } 콜백 함수가 실행된다. 매개변수 data는 처리 결과를 반환받는다. 이 처리 결과에 따른 작업 수행이 필요한 경우 사용한다.

```
//예시
var query = {id : $("#id").val( ), //전송할 데이터- 폼에서 얻어냄
        passwd:$("#passwd").val( )};


$.ajax({
        type: "POST",
        url: "loginPro.jsp",
        data: query,
        success: function(data){ //요청 페이지 실행한 결과
           if(data == 1)//로그인 성공
                  $("#main_auth").load("loginForm.jsp");
           else if(data == 0){//비밀번호 틀림
                  alert("비밀번호가 맞지 않습니다.");
                  $("#passwd").val("");
                  $("#passwd").focus( );
           }else if(data == -1){//아이디 틀림
                  alert("아이디가 맞지 않습니다.");
                  $("#id").val("");
                  $("#passwd").val("");
                  $("#id").focus( );
           }
        }
});
```

**실습** | **jQuery Ajax 메소드 사용 예제 – $.ajax( ) 메소드**

이 예제는 $.ajax( ) 메소드를 사용해서 pocess.jsp를 post 방식으로 요청하여 처리한다.

**실행 결과**

▲ jq10.html 페이지 실행 결과

▲ [결과] 버튼을 클릭해 process.jsp 페이지를 실행한 결과 표시

🅐 [ch05] 폴더에 "jq10.html" 페이지를 작성한다.

```
01  <!DOCTYPE html>
02  <html>
03  <head>
04  <meta charset ="UTF-8">
05  <meta name ="viewport" content ="width=device-width,initial-scale=1.0"/>
06  <title>jQuery Ajax 메소드 사용 예제 – $.ajax( ) 메소드</title>
07  <link rel ="stylesheet" href ="main.css"/>
08  <script src="https://ajax.googleapis.com/ajax/libs/jquery/3.6.3/jquery.min.
    js"></script>
09  <script src ="jq10.js"></script>
10  </head>
11  <body>
12    <button id ="pro">결과</button>
13    <div id ="result"></div>
14  </body>
15  </html>
```

**02** [ch05] 폴더에 "jq10.js" 페이지를 작성한다.

```
01  $(document).ready(function( ){
02      $("#pro").click(function( ){//[결과] 버튼을 클릭하면 자동 실행
03          //요청 페이지에 전송할 데이터
04          var query = {name : "kingdora",
05                       stus : "homebody"};
06          //process.jsp 페이지에 요청데이터를 보낸 후 결과를 반환받음
07          $.ajax({
08              type: "POST", //전송 방식
09              url: "process.jsp", //요청 페이지
10              data: query, //전송 데이터
11              success: function(data){ //요청 페이지를 실행한 결과
12                  $("#result").html(data);
13                  }
14          });
15      });
16  });
```

<img src="소스코드" /> **설명**

4~5라인   요청 페이지인 9라인의 process.jsp 페이지로 전달할 데이터로 {변수명1 : 값1, 변수명2 : 값2,....}의 형태로 나열해서 정의한다.

7~14라인   비동기 Ajax 방식으로 서버에 페이지를 요청하고 응답 결과를 반환받는다.
– 8라인   type 속성을 사용해 전송 방식을 POST 방식으로 지정했다.
– 9라인   url 속성을 사용해 서버에 요청할 페이지를 지정한다.
– 10라인   data 속성을 사용해 요청 페이지로 전달할 데이터를 지정한다.
– 11~13라인   success 속성을 사용하고 값으로 function(data){ }를 사용해 요청 페이지를 실행한 결과가 성공하면 function(data){ } 안에 기술한 작업을 처리한다. 즉, process.jsp의 resultStr 변수 값이 11라인 data 변수에 저장되어 12라인의 $("#result").html(data);를 사용해서 화면에 출력된다.

**❸** [ch05] 폴더에 "process.jsp" 페이지를 작성한다.

```
01  <%@ page language ="java" contentType ="text/html; charset=UTF-8"
02      pageEncoding ="UTF-8"%>
03  <meta name ="viewport" content ="width=device-width,initial-scale=1.0"/>
04
05  <% request.setCharacterEncoding("utf-8");%>
06
07  <%
08      String resultStr = "처리결과: <br>";
09      String name = request.getParameter("name");
10      String stus = request.getParameter("stus");
11      resultStr += "이름은 " + name + "이고, <br>";
12      resultStr += "현재상태는  " + stus ;
13      out.println(resultStr);
14  %>
```

**소스코드 설명**

9~10라인  jq10.js의 4~5라인에서 넘겨받은 name, stus 파라미터의 값을 얻어내서 name, stus 변수에 저장한다.

11~12라인  얻어낸 값을 갖고 결과 문자열 resultStr을 생성한다.

13라인  결과 문자열 resultStr을 요청 페이지인 jq10.js의 11라인으로 보낸다.

**❹** jq10.html 페이지를 실행한다.

## 1 자바스크립트의 개요

■ 자바스크립트는 넷스케이프사에서 웹 페이지의 처리 능력을 향상 시킬 목적으로 개발한 스크립트 언어이다.

■ HTML 페이지에 자바스크립트를 기술 및 사용할 때는 〈script〉 태그를 사용해서 한다.

■ 〈script〉 태그는 사용 방법에 따라 자바스크립트 코드를 HTML 페이지 내부에 포함해서 작성할 수 있고, 별도의 파일로 작성 후 필요한 페이지에서 가져다 쓸 수 도 있다.

■ 자바스크립트는 대소문자를 구분하며 문장의 끝은 세미콜론(;)으로 구분한다. 자바, C 계열의 주석인 //, /**/을 사용하며 자바스크립트의 식별자 규칙은 첫 글자는 영문자, _, $를 사용할 수 있으며, 나머지 글자는 숫자도 사용할 수 있다.

## 2 제어문

■ 프로그램의 실행 순서를 제어하는 제어문에는 조건문, 반복문, 기타 제어문이 있다.

■ 조건문 : 조건을 사용해서 프로그램 실행 순서 제어, if문, switch문

■ 반복문 : 프로그램 실행을 반복문을 사용해서 제어, for문, while문, do-while문

■ 기타 제어문 : 그 밖의 프로그램 실행 순서 제어.

  • 반복문을 탈출 또는 일시 탈출 : break문, continue문

  • 객체 생략 : with문

  • 예외처리 : try-catch-finally문

## 3 함수와 객체

■ 프로그램 코드는 함수에 넣어서 사용하며 함수에는 시스템이 제공하는 내장 함수와 사용자가 만드는 사용자 정의함수가 있다.

■ 함수는 특정 작업을 기술하는 곳으로 함수명(인수리스트){ }로 구성되며 실행결과는 return문을 사용해서 리턴한다.

■ 익명함수 function ( ){ }는 이름이 없는 함수로 필요한 곳에서 이름을 정의하거나 이름을 굳이 줄 필요가 없는 경우에 사용한다.

■ 즉시 실행함수 함수 정의와 동시에 실행하는 함수로, 함수 호출 없이 자동으로 실행된다.

■ 클로저는 즉시실행 내부함수로 함수의 캡슐화, 런타임 실행시 인자 값을 넘겨서 자동 동작되는 작업에 사용한다.

## 4 제이쿼리를 사용한 태그 제어와 Ajax

■ 제이쿼리(jQuery)는 빠르고 가볍고 다양한 기능을 가진 자바스크립트 라이브러리이다.

■ 제이쿼리 라이브러리를 사용하려면 http://jQuery.com/ 사이트에서 다운로드 하여 소스에 포함하거나 CDN을 사용해 HTML 파일에 포함한다.

■ jQuery는 HTML 엘리먼트(태그)를 사용해서 어떤 동작을 수행한다.

■ 동작이 발생되는 태그인 실렉터에서 특정 동작이 발생되면 처리하는 $(selector).action( )과 같은 문법을 사용한다.

■ 실렉터에는 엘리먼트명, 엘리먼트의 id 속성 값, 엘리먼트의 class 속성 값을 사용할 수 있으면 $(엘리먼트명/#엘리먼트의 id 속성 값/.엘리먼트의 class 속성 값)과 같은 형태로 사용한다.

■ $("p")와 같이 실렉터를 사용한 태그 선택 형태는 HTML 엘리먼트의 객체 자체에 접근하는 것이며, 엘리먼트의 내용에 접근하려면 text( ), html( ), val( ) 메소드 중 하나를 사용한다.

■ 제이쿼리는 마우스 이벤트, 키보드 이벤트, 폼 이벤트, 도큐먼트/ 윈도우 이벤트 등을 제공한다.

■ jQuery에서 Ajax는 Ajax 기능을 구현한 메소드들을 사용해서 한다. 이 메소드들은 서버로부터 TEXT, HTML, XML 또는 JSON 형태의 파일을 요청하고 응답받을 수 있는 기능을 제공하는 $.get( ), $.getJSON( ), $.post( ), .load( ), $.ajax( ) 등의 메소드를 제공한다.

# 6

# 애니메이션을 만드는 캔버스(Canvas)

플래시(flash)로 작성한 애니메이션 기능을 웹에서 표시할 경우 플래시 자체의 무거움 때문에 페이지의 로딩을 느리게 하고, 보안이 취약해서 사이트의 안정성을 떨어뜨린다. 캔버스는 플래시를 대치하는 기능으로 자바스크립트와 합체해서 이벤트에 반응하는 그래픽인 플래시로 할 수 있는 작업들을 구현할 수 있다. 캔버스는 html5에서 제공하는 기능으로 〈canvas〉 태그를 사용해서 한다.

## • 학습 목표

1. 캔버스의 사용 방법을 알 수 있다.
2. 캔버스를 사용해서 애니메이션을 구현할 수 있다.

---

# 01 | 자바스크립트로 Canvas 제어

여기서는 HTML5 캔버스의 사용법 및 캔버스에 도형을 그리는 방법에 대해서 살펴본다.
HTML5에서 제공하는 캔버스는 〈canvas〉 태그를 사용해서 웹 페이지에 그래픽을 그린
다. 이때 자바스크립트를 사용해서 그때그때 그려지는 것들이 표시된다. 〈canvas〉 태그는
단지 그래픽을 그릴 수 있는 영역을 제공하는 컨테이너(그릇)로, 실제로 그래픽을 그리기 위
해서는 자바스크립트를 사용해야 한다. 캔버스는 각종 도형, 문자열 및 그림을 그리 수 있는
메소드를 제공한다. 〈canvas〉 태그는 현재 주요 웹 브라우저에서 대부분 지원한다.

## 1 ▷ HTML5 캔버스의 사용법

HTML5 캔버스를 사용하려면 〈canvas〉 태그를 사용한다. 캔버스는 그래픽을 그릴 수
있는 영역으로 너비(width)와 높이(height)를 속성으로 갖는다. 또한 자바스크립트에서 캔
버스를 제어하기 위해서는 id 속성도 필요하다.

> 〈canvas id="ID" width="너비" height="높이"〉〈/canvas〉

〈canvas〉 태그는 HTML 페이지에서 특정 구역을 정의하는 데 쓰이는 〈div〉 태그 안에
넣어서 사용하는 것이 좋다. 캔버스에 표시할 마우스 포인터의 상대적인 위치 등을 얻을 수
있기 때문이다. 따라서 권장 형태를 사용한 가로 300px, 세로 200px의 캔버스를 작성한 예
시는 다음과 같다.

```
⟨div id="s1"⟩
    ⟨canvas id="canvas1" width="300" height="200"⟩⟨/canvas⟩
⟨/div⟩
```

실습 **[ch06] 폴더 작성**

[studyhtml5] 프로젝트의 [src]-[main]-[webapp] 폴더에서 마우스 오른쪽 버튼을 클릭해 [New]-[Folder] 메뉴를 선택해서 [ch06] 폴더를 작성한다.

실습 **캔버스 영역 만들기 예제**

⟨canvas⟩ 태그를 사용해서 캔버스 영역을 만드는 예제를 작성한다.

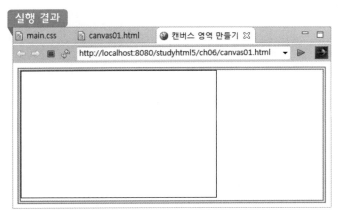

▲ canvas01.html 페이지 실행 결과

**01** [ch06] 폴더에 "main.css" 페이지를 작성한다.

```
01  @charset "UTF-8";
02
03  div{
04      margin : 0px;
```

```
05      padding: 0px;
06  }
07
08  div#s1{
09      border : 5px double #6699FF;
10  }
11
12  #canvas1{
13      border : 1px solid #000000;
14  }
```

소스코드 **설명**

8~10라인   〈div id="s1"〉 태그 영역의 시각화를 위해서 파란색 이중 실선 테두리를 지정했다.

11~13라인   〈canvas id="canvas1"〉 태그인 캔버스 영역의 시각화를 위해서 검은색 실선 테두리
를 지정했다.

❷ [ch06] 폴더에 "canvas01.html" 페이지를 작성한다.

```
01  〈!DOCTYPE html〉
02  〈html〉
03  〈head〉
04  〈meta charset="UTF-8"〉
05  〈meta name="viewport" content="width=device-width,initial-scale=1.0"/〉
06  〈title〉캔버스 영역 만들기〈/title〉
07  〈link rel="stylesheet" href="main.css"/〉
08  〈script src="https://ajax.googleapis.com/ajax/libs/jquery/3.6.3/jquery.min.
    js"〉〈/script〉
09  〈/head〉
10  〈body〉
11      〈div id="s1"〉
12        〈canvas id="canvas1" width="300" height="200"〉
13            웹 브라우저가 HTML5 캔버스를 지원하지 않습니다.
14        〈/canvas〉
```

```
15    </div>
16  </body>
17  </html>
```

17~21라인   ⟨div id="s1"⟩ 태그 영역이다

18~20라인   ⟨canvas id="canvas1"⟩ 태그의 영역으로 그래픽이 그려지는 곳이다. 이 영역은 가로 300px, 세로 200px의 크기를 갖는다. 13라인은 ⟨canvas⟩ 태그를 지원하지 못하는 웹 브라우저의 경우 표시되는 메시지이다.

**03** canvas01.html 페이지를 실행한다.

검은색 실선 테두리가 캔버스 영역이고, 이중 실선 테두리가 div 영역이다.

▲ canvas01.html 페이지 실행 결과

## 2 ▷ 캔버스 제어하기

여기서는 캔버스 영역에 그리기 위해 자바스크립트로 영역을 제어하는 방법을 살펴본다.
앞에서 ⟨canvas⟩ 태그를 사용해서 캔버스 영역을 만드는 것을 살펴보았다. 만들어진 캔버스에 도형이나 그림 등을 그리거나, 그려진 것들을 움직이게 만드는 등의 제어는 자바스크립트에서 한다.

```
<script>
//여기에 캔버스를 제어하는 코드를 입력한다.
</script>
```

자바스크립트는 HTML 페이지가 모두 로드된 후에 사용되는 것이 좋기 때문에 캔버스를 제어하는 코드도 $(document).ready( ) 메소드 안에 기술한다.

```
<script>
$(document).ready(function( ){
    //캔버스 제어 코드들
});
</script>
```

캔버스 제어 코드가 복잡한 경우 별도의 함수로 따로 정의해서 js 파일로 작성한다.

```
<script>
$(document).ready(function( ){
    drawShape( ); //캔버스 제어 메소드 호출
});
function drawShape( ){ //캔버스 제어 메소드
    //캔버스 제어 코드들
}
</script>
```

자바스크립트에서 캔버스를 제어하기 위해서는 먼저 2가지를 얻어내야 한다. 첫 번째가 그림이 그려질 영역인 캔버스를 얻어내야 하고, 두 번째는 그리기 작업을 위한 그래픽 2D 콘텍스트를 얻어내야 한다. 다음과 같은 순서로 코딩된다.

## 1 그림이 그려질 캔버스 영역 얻어내기

HTML 코드 부분에 정의한 〈canvas〉 태그를 자바스크립트에서 제어할 수 있도록 얻어 낸다. 자바스크립트에서 HTML의 〈canvas id="canvas1" width="300" height="200"〉 〈/canvas〉과 같은 코드에서 캔버스를 얻어내려면 id속성 값을 사용해서 유일한 태그에 접

근해야 한다. 자바스크립트에서 id 속성의 값을 얻어내려면 document.getElementById ("id속성 값") 또는 $("#id속성 값")[0]를 사용해서 한다. 만일 jQuery를 사용한다면 var cvs = $("#canvas1")[0];과 같이 써서 canvas 엘리먼트 객체를 cvs 변수에 저장할 수 있다.

```
--JS--
$(document).ready(function( ){
   var cvs = $("#canvas1")[0]; //①
});


--HTML--
<canvas id="canvas1" width="300" height="200"></canvas>
```

## 2 그리기 작업을 위한 그래픽 2D 콘텍스트 얻어내기

얻어낸 canvas 엘리먼트 객체에서 getContext("2d"); 메소드를 사용해서 2D 콘텍스트를 얻어낸다.

```
--JS--
$(document).ready(function( ){
   var cvs = $("#canvas1")[0]; //① cvs는 canvas 엘리먼트 객체가 저장된 객체 변수
   var ctx = cvs.getContext("2d"); //② 그래픽 2D 콘텍스트 얻어내기
});


--HTML--
<canvas id="canvas1" width="300" height="200"></canvas>
```

위의 코드들 다음에는 실제로 그리는 작업을 수행하는 메소드를 사용하며, 이들은 다음 절에서 살펴본다.

여기서는 캔버스에 도형, 문자열, 그림 그리기 등의 그리기 메소드를 살펴보고, 그리는 방법을 예제를 통해 학습한다.

캔버스에 그리기 위해서 ① canvas 엘리먼트 객체를 얻어내고, 이 얻어낸 객체의 getContext("2d") 메소드를 사용해서 ② 2D 콘텍스트 객체를 얻어내고 나면 이제 ③ 그리기 메소드를 사용해서 그리기 작업을 할 수 있다. 그리기 관련 메소드들은 [2D 콘텍스트 객체.그리기 메소드( )]와 같은 형태로 사용한다.

```
$(document).ready(function( ){
    var cvs = $("#canvas1")[0]; //① 캔버스 객체를 얻어냄
    var ctx = cvs.getContext("2d"); //② 캔버스 객체로부터 2D 콘텍스트 객체를 얻어냄
    //(10,10) 좌표에 가로80, 세로50 크기의 채워진 사각형을 그린다.
    ctx.fillRect(10,10,80,50); //③ fillRect( ) 메소드는 안이 채워진 사각형을 그림
});
```

그리기의 가장 기본이 되는 주요 속성 및 메소드는 다음과 같다. (좀 더 자세한 사항은 http://www.w3schools.com/tags/ref_canvas.asp 또는 https://developer.mozilla.org/en-US/docs/Web/API/Canvas_API/Tutorial을 참조한다.)

■ 캔버스의 그리기 관련 속성들

| 속성 | 설명 |
|---|---|
| data | 주어진 이미지 데이터가 포함된 ImageData 객체를 리턴<br>⑩ 빈 ImageData 객체를 생성 후한 파랑색을 지정하고 화면에 출력 : 화면에 파란 사각형 출력<br>//가로100, 세로100의 빈 ImageData 객체 생성<br>var imgData = ctx.createImageData(100, 100);<br>imgData.data[i+0] = 0; //R : 빨강색<br>imgData.data[i+1] = 0; //G : 초록색<br>imgData.data[i+2] = 255; //B : 파랑색<br>// 0-완전투명, 255-완전 불투명<br>imgData.data[i+3] = 255; //Alpha : 투명도<br>ctx.putImageData(imgData, 20, 20); //화면에 이미지 출력 |

| 속성 | 설명 |
|---|---|
| fillStyle | 색, 그러데이션, 패턴 등으로 채우기를 지정하거나 얻어냄.<br>예 도형의 채우기 색을 초록색으로 지정<br>　　ctx.fillStyle="#00FF00"; |
| font | 텍스트 폰트를 지정하거나 얻어냄.<br>예 40px 크기의 Arial 폰트를 갖는 글꼴을 지정<br>　　ctx.font ="40px Arial";//글꼴 크기와 폰트 지정<br>　　//(10, 10) 좌표에 40px 크기의 Arial 폰트를 갖는 "테스트" 출력<br>　　ctx.fillText("테스트", 10, 10); |
| height | ImageData 객체의 높이(이미지의 세로 높이)를 얻어냄.<br>예 ImageData 객체의 높이를 알림상자에 표시<br>　　var imgData = ctx.createImageData(100, 100);<br>　　alert(imgData.height); |
| lineCap | 선의 끝 모양의 스타일을 지정하거나 얻어냄. 끝 모양에는 butt(평평한 끝모양), round(butt+라운드 사각형), square(butt+사각형)가 있음. round와 square가 butt보다 좀 더 길다.<br>ctx.lineCap = "butt"; <br>ctx.lineCap = "round"; <br>ctx.lineCap = "square"; |
| lineJoin | 두 선이 모서리 부분에서 만났을 때의 모양을 지정하거나 얻어냄. bevel, round, miter가 있음.<br>ctx.lineJoin = "bevel"; <br>ctx.lineJoin = "round"; <br>ctx.lineJoin = "miter"; |
| lineWidth | 선의 두께를 지정하거나 얻어냄.<br>예 선의 두께를 5픽셀로 지정<br>　　ctx.lineWidth = 5; |
| miterLimit | 최대 miter값을 지정하거나 얻어냄. miter값은 안쪽 코너에서 바깥쪽 코너간의 거리<br><br>예 최대 miter값을 10으로 지정<br>　　ctx.miterLimit = 10; //10이 기본 값 |

| 속성 | 설명 |
|---|---|
| shadowBlur | 그림자의 퍼짐(번짐) 값을 지정하거나 얻어냄. 숫자가 클수록 더 퍼짐.<br>**예** 그림자의 퍼짐을 10으로 지정<br>    ctx.shadowBlur = 10; |
| shadowColor | 그림자 색을 지정하거나 얻어냄.<br>**예** 그림자의 색을 회색으로 지정<br>    ctx.shadowColor = "gray"; |
| shadowOffsetX | 도형으로부터 그림자의 수평 거리를 지정하거나 얻어냄. 숫자가 커질수록 그림자가 가로로 길어진다.<br>**예** 그림자의 가로 길이를 10으로 지정<br>    ctx.shadowOffsetX = 10; |
| shadowOffsetY | 도형으로부터 그림자의 수직 거리를 지정하거나 얻어냄. 숫자가 커질수록 그림자가 세로로 길어진다.<br>**예** 그림자의 세로 길이를 10으로 지정<br>    ctx.shadowOffsetY = 10; |
| strokeStyle | 도형이나 글자의 테두리선에 사용되는 선 색을 지정하거나 얻어냄.<br>**예** 선색을 검정색으로 지정<br>    ctx.strokeStyle = "#000000"; |
| textAlign | 텍스트의 맞춤을 지정하거나 얻어냄. center, end, left, right, start가 있다. left와 start는 같으며, 지정한 좌표를 중심으로 왼쪽 맞춤을 한다. right와 end는 같으며, 지정한 좌표를 중심으로 오른쪽 맞춤을 한다. center는 지정한 좌표를 중심으로 가운데 맞춤을 한다.<br>**예** (100, 50) 좌표에 왼쪽 맞춤으로 문자열 그리기<br>    ctx.textAlign = 'left'; //왼쪽 맞춤<br>    ctx.fillText('test', 100, 50); //(100, 50) 좌표에 문자열 그리기 |
| textBaseline | 텍스트의 베이스 라인을 지정하거나 얻어냄. alphabetic, top, hanging, middle, ideographic, bottom이 있다.<br><br>**예** 문자열의 베이스라인 지정<br>ctx.textBaseline = "alphabetic"; //기본값으로 지정 |
| width | ImageData 객체의 너비(이미지의 가로 너비)를 얻어냄.<br>**예** ImageData 객체의 너비를 알림 상자에 표시<br>    var imgData = ctx.createImageData(100, 100);<br>    alert(imgData.width); |

■ 캔버스의 그리기 관련 메소드들

| 메소드 | 설명 |
|---|---|
| addColorStop( ) | 그러데이션에서 색상과 중단 위치를 설정한다.<br>예<br>//선형 그러데이션 생성<br>var grad=ctx.createLinearGradient(0,0,180,0);<br>grad.addColorStop(0, "blue"); //제1색상 지정<br>grad.addColorStop(1, "white"); //제2색상 지정<br>ctx.fillStyle = grd; //채우기 색으로 그러데이션 지정<br>ctx.fillRect(20, 20, 200, 100); //채워진 사각형 그린다. |
| arc( ) | 호를 그린다.<br>예 (175, 175) 좌표에 반지름 50, 0~Math.PI*2(360도)로 그려지는 호를 그린다. 0~Math.PI*2(360도)는 원이 됨.<br>ctx.arc(175, 175, 50, 0, Math.PI*2, true); |
| arcTo( ) | 두 탄젠트 사이의 호를 그린다.<br>예 시작 호의 (150, 20) 좌표, 끝 호의 (150, 80) 좌표에 반지름 60의 호<br>ctx.arcTo(150, 20, 150, 80, 60); |
| beginPath( ) | 다각선의 시작 선을 그리거나 현재의 선을 재설정한다.<br>예 ctx.beginPath( ); |
| bezierCurveTo( ) | 큐빅 베지어 곡선을 생성한다.<br>예<br>(30,30)　　　　　(250,10)<br>(10,150)　　　　　(250,150)<br>ctx.beginPath( );<br>ctx.moveTo(30, 30);<br>ctx.bezierCurveTo(10, 150, 250, 150, 250, 10); |
| clip( ) | 원래의 캔버스 영역으로부터 일부의 영역을 얻어낸다.<br>예 ctx.clip( ); |
| closePath( ) | 현재의 선을 다각선의 시작점으로 연결한다. 도형 등을 그릴 때 마지막 선이 시작점과 연결되어야 도형이 이루어진다. 채워진 도형을 그릴 때는 생략해도 된다.<br>예 ctx.closePath( ); |
| createImageData( ) | 빈 ImageData 객체를 생성한다.<br>예 가로100, 세로 100픽셀 크기의 빈 ImageData 객체 생성<br>var imgData = ctx.createImageData(100, 100); |

| 메소드 | 설명 |
|---|---|
| createLinearGradient( ) | 선형 그러데이션을 생성한다.<br>● var grad = ctx.createLinearGradient(0, 0, 180, 0); |
| createPattern( ) | 패턴을 생성한다. 패턴 이미지는 repeat, repeat-x, repeat-y, no-repeat를 사용해서 반복 여부를 결정<br>● 패턴을 생성하고 적용<br>  var image = new Image( );<br>image.src="b2s.png";<br>image.onload = function( ){<br>    var ptn=ctx.createPattern(image, 'repeat');<br>    ctx.rect(0, 0, 200, 100);<br>    ctx.fillStyle = ptn;<br>    ctx.fill( );<br>  } |
| drawImage( ) | 캔버스 상에 이미지, 동영상, 다른 캔버스 등을 그린다(표시한다).<br>● 이미지 객체를 생성하고 이미지를 그린다.<br>  var image = new Image( ); //Image 객체 생성<br>  image.src = "picture3.png"; //이미지 파일 지정<br>  image.onload = function( ){//이미지가 로딩되면 자동 실행<br>   tx.drawImage(image, 0, 0);//이미지를 그린다.<br>  } |
| fill( ) | 도형을 채우기 한다.<br>● ctx.fill( ); |
| fillRect( ) | 채우기 된 사각형을 그린다.<br>● ctx.fillRect(10, 10, 80, 50); |
| fillText( ) | 채우기 된 글자를 그린다.<br>● ctx.fillText("테스트", 300, 50); 테스트 |
| getImageData( ) | ImageData 객체를 리턴한다.<br>● (10, 10) 좌표의 이미지를 imgData 객체로 얻어내서 imgData에 저장<br>  var imgData = ctx.getImageData(10, 10, 20, 20); |
| isPointInPath( ) | 주어진 포인트가 현재의 포인트이면 true값을 리턴한다.<br>● if(ctx.isPointInPath(30, 100)){ } |
| lineTo( ) | 다각선/다각형을 그릴 때 선을 추가한다. 이렇게 선을 추가해서 다각선/다각형이 만들어진다.<br>● ctx.lineTo(100, 175); |

| 메소드 | 설명 |
|---|---|
| measureText( ) | 문자열 객체를 얻어낸다.<br>예 var str1 = "test";<br>　　alert(ctx.measureText(str1).width); |
| moveTo( ) | 선을 추가하지 않고 포인트를 이동한다.<br>예 ctx.moveTo(75, 150); |
| putImageData( ) | 이미지 데이터를 캔버스에 넣는다. 화면에 생성된 이미지 데이터(이미지)를 출력한다.<br>예 (10, 100) 좌표에 imgData 객체가 가진 내용(이미지)을 출력한다.<br>　　ctx.putImageData(imgData, 10, 100); |
| quadraticCurveTo( ) | 이차 베지어 곡선을 생성한다.<br>예 <br>　　ctx.moveTo(10, 10);<br>　　ctx.quadraticCurveTo(100, 100, 150, 10); |
| rect( ) | 사각형을 생성한다. fill( ) 메소드나 stroke( ) 메소드를 사용해서 채우거나 그려야 사각형이 화면에 표시된다.<br>예 ctx.rect(0, 0, 200, 100); |
| restore( ) | 전에 저장된 경로 상태와 속성을 얻어낸다. save( ) 메소드를 사용해서 저장한 스타일 등을 다시 재사용할 때 사용. save( )와 쌍으로 restore( ) 메소드가 바로 직전에 사용된 save( )와 매치됨.<br>예 <br>//원래 스타일 – 검은색 , 기본값<br>　ctx.fillRect(0, 0, 100, 100); //원래 스타일로 그린 검게 채워진 사각형<br>　ctx.save( );//원래 스타일 저장 : 1<br>ctx.fillStyle = '#0000FF'; //새 스타일1 – 파랑색<br>　ctx.fillRect(110, 0, 100, 100); //새 스타일1로 그린 파랗게 채워진 사각형<br>　ctx.save( ); // 새 스타일1 저장 : 2<br>　ctx.restore( );//바로 전에 저장된 save( ) 스타일 적용 : 2, 파랑<br>　ctx.restore( );//전에 전에 저장된 save( ) 스타일 적용 : 1, 검정<br>　ctx.fillRect(220, 0, 100, 100); //원래 스타일로 그린 검게 채워진 사각형 |

| 메소드 | 설명 |
|---|---|
| rotate( ) | (도형 등을) 회전한다. 각도(angle)는 도(degree)가 아니라 라디안(radian, 호도)이기 때문에 radian = (Math.PI/180)\*degree와 같이 변환해서 사용한다. 즉, rotate((Math.PI/180)\*degree)과 같은 형태로 사용한다. <br> ctx.fillStyle = "#DBDBDB"; <br> ctx.fillRect(100, 100, 100, 100); //원래 형태의 사각형 <br> ctx.rotate((Math.PI/180)\*5); //회전 <br> ctx.fillStyle = "#000000"; <br> ctx.fillRect(100, 100, 100, 100); //회전 후 사각형 |
| save( ) | 현재의 내용을 저장한다. restore( ) 메소드와 쌍으로 사용됨. <br> ctx.fillRect(0, 0, 100, 100); <br> ctx.save( ); |
| scale( ) | (도형 등의) 크기를 조정한다. scale(가로배수,세로배수)와 같이 사용하며, scale( ) 메소드를 사용한 후에는 같은 크기의 도형도 조정된 크기로 표현된다. <br> ctx.strokeRect(10, 10, 30, 20); <br> ctx.scale(2, 2); // 가로, 세로 2배로 크기 조정 <br> ctx.strokeRect(10, 10, 30, 20); |
| setTransform( ) | 현재의 트랜스폼을 재설정하고 transform( ) 메소드가 자동실행된다. setTransform(scaleX, skewX, skewY, scaleY, moveX, moveY)와 같은 형태로 사용한다. <br> //가로 1배 확대, 가로 0.1, 세로-0.1 왜곡, 세로 1배 확대, 가로 30, 세로 10 이동 <br> ctx.fillStyle = "gray"; <br> ctx.fillRect(0, 0, 200, 100) //회색 사각형 <br> ctx.setTransform(1, 0.1, -0.1, 1, 30, 10); //트랜스폼 <br> ctx.fillStyle = "black"; <br> ctx.fillRect(0, 0, 200, 100); //트랜스폼된 검은 사각형 |
| stroke( ) | 선을 그린다. <br> ctx.stroke( ); |

| 메소드 | 설명 |
|---|---|
| strokeRect( ) | 채워지지 않은 사각형을 그린다.<br>⑩ ctx.strokeRect(100, 10, 80, 50); |
| strokeText( ) | 채워지지 않은 글자를 그린다.<br>⑩ ctx.strokeText("Hello", 200, 50); Hello |
| transform( ) | 현재의 트랜스폼을 대체한다. transform( )scaleX, skewX, skewY, scaleY, moveX, moveY)와 같은 형태로 사용한다.<br>⑩ 단독으로 쓰이면 setTransform( )을 쓰는 것과 같다.<br>　ctx.transform(1, 0.1, −0.1, 1, 30, 10); |
| translate( ) | 캔버스의 (0, 0) 위치를 지정한 좌표로 이동한다. translate(x, y)와 같이 사용하며, 시작 좌표는 (x, y)로 재설정한다.<br>⑩ <br>　ctx.fillRect(10, 10, 50, 50);<br>　ctx.translate(100, 50); //시작 좌표를 (100, 50)으로 이동<br>　ctx.fillRect(10, 10, 50, 50); |

실습 캔버스 영역에 도형 그리기 예제

〈canvas〉 태그를 사용해서 만들어진 캔버스 영역에 도형을 그리는 예제를 작성한다.

실행 결과

◀ canvas02.html 페이지 실행 결과

**01** [ch06] 폴더에 "canvas02.html" 페이지를 작성한다.

```
01  <!DOCTYPE html>
02  <html>
03  <head>
04  <meta charset="UTF-8">
05  <meta name="viewport" content="width=device-width,initial-scale=1.0"/>
06  <title>캔버스 영역에 도형 그리기</title>
07  <link rel="stylesheet" href="main.css"/>
08  <script src="https://ajax.googleapis.com/ajax/libs/jquery/3.6.3/jquery.min.
    js"></script>
09  <script src="canvas02.js"></script>
10  </head>
11  <body>
12    <div id="s2">
13      <canvas id="canvas1" width="450" height="250">
14        웹 브라우저가 HTML5 캔버스를 지원하지 않습니다.
15      </canvas>
16    </div>
17  </body>
18  </html>
```

**02** [ch06] 폴더에 "canvas02.js" 페이지를 작성한다.

```
01  $(document).ready(function( ){//HTML 페이지가 모두 로딩되면 자동실행
02      drawShape( );
03  });
04
05  function drawShape( ){
06      //canvas 엘리먼트 객체를 얻어내서 cvs 객체 변수에 저장
07      var cvs = $("#canvas1")[0];
08      //cvs객체의 getContext("2d") 메소드를 사용해서 2D 콘텍스트를 얻어냄.
```

```
09      var ctx = cvs.getContext("2d");
10
11      //사각형 그리기
12      ctx.fillStyle = "#00FFFF";//채우기 색 지정
13      ctx.fillRect(10, 10, 80, 50);//채워진 사각형
14      ctx.strokeStyle = "#0000FF";//선 색 지정
15      ctx.strokeRect(100, 10, 80, 50);//속이 빈 사각형
16
17      //글자 그리기
18      ctx.font = "40px Arial";//글꼴 크기와 폰트
19      ctx.strokeText("Hello", 200, 50);//테두리만 있는 글자
20      ctx.fillText("테스트", 300, 50);//색이 채워진 글자
21
22      //채워진 삼각형 그리기
23      ctx.fillStyle = "#000000";
24      ctx.beginPath( );
25      ctx.moveTo(75, 150);
26      ctx.lineTo(100, 175);
27      ctx.lineTo(100, 125);
28      ctx.fill( );//속 채운다.
29
30      //웃는 얼굴 그리기
31      ctx.strokeStyle = "#000000";
32      ctx.beginPath( );
33      ctx.arc(175, 175, 50, 0, Math.PI*2, true);//얼굴
34      ctx.moveTo(210, 175);
35      ctx.arc(175, 175, 35, 0, Math.PI, false);//입
36      ctx.moveTo(165, 165);
37      ctx.arc(160, 165, 5, 0, Math.PI*2, true);//왼쪽눈
38      ctx.moveTo(195, 165);
39      ctx.arc(190, 165, 5, 0, Math.PI*2, true);//오른쪽눈
40      ctx.stroke( );//테두리 그린다.
41  }
```

**7라인** var cvs = $("#canvas1")[0];은 canvas02.html의 13~15라인에 정의한 〈canvas id="canvas1" width="450" height="250"〉 태그를 자바스크립트에서 제어할 수 있도록 얻어내서 cvs 객체 변수에 저장한다.

**9라인** var ctx = cvs.getContext("2d"); 은 캔버스 객체 cvs의 getContext("2d") 메소드를 사용해서 2D 콘텍스트를 얻어내서 ctx 객체 변수에 저장한다.

**12~15라인** 채우기 색과 선색을 설정하고 사각형을 그린다.
− 12라인 ctx.fillStyle = "#00FFFF"은 도형이나 문자열의 채우기 색을 시안색으로 지정한다.
− 13라인 ctx.fillRect(10, 10, 80, 50);은 시작 좌표(10, 10)에 가로 80, 세로 50픽셀 크기의 속이 채워진 사각형을 그린다. 이때 채우기 색을 25라인에서 설정한 시안색이다.
− 14라인 ctx.strokeStyle = "#0000FF";은 선 색을 파랑으로 지정한다.
− 15라인 ctx.strokeRect(100, 10, 80, 50);은 시작 좌표(100, 10)에 가로 80, 세로 50픽셀 크기의 파란색 속이 빈 사각형을 그린다.

**18~20라인** 폰트를 설정하고 문자열을 그린다.
− 18라인 ctx.font = "40px Arial";은 글꼴 크기와 폰트를 설정한다.
− 19라인 ctx.strokeText("Hello", 200, 50);은 테두리만 있는 문자열을 그린다.
− 20라인 ctx.fillText("테스트", 300, 50);은 색이 채워진 문자열을 그린다.

**23~28라인** 채워진 삼각형을 그린다. 삼각형은 다각선을 사용해서 그린다.
− 23라인 ctx.fillStyle = "#000000";은 삼각형의 채울 색을 검정색으로 설정한다.
− 24라인 ctx.beginPath( );은 다각선 그리기 시작한다.
− 25라인 ctx.moveTo(75, 150);은 (75, 150) 좌표로 이동한다.
− 26라인 ctx.lineTo(100, 175);은 (75, 150) 좌표부터 (100, 175) 좌표까지 선을 그린다.
− 27라인 ctx.lineTo(100, 125);은 (100, 175) 좌표부터 (100, 125) 좌표까지 선을 그린다.
− 28라인 ctx.fill( );은 그려진 선의 영역에 채우기를 한다.

**31~40라인** 호(arc) 그리기를 사용해서 웃는 얼굴을 그린다.
− 31라인 ctx.strokeStyle = "#000000";은 호 그리기에 사용할 선색을 검정색으로 설정한다.
− 32라인 ctx.beginPath( );은 그리기를 시작한다.
− 33라인 ctx.arc(175, 175, 50, 0, Math.PI*2, true); 은 (175, 175) 좌표에 반지름 50픽셀 크기의 호를 시작 각도 0, 끝 각도 Math.PI*2(360) 로 그린다. 호가 0부터 360도까지 그려지므로 원으로 표시된다. 웃는 얼굴의 얼굴부분 원이 그려진다.
− 34라인 ctx.moveTo(210, 175);은 입을 그리기 위해 (210, 175) 좌표로 이동한다.
− 35라인 ctx.arc(175, 175, 35, 0, Math.PI, false);은 (175, 175) 좌표에 반지름 35픽셀 크기의 호를 시작 각도 0, 끝 각도 Math.PI*2(180)로 그린다. 호가 0부터 180도까지 그려지므로 반원으로 표시된다. 웃는 얼굴의 입이 그려진다.
− 36라인 ctx.moveTo(165, 165);은 왼쪽 눈을 그리기 위해 (165, 165) 좌표로 이동한다.
− 37라인 ctx.arc(160, 165, 5, 0, Math.PI*2, true);은 (160, 165) 좌표에 반지름 5픽셀 크기의 호를 시작 각도 0, 끝 각도 Math.PI*2(360)로 그린다. 호가 0부터 360도까지 그려지므로 원으로 표시된다. 웃는 얼굴의 왼쪽 눈이 그려진다.

- 38라인 ctx.moveTo(195,165);은 오른쪽 눈을 그리기 위해 (195,165) 좌표로 이동한다.
- 39라인 ctx.arc(190,165,5,0,Math.PI*2,true);은 (190,165) 좌표에 반지름 5픽셀 크기의 호를 시작 각도 0, 끝 각도 Math.PI*2(360)로 그린다. 호가 0부터 360도까지 그려지므로 원으로 표시된다. 웃는 얼굴의 오른쪽 눈이 그려진다.
- 40라인 ctx.stroke( );은 실제로 웃는 얼굴을 그리기 위해 만든 도형들의 테두리를 그린다.

🄓 canvas02.html 페이지를 실행한다.

**실습** 　**캔버스 영역에 패턴을 생성하고 적용하는 예제**

〈canvas〉 태그를 사용해서 만들어진 캔버스 영역에 패턴을 생성하고 적용하는 예제를 작성한다.

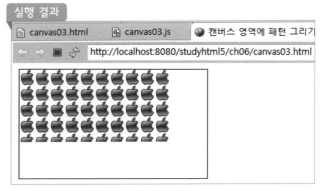

▲ canvas03.html 페이지 실행 결과

🄐 자료 파일의 [images] 폴더에서 제공하는 b2s.png 파일을 복사해서 이클립스의 [Project Explorer] 뷰의 [studyhtml5/WebContent/images]에 붙여넣기한다.

🄑 [ch06] 폴더에 "canvas03.html" 페이지를 작성한다.

```
01  <!DOCTYPE html>
02  <html>
03  <head>
04  <meta charset="UTF-8">
```

Chapter 6 애니메이션을 만드는 캔버스(Canvas) | 547

```
05  <meta name="viewport" content="width=device-width,initial-scale=1.0"/>
06  <title>캔버스 영역에 패턴 그리기</title>
07  <link rel="stylesheet" href="main.css"/>
08  <script src="https://ajax.googleapis.com/ajax/libs/jquery/3.6.3/jquery.min.
    js"></script>
09  <script src="canvas03.js"></script>
10  </head>
11  <body>
12    <div id="s2">
13      <canvas id="canvas1" width="250" height="150">
14        웹 브라우저가 HTML5 캔버스를 지원하지 않습니다.
15      </canvas>
16    </div>
17  </body>
18  </html>
```

❸ [ch06] 폴더에 "canvas03.js" 페이지를 작성한다.

```
01  $(document).ready(function( ){//HTML 페이지가 모두 로딩되면 자동실행
02      drawShape( );
03  });
04
05  function drawShape( ){
06      //canvas엘리먼트 객체를 얻어내서 cvs객체변수에 저장
07      var cvs = $("#canvas1")[0];
08      //cvs객체의 getContext("2d") 메소드를 사용해서 2D 콘텍스트를 얻어냄
09      var ctx = cvs.getContext("2d");
10
11      //패턴을 생성하고 적용
12      var image = new Image( ); //Image 객체 생성
13      image.src="../images/b2s.png"; //이미지 파일 지정
14      image.onload = function( ){//이미지가 로딩되면 자동 실행
15          var ptn = ctx.createPattern(image,'repeat'); //패턴 생성
```

```
16        ctx.rect(0,0,200,100); //사각형 생성
17        ctx.fillStyle = ptn; // 채우기 스타일로 패턴을 지정
18        ctx.fill( ); //패턴으로 사각형 채우기
19      }
20  }
```

**소스코드 설명**

12~19라인   이미지를 패턴으로 생성하고 사각형의 채우기로 적용
- 12라인   var image = new Image( );은 이미지를 패턴으로 사용하기 위해 Image 객체 image 생성해서 이미지를 로드할 준비를 한다.
- 13라인   image.src="../images/b2s.png"; 패턴으로 사용할 이미지 파일을 Image 객체 image 의 src 속성에 지정한다.
- 14~19라인   이미지의 로딩이 완료되면 이미지로 패턴을 생성하고 적용한다.
- 14라인   image.onload = function( ){은 이미지가 로딩 되면 자동실행 된다.
- 15라인   var ptn = ctx.createPattern(image, 'repeat');은 로딩된 이미지를 반복 적용해서 패턴을 생성한다.
- 16라인   ctx.rect(0, 0, 200, 100);은 캔버스의 (0, 0) 좌표에 가로 200, 세로 100의 사각형을 생성한다.
- 17라인   ctx.fillStyle = ptn;은 채우기 스타일로 패턴을 지정한다.
- 18라인   ctx.fill( );은 생성한 패턴으로 사각형 채우기를 한다.

**04** canvas03.html 페이지를 실행한다.

## 캔버스 영역에 이미지 그리기 예제

〈canvas〉 태그를 사용해서 만들어진 캔버스 영역에 이미지를 그리는 예제를 작성한다.

◀ canvas04.HTML 페이지 실행 결과

**01** [ch06] 폴더에 "canvas04.html" 페이지를 작성한다.

```
01  <!DOCTYPE html>
02  <html>
03  <head>
04  <meta charset="UTF-8">
05  <meta name="viewport" content="width=device-width,initial-scale=1.0"/>
06  <title>캔버스 영역에 이미지 그리기</title>
07  <link rel="stylesheet" href="main.css"/>
08  <script src="https://ajax.googleapis.com/ajax/libs/jquery/3.6.3/jquery.min.
    js"></script>
09  <script src="canvas04.js"></script>
10  </head>
11  <body>
12    <div id="s2">
13      <canvas id="canvas1" width="300" height="200">
14        웹 브라우저가 HTML5 캔버스를 지원하지 않습니다.
15      </canvas>
16    </div>
```

```
17  </body>
18  </html>
```

**02** [ch06] 폴더에 "canvas04.js" 페이지를 작성한다.

```
01  $(document).ready(function( ){//HTML 페이지가 모두 로딩되면 자동실행
02      drawShape( );
03  });
04
05  function drawShape( ){
06      //canvas 엘리먼트 객체를 얻어내서 cvs 객체 변수에 저장
07      var cvs = $("#canvas1")[0];
08      //cvs 객체의 getContext("2d") 메소드를 사용해서 2D 콘텍스트를 얻어냄
09      var ctx = cvs.getContext("2d");
10
11      //이미지 객체를 생성하고 이미지를 그린다.
12      var image = new Image( ); //Image 객체 생성
13          image.src="../images/cover_s.png"; //이미지 파일 지정
14          image.onload = function( ){//이미지가 로딩되면 자동 실행
15          ctx.drawImage(image,0,0);//캔버스의 (0,0) 좌표에 이미지를 그린다.
16      }
17  }
```

### 소스코드 설명

12~16라인  이미지 객체를 생성하고 drawImage(image,0,0) 메소드를 사용해서 캔버스의 (0,0) 좌표에 이미지를 그린다.

**03** canvas04.html 페이지를 실행한다.

# 02 | 캔버스를 사용한 애니메이션

지금까지 우리는 자바스크립트를 사용해서 〈canvas〉 태그를 제어했다. 마찬가지로 상호 동작하는 애니메이션도 자바스크립트를 사용해서 쉽게 만들 수 있다. 여기서는 〈canvas〉 태그와 자바스크립트를 사용해서 애니메이션을 구현하는 방법을 학습한다.

일단 그려진 그림은 고정적으로 그려진 그 상태를 유지한다. 만일 그림을 움직이게 하고 싶다면 그려진 그림을 지우고 다시 그리는 작업을 한다. 이것은 모든 그래픽에서 애니메이션을 구현하는 기본 구조이다. 따라서 복잡한 형태를 다시 그리는 것은 많은 시간이 걸리며, 이것의 작업의 속도는 컴퓨터의 성능에 좌우된다. 즉, 애니메이션 작업은 많은 리소스가 필요하다.

## 1 ▶ 캔버스에서 애니메이션을 구현하는 순서

애니메이션을 구현하려면 기본적으로 다음의 순서에 따라 프로그래밍 한다.

### 1 캔버스 클리어

배경 이미지처럼 캔버스 전체를 채우는 형태를 그리지 않는 한, 어떤 모양을 그리든지 그리기 전에 캔버스를 클리어하는 것이 필요하다. 이 작업은 clearRect( ) 메소드를 사용한다.

```
//캔버스 클리어 예시
ctx.clearRect(0,0,300,300);
```

## ② 캔버스 상태 저장

어떤 설정을 변경하면 캔버스상태에 영향을 미치기 때문에 원래 상태를 저장해 두어야한다. 이 작업은 save( ) 메소드를 사용한다.

```
//캔버스 상태 저장 예시
ctx.save( );
```

## ③ 애니메이션으로 만들 형태 그리기

여기서는 실제로 애니메이션에 필요한 작업을 캔버스의 그리기 관련 메소드를 사용해서 한다.

```
//애니메이션으로 만들 형태 그리기 예시
생략..
ctx.drawImage(img,x,y,iWidth,iHeight);
생략..
```

## ④ 캔버스의 상태 재저장

새 형태를 더 그려야할 경우 먼저 기존 상태를 재저장한다. 이 작업은 restore( ) 메소드를 사용한다.

```
//캔버스 상태 재저장 예시
ctx.restore( );
```

캔버스에 메소드를 사용해서 원하는 형태를 그린다. 이 메소드는 직접 사용하거나 사용자 정의함수에서 호출해서 사용한다. 일반적으로 스크립트의 실행이 끝나면 실행된 결과를 확인할 수 있다. 따라서 우리가 임의로 애니메이션을 실행 및 제어하기 위해서는 특정 시간에 자동 호출되는 window.setInterval( ), window.setTimeout( ), window.requestAnimationFrame( )과 같은 애니메이션 동작(실행) 제어함수가 필요하다.

애니메이션 동작(실행) 제어함수는 다음과 같다.

■ setInterval(function, delay) 메소드

특정 시간(delay)마다 지정한 함수(function)를 반복 실행한다. 이때 delay값은 1/1000초(밀리세컨드, millisecond) 값으로 지정하며, 예를 들어 500은 0.5초이다.

```
setInterval(draw, 50); //0.05초마다 draw( )함수를 실행
```

■ setTimeout(function, delay) 메소드

지정한 함수(function)를 특정 시간(delay)동안 실행한다. 이때 delay값은 1/1000초로 지정한다.

```
window.setTimeout(displayAlert, 1000); //displayAlert( ) 함수를 1초 동안 실행
```

■ requestAnimationFrame(callback) 메소드

지정한 함수(callback)를 호출해서 실행한다.

```
window.requestAnimationFrame(draw); //draw( ) 함수 호출
```

**실습** **이미지 롤링(파노라마) 애니메이션**

캔버스 영역에 이미지 롤링을 하는 애니메이션을 작성한다.

**실행 결과**

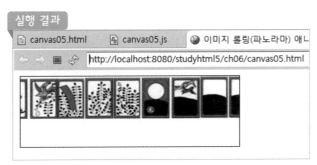

▲ canvas05.HTML 페이지 실행 결과

⓵ 자료 파일의 [images] 폴더에서 제공하는 b3.png 파일을 복사해서 이클립스의 [Project Explorer] 뷰의 [studyhtml5/WebContent/images]에 붙여넣기한다.

⓶ [ch06] 폴더에 "canvas05.html" 페이지를 작성한다.

```
01  <!DOCTYPE html>
02  <html>
03  <head>
04  <meta charset="UTF-8">
05  <meta name="viewport" content="width=device-width,initial-scale=1.0"/>
06  <title>이미지 롤링(파노라마) 애니메이션</title>
07  <link rel="stylesheet" href="main.css"/>
08  <script src="https://ajax.googleapis.com/ajax/libs/jquery/3.6.3/jquery.min.js"></script>
09  <script src="canvas05.js"></script>
10  </head>
11  <body>
12    <div id="s2">
13      <canvas id="canvas1" width="300" height="100">
14          웹 브라우저가 HTML5 캔버스를 지원하지 않습니다.
15      </canvas>
```

```
16    </div>
17    </body>
18    </html>
```

**03** [ch06] 폴더에 "canvas05.js" 페이지를 작성한다.

```
01   var ctx; //캔버스 객체 저장 변수
02   var image; //이미지 객체 저장 변수
03   var dx = 0.75; //가로로 이동할 너비
04   var imgW, imgH;//이미지의 가로 너비, 세로 높이
05   var x = 0, y = 0; //이미지의 시작점. x값은 계산에 의해 결정, y값은 고정
06   var clearX, clearY;//캔버스 가로 너비, 세로높이 클리어
07   var canvasX = 300;//캔버스 가로 너비
08   var canvasY = 100;//캔버스 세로 높이
09   var speed = 50; //0.05초마다 애니메이션 실행
10
11   $(document).ready(function( ){//HTML 페이지가 모두 로딩되면 자동 실행
12       drawAnimation( );
13   });
14
15   //이미지를 로딩하고 애니메이션 작업을 하는 함수 호출
16   function drawAnimation( ){
17       //canvas엘리먼트 객체를 얻어내서 cvs 객체 변수에 저장
18       var cvs = $("#canvas1")[0];
19       //cvs 객체의 getContext("2d") 메소드를 사용해서 2D 콘텍스트를 얻어냄
20       ctx = cvs.getContext("2d");
21
22       //이미지 객체를 생성하고 이미지 지정
23       image = new Image( ); //Image객체 생성
24       image.src="../images/b3.png"; //이미지 파일 지정
25
26        image.onload = function( ){//이미지가 로딩되면 자동실행
```

```
27          imgW = image.width; //이미지의 가로 너비
28          imgH = image.height; //이미지의 세로 높이
29      if (imgW > canvasX) {//이미지의 가로 너비가 캔버스 너비보다 크면
30              x = canvasX - imgW; //이미지의 x표시 위치가 음수 : 이미지가
```
중간부터 잘려나옴
```
31              clearX = imgW; //캔버스 클리어 가로 너비에 이미지의 너비 사용
32      }else//이미지의 너비가 캔버스 너비보다 작거나 같으면
33              clearX = canvasX; //캔버스 클리어 가로 너비에 이미지의 캔버스
```
너비 사용
```
34
35      if (imgH > canvasY) //이미지의 세로 높이가 캔버스 높이보다 크면
36              clearY = imgH; //캔버스 클리어 세로 높이에 이미지 높이 사용
37      else //이미지의 세로 높이가 캔버스 높이보다 작거나 같으면
38              clearY = canvasY;//캔버스 클리어 세로 높이에 캔버스 높이 사용
39
40      //주어진 speed(0.05초) 시간마다 draw 함수 호출
41      //speed 숫자가 클수록 이미지 롤링(리프레시) 속도 느려짐
42      return setInterval(draw, speed);
43      }
44 }
45
46 //캔버스에 이미지 롤링하는 애니메이션 함수
47 function draw( ){
48      ctx.clearRect(0, 0, clearX, clearY);//캔버스 클리어
49      if (imgW <= canvasX) {//이미지의 가로 너비가 캔버스 너비보다 작거나 같
```
으면
```
50          //이미지의 시작점 재설정
51      if (x > canvasX) //이미지 시작점이 캔버스 너비보다 크면
52          x = 0; //시작점 x를 0으로 재설정
53          //추가 이미지 그림
54      if (x > (canvasX-imgW))//이미지 시작점이 (캔버스 너비-이미지 너비)보
```
다 크면
```
55              ctx.drawImage(img, x-canvasX+1, y, imgW, imgH);//지정 위치에 이
```

미지 그림

```
56        }else {//이미지의 가로 너비가 캔버스 너비보다 크면
57            //이미지의 시작점 재설정
58            if (x > canvasX) //이미지 시작점이 캔버스 너비보다 크면
59                x = canvasX-imgW; //시작점 x를 (캔버스 너비-이미지 너비) 값으로
      재설정
60            //추가 이미지 그림
61            if (x > (canvasX-imgW)) //이미지 시작점이 (캔버스 너비-이미지 너비)
      보다 크면
62                ctx.drawImage(image, x-imgW+1, y, imgW, imgH); //지정 위치에 이
      미지 그림
63        }
64        ctx.drawImage(image, x, y, imgW, imgH); //지정 위치에 이미지 그림
65
66        x += dx; //이미지 시작점 dx크기만큼 이동
67  }
```

**소스코드 설명**

1~9라인  애니메이션 작업에 필요한 변수 선언 및 값을 할당한다.

11~13라인  HTML 페이지가 모두 로딩되면 이미지 로딩 및 애니메이션 실행 함수를 호출하는 drawAnimation( ) 함수를 호출한다.

16~44라인  drawAnimation( ) 함수의 영역으로 23~24라인에서 Image 객체를 생성하고 이미지를 로딩한다. 26~43라인은 이미지가 로딩되면 이미지 롤링 애니메이션이 시작되는 캔버스 내의 x,y좌표를 계산해서 0.05초마다 애니메이션이 실행되도록 darw( ) 함수를 42라인에서 호출한다.

47~67라인  애니메이션 작업을 하는 draw( ) 함수의 영역으로 캔버스에 반복되는 롤링 이미지를 그린다. 이미지를 롤링하는 것처럼 왼쪽에서 오른쪽으로 이동시키려면 이미지가 그려지는 시작점의 x좌표가 계속 증가해야 하는데, 이 작업은 66라인에서 한다.

**04** canvas05.html 페이지를 실행한다.

이미지가 파노라마로 표시되어 왼쪽에서 오른쪽으로 반복해서 표시된다.

**실습** **아날로그 시계 애니메이션**

캔버스 영역에 아날로그 시계 애니메이션을 작성한다.

**실행 결과**

▲ canvas06.html 페이지 실행 결과

01 [ch06] 폴더에 "canvas06.html" 페이지를 작성한다.

```
01  〈!DOCTYPE html〉
02  〈html〉
03  〈head〉
04  〈meta charset="UTF-8"〉
05  〈meta name="viewport" content="width=device-width,initial-scale=1.0"/〉
06  〈title〉아날로그 시계 애니메이션〈/title〉
07  〈link rel="stylesheet" href="main.css"/〉
08  〈script src="https://ajax.googleapis.com/ajax/libs/jquery/3.6.3/jquery.min.js"〉〈/script〉
09  〈script src="canvas06.js"〉〈/script〉
10  〈/head〉
11  〈body〉
12    〈div id="s2"〉
13      〈canvas id="canvas1" width="200" height="200"〉
```

```
14        웹 브라우저가 HTML5 캔버스를 지원하지 않습니다.
15      〈/canvas〉
16    〈/div〉
17  〈/body〉
18  〈/html〉
```

② [ch06] 폴더에 "canvas06.js" 페이지를 작성한다.

```
01  var ctx;
02  var radius;
03
04  $(document).ready(function( ){//HTML 페이지가 모두 로딩되면 자동실행
05      drawAnimation( );
06  });
07
08  //중심점을 이동하고 애니메이션 작업을 하는 함수 호출
09  function drawAnimation( ){
10      //canvas 엘리먼트 객체를 얻어내서 cvs 객체 변수에 저장
11      var cvs = $("#canvas1")[0];
12      //cvs객체의 getContext("2d") 메소드를 사용해서 2D 콘텍스트를 얻어냄
13      ctx = cvs.getContext("2d");
14
15      radius = cvs.height / 2; //정중앙 위치 계산
16      ctx.translate(radius, radius); //중심점을 정중앙으로 옮김
17      radius = radius * 0.90 //캔버스에 그려지는 시계를 캔버스 크기의 90% 크
    기로 설정
18      setInterval(drawClock, 1000); //1초마다 drawClock( )함수 호출
19  }
20
21  //애니메이션 작업 함수
22  function drawClock( ) {
23      drawShape( ); //시계 모양 그리는 함수
24      drawNumbers( ); //시간을 그리는 함수
```

```
25      drawTime( ); //시침, 분침, 초침을 그리는 함수
26  }
27
28  //시계모양 그리는 함수 - 시계 배경과 테두리를 그림
29  function drawShape( ) {
30      //시계의 배경이 되는 흰색 원을 그림
31      ctx.beginPath( );
32      ctx.arc(0, 0, radius, 0, 2*Math.PI);
33      ctx.fillStyle = "#FFFFFF";
34      ctx.fill( );
35
36      //시계테두리를 금속의 느낌을 갖도록 그라디언트를 지정하고 적용
37      var grad = ctx.createRadialGradient(0,0,radius*0.95, 0, 0, radius*1.05);
38      grad.addColorStop(0, "#333333");
39      grad.addColorStop(0.5, "#FFFFFF");
40      grad.addColorStop(1, "#333333");
41      ctx.strokeStyle = grad;
42      ctx.lineWidth = radius*0.1;
43      ctx.stroke( );
44      ctx.beginPath( );
45      ctx.arc(0, 0, radius*0.1, 0, 2*Math.PI);
46      ctx.fillStyle = "#333333";
47      ctx.fill( );
48  }
49
50  //시계에 1~12까지의 시간을 그리는 함수
51  function drawNumbers( ) {
52      //시간의 글꼴과 글자의 맞춤을 지정
53      ctx.font = radius*0.15 + "px 고딕";
54      ctx.textBaseline = "middle";
55      ctx.textAlign = "center";
56
57      //1시~12시까지 시간을 계산한 위치에 그림
```

```
58    for(var num = 1; num <= 12; num++){
59      var ang = num * Math.PI / 6;
60      ctx.rotate(ang);
61      ctx.translate(0, -radius*0.85);
62      ctx.rotate(-ang);
63      ctx.fillText(num.toString( ), 0, 0);
64      ctx.rotate(ang);
65      ctx.translate(0, radius*0.85);
66      ctx.rotate(-ang);
67    }
68  }
69
70  //시침, 분침, 초침의 값을 설정하는 함수
71  function drawTime( ){
72    //현재의 시간을 얻어내서 hour, minute, second 변수에 저장
73    var now = new Date( );//현재 시간을 얻어냄
74    var hour = now.getHours( );//시간
75    var minute = now.getMinutes( );//분
76    var second = now.getSeconds( );//초
77
78    //시침, 분침, 초침의 위치 값을 계산
79    ctx.strokeStyle = "#000000"; //시침, 분침의 색은 검정
80    //시침 계산
81    hour = hour % 12;
82    hour = (hour * Math.PI/6) + (minute * Math.PI/(6*60))
83         + (second * Math.PI/(360*60));
84    drawStroke(hour, radius*0.5, radius*0.07);//시/분/초침을 그리는 함수 호출
85    //분침 계산
86    minute = (minute * Math.PI/30) + (second * Math.PI/(30*60));
87    drawStroke(minute, radius*0.8, radius*0.07);
88    //초침 계산
89    ctx.strokeStyle = "#FF0000"; //초침의 색을 빨강
90    second = (second * Math.PI/30);
```

```
91      drawStroke(second, radius * 0.9, radius * 0.02);
92  }
93
94  //시침, 분침, 초침의 값을 그리는 함수
95  function drawStroke(pos, length, width) {
96      ctx.beginPath( );
97      ctx.lineWidth = width;
98      ctx.lineCap = "round";
99      ctx.moveTo(0, 0);
100     ctx.rotate(pos);
101     ctx.lineTo(0, −length);
102     ctx.stroke( );
103     ctx.rotate(−pos);
104  }
```

**소스코드 설명**

18라인  setInterval(drawClock, 1000);은 1초마다 drawClock( ) 함수를 호출해서 작동되는 아날로그 시계 애니메이션을 실행한다.

22~26라인  drawClock( ) 함수는 시계의 배경과 1~12까지의 시간 그리고 현재 시간에 해당하는 시침, 분침, 초침을 그리는 drawShape( ), drawNumbers( ), drawTime( ) 함수를 호출한다.

❸ canvas06.html 페이지를 실행한다.
작동되는 아날로그 시계가 표시된다.

## 학습정리

### 1 자바스크립트로 Canvas 제어

■ 캔버스는 〈canvas〉 태그와 자바스크립트를 사용해서 웹 페이지 상에서 그래픽을 그린다. 〈canvas〉 태그는 단지 그래픽을 그릴 수 있는 영역을 제공하는 컨테이너(그릇)로 실제로 그래픽을 그리기 위해서는 자바스크립트를 사용해야 한다.

■ 캔버스는 각종 도형, 문자열 그리고 그림을 그릴 수 있는 각종 메소드를 제공한다.

■ 자바스크립트에서 캔버스를 제어하기 위해서는 그림이 그려질 캔버스 영역을 var cvs = $("# canvas1")[0];과 같이 사용해서 얻어낸 후 그리기 작업을 위한 그래픽 2D 콘텍스트를 cvs. getContext("2d");과 같은 방법으로 얻어내서 한다.

### 2 캔버스를 사용한 애니메이션

■ 캔버스에서 애니메이션을 구현하기 위해서는 clearRect( ) 메소드를 사용한 캔버스 클리어, save( ) 메소드를 사용한 현 상태의 저장 및 캔버스의 그리기 함수가 필요하다. 재저장이 필요한 경우 restore( ) 메소드를 사용한다.

■ 애니메이션을 제어하는 동작(실행) 제어 함수에는 setInterval( ), setTimeout( ), requestAnimationFrame( ) 메소드 등이 있다.

■ setInterval(function, delay) 메소드 : 특정 시간(delay)마다 지정한 함수(function)를 반복 실행한다.

■ setTimeout(function, delay) 메소드 : 지정한 함수(function)를 특정 시간(delay)동안 실행한다.

■ requestAnimationFrame(callback) 메소드 : 지정한 함수(callback)를 호출해서 실행한다.

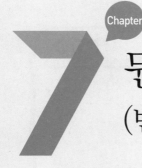

Chapter

# 7 뭔가 만들어 보죠!
## (반응형 웹 사이트 만들기)

지금까지 HTML5, CSS3, jQuery 등을 학습했다. 학습한 내용을 좀 더 잘 이해하려면 프로젝트를 작성해 보는 것이 좋은데, 우리는 웹 기반의 내용을 배웠기 때문에 웹 프로젝트를 작성한다. 웹 프로젝트를 처음부터 작성하라고 하면 어떻게 시작해야 할지 엄두가 나지 않는다. 따라서 여기서는 보일러플레이트를 사용해서 반응형 웹 사이트의 템플릿을 얻어낸 후, 이 템플릿의 내용을 수정해서 사이트를 완성하는 방법으로 작성한다.

● 학습 목표 ●

1. 반응형 웹 사이트를 작성함으로써 학습한 HTML5, CSS3, jQuery를 이해할 수 있다.
2. 반응형 웹 사이트를 작성하고 배포할 수 있다.

# 01 프로젝트 구조 설계

여기서는 [My Favorites] 웹 앱을 작성하기 위한 구조도 및 필요 페이지의 명세서를 작성한다.

**실행 결과**

▲ 메인 화면

▲ 서브 화면 1

▲ 서브 화면 2

▲ 서브 화면 3

## 1 › 웹 앱의 구조도 작성

　개발할 웹 앱의 전체 구조도는 앱의 전체를 한눈에 파악할 수 있기 때문에 개괄적으로라도 작성해두는 것이 좋다.

### (1) 웹 앱 구조도

　[My Favorites] 웹 앱의 구조를 한눈에 파악할 수 있는 개괄적인 구조도는 앱의 전체 흐름을 파악하는 데 도움을 준다. 메인 페이지로부터 각 주요 화면의 연결 구조를 계층 구조로 작성해서 표현한다. 주요 화면에 딸린 내용이 많을 경우 다시 그에 따른 각각의 하위 화면도 구조에 포함시킨다.

　여기서는 [My Favorites] 웹 앱이라는 학습용 가상의 앱을 위한 구조도를 표시했다. 애플리케이션 수많은 화면(페이지)을 갖고 있으며, 실제 프로젝트에서는 이것을 모두 구현해야 한다. 하지만 학습용 가상의 앱에서는 전체를 모두 구현하지 않고 메인 화면과 주요 화면만을 구현한다. 따라서 구조도도 그에 따라 간략하게 표현했다.

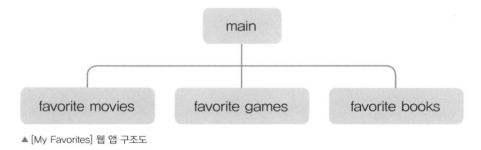

▲ [My Favorites] 웹 앱 구조도

## 2 　필요 페이지 명세서

　웹 앱 구조도가 만들어지면 각 화면을 구현하는 작업을 수행한다. 화면은 웹 페이지로 구현된다.

## (1) [My Favorites] 웹 앱의 메인 화면과 주요 화면에 해당하는 페이지의 명세서 작성

　학습용 [My Favorites] 웹 앱의 메인 화면과 주요 화면에 해당하는 페이지의 명세서를 작성한다. 페이지의 명세서에는 각 페이지가 표시하거나 처리하는 내용 등을 간략하게 기술해서 페이지를 실제로 구현할 때 사용한다.

　필요 페이지의 명세서는 다음과 같다.

| 페이지명 | 파일명 | 페이지가 표시하는 내용 |
|---|---|---|
| [main] 페이지 | index.html | 사이트의 개략적인 소개와 메인 페이지에서 각 주요 화면으로 이동하는 내비게이션 바 제공 |
| [movies] 페이지 | s1.html | 좋아하는 영화의 개략적인 설명과 유튜브 링크를 제공 주요 화면으로 이동하는 내비게이션 바 제공 |
| [games] 페이지 | s2.html | 좋아하는 게임의 개략적인 설명과 유튜브 링크를 제공 주요 화면으로 이동하는 내비게이션 바 제공 |
| [books] 페이지 | s3.html | 좋아하는 책의 개략적인 소개와 주요 화면으로 이동하는 내비게이션 바 제공 |

# 02 | 프로젝트 작성

여기서는 [My Favorites] 웹 앱을 프로젝트를 작성 후 보일러플레이트를 사용한 반응형 웹 사이트 템플릿을 사용해서 각 페이지를 작성하는 방법을 학습한다.

## 1 웹 앱 프로젝트 작성 및 구조 생성

이클립스에서 [My Favorites] 웹 앱 프로젝트를 작성하고 프로젝트의 구조를 작성한다.

◀ 완성된 [My Favorites] 웹 앱 프로젝트 구조

## (1) [My Favorites] 웹 앱 프로젝트 작성

**실습** [mfav] 프로젝트 작성

**01** [Servers] 뷰의 Tomcat 서버가 시작되어 있으면 ■[Stop the Server] 아이콘을 클릭해서 Tomcat 서버를 중단시킨다.

◀ Tomcat 서버가 중단된 상태

02 이클립스의 메뉴에서 [File]−[New]−[Other] 메뉴를 선택한다. [New] 창에서 [Web] 항목의 하위 항목인 [Dynamic Web Project] 항목을 선택한 후 [Next] 버튼을 클릭한다.

03 [New Dynamic Web Project] 창의 내용이 [Dynamic Web Project] 화면으로 진행되면 [Project name] 항목에 mfav를 입력한 후 나머지 항목은 기본 값을 그대로 사용하고 [Next] 버튼을 클릭한다.

04 [Java] 화면이 표시되면 기본 값을 그대로 사용하고 [Next] 버튼을 클릭한다.

05 [Web Module] 화면이 표시되면 [Context root] 항목과 [Content Directory] 항목은 기본 값을 그대로 사용하고 [Generate web.xml deployment descriptor] 항목을 선택한 후 [Finish] 버튼을 클릭한다.

06 [Project Explorer] 뷰에 [mfav] 프로젝트가 생성된 것을 확인할 수 있다.

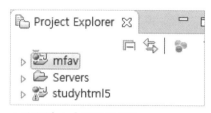

▲ 작성된 [mfav] 프로젝트 확인

---

실습 | 작성한 [mfav] 프로젝트를 웹 서버에 추가

01 이클립스 창의 하단의 [Servers] 뷰의 [Tomcat v10.1 Server at localhost ~ ]를 선택한 후 오른쪽 마우스 버튼을 눌러 표시되는 메뉴에서 [Add and Remove...] 메뉴를 선택한다.

02 [Add and Remove...] 창이 표시되면 [Available] 항목에 있는 추가할 프로젝트인 [mfav]를 선택한 후 [Add >] 버튼을 클릭해서 프로젝트가 [Configured] 항목에 표시되면 [Finish] 버튼을 클릭한다.

03 [Servers] 뷰의 [Tomcat v10.1 Server at localhost ~ ] 항목의 삼각형 아이콘을 눌러서 펼치면 [mfav] 프로젝트가 추가된 것을 알 수 있다.

🖹 Markers ▢ Properties 🖧 Servers × 🎛 Data Source Explorer 🖺 Snippets ⚙ Terminal ▢ Console

˅ 🗄 Tomcat v10.1 Server at localhost  [Stopped, Republish]
     🗋 studyhtml5  [Synchronized]
     🗋 mfav

▲ [mfav] 프로젝트 톰캣 서버에 추가 3

## (2) 프로젝트 필요 파일을 위한 폴더 구조 작성

프로젝트의 체계적인 관리를 위해 프로젝트에서 필요한 파일들을 종류별로 저장할 폴더를 작성한다. 기본적으로 필요한 폴더는 다음과 같다. 배치할 파일이 없더라도 웹 앱의 업데이트를 위해 미리 작성해 두는 것이 좋다.

| 작성할 폴더 | 배치할 파일 |
|---|---|
| html | index.html을 제외한 하위 HTML 페이지 |
| css | 스타일 시트 파일(.css) |
| js | 자바스크립트 파일(.js) |
| img | 이미지 파일 |
| audio | 오디오 파일 |
| video | 동영상 파일 |

**실습**    [mfav] 프로젝트에 [html], [css], [js], [img], [audio], [video] 폴더 생성

**01** [mfav] 프로젝트의 [webapp] 폴더에 [html], [css], [js], [img], [audio], [video] 폴더를 생성한다.

◀ [mfav] 프로젝트에 하위 폴더 생성 결과

HTML5 보일러플레이트를 사용한 반응형 웹 사이트 템플릿 사용

웹 프로젝트를 작성해야 하는데 시간이 모자라거나 어떻게 시작해야 할지 엄두가 나지 않는 경우에는 HTML5 보일러플레이트(https://html5boilerplate.com/)를 사용하면 좋다. 구형 브라우저에서 HTML5를 지원하는 기능 및 아이폰 사용자를 위한 바로가기 아이콘 추가 등을 사용한 모범적인 예시가 템플릿으로 제공된다.

보일러플레이트를 다운로드 받지 않고 자료 제공에서 제공하는 [mfav] 폴더 안의 모든 내용을 이클립스의 [mfav] 프로젝트의 [webapp]에 붙여넣기해서 사용해도 된다.

실습 **HTML5 보일러플레이트 사이트에서 반응형 웹 페이지 템플릿 얻어내기**

01 웹 브라우저에 http://html5boilerplate.com/ 주소를 입력해서 HTML5 보일러플레이트 사이트로 이동한다.

02 http://html5boilerplate.com/ 사이트가 표시되면 전체 파일을 다운로드 할 경우 [Download v최신 버전] 버튼을 클릭한다.

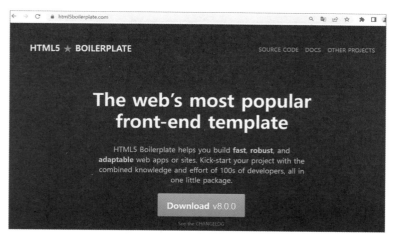

▲ 반응형 웹 페이지 템플릿 얻어내기 1

03 다운로드 받은 html5-boilerplate_v8.0.0.zip 파일의 압축을 해제하고 해제된 파일의 모든 파일을 선택 후 이클립스의 [mfav] 프로젝트 [webapp]에 붙여넣기한다.

[mfav] 프로젝트와 폴더 구조와 템플릿을 얻어낸 후에는 index.html 파일을 수정하고 수정한 index.html을 기반으로 하위 페이지를 작성한다.

완성된 [mfav] 웹 앱의 주요 화면은 다음과 같다.

▲ index.html

▲ s1.html

▲ s2.html

▲ s3.html

## (1) index.html 수정

템플릿으로 완성된 index.html을 실행하면 다음과 같은 화면이 표시된다. PC 브라우저에서 표시되는 형태, 태블릿에서 표시되는 형태, 스마트 폰에서 표시되는 형태의 3가지 화면 구조를 제공한다.

▲ PC 브라우저　　　　　　　　　▲ 태블릿　　　　　　　　　▲ 스마트폰

주황색 계열의 색상톤을 변경하고 싶으면 main.css를 수정하고 index.html에서 보기로 설정된 영어로 표시된 부분에는 사이트에 넣을 내용을 채워 놓으면 된다.

**실습** ┃ 사이트의 색상톤 변경

**01** [mfav] 프로젝트의 [WebContent]-[css] 폴더에 있는 main.css를 더블클릭해서 편집기 뷰로 연다.

**02** main.css가 표시되면 스크롤바를 내려서 72라인쯤에 있는 .header-container{ }, 76라인의 .footer-container,.main aside { }, 81라인의 .header-container,.footer-container,.main aside { }, 101라인의 nav a { }의 안에 있는 색상 값에 마우스 포인터를 위치하면 색상이 표시되고, 변경할 수 있는 색이 표시된다.

```
     58
  59⊖ body {
     60      font: 16px/26px Helvetica, Helvetica Neue, Arial;
     61  }
     62
  63⊖ .wrapper {
     64      width: 90%;
     65      margin: 0 5%;
     66  }
     67
     68  /* ===================
     69      ALL: Orange Theme
     70      =================== */
     71
  72⊖ .header-container {
     73      border-bottom: 20px solid #e44d26;
     74  }
     75
  76⊖ .footer-container,
     77  .main aside {
     78      border-top: 20px solid #e4
     79  }
     80
  81⊖ .header-container,
     82  .footer-container,
     83  .main aside {
     84      background: #f16529;
     85  }
```

색상 값에 마우스 포인터 위치

현재 색상 표시

다른 색으로 변경할 경우 클릭

**03** 각 영역의 background를 변경한 결과는 다음과 같다. 선호하는 색으로 변경한다.

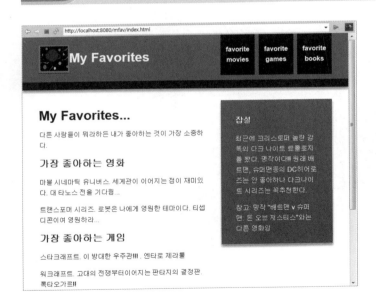

**01** 자료 파일의 [images] 폴더에서 제공하는 homelogo.png 파일을 복사해서 이클립스의 [Project Explorer] 뷰의 [mfav/WebContent/img]에 붙여넣기한다.

**02** 12라인의 href속성 값을 "img/homelogo.png"로 수정한다.

> 12 〈link rel="apple-touch-icon" href ="img/homelogo.png"〉

〈link rel="apple-touch-icon"〉태그는 사이트의 바로가기 아이콘을 생성해주는 태그로 iOS기기에서만 제대로 동작된다. 바로가기로 사용할 아이콘은 href 속성의 값으로 넣는다.

바로가기 아이콘

참고 **iOS 기기에서 바로가기 아이콘 추가하는 방법**

**03** 24~75라인 사이에서 영어로 된 내용을 원하는 내용으로 수정하면 된다.

```
      생략~
23
24              <div class ="header-container">
25                  <header class ="wrapper clearfix">
26              <h1 class ="title"><a href ="/mfav/index.html"><img src ="img/homelogo.png"></a>My Favorites</h1>
27                      <nav>
28                        <ul>
29                          <li><a href ="html/s1.html">favorite movies</a></li>
30                          <li><a href ="html/s2.html">favorite games</a></li>
31                          <li><a href ="html/s3.html">favorite books</a></li>
32                        </ul>
33                      </nav>
34                  </header>
35              </div>
36
37              <div class ="main-container">
38                  <div class ="main wrapper clearfix">
39
40                      <article>
41                        <header>
42                          <h1>My Favorites...</h1>
43                          <p>다른 사람들이 뭐라하든 내가 좋아하는 것이 가장 소중하다.</p>
44                        </header>
45                        <section>
46                          <h2>가장 좋아하는 영화</h2>
47                          <p>마블 시네마틱 유니버스. 세계관이 이어지는 점이 재미있다. 대 타노스 전을 기다림...</p>
```

```
48              <p>트랜스포머 시리즈. 로봇은 나에게 영원한 테마이다. 티셉디
    콘이여 영원하라...</p>
49          </section>
50          <section>
51              <h2>가장 좋아하는 게임</h2>
52              <p>스타크래프트. 이 방대한 우주관!!! . 엔타로 제라툴</p>
53              <p>워크래프트. 고대의 전쟁부터이어지는 판타지의 결정판. 록
    타오가르!!</p>
54          </section>
55          <section>
56              <h3>가장 좋아하는 책</h3>
57              <p>무협지. 책만 읽어도 허공답보를 할 수 있을 것 같다.</p>
58          </section>
59      </article>
60
61      <aside>
62          <h3>잡설</h3>
63          <p>최근에 크리스토퍼 놀란 감독의 다크나이트 트롤로지를 봤다. 명
    작이다!! 원래 배트맨, 슈퍼맨 등의 DC히어로즈는 안 좋아하나 다크나이트 시리즈는
    꼭 추천한다.</p>

64          <p>참고: 망작 "배트맨 v 슈퍼맨: 돈 오브 저스티스"와는 다른 영화임</p>
65      </aside>
66
67  </div> <!-- #main -->
68  </div> <!-- #main-container -->
69
70  <div class ="footer-container">
71      <footer class ="wrapper">
72          <h3>영혼의 자유</h3>
73      </footer>
74  </div>
75
생략 ~
```

## (2) s1.html 페이지 작성 : favorite movies

index.html을 복사해서([Ctrl]+[C]) [html] 폴더에 붙여넣기([Ctrl]+[V])한 후 이름을
s1.html로 변경하고 내용을 수정한다. 유튜브 비디오를 반응형으로 표현하기 위한 코드가
추가된다.

**01** index.html을 복사해서([Ctrl]+[C]) [html] 폴더에 붙여넣기([Ctrl]+[V])한다.

**02** 붙여넣기한 index.html에서 마우스 오른쪽 버튼을 클릭해 [Rename...] 메뉴를 선택
한다.

**03** 이름을 s1.html로 변경하고 [OK] 버튼을 클릭한다.

**04** 자료 파일의 [program] 폴더에서 제공하는 jQuery.fitvids.js 파일을 복사해서 이클립
스의 [Project Explorer] 뷰의 [mfav/WebContent/js]에 붙여넣기한다.

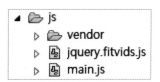

**05** s1.html을 더블클릭해서 편집기 뷰에 연 후 내용을 수정한다.

```
01  <!doctype html>
02    <!--[if lt IE 7]>      <html class ="no-js lt-ie9 lt-ie8 lt-ie7" lang ="">
   <![endif]-->
03    <!--[if IE 7]>         <html class ="no-js lt-9 lt-ie8" lang ="">
   <![endif]-->
04      <!--[if IE 8]>      <html class ="no-js lt-ie9" lang =""> <![endif]-->
05      <!--[if gt IE 8]><!-->   <html class ="no-js" lang =""> <!--<![endif]-->
06        <head>
07            <meta charset ="utf-8">
08            <meta http-equiv ="X-UA-Compatible" content ="IE=edge,
   chrome=1">
09            <title></title>
10            <meta name ="description" content ="">
11            <meta name ="viewport" content ="width=device-width, initial-
   scale=1">
12            <link rel ="apple-touch-icon" href ="../img/homelogo.png">
13
14            <link rel ="stylesheet" href ="../css/normalize.min.css">
15            <link rel ="stylesheet" href ="../css/main.css">
16
17            <script src ="../js/vendor/modernizr-2.8.3-respond-1.4.2.min.js">
   </script>
18            <script src ="../js/jQuery.fitvids.js"></script>
19            <script>
20              $(document).ready(function(  ){
21                  $(".main-container").fitVids(  );
22              });
23            </script>
24        </head>
25        <body>
26            <!--[if lt IE 8]>
```

```
27                    <p class ="browserupgrade">You are using
      an <strong>outdated</strong> browser. Please <a href ="http://
      browsehappy.com/">upgrade your browser</a> to improve your
      experience.</p>
28          <![endif]-->
29
30          <div class ="header-container">
31              <header class ="wrapper clearfix">
32                      <h1 class ="title"><a href ="/mfav/index.
      html"><img src ="../img/homelogo.png"></a>My Favorites</h1>
33                  <nav>
34                      <ul>
35                          <li><a href ="s1.html">favorite movies</a></li>
36                          <li><a href ="s2.html">favorite games</a></li>
37                          <li><a href ="s3.html">favorite books</a></li>
38                      </ul>
39                  </nav>
40              </header>
41          </div>
42
43          <div class ="main-container">
44              <div class ="main wrapper clearfix">
45
46                  <article>
47                      <header>
48                          <h1>가장 좋아하는 영화</h1>
49                          <p>마블 시네마틱 유니버스. 트랜스포머 시리
      즈. 워크래프트 시리즈</p>
50                      </header>
51                      <section>
52                          <h2>Marvel Cinematic Universe</h2>
53                          <p>Marvel's Captain America: Civil War -
      Trailer 2</p>
```

```
54                              <iframe width ="560"
    height ="315" src ="https://www.youtube.com/embed/dKrVegVI0Us"
    frameborder ="0" allowfullscreen></iframe>
55                          </section>
56                          <section>
57                              <h2>Transformers</h2>
58                              <p>Age of Extinction Teaser Trailer</p>
59                              <iframe width ="560"
    height ="315" src ="https://www.youtube.com/embed/ubGpDoyJvmI"
    frameborder ="0" allowfullscreen></iframe>
60                          /section>
61                          <section>
62                              <h2>WARCRAFT Movie</h2>
63                              <p>WARCRAFT Movie Trailer 2016</p>
64                              <iframe width ="560"
    height ="315" src ="https://www.youtube.com/embed/RhFMIRuHAL4"
    frameborder ="0" allowfullscreen></iframe>
65                          </section>
66                      </article>
67
68                      <aside>
69                          <h3>잡설</h3>
70                          <p>최근에 크리스토퍼 놀란 감독
    의 다크 나이트 트롤로지를 봤다. 명작이다!! 원래 배트맨, 슈퍼맨 등의 DC히어로즈
    는 안 좋아하나 다크나이트 시리즈는 꼭 추천한다.</p>
71                          <p>참고: 망작 "배트맨 v 슈퍼
    맨: 돈 오브 저스티스"와는 다른 영화임</p>
72                      </aside>
73
74                  </div> <!-- #main -->
75              </div> <!-- #main-container -->
76
77              <div class ="footer-container">
78                  <footer class ="wrapper">
```

```
79                                    <h3>영혼의 자유</h3>
80                                       </footer>
81                                      </div>
82
83      <script src="https://ajax.googleapis.com/ajax/libs/jquery/3.6.3/jquery.
   min.js"></script>
84      <script>window.jQuery || document.write('src="https://ajax.googleapis.
   com/ajax/libs/jquery/3.6.3/jquery.min.js"><\/script>')</script>
85
86      <script src ="js/main.js"></script>
87
88      <!-- Google Analytics: change UA-XXXXX-X to be your site's ID.
   -->
89      <script>
90          (function(b,o,i,l,e,r){b.GoogleAnalyticsObject=l;b[l]||(b[l]=
91          function(  ){(b[l].q=b[l].q||[]).push(arguments)});b[l].l=+new
   Date;
92          e=o.createElement(i);r=o.getElementsByTagName(i)[0];
93          e.src='//www.google-analytics.com/analytics.js';
94          r.parentNode.insertBefore(e,r)}(window,document,'script','ga'));
95          ga('create','UA-XXXXX-X','auto');ga('send','pageview');
96      </script>
97      </body>
98 </html>
```

06 [css] 폴더에 있는 main.css의 Author's custom styles 구역에 코드를 추가한다.

```
153  /* ====================================
154     Author's custom styles
155     ====================================
156⊖ video {
157      max-width: 100%;
158      height: auto;
159  }
160
161⊖ iframe,
162  embed,
163  object {
164      max-width: 100%;
165  }
166
```

```
153 /* ========================================
154    Author's custom styles
155    ===================================== */
156 video {
157   max-width: 100%;
158   height: auto;
159 }
160
161 iframe,
162 embed,
163 object {
164   max-width: 100%;
165 }
166
```

## (3) s2.html 페이지 작성 : favorite games

s1.html을 복사해서(Ctrl+C) [html] 폴더에 붙여넣기(Ctrl+V) 한 후 이름을 s2.html로 변경하고 내용을 수정한다. 유튜브 비디오를 반응형으로 표현하기 위한 코드가 추가된다.

**01** s1.html을 복사해서(Ctrl + C) [html] 폴더에 붙여넣기(Ctrl + V)한다.

**02** 이름 변경 상자가 표시되면 이름을 s2.html로 변경하고 [OK] 버튼을 클릭한다.

**03** s2.html을 더블클릭해서 편집기 뷰에 연 후 내용을 수정한다.

```
01  <!doctype html>
02   <!--[if lt IE 7]>        <html class ="no-js lt-ie9 lt-ie8 lt-ie7" lang ="">
     <![endif]-->
03   <!--[if IE 7]>     <html class ="no-js lt-ie9 lt-ie8" lang =""> <![endif]-->
04   <!--[if IE 8]>     <html class ="no-js lt-ie9" lang =""> <![endif]-->
05   <!--[if gt IE 8]><!-->   <html class ="no-js" lang =""> <!--<![endif]-->
06       <head>
07         <meta charset ="utf-8">
08         <meta http-equiv ="X-UA-Compatible" content ="IE=edge,chrome
           =1">
09         <title></title>
10         <meta name ="description" content ="">
11         <meta name ="viewport" content ="width=device-width, initial-
           scale=1">
12         <link rel ="apple-touch-icon" href ="../img/homelogo.png">
13
14         <link rel ="stylesheet" href ="../css/normalize.min.css">
15         <link rel ="stylesheet" href ="../css/main.css">
16
17         <script src ="../js/vendor/modernizr-2.8.3-respond-1.4.2.min.js">
     </script>
18         <script src ="../js/jQuery.fitvids.js"></script>
19         <script>
20           $(document).ready(function(   ){
21             $(".main-container").fitVids(   );
22           });
23         </script>
24       </head>
```

```
25    <body>
26        <!--[if lt IE 8]>
27                        <p class ="browserupgrade">You are using
an <strong>outdated</strong> browser. Please <a href ="http://
browsehappy.com/">upgrade your browser</a> to improve your experience.
</p>
28        <![endif]-->
29
30        <div class ="header-container">
31            <header class ="wrapper clearfix">
32                <h1 class ="title"><a href ="/mfav/index.html"><img
src ="../img/homelogo.png"></a>My Favorites</h1>
33                <nav>
34                    <ul>
35                        <li><a href ="s1.html">favorite movies</a></li>
36                        <li><a href ="s2.html">favorite games</a></li>
37                        <li><a href ="s3.html">favorite books</a></li>
38                    </ul>
39                </nav>
40            </header>
41        </div>
42
43        <div class ="main-container">
44            <div class ="main wrapper clearfix">
45
46                <article>
47                    <header>
48                        <h1>가장 좋아하는 게임</h1>
49                        <p>스타크래프트 시리즈, 워크래프트 시리즈</p>
50                    </header>
51                    <section>
52                        <h2>Wings of Liberty Opening Cinematic</h2>
53                            <p>StarCraft II: Wings of Liberty
Opening Cinematic</p>
```

```
54                              <iframe width="560" height
   ="315" src="https://www.youtube.com/embed/VSGmPpidDvo"
   frameborder="0" allowfullscreen></iframe>
55                      </section>
56                      <section>
57                  <h2>Heart of the Swarm Opening Cinematic</h2>
58                      <p>StarCraft II: Heart of the Swarm
   Opening Cinematic</p>
59                          <iframe width ="560" height ="315"
   src ="https://www.youtube.com/embed/MVbeoSPqRs4" frameborder ="0"
   allowfullscreen></iframe>
60                      </section>
61                      <section>
62                  <h2>Legacy of the Void Opening Cinematic</
   h2>
63                      <p>StarCraft II: Legacy of the Void
   Opening Cinematic</p>
64                          <iframe width ="560" height ="315"
   src ="https://www.youtube.com/embed/M_XwzBMTJaM" frameborder
   ="0" allowfullscreen></iframe>
65                      </section>
66                  </article>
67
68              <aside>
69                  <h3>잡설</h3>
70                      <p>최근에 크리스토퍼 놀란 감독의 다크나이트 트롤로
   지를 봤다. 명작이다!! 원래 배트맨, 슈퍼맨 등의 DC히어로즈는 안 좋아하나 다크나
   이트 시리즈는 꼭 추천한다.</p>
71                      <p>참고: 망작 "배트맨 v 슈퍼맨: 돈 오브 저스티스"와
   는 다른 영화임</p>
72              </aside>
73
74          </div> <!-- #main -->
```

```
75          </div> <!-- #main-container -->
76
77          <div class ="footer-container">
78              <footer class ="wrapper">
79                  <h3>영혼의 자유</h3>
80              </footer>
81          </div>
82
83      <script src="https://ajax.googleapis.com/ajax/libs/jquery/3.6.3/jquery.min.
    js"></script>
84      <script>window.jQuery || document.write('src="https://ajax.googleapis.
    com/ajax/libs/jquery/3.6.3/jquery.min.js"><₩/script>')</script>
85
86              <script src ="js/main.js"></script>
87
88              <!-- Google Analytics: change UA-XXXXX-X to be
    your site's ID. -->
89              <script>
90                  (function(b,o,i,l,e,r){b.GoogleAnalyticsObject=l;b[l]||(b[l]=
91                  function(   ){(b[l].q=b[l].q||[   ]).push(arguments)});b[l].
    l=+new Date;
92                  e=o.createElement(i);r=o.getElementsByTagName(i)[0];
93                  e.src='//www.google-analytics.com/analytics.js';
94                  r.parentNode.insertBefore(e,r)}(window,document,'script','ga'));
95                  ga('create','UA-XXXXX-X','auto');ga('send','pageview');
96              </script>
97          </body>
98      </html>
```

## (4) s3.html 페이지 작성 : favorite books

index.html을 복사해서(![Ctrl]+[C]) [html] 폴더에 붙여넣기(![Ctrl]+[V]) 한 후 이름을
s3.html로 변경하고 내용을 수정한다.

**01** 자료 파일의 [images] 폴더에서 제공하는 m01.png, m02.png, m03.png 파일을 복사해서 이클립스의 [Project Explorer] 뷰의 [mfav/WebContent/img]에 붙여넣기 한다.

**02** s2.html을 복사해서(Ctrl + C) [html] 폴더에 붙여넣기(Ctrl + V)한다.

**03** 이름 변경 상자가 표시되면 이름을 s3.html로 변경하고 [OK] 버튼을 클릭한다.

**04** s3.html을 더블클릭해서 편집기 뷰에 연 후 내용을 수정한다.

```
01 <!doctype html>
02    <!--[if lt IE 7]>        <html class ="no-js lt-ie9 lt-ie8 lt-ie7" lang ="">
      <![endif]-->
03    <!--[if IE 7]>   <html class ="no-js lt-ie9 lt-ie8" lang =""> <![endif]-->
04    <!--[if IE 8]>   <html class ="no-js lt-ie9" lang =""> <![endif]-->
```

```
05    <!--[if gt IE 8]><!-->    <html class ="no-js" lang =""> <!--<![endif]-->
06        <head>
07            <meta charset ="utf-8">
08            <meta http-equiv ="X-UA-Compatible" content ="IE=edge,
    chrome=1">
09            <title></title>
10            <meta name ="description" content ="">
11            <meta name ="viewport" content ="width=device-width, initial-
    scale=1">
12            <link rel ="apple-touch-icon" href ="../img/homelogo.png">
13
14            <link rel ="stylesheet" href ="../css/normalize.min.css">
15            <link rel ="stylesheet" href ="../css/main.css">
16
17            <script src ="../js/vendor/modernizr-2.8.3-respond-1.4.2.min.js">
    </script>
18            <script src ="../js/jQuery.fitvids.js"></script>
19            <script>
20                $(document).ready(function(  ){
21                    $(".main-container").fitVids(  );
22                });
23            </script>
24        </head>
25        <body>
26        <!--[if lt IE 8]>
27                        <p class ="browserupgrade">You are using
    an <strong>outdated</strong> browser. Please <a href ="http://
    browsehappy.com/">upgrade your browser</a> to improve your experience
    .</p>
28            <![endif]-->
29
30            <div class ="header-container">
31                <header class ="wrapper clearfix">
```

```
32                              <h1 class ="title"><a href ="/mfav/index.
html"><img src ="../img/homelogo.png"></a>My Favorites</h1>
33                          <nav>
34                              <ul>
35                                  <li><a href ="s1.html">favorite movies</
a></li>
36                                  <li><a href ="s2.html">favorite games</
a></li>
37                                  <li><a href ="s3.html">favorite books</
a></li>
38                              </ul>
39                          </nav>
40                      </header>
41                  </div>
42
43              <div class ="main-container">
44                  <div class ="main wrapper clearfix">
45
46                      <article>
47                          <header>
48                              <h1>가장 좋아하는 책</h1>
49                              <p>무협지.</p>
50                          </header>
51                          <section>
52                              <h2>십전제</h2>
53                              <img src ="../img/m01.png">
54                              <p>구주천가의 천우진으로 중심으로한 마도전쟁. 10권으
로 깔끔하게 내용의 마무리가 이루어짐.</p>
55                          </section>
56                          <section>
57                              <h2>흑도영웅</h2>
58                              <img src ="../img/m02.png">
59                              <p>혈검 구양소유의 이야기를 담고 있음. 읽을수록 매력적
인 책</p>
```

```
60                    </section>
61                    <section>
62                        <h2>무애광검</h2>
63                        <img src ="../img/m03.png">
64                        <p>소무양이 고수로 거듭나는 이야기. 2부는 언제 출간되
나?</p>
65                    </section>
66                </article>
67
68      <aside>
69          <h3>잡설</h3>
70          <p>최근에 크리스토퍼 놀란 감독의 다크 나이트 트롤로지를 봤다. 명작이
다!! 원래 배트맨, 슈퍼맨 등의 DC히어로즈는 안 좋아하나 다크나이트 시리즈는 꼭
추천한다.</p>
71          <p>참고: 망작 "배트맨 v 슈퍼맨: 돈 오브 저스티스"와는 다른 영화임</p>
72      </aside>
73
74          </div> <!-- #main -->
75        </div> <!-- #main-container -->
76
77        <div class ="footer-container">
78            <footer class ="wrapper">
79                <h3>영혼의 자유</h3>
80            </footer>
81        </div>
82
83        <script src="https://ajax.googleapis.com/ajax/libs/jquery/3.6.3/jquery.
min.js"></script>
84        <script>window.jQuery || document.write('src="https://ajax.googleapis.
com/ajax/libs/jquery/3.6.3/jquery.min.js"><₩/script>')</script>
85
86        <script src ="js/main.js"></script>
87
88        <!-- Google Analytics: change UA-XXXXX-X to be your site's ID. -->
```

```
89        <script>
90          (function(b,o,i,l,e,r){b.GoogleAnalyticsObject=l;b[l]||(b[l]=
91          function(   ){(b[l].q=b[l].q||[ ]).push(arguments) });b[l].l=+new
    Date;
92          e=o.createElement(i);r=o.getElementsByTagName(i)[0];
93          e.src='//www.google-analytics.com/analytics.js';
94          r.parentNode.insertBefore(e,r)}(window,document,'script','ga'));
95          ga('create','UA-XXXXX-X','auto');ga('send','pageview');
96        </script>
97      </body>
98    </html>
```

# 03 | 실행 및 배포하기

여기서는 웹 앱을 화면 크기별로 실행해서 테스트한다. 실행에 문제가 없으면 WAR 파일을 생성해서 배포한다.

## 1 웹 앱 실행하기

완성된 웹 앱을 샐행한다.

### 실습 | 웹 앱 실행

**01** [Servers] 뷰의 Tomcat 서버가 시작되지 않았으면 ▶[Start the Server] 아이콘을 클릭해서 Tomcat 서버를 시작시킨다.

**02** index.html 파일을 [Run As]-[Run on Server] 메뉴를 사용해서 실행한다.
메인 페이지가 표시되면 [favorite movies], [favorite games], [favorite books] 메뉴를 각각 클릭해서 제대로 표시되는 지 확인한다.

태블릿 사이즈로 화면의 크기를 줄여도 제대로 표시되는지 확인한다.

스마트폰 사이즈로 화면의 크기를 줄여도 제대로 표시되는지도 확인한다.

**2 ▶ 웹 앱 배포**

작성한 애플리케이션은 서비스할 수 있는 형태로 배포해야 한다. 웹 앱의 경우 WAR 파일을 작성해서 웹 서버로 올려야 한다. 작성한 애플리케이션을 WAR 파일로 만들어서 웹 서버에 올리고, 웹 서버를 재기동하면 WAR 파일이 하나의 웹 앱으로 자동 재배치되어 사용자들에게 서비스 된다. 여기서는 작성한 모바일 웹 앱을 기관의 실제 웹 서버에서 서비스할 수 있도록 WAR파일로 내보내기 한다.

**실습** [mfav] 프로젝트 배포

**01** [Servers] 뷰의 Tomcat 서버가 시작되어 있으면 ■[Stop the Server] 아이콘을 클릭해서 Tomcat 서버를 중단시킨다.

▲ Tomcat 서버가 중단된 상태

**02** 내보내기할 [mfav] 프로젝트를 선택한 후 마우스 오른쪽 버튼을 클릭해 [Export]–[WAR file] 메뉴를 선택한다.

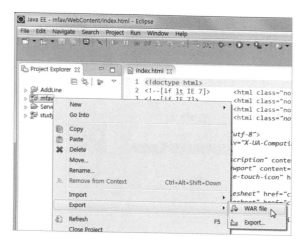

**03** [Export] 창이 표시되면 [Browse...] 버튼을 눌러 개발자 PC의 서버인 [톰캣홈]–[webapps]를 선택하고 [저장] 버튼을 누른다. 참고로 서버로 올릴 경우, 내보낼 곳은 어떤 위치를 선택해도 상관없다.

④ [Overwrite existing file] 옵션을 선택하고 [Finish] 버튼을 누른다.

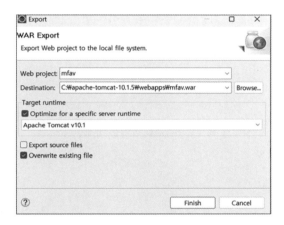

⑤ 탐색기의 [톰캣홈]−[webapps]에 mfav.war 파일이 생성된 것을 확인할 수 있다.

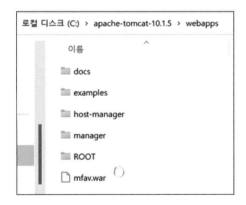

작성한 [mfav] 웹 앱을 회사의 웹서버에서 서비스하려면 mfav.war 파일을 FTP 프로
그램을 사용해서 올리면 된다. 그런 후 웹 서버를 재기동하면 [mfav] 웹 앱이 서버를 통
해서 사용자들에게 서비스된다.

## 학습정리

**1** **프로젝트 구조 설계**

- 한눈에 파악할 수 있는 개괄적인 구조도는 앱의 전체 흐름을 파악하는데 도움을 준다.

- 각 화면은 웹 페이지로 구현되며 필요 페이지의 명세서를 작성한다.


**2** **프로젝트 작성**

- 프로젝트의 뼈대를 작성한 후 보일러플레이트를 사용한 반응형 웹 사이트 템플릿을 사용해서 각 페이지를 작성한다.


**3** **실행 및 배포하기**

- 프로젝트를 화면의 크기별로 작성해 보고, 제대로 표시되면 WAR 파일을 작성한다.

| | | | | | |
|---|---|---|---|---|---|
| $.get( ) | 516, 521 | 〈h1〉 태그 | 59 | 〈ol〉 태그 | 80 |
| $.getJSON( ) | 516 | 〈head〉 태그 | 59 | 〈option〉 태그 | 168 |
| $.post( ) | 516, 522 | 〈header〉 태그 | 97 | 〈p〉 태그 | 59, 74 |
| (selector) | 495 | 〈html〉 태그 | 58 | 〈progress〉 태그 | 101 |
| .innerHTML | 489 | 〈i〉 태그 | 74 | 〈relative-size〉 | 235 |
| .load( ) | 516 | 〈iframe〉 태그 | 182 | 〈script〉 태그 | 62, 72, 91, 423 |
| .load( ) 메소드 | 516 | 〈img〉 태그 | 77 | 〈section〉 태그 | 97 |
| @font-face | 385 | 〈input type="button"〉 | 147 | 〈select〉 태그 | 103, 109, 168 |
| @keyframes | 352 | 〈input type="checkbox"〉 | 127 | 〈source〉 태그 | 174 |
| @media screen | 309 | 〈input type="color"〉 | 166 | 〈style〉 태그 | 62, 73, 200 |
| [project]–[clean project] | 49 | 〈input type="date"〉 | 161 | 〈svg〉 태그 | 187 |
| _blank | 81 | 〈input type="email"〉 | 150 | 〈table〉 태그 | 84 |
| 〈!DOCTYPE〉 태그 | 58, 91 | 〈input type="file"〉 | 134 | 〈td〉 태그 | 84, 85 |
| 〈a〉 태그 | 80 | 〈input type="number"〉 | 157 | 〈textarea〉 태그 | 109, 170 |
| 〈absolute-size〉 | 235 | 〈input type="password"〉 | 119 | 〈title〉 태그 | 59, 62 |
| 〈article〉 태그 | 97 | 〈input type="radio"〉 | 131 | 〈tr〉 태그 | 84, 85 |
| 〈aside〉 태그 | 97 | 〈input type="range"〉 | 159 | 〈ul〉 태그 | 80 |
| 〈audio〉 태그 | 174 | 〈input type="reset"〉 | 145 | 〈video〉 태그 | 176 |
| 〈b〉 태그 | 74, 75 | 〈input type="search"〉 | 165 | === 연산자 | 480 |
| 〈base〉 태그 | 62 | 〈input type="submit"〉 | 106, 140 | | |
| 〈body〉 태그 | 59, 73 | 〈input type="tel"〉 | 155 | | |
| 〈br〉 태그 | 74 | 〈input type="text"〉 | 112 | | |
| 〈button〉 태그 | 109, 172 | 〈input type="time"〉 | 163 | | |
| 〈canvas〉 태그 | 186, 530 | 〈input type="url"〉 | 152 | | |
| 〈div〉 태그 | 88 | 〈input〉 태그 | 103, 109, 110 | | |
| 〈embed〉 태그 | 178 | 〈legend〉 태그 | 104 | | |
| 〈embed〉 태그를 사용해서 유튜브 동영상 연결 | 183 | 〈li〉 태그 | 80 | | |
| 〈fieldset〉 태그 | 104, 127 | 〈link〉 태그 | 62, 91, 202 | | |
| 〈figcaption〉 태그 | 99 | 〈mark〉 태그 | 100 | | |
| 〈figure〉 태그 | 99 | 〈meta charset=" "〉 태그 | 91 | | |
| 〈footer〉 태그 | 97 | 〈meter〉 태그 | 62, 101 | | |
| 〈form〉 태그 | 103 | 〈nav〉 태그 | 97 | | |
| | | 〈object〉 태그 | 180 | | |

쉽게 배우는 HTML5 & CSS3 그리고 JavaScript **2nd Edition**

| | | | | | |
|---|---|---|---|---|---|
| 발 행 일 | 초 판 1쇄 발행 | 2016년 | 7월 | 5일 |
| | 6쇄 발행 | 2022년 | 4월 | 5일 |
| | 개정판 2쇄 발행 | 2024년 | 9월 | 15일 |

**지 은 이**  김은옥

**발 행 인**  신재석

**발 행 처**  (주)삼양미디어

**주    소**  서울시 마포구 양화로 6길 9-28

**전    화**  02) 335-3030

**팩    스**  02) 335-2070

**등록번호**  제10-2285호

Copyright ⓒ 2016. samyangmedia. All rights reserved.

**홈페이지**  **www.samyang𝓜.com**

**I S B N**  978-89-5897-414-7 (13000)

**정    가**  35,000원